JN140832

不可視の「国際法」

ホッブズ・ライプニッツ・ルソーの可能性

Doctrinae Invisibiles Juris Gentium

明石欽司
Kinji Akashi

慶應義塾大学出版会

目次

目次

目次

第三章　ホッブズの「国家」及び「主権」理論

第二部　ライプニッツ：「失われた環」

第二章　ライプニッツの「法」観念――209

第四章 ライプニッツの「主権」理論——：“*Suprematus*” 観念の分析を中心として 265

目次

目次

第三部　まとめ：「孤独な散歩者」の近代国際法学史上の地位——489

結　論——537

凡例

・本書で引用・参照されているホッブズ・ライプニッツ・ルソーの著作の表題や本書における略称等は、本書巻末の「文献一覧」に掲げられている。
・引用文の邦訳は全て筆者（明石）による。
・訳出に際しては、可能な限り逐語訳を行うという方針の下で、訳文の不明確さを除去するために、［　］内に言葉を適宜補っている。
・本書を通じて、訳語は可能な限り統一を図っている。しかしながら、本書の主たる考察対象である三名の思想家の著作は一七世紀中葉から一八世紀後半に至る一世紀を遙かに越える期間にわたり執筆されたものであり、同時期の欧州の学術用語を日本語で統一的に表現することは不可能と言わざるを得ない。（一例として、この時期における"civil society"という用語の意味内容の変遷について、植村（二〇一〇年）一七―三三頁を見よ。）また、同様の事態はそれらの著作において使用されているラテン語・英語・フランス語・ドイツ語の単語と日本語の単語の意味内容の非対称性（更には、前四者間の非対称性）を理由としても生ずる。そのため、（語源的に）同一の原語であっても、訳語は原著の論述内容に即して異なるものを選択する場合がある。そのような場合には、必要に応じて原語を付記している。
・現在使用されている「国際法」に該当し得る観念を表示する文言として本書で考察対象とされている三名の思想家が使用しているものは*"jus gentium"*・"the law of nations"・"le droit des gens"・"das Völkerrecht"である。しかしながら、本書における記述からも理解される通り、それらの文言の内実は彼等各々の間で相異がある。本書ではそれらを全て「国際法」（カギ括弧付き）と訳出し、原語を適宜併記している。
・各種専門用語については、可能な限り日本の学界で定訳とされているものを使用するように心掛けているが、筆者の誤認により適切な訳語が当てられていない場合があることが予想される。（この点については諸賢の御叱正を賜りたい。）但し、文脈に応じて敢えて当該定訳ではない訳語を使用する場合がある。

・外国語固有名詞（地名・人名）の表記は、日本において一般的に受容・確立されていると思われるものについてはそれに従ったカタカナ表記を用い、それ以外のものについては可能な限り原語に近い発音をカタカナで表記し、原語を付記している。

・引用文に付記されている原語の綴りには現在の正字法と異なるものがあるが、それらは全て原著に従っている。但し、特に確認する必要があると考えられる場合には、原語の通りであることを"[*sic*]"により示している。

・引用文に付記されているラテン語の綴り字の立字体及び斜字体は原文に従っている。引用文以外のラテン語は斜字体としている。

・拙訳による引用文中の傍点は、当該箇所が原文において斜字体により強調されていることを示している。

序論

本書の主題とその問題性

本書の主題は、トマス・ホッブズ（Thomas Hobbes: 1588–1679）、ライプニッツ（Gottfried Wilhelm Leibniz: 1646–1716）及びジャン＝ジャック・ルソー（Jean-Jacques Rousseau: 1712–78）の「法」・「国家」・「国際法」観念の考察である[1]。より正確に表現するならば、彼等の政治哲学関連の諸著作において示されている「法」及び「国家」（更には、「主権」）観念の検討を基礎として、論理的に導出可能な彼等の「国際法」観念を考察することである。

このような主題の設定は、奇異な印象を本書の読者に与えるかもしれない。何故ならば、社会科学分野の研究者がこれら三名の思想家を議論の俎上に載せる場合に、政治哲学（思想）や国家構成理論という側面から問題とする場合が通常であり、彼等の「法」理論や「国際法」観念が研究対象とされることは一般的ではないからである[2]。（特に、彼等の「国際法」観念が主題とされることは、管見の限り、殆どなかったと言い得る。）[3]また、これら三人の「知の巨人」に関しては（専門分野の相異はあるものの）膨大な先行研究が存在する故に、一人の研究者が彼等を一冊の研究書の中で論ずることの学問的困難（及び危険）が存在すると推測されることも奇異な印象の原因と言えよう。（そして、これらの思想家を並列して論ずることは、当該論者の知的驕慢の表れであるとの誹りも免れないであろう。）

本書の主題の背景

しかしながら、筆者（明石）がこれら三名の思想家の著作を読み進める中で得た感覚は、彼等を国際法学と無関係な存在として認識することへの違和感であった。（また、それは彼等以外の思想家の著作に接した際にも感じたものであった。）そして、それに続いて筆者の胸中に生じたものは、次のような疑問であった。即ち、彼等が「国際法」を支える重要な諸観念について論じ、更には、「国際法」それ自体にも言及しているにも拘らず、彼等が国際法学において等閑視乃至無視されてきたことの原因は何なのであろうか。

一般論としては、社会科学に関わる思想・理論史研究において、或る分野では高い評価を与えられ、重要な研究対象とされてきた思想家や著作家が、他の分野においては殆ど顧みられることがないままでいるという現象は決して稀なことではないように思われる。それは恐らく、或る学問分野において或る思想家の著作の当該分野における価値や意義が強調され、そのような価値や意義が一般的知識（「常識」）として共有されることによって、他の学問分野の研究者により自己の分野の研究対象として認識されないということに由来する現象であると推測される。そして、そのような現象は、斯かる価値や意義を付与された或る思想家の諸著作が、本来それらが有する内容の豊穣さと当該思想家の全思想体系から分離されていることを意味し得るであろう。更に、それは、斯かる価値や意義を付与した分野の研究者の視点からは見出され得なかった別の価値や意義が看過されることも意味するのである。

このようにして特定分野においてのみ研究対象として認識され、他の分野で看過されてきた思想家が論じた観念や理論が当該他の分野にとって実際に無意味なものであるならば、それは何らの問題も惹起しない。しかしながら、そのような観念や理論が無意味であるとの評価が一般的に共有された知識に基づく場合には、その評価自体が問題とされなければならないのではなかろうか。

本書で考察対象とする三人の思想家について国際法学において生じている状況は、まさに以上のような論理によって説明され得るであろう。そして、筆者がそのような状況について或る種の知的好奇心を抱き、更に、そのような状況が発生する理由についての考察を開始する契機となった言葉が「負の国際法意識」なのである。

本書を支える問題意識：「負の国際法意識」

筆者が「負の国際法意識」という言葉を最初に耳にしたのは、今から三〇数年前のことであった。だが、この言葉を発した田中忠によりその正確な意味内容が理論化され、文書として残されることはなかった。後に、彼に代わって大沼保昭が次のような説明を行っている。即ち、「負の国際法意識」とは、「国家論、法理論を論ずるうえで欠かすことのできない」「思想家において、国際法が明示的には」「一章ないし一節を費して、あるいはたまたま部分的に論及」する「ような形でしか論じられていない」という状況を生み出す意識である。彼はまた、この意識を「国際法学者の側においていかに受け止めるべきかという点にこそ、真の問題は隠されて」おり、「換言すれば、従来の国際法史が右の思想家を取り上げなかったことの意味が検討されなければならない」ことを指摘している。(4)

「負の国際法意識」それ自体について我々が現在まで直接参照し得る事柄の全ては、以上で尽きてしまうものと思われる。それでも、この説明と指摘が何かしらの重要な事柄を含意していることは感得されたのである。国際法史研究者としての人生を送る中で、筆者の頭の片隅には「負の国際法意識」という言葉が常に存在していた。そして、この言葉が先述の大沼の説明や指摘以上の何かを含意していることを感じてはいたが、それを明確な論理によって説明することには大きな困難が伴った。それでも、次第に、この言葉が有する意義、そして、過去の思想家の「負の国際法意識」を現代の国際法学者が如何に受け止めるかという課題に対する筆者なりの解答を見出し得たように思えるようになった。それは次のようなものである。

重要な思想家達が国際法を明示的には「一章ないし一節」或いは「たまたま部分的に」論及する程度でしか扱っていないことは、或る意味において自明のことである。何故ならば、彼等は「国際法」を主題として論じているのではないからである。むしろ、問題の本質は、彼等が「国際法」をその程度でしか扱っていないという客観的事実に対して「負の国際法意識」という否定的評価を下している我々の意識にあると考えられる。つまり、「負の国際法意識」とは、結局のところ、過去の思想家の著作の読み手としての我々自身に内在する意識によってもたらされるものなのである。より具体的には、現在の我々の側の「国際法」観念により、我々の意識が彼等の著作中の「一章ないし一節」のみの明示的な国際法への言及に集中させられてしまい、彼等の著作や理論の全体像（勿論、重要な思想家の著作や理論の文字通りの「全体像」を理解し、提示することは不可能である。）の把握へと向かうことが妨げられてしまう。つまり、過去の思想家達の「負の国際法意識」とは、現在の我々の「国際法意識」の投影なのである。そして、その結果として、重要な思想家の著作をより広い視野に収めた上で読解することにより、国際法史研究にとって何らかの学問的意義のある事柄が導出される可能性が存在するにも拘らず、彼等の著作をそのように理解しない読み手としての我々の側の意識こそが過去の思想家達が「負の国際法意識」に基づいて記述していると我々に認識させてしまうのである。それはまた、現在の「国際法」認識に規定され、拘束されているという意味において我々の「負の国際法意識」に基づいて生じている事柄なのである。いわば、現在の国際法観念という「光」を過去の事象や文献に照射することによって「影」となってしまう部分の観察を無意識的に回避する（或いは、そもそもその影すらも認識しない）という現象が我々の「負の国際法意識」によってもたらされていると考えられるのである。

以上のように理解することによって、過去の思想家達の「負の国際法意識」に基づく著作を現在の我々の「負の国際法意識」から可能な限り自由にして解読することができるのではあるまいか。本書において筆者が試みているのは、前述の「影」の部分を可能な限り観察することなのである。但し、現在の筆者が考える我々の「負の国際法意識」とは、国際法史研究のみに妥当する観念であるとは必ずしも言えない。

現代国際法学における我々の「負の国際法意識」の一般性

「負の国際法意識」が田中忠によって語られた当初においては、より正確に表現しようとするならば、その言葉は「国際法史研究における」という形容句を伴うものであった筈である。しかしながら、現在の筆者の認識においては、我々の「負の国際法意識」は、国際法史研究のみならず、国際法学全般について妥当する観念となっているように思われる。それは次のような理由による。

前述の通り、国際法史研究における「負の国際法意識」とは、過去の思想家のものであると同時に、現在の国際法史研究者のものでもあるということが筆者の理解である。現在の我々自身のものとしての「負の国際法意識」をより一般化するならば、各々の研究者の（細分化された）専門領域に直接的に関わる事象（典型例としては、当該領域に直接的に関連する実定国際法規範）のみを考察対象として、それらを現在の通説的諸観念を通じて考察することによって、「事足れり」とするような意識であると言える。そのような意識の下での研究が継続されるならば、明確に自己の専門領域に生じている現象（そして、その意味における特殊な現象）のみを考察する中で、当該専門領域の特殊用語（jargon）によって表現される理論体系が構築されるであろう。そしてそれは、当該専門領域以外の研究者にとって如何にも不可思議な理論体系であっても、当該専門領域の研究者にとっては理論的に完結した（ように思われる）独自の理論体系として認識されるようになるのである。しかし、そのような理論体系が、国際法の一般理論や理論体系全体との間で整合性を有するものであるのか、更には、他の社会科学諸分野との相互理解可能性を有するものであるのかといった疑問に対しての考慮は払われることはない。そして、それこそが我々の「負の国際法意識」の表出であり、その表出の総体が現在の国際法学が置かれた状況であるとみなされ得るのである。

このように、国際法史研究における我々の「負の国際法意識」は現在の国際法研究一般にも妥当する観念であると考えられるが、ここで再び国際法史研究に立ち戻って、当該意識がもたらすものをより詳細に論ずることとしたい。

国際法史研究における我々の「負の国際法意識」がもたらすもの

国際法史研究の対象を「確実なもの」（即ち、明示的に「国際法」を論述対象としている著作）に限定することによって、研究の「実証性」やその成果の多様な意味における「確実性」はより高い程度で保証されることになろう。これまでの国際法史研究において主たる研究対象とされてきた所謂「国際法の体系構築者（system-builders）」の著作はまさにそのような「確実なもの」であった。逆に言えば、「不確実なもの」（即ち、過去の思想家達の「負の国際法意識」の表出であり、「国際法」理論の提示を明示的目的としていない著作ではあるものの、国際法史研究の対象となりそうにも思われる著作）は我々の研究の対象とはされてこなかったのである。

このようにして研究対象とは認識されなかった思想家が論じた理論や観念が国際法理論史研究にとって実際に無意味なものであるならば、（前述の一般論の場合と同様に）それは何らの問題も惹起しない。しかしながら、そのような理論や観念が無意味であるとの評価が「確実なもの」を対象とした既存の「確実な研究」のみを基盤として為されるならば、国際法理論の歴史的展開と密接に関連し得るにも拘らず、国際法理論史研究の対象の埒外に置かれてしまう重要な理論や観念が存在するという事態を招来することもあるであろう。また、同様の問題は次の点にも現れると考えられる。

国際法史研究における我々の「負の国際法意識」がもたらす研究方法は、研究対象とされたもの（国際法に関する「過去」に対して現在共有されている理論や観念を投影して、そこに現在と類似したものを見つけ出すことによって国際法の歴史を論ずるというものである。或る分野・制度に関しての歴史的記述を行おうとする場合に、現在の学問体系やそれを支える諸観念を前提として時系列を遡及するという我々の思考方法（勿論、この思考方法は、記述自体が時系列を遡及するというものではなく、例えば、我々が自己の専門分野の通史的記述を試みる際に、常に自己の専門分野における現在の観念や制度を起点として、過去に存在した諸々の著作・現象の中に当該観念・制度に類似するものを見出そうとするという思考方法を指す。）は、不可避的なものである。また、社会科学諸分野における思想・理論史研究の目的が特定の理論の後世の（現存する）理論や観念への影響を歴史的に検証し、確証することにあると考えるならば、そして、国際法学が社会科学に含まれるとの前提に立つならば、我々の「負の国際法意識」がもたらす研究方法は当然のものとなるであろう。

しかしながら、国際法史研究における我々の「負の国際法意識」は、過去に存在しながらも現在の国際法理論中には見出されない理論や観念を看過（或いは、無視）するという結果をもたらすことになるのである。そして、ここでも、そのような理論や観念が当然に無視されるべきものであるならば、何らの問題も発生しない。しかし、それらが、過去において極めて重要な意味を有したにも拘らず、何らかの理由で消滅してしまった理論や観念である場合には、問題が発生する。何故ならば、その場合には、現在の制度や現象を過去との連関において総体としてより正確に理解することが不可能となるからである。また、それのみならず、過去の重要な（しかし、現存しないと思われている）制度が現在の制度や現象に全く影響を及ぼさなかったとは考え難いことから、現在の制度やそれに関わる現象の（少なくとも、歴史的側面における）理解が歪曲されたものとなってしまう可能性が大きいことも理由となるであろう。結局のところ、以上のような理論や観念、そして制度が消滅した理由・原因を考察することにより、現在をよりよく理解する途が拓かれ得るにも拘らず、我々の「負の国際法意識」の作用によりそのような可能性が失われてしまうと考えられるのである。

以上のように、国際法史研究における我々の「負の国際法意識」が招来し得る弊害は（飽く迄も可能性の問題ではあるものの）決して小さいものではないと思われるのである。

国際法史研究における我々の「負の国際法意識」の克服がもたらし得るもの

それでは、国際法史研究における我々の「負の国際法意識」を自覚し、それを克服することがもたらす学問的意義は何なのであろうか。第一の、そして理解することが最も容易な意義は、その意識がもたらす弊害の解消の結果としての、国際法史研究対象の拡大と、それに伴う国際法史研究の深化（の可能性が発生すること）である。但し、単なる研究対象の拡大は、学術研究における専門性の低下をもたらす恐れがある。そこで、第二の（そして、研究の深化とも関連する）意義が重要となる。それは、国際法史研究が、従来の「確実な研究」に比較して、他の社会科学諸分野や歴史学との関連性をより強く有するものとなり得ることである。より具体的には、近代国際法理論における中核的観念である「国家」や「法」を巡る（国際法学を離れても存在・妥当するという意味における）一般理論の歴史との関係において国際法史研究が行われることを通じて、国際法史研究がより広範な学問的基盤を有することになり、他の社会科学諸分野や歴史学における認識との共通性の程度を高めることとなるのである。そして、それは、国際法史研究が、他の歴史研究の諸分野との関連性を有しないという意味で「特異な」学問領域となることを防ぐことに繋がるのであろう。更に、そのようにして補強（そして、場合により、再構築）された国際法史研究の成果は、「国際法とは何か」という国際法学の基底に存在する根源的問い掛けに対する解答の模索に際して、歴史的側面からの材料を提供することとなるであろう。(5)

国際法史研究における我々の「負の国際法意識」の克服の方法

国際法史研究における我々の「負の国際法意識」、そして、それがもたらす弊害とその克服がもたらし得るものは以上のように認識・措定されるとして、それでは、何を対象として、どのようにすることによって、我々の「負の国際法意識」は克服され得るのであろうか。

「不確実なもの」を対象とした研究には、「確実なもの」を対象とした研究と異なり、何かしらの「違和感」が漂う。それ故に、そのような研究は、「確実な研究」のみを行う者にとって（その者が「確実な研究」に忠実であればあるほど）受け入れ難いものとなるであろう。そして、それは「確実な研究」と「不確実な研究」の間に知的摩擦を惹起する。現在における学問的正統性は前者にあるとみなされているが故に、この摩擦から生ずる不利益は後者が負うことになる。ここで重要になるものが、このような不利益に耐えつつ、新たな学問的展開に（つまりは、国際法史研究の発展に）努力するという意識である。そして、このような意識を知的に支えるものこそが我々の「負の国際法意識」の自覚なのである。即ち、その自覚によって、従来の国際法史研究が対象としてこなかった著作の解読に取り組み、それを継続することが可能となるのである。

それでは、より具体的に、どのような著作が考察対象とされ、それはどのように分析されるべきなのであろうか。実は、これらの基本的な問題ですらもが、解答困難な課題として我々の眼前に立ちはだかることになる。そのことを自覚した上で、飽く迄も暫定的な（そして、多分に「後付け的な」）解答として、本書における考察対象である三人の思想家の著作が次のようにして選択・分析されたことを示しておきたい。

先ず、考察対象の選択に際しては、社会科学に関わる思想・理論史研究において重要な研究対象とされてきた思想家の著作の可能な限りの「総体」を対象とする。（但し、本書執筆に際しては、結果的に、未公刊の手稿・書簡等を独自に発掘することはできなかった。）そして、それらの著作の中で「国際法」に関わり得る諸観念、即ち、「法」・「国家」・「主権」、更には、「国家間関係」が如何にして論じられているかを解読する。その上で、当該思想家において「国際法」が如何なるものとして認識されていたのかを検討する。

ところで、このような分析方法を採用することに対しては、少なくとも次のような三つの重大な批判が存在するであろう。第一の批判は、「国際法」に関わり得る諸観念である「法」・「国家」・「主権」、更には、「国家間関係」を中心として分析すること自体が、現在の国際法（学）理論の観点に立ち、その理論を過去の事象に適用していることを示しているのであって、依然として我々の「負の国際法意識」が払拭されておらず、当該意識を克服する考察方法として妥当なものではないのではないか、というものである。第二の批判は、第一の批判に関連するものであるが、そもそも我々の「負の国際法意識」の下で国際法学の主要な研究対象とされないままであった思想家の著作には、「国際法学」は固より、「法学」一般に関する纏まった記述が存在しないことが予想されるが、そのような状況の中で「法」や「国家」といった観念は分析不能であろう、というものである。そして、第三の批判は、或る思想家の諸著作を可能な限り総体として扱うという考察方法が、当該思想家の思索が時の経過と共に変化し得ること、また、同一人の著作であっても、個別の著作が有するその執筆の実践的意図や出版の個別的背景が存在することを無視するものであるとの批判である。これらの批判に対しては、次のように述べることが許されよう。

第一の批判に対しては、先ず、本書では少なくとも、重要な思想家が国際法に明示的に言及している「一章ないし一節」、「あるいはたまたま部分的に論及」している部分のみを考察対象としているのではない点が強調されるべきであろう。本書では、「国際法」への明示的言及も着目されているが、それよりも遙かに重視されることは、当該思想家の「法」及び「国家」（更に、「主権」）を巡る諸理論を内在的に理解することによって、当該理論と近代国際法理論との関係を論理的に導出することである。これに加えて、「法」・「国家」・「主権」に関する理論が中心的な分析対象とされることは、「近代国際法」の定義からして、不可避的な帰結である点が挙げられる。その定義とは、「主権国家間の関係を規律する法規範」というものである。この定義にとっては、「法」・「国家」・「主権」、更には、「国家間関係」が中核的要素なのである。勿論、「近代国際法」に対して異なる定義を与えるならば、異なる中核的要素を抽出することとなる。そして、このことは更に次の点へと繋がる。前掲の第一の批判は、我々の「負の国際法意識」の完全な克服（即ち、完全にそのような意識を駆逐すること）を要求することを是認する立場を採るものであるが、それは不可能であることが指摘されるべきである。何故ならば、「国際法」の定義は可変的なもの（現代の国際法主体に関する理論の錯綜を見れば、それは容易に理解されよう。）であるため、我々の「負の国際法意識」克服達成の基準も変化し得るのであり、この点において、「国際法」が存在する限り、当該意識の完全な克服は常に未完の課題として存在し続けるからである。このことが理解されるならば、「近代国際法」史研究における我々の「負の国際法意識」を問題とする本書においては、中心的な分析対象を「法」・「国家」・「主権」、更には、「国家間関係」を巡る理論とすることには一定の妥当性が存在すると考えられるのである。

次に、第二の批判は、本書における具体的な分析・論述方法に関わる。本書において展開される議論は、考察の対象とされる事柄に関して或る思想家が遺した断片的な記述を基に一定の観念を組み上げるという作業が中心とならざるを得ない。言わば、「寄木細工」（しかも、それが空隙の多いものである可能性は高いであろう。）の如きものをもって対象とされる思想家の「国際法」理論であると主張することが、本書において採用される分析・論述方法の核心部分に存在する問題点である。そして、この問題点に対しては、次のように解答し得る。即ち、断片的記述に依拠して「法」や「国際法」を巡る特定の思想家の認識を包括的に論じ尽くし得ると主張することはできないものの、本書で示されるような問題意識をもって特定の思想家の知的営為に取り組む先行研究が希少である現状において、たとえ不完全なものであっても一定の研究成果を提示することは是認されると判断されるのである。但し、このような分析・論述方法は、一人の学者が終生一貫した主張を展開していたことを前提するものであり、そのような前提が一個人のあり方として現実的なものではないとの批判を受けるであろう。それが第三の批判に繋がるのである。

第三の批判は、所謂 "contextualism" の立場からの批判であり、この立場乃至は思想それ自体が有する一定の正当性は否定され得ない。（しかし、「文脈」の重要性を過度に強調することにより、歴史研究が「不可知論」に陥ることは回避されなければならない。[6] 歴史研究者の使命としての「事実」の発掘に向けての努力は放棄されてはならないのである。[7]）確かに、同一の思想家の論考であっても、各々の論考が著された時点で当該思想家が置かれていた社会的事情を斟酌して解釈されるべきではあろう。（特に、ライプニッツのように、現実政治の場での活動をも継続した人物の著作を検討・評価する場合に、このような批判は妥当するであろう。）それでも、「社会的事情」には、「当該個人の個別利益の実現」という事情と「当該個人が置かれた社会体制」という事情が含まれるという点は留意されねばならない。仮に、或る論考に示されている理論が当該思想家に何らかの個人的利益をもたらすものであったとしても、その理論が（少なくとも現在の我々の理解において）「社会科学」に属するものであるならば、その当時の社会の実態や構造を全く反映しないものではあり得ず、当該理論に反映されている社会の実態や構造を把握することがより正確な歴史認識の獲得に繋がり得るのである。そして、このような理解に立つことは、個別の思想家の政治性という、或る意味において自明の事柄を前提として、当該思想家を解釈・批判することよりも、遙かに大きな学術的意義をもたらすように思われるのである。

本書各部の構成について

以上のような認識に基づいて執筆された本書の各部の基本的構成は次のようなものである。即ち、各部の第一章において、各部における主たる考察対象となる思想家に対する国際法史上の評価の確認が国際法（史）概説書を主たる検討材料として行われ（但し、そこにおける時代区分 (periodization) は多分に便宜的である。）、それに続いて、各思想家の「法」・「国家」・「主権」に関する理論が概観され、更に、各思想家の国家（主権者）間関係についての理解（「国家間関係」観）を検討すると共に彼等の理論・観念が近代国際法理論と如何なる関係にあるかが確認・考察される。尚、その過程において、各思想家の方法論的側面にも検討が加えられるが、その検討には必ずしも独立した章が充てられるものではない。また、各部の構成や個別の論点は、考察対象である三名の思想家の間に存在する理論的差異や歴史的評価（とそれらに伴う先行研究の多寡）に応じて、異なるものとなっている。

尚、本書ではこれら三者相互間の関係についての検討は原則的に為されていない。（勿論、ホッブズが提示した国家・主権理論に対するライプニッツ及びルソーによる批判、また、「法」や「国家」を巡る三者間の理論的相異は各々検討に値する問題である。(8)）その理由は、本書が意図するものが、三者間の理論的な継受や影響ではなく、各々が、我々の「負の国際法意識」との関係でどのような差異をもって定位され得るかという問題の探求であることにある。つまり、これら三人の思想家の国際法史における再定位が本書の基本的課題なのである。

序論　註

（1）“Leibniz”は“Leibnitz”と綴られることもある。（本書の参考文献一覧を見よ。）また、ドイツにおいて彼の名は「ライプニッツ」とも「ライブニッツ」とも発音されている。彼自身が何れで呼ばれることを正しいと考えていたのかは知る由もないが、本書では日本において比較的多用されていると判断される「ライプニッツ」が採用されている。

（2）ホッブズとルソーの「考察の焦点は秩序であって、法ではない」（Heller (2017), 160.）との評価に端的に示されているように、彼らの著作における法の取り扱い方は社会（国家）及びその秩序の取り扱い方に比較して第二義的なものとなっていると感じられる。また、ライプニッツについては彼の論考が社会科学的側面から論じられること自体が決して多くはなかったのであり、その本格的研究は近年になって漸く緒に就いたように思われる。（ライプニッツの政治哲学を巡る研究の動向については、本書第二部の「はじめに」及び註（5）・（6）を見よ。）

（3）これら三者に関する国際法（史）研究上の評価についての詳細は、各部の第一章で論じられるが、概括的に表現するならば、従来の国際法（史）研究において彼らの著作は殆ど等閑視乃至無視されてきたと言える。それを象徴すると思われることとして、二〇世紀初頭にピレ（Antoine Pillet）を序論担当者として公刊された国際法理論史の基本文献（Pillet (1904).）において、これら三者が考察対象とはされていないという事実が挙げられる。

また、このような状況が生まれた原因の一つとして、これら三者が啓蒙期の思想家であったことが指摘され得る。即ち、啓蒙思想が「国家間関係」の考察という点では絶対主義的な理論とさほど重要な差異を生み出すことはなかった（この点については次の文献を見よ。Ashworth (2003), 139–140.）との理解が一般的であり、「国家間関係」を巡る理論的考察の延長線上に通常置かれる「国際法」理論の展開にとっての重要性を彼等が有しないとみなされてきたと考えられるのである。

（4）大沼（編）（一九八七年）五頁及び一四頁註（7）。（傍点強調は原文。）但し、この引用部分を含む大沼の記述は論旨が必ずしも明確ではない箇所を含むため、次の文献に従って引用内容を確定した。Onuma (ed.) (1993), 2. 尚、この文献では「負の国際法意識」は“negative awareness of international law”とされている。

（5） 国際法史研究における歴史研究一般との共通性を高めることに関しては、専門性の観点からの批判が存在し得るであろう。しかし、筆者がこのことを強調することの背景には、次のような認識が存在している。

近代、特に、二〇世紀初頭以降の国際法学の歴史は、国際法の（規律）対象領域の拡大への取り組みと共に、理論的体系化・精緻化が国際法学の重大な使命であったことを示している。しかし、その過程において国際法学は、（とりわけ精緻化のために）「法的」なる観念に留まるようになり、その対象領域が内包する法学的に説明困難と思われる要素（特に、「政治的」要素）を排除することにより、そのような要素の説明を回避しがちになったように思われる。そして、その一つの帰結として、国際社会に生起する最重要と思われる諸問題に対して、国際法学は一定の説明乃至解答を与え得るものの、実際にはそれは自己完結的なものであって、現実社会との本質的な連関を喪失し、現実社会に対して殆ど意味を有しないという状況（更には、国際法の機能不全或いは国際法学自体の現実的破綻という状況）に陥ることとなってしまったのではあるまいか。カーティー（Anthony Carty）の言葉を借りるならば、国際法学の「瑣末化と周辺化」（trivialization and marginalization）（Carty (1997), 102.）が出来していると考えられるのである。

このような状況を前にして、国際法学徒が為し得ることの一つは、自らの「専門分野」を歴史的に問い直し、国際法学を支える諸々の基礎的な理論や観念をより広い、そして、より深い知的基盤の上に再構築することであろう。例えば、現代国際法学において多用される「人権」・「民主主義」・「立憲主義」等々の観念の多くは、（その究極的起源はともかくとして）欧州啓蒙期に生成・発展したと考えられる。そこで、その時代の諸著作に再度取り組み、それを理解し直すことは、現代国際法学を再構成する基本的な作業の一つとなると思われるのである。（またそれは、近代主権国家の構成原理と現代国際法理論の整合性を検証する端緒となり得るであろう。）

（6） 例えば、コスケニエミ（Martti Koskenniemi）は「本書［即ち、Koskenniemi (2001)］は、『それが実際にそうであったような』過去についての中立的記述――そのような類いの知識は我々には開かれていない――を探求するのではなく、我々の現在の情況を我々にとってより明らかとし、我々が我々の実行や計画に従事する際に我々に開かれている職業的な文脈において活動するための我々の能力を研ぎ澄ますような記述を探求する」と宣言する中で、「『それが実際にそうであったような』過去についての中立的記述」(a neutral description of the past "as it actually was") を探求しないとしている。Koskenniemi (2001), 10. このことが、「事実」に可能な限り接近しようと努力する歴史家の知的営為を当初から否定することを意味するならば、歴史研究の存在意義をも否定することとして批判されるべきであろう。そして、同様の批判は、「脱構築」類似の観念を援用乃至濫用することにより「確実なもの」や「確実な研究」を冷笑するが如き主張にも向けられるべきである。

(7) 歴史研究に際して、我々はルソーの次の言葉を常に自らのものとすべきであろう。"Les pires histriens pour un jeune homme sont ceux qui jugent. Les faits ! et qu'il juge lui-même." OC (Emile), VII, 630.

(8) ホッブズ・ライプニッツ・ルソーの政治哲学の比較を同時に試みた先行研究は見出されないが、これら三者の内の二者の理論の比較を試みている文献の若干の例として、次のものが挙げられ得る。Hoffmann (1965), 54–67: Forsyth (1994), 37–43: Tuck (1999), 197–207: Riley (2001), 5: Cavallar (2003), 96–98: Drischler (2015), 49–58: Schröder (2015), 38–43: Basso (2015), 61–70: Vanin (2015), *passim*: Heller (2017), 160–181. 更に、田中(一九九四年)一五一―一八三頁も見よ。

第一部　トマス・ホッブズ：「国際法の否定者」か

はじめに

第一部は、トマス・ホッブズの諸著作の内在的理解を通じて、彼が提示した「法」・「国家」（及び「主権」）に関する諸理論や彼の「国家間関係」観、更には「国際法」に関わる認識が近代国際法理論と如何なる関係を有するのかを考察することを直接の目的とする。（ホッブズの「国際法」理論を論ずるのではない点は留意されるべきである。）

ホッブズが「国際法」について如何なる観念を抱いていたのかを明らかにすることは容易な作業ではない。その理由は極めて単純である。彼は「国際法」を主題とする著作を遺しておらず、また、例えば、政治哲学に関する彼の主要三著作（『法原理』・『市民論』・『リヴァイアサン』）の中に「国際法」に関わる纏まった記述も殆ど存在していないからである。そして、同様のことは彼の「国際法」観念（仮に、そのようなものがあるとして）を支えると思われる「国家間関係」観についても当てはまるのである。

このようにホッブズの政治哲学的考察が、「国際法」を含む国家の対外関係に向けられず、国家の対内的側面に向けられたこと、そして、その意味において、彼が「国内問題」を「国際問題」に優先させたことは、幾つかの理由により説明され得る。[1]それらの理由の中で、ここでは先ず、本論では殆ど論じられ得ない彼の著作の歴史的乃至は個人的背景（したがって、それらは「状況証拠」に過ぎないものである。[2]）であって、彼の「国家間関係」観に影響を与えたと思われる幾つかの事柄について指摘しておきたい。

先ず、ホッブズ自身が経験したピューリタン革命等のイングランド内の動乱が挙げられ得る。自国内の一連の動乱を目撃し、内戦や国内秩序の崩壊は社会状態から自然状態への人間の在り方の退行への途であり、そのような退行の途が常に現実に存在するものと感じたホッブズが、[3]国内の諸問題の解決と国内の平和や秩序の維持を最重要課題とし、政治哲学的考察において国内問題を国際問題に優先させたと考えられるのである。そして、彼のそのような判断の正しさは、次のような当時の欧州の戦争の在り方からも理解され得るものである。

当時の戦争が「国民軍」による総力戦ではなかったことを考慮するならば、戦争（即ち、国家間の自然状態）における方が、内戦（即ち、国内の自然状態）におけるよりも、市民の犠牲者数は少ないであろうとの予測が成立する。[4] また、交戦当事者の双方が傭兵を主戦力として展開した当時の戦争の烈度に比較するならば、同胞間の「近親憎悪」がもたらす内戦はより残酷で悲惨なものとなることが予測される。[5] 要するに、諸国家間の自然状態によりもたらされると予測される害悪は諸個人間のそれよりも軽減されたものであるとホッブズが判断していたであろうことが理解されるのである。[6]

以上のことから、ホッブズが国内問題（内戦）の解決を国家間の問題（戦争）の解決に優先させたことは合理的判断であったと言えるのであり、[7] 彼が国内の諸問題の解決のための政治哲学的考察に集中したことの理由が理解されるのである。[8]

また、ホッブズは国家間関係に関する理論構築を意図的に回避したのではないかと推測させるような事情も存在した。それは彼自身が置かれた次のような政治的立場である。

諸個人間における国家の設立に関する場合と同様の議論を国家間関係について展開すれば、それは何らかの超国家的制度の設立に関する構想となるであろうし、少なくとも、国家間の自然状態としての戦争を回避するための制度の構想とはなるであろう。（本書第三部で論じられるように、ルソーはまさにそのような構想を抱いたのである。）そして、そのような構想の下で創出される組織や制度の中では、意思決定機関や一定の指導的役割乃至権威を担う機関が必要とされることになる。当時の欧州国際政治の舞台で、そのような機関の主要な地位を占めることが予測される存在は、ローマ教皇と神聖ローマ皇帝であった。しかし、チューダー朝及びステュアート朝文配下にあった当時のイングランドは宗教的には所謂「英国教会」(*Ecclesia Anglicana*)の下に置かれ、また、皇帝はスペイン国王が兼ねていたことから、宗教的・政治的にイングランドとしては教皇・皇帝の権威を認めることはできない。そして、ホッブズ自身はチューダー家に連なる名門領主の保護下にあったのである。以上のことから、聖俗両界の超国家的(即ち、英国に優位する)権威を認めるものと誤解されかねない見解を提示することは自己の政治的立場を危うくするとホッブズが判断し、結果的に国家間関係に関する政治哲学的考察を回避したとも推察されるのである。(9)

これらの歴史的乃至は個人的背景に加えて、ホッブズが国内問題を国家間の問題に優先させたことには、彼の国家構成理論からの帰結という側面があることも指摘可能であり、それは次のように彼の「自然状態」観と関連する。即ち、諸個人間に存在する自然的(肉体的・能力的)差異と国家間のそれとを比較するならば、自然状態にある相対的に差異の小さい諸個人間の関係においては、暴力がより頻繁に用いられがちとなるため、平和の達成のためには国内問題の解決を優先せざるを得ないと判断されることになるのである。(10)

以上のようにして、ホッブズが国内問題を国際問題に優先させたことの背景は理解される。(11) そして、そのような背景を負いつつ、彼の「法」や「国家」に関わる政治哲学的考察は国家の対内的側面を重視したものとなる。しかも、ホッブズが「国内の平和及び安全のために」「全能のリヴァイアサンの設立」を説いたことが「国際的な平和及び安全保障の達成をより困難にしている」(12)との評価が存在することからも理解されるように、彼が描く国家像は「国際的な平和及び安全保障」というような観念に馴染むものではないように思われる。その結果として、ホッブズの「国家間関係」や「国際法」に関わる観念の考察は一層困難なものとなることが予想されるのである。

予想される困難は、以上のことに止まらない。ホッブズの「国家間関係」・「国際法」観念の考察を試みることには、次のような批判すらも予想される。即ち、ホッブズの政治哲学関連諸著作が専ら国内問題を扱っているという解釈に基づくならば、国家間関係を規律する原理や法規範にまで拡張して彼の所論を検討することは妥当ではないとされるのである。また、この批判に彼の「法」観念（「法」(Law) とは「忠告 (Counsell) ではなく、命令 (Command)」であり、「その者に従うようそれ以前に (formerly) 義務付けられた者に対して命令を与える、その者だけの命令」である。[13]）を結び付けることによって、国際法の存在は容易に否定され得る。[14] 即ち、共通の主権的存在や立法機関を有しない諸国家間の関係において法は存在しないのであるから、主権国家間の関係を規律する法規範としての国際法の存在をホッブズの理論の枠内で論ずることは不可能とされるのである。[15] 実際に、（この部の第一章で確認されるように）これまでの国際法史研究においてホッブズの理論は殆ど無視されており、また、二〇世紀中葉以降の国際法史概説書において彼に対する「国際法の否定者」という評価がほぼ定着しているのである。

しかし、ホッブズは国家間関係についての考察を全く行わなかったのであろうか。そして、彼の理論は本当に国際法を「否定」したのであろうか。これらの点について、筆者（明石）は一般的に受容されている見解とは異なる見解を有している。何故ならば、本書で以下に引用・言及されている記述からも理解される通り、ホッブズは国家間関係について完全に沈黙しているわけではなく、特に、「諸々のコモンウェルス」に適用される規範についても触れていることは無視できないからである。勿論、ホッブズの断片的記述に依拠することによって、彼の「国際法」認識を包括的に論じ得るなどと主張することは余りにも無謀である。しかし、彼の思考の中に国家間関係を律する何らかの法観念が存在したことは理解されるのであって、彼の「法」・「国家」（及び「主権」）理論を基にして彼の「国家間関係」・「国際法」に関わる認識を幾らかでも紡ぎ出し、更に、それらの理論や認識と近代国際法理論との関係についての考察を試みることは可能であるようにも思われる。そして、そのような考察を（飽く迄も、ホッブズの論述の内在的理解が許す範囲において）試みることが、この部の課題なのである。

第一章

予備的考察：国際法（史）概説書におけるホッブズの位置付け

序

本章では、ホッブズの著作や理論の国際法学説史における位置付けを確認する。具体的には、彼の政治哲学上の主要著作の公刊が完了する一七世紀中葉以降の「国際法」概説書（乃至は体系的著作）におけるホッブズへの言及の確認と検討が行われる。（国際法史概説書に関しては、別個の検討が行われる。それは、当該文献が国際法史研究者の手によるものであることから、論述対象の歴史的評価がより専門的な立場から為されていると考えられるからである。）この検討は、現在の国際法学における「国際法の否定者としてのホッブズ」という一般的評価が何時頃（そして、どのように）形成されたのかを確認するための作業である。

以下では、先ず、国際法概説書におけるホッブズの取り扱いを歴史的に跡付け（第一節）、その後に、国際法史研究者の間でのホッブズ評価（第二節）を確認する。

第一節　国際法概説書におけるホッブズ

(一)　一九世紀以前の国際法概説書におけるホッブズ

一七世紀中葉以降一八世紀末までの「国際法」の体系的著作においてホッブズの名が登場することは殆どないように思われるが、次のような若干の例外は見出される。

先ず、プーフェンドルフ（Samuel von Pufendorf）は、『国際法及び自然法論』（一六七二年）において、多くの箇所でホッブズに言及している。[16] 特に、第七篇第六章（「最高支配権の特質について」（*De affectionibus summi imperii*））中の第一三節は「ホッブズに答えて」（*Hobbesio respondetur*）と題され、主権（支配権（*imperium*））が至高であること（*summum*）と絶対であること（*absolutum*）の区別をホッブズが厳密に行っていないことが批判されている。（具体的には、プーフェンドルフは、『市民論』中の記述を引用しつつ、ホッブズが主権の行使に関して、「共通の平和と防衛」という条件を付しているにも拘らず、主権を「絶対的」としている点を問題としている。[17]）また、ヴァッテル（Emer de Vattel）の主著『国際法』（一七五八年）の「序文」（Préface）においては、『市民論』で示された「国際法に関する独特の、しかし依然として不完全な国際法（le Droit des Gens）の観念」に或る程度の評価が与えられている。[18] 更に、マルテンス（Georg Friedrich von Martens）の仏語版概説書『条約と慣行に基づく欧州現代国際法概論』では、同書の「序説」（Introduction）中の「国際法学の歴史」（Histoire de la science du droit des gens）と題された節において、グロティウス（Hugo Grotius）以後の自然国際法論に反論する（refuter）者としてホッブズの名が挙げられている。[19] これらは何れも、ホッブズが自然法と国際法の同一視したことに基づく評価であると解される。

　一九世紀に公刊された国際法概説書においても、ホッブズへの言及が全く見出されないものが多い。[20] それでも、何らかのかたちで彼に触れる国際法概説書は一九世紀を通じて見出され得る。一九世紀前半の著作としては、先ず、一八一七年に独語初版が公刊されたシュマルツ（Theodor von Schmalz）の『欧州国際法』においては、巻末の「欧州国際法文献」中に『リヴァイアサン』と『市民論』が「自然法」関連文献として（グロティウスやプーフェンドルフ等の文献と共に）挙げられている。[21] また、クリューバー（Johann Ludwig Klüber）の一八一九年公刊の概説書（仏語版）では、三箇所でホッブズの名が登場する。即ち、ズーチ（Richard Zouche）の同胞として紹介され、他国の不正でない勢力の拡大を妨げる権能は一般に存在しないという主張に関する註の中で、それに反対する見解としてホッブズ（『市民論』第一三章）が挙げられ、また、条約の不可侵性に関する議論の註の中で『リヴァイアサン』が挙げられている。[22] そして、一八三九年公刊のマニング（William Oke Manning）の概説書では、プーフェンドルフの『国際法及び自然法論』が「グロティウスとホッブズの著作に基づく」ものであることが指摘されている。[23]

以上の文献におけるホッブズ（の著作）への言及は、付随的且つ断片的なものでしかない。それに対して、一八三六年にその初版が公刊されたホィートン（Henry Wheaton）の『国際法要論』では、「グロティウス以後に、そしてプーフェンドルフ以前に登場したホッブズは、自然法の一般原則（the general principles of natural law）と国際法（the law of nations）は同一であり、両者間の区別は単に言葉の上だけのものであると主張した」とされ、それに続き『市民論』の該当箇所（第一四章第四節）が引用されている。[24] また、ワイルドマン（Richard Wildman）は、一八四九年公刊の概説書（第一巻）において、プーフェンドルフによる自然法と国際法（the law of nations）の混同が「ホッブズ［の説］を採用した」ことによるものとし、「恐らく、ユース・ゲンティウムに関する古代の意味と近代のそれとの区別を考察しないことにより、ホッブズは誤解へと導かれた（misled）」としている。[25] つまり、これら二者は、ホッブズが国際法と自然法を同一視した点を明確に指摘しているのである。（但し、ワイルドマンはホッブズの国際法認識に否定的評価を下している。）また、ワイルドマンの著作と同時期（一八四四年）にヘフター（August Wilhelm Heffter）は『現代欧州国際法』を公刊しているが、同書第二版（一八四八年）の「序論」（Einleitung）中の一節（「国際法の理論と文献」（Die Theorieen und Literatur des Völkerrechtes [*sic*]））において、「拘束力のある実定的な、とりわけ国際的な法（verbindliches positives, namentlich internationales Recht）を完全に否定した」論者の一人として「暴力を崇めた（vergötterte）」ホッブズを挙げている。[26]

一九世紀後半の著作としては、先ず、一八五五年以降計四巻（但し、第四巻は国際私法を扱っている。）が公刊されたフィリモア（Sir Robert Phillimore）の概説書が挙げられ得る。その第一巻第一章中の国家の法人格を巡る議論に付された註において、ホッブズの『市民論』（第一四章第四・五節）が引用されているのである。[27] また、フィオレ（Rasquale Fiore）の仏語版概説書では、ホッブズは「自然法と国際法（le droit de gens）の同一性」を説き、「意思及び実定国際法（un droit des gens volontaire et positif）の存在を否定した」学派の代表者としてプーフェンドルフと共に挙げられ、続いて、『市民論』中の論理が紹介されている。[28] 更に、ハレック（Henry W. Halleck）の概説書においては、第一章「歴史の素描」（Historical Sketch）の中で、グロティウス以降の「国制法（constitutional law）の主要な著者」の一人としてホッブズが挙げられ、彼の略歴が示されている。但し、「自然状態とは、そこにおいて野蛮な力が法及びその他の何れの行動原則にも取って代わる永続的戦争の状態であるとの愚かな理論（absurd theory）を彼［即ち、ホッブズ］は採用した」との指摘が為されと共に、スピノザ（Baruch Spinoza）について、彼がホッブズの自然状態観に同意し「諸国は条約の遵守が最早自らの利益とならないならば、そうするように義務付けられないという嫌悪すべき原理（detestable maxim）を公言した」[29] とされていることから、ハレックがホッブズの見解に対して批判的であることが理解される。[30] また、その第二章（「国際法（International Law）の性質及び法源」）では、ホッブズがプーフェンドルフと共に、「自然法の一般原則と国際法（the law of nations）は同一のもの」とみなし、それら二つのものの相異は言葉の上でのものでしかないとしたことが指摘されている。[31]（尚、ハレックと同様に、ホッブズの自然状態観に対する強い批判を述べる概説書も存在する。[32]）更にまた、トゥイス（Travers Twiss）は、少なくとも三点、即ち、国家構成理論、「法」と「信約」の相異（それらはやや強引に「自然国際法」と「実定国際法」に置き換えられている。）、諸個人間の自然法と諸国家間のそれとの同一視、に関してホッブズの名を挙げて論じている。[33]

一八八四年公刊のロリマー（James Lorimer）の概説書では少なくとも二箇所でホッブズへの言及が見られる。即ち、「国際法学の諸学派」（Schools of International Jurisprudence）の説明の中で「否定乃至は国家学派」（the negative or national school）の説明のために「普遍的戦争というホッブズの恐ろしい観念（horrible conception）」が援用されると共に、自然法としての国際法の観念に関する議論において彼の名が登場している。[34] また、ロリマーの概説書と同時期に公刊されたカルヴォー（Charles Calvo）の概説書（第四版）でも少なくとも二箇所、即ち、「歴史の素描」（Esquisse Historique）と「［国際法の］一般原則」（Principes Généraux）でホッブズが紹介され、前者では、彼が『市民論』で国際法（droit international）の基本原則と永続的戦争状態としての自然状態を論じたことが極めて簡略に紹介され、後者では、彼が『市民論』で国家間の自然法が国際法であるとしたことが紹介されている。[35]更に、一八九四年のデパニェ（Frantz Despagnet）の概説書においては、ホッブズが「自然国際法（un Droit des gens naturel）のみを認め、国家間の全ての実定法を否定した」ことが紹介され、彼の説が一定期間極めて大きな影響力を有したことが指摘されている。[36]同書ではまた「国家間の関係に関する実定法を不可能とする」説を提示する者としてプーフェンドルフ及び「理念学派」（l'école idéaliste）と共にホッブズの名が挙げられ、別の箇所でそのような説が既に放棄されたとされている。[37]更にまた、このデパニェの概説書の翌年に上梓されたローレンス（Thomas J. Lawrence）の『国際法の諸原理』では、第三章「国際法の歴史」において、グロティウスとの対比においてホッブズの（『法原理』第一四章に依拠した）人間観が示されている。[38]

以上に瞥見してきた国際法概説書に関して、我々は次の諸点を指摘することができよう。先ず、ホッブズの名が登場する国際法概説書は、多数存在するとは言えないものの、一七世紀中葉以降一九世紀末までの期間を通じて存在している。そして、それらの中でのホッブズへの言及は、次の五点、即ち、自然法と国際法を同一視したこと（ヴァッテル・マルテンス・シュマルツ・ホィートン・ワイルドマン・フィオレ・ハレック・トゥイス・ロリマー・カルヴォー・デパニェ）、実定法としての国際法を否定したこと（ヘフター・フィオレ・ロリマー・デパニェ）、国家間関係を自然状態としたこと（ハレック・ロリマー・カルヴォー・ローレンス）、自然法論におけるグロティウス及びプーフェンドルフとの学説史上の関係（マニング・ホィートン・ワイルドマン・フィオレ・ハレック）、国家の法人格を承認したこと（フィリモア）に集約され得る。（尚、クリューバーはこれら五点の何れにも触れていない。また、トゥイスはホッブズの国家構成理論と「法」と「信約」の相異に関する理論をも紹介している。)勿論、これらの中には相互に関連し得るものもあり、特に、第一点と第二点は密接に関連し得るのである。[39]

(二) 二〇世紀以降の国際法概説書におけるホッブズ

二〇世紀を迎えると国際法概説書におけるホッブズへの言及の頻度はそれ以前に比して少なくなるように思われる。[40] それでも、同世紀初頭から近年に至るまで彼の名が登場するものが見出される。

例えば、一九〇五年公刊のオッペンハイム (Lassa F. L. Oppenheim) の概説書(第一巻)では、「国際法 (International Law) の規則は法的に拘束する (legally binding) と言われ得るか」という疑問に対して、ホッブズが(プーフェンドルフと共に)否定的な回答を与えたとされている。[41] また、戦間期においては、一九二八年にその初版が上梓されたブライアリー (James L. Brierly) の概説書で、「政治的優越者 (a political superior) の意思でないものは法とはみなさないという、ホッブズやオースティン (John Austin) といった著作家の支持者から、国際法の法的性質に対する異議が提起される」とされた上で、そのような法観念が誤りであるとされている。[42] このブライアリーの著作と同時期に公刊されたアンツィロッティ (Dionisio Anzilotti) の概説書(第三版)の冒頭の章(「国際法の歴史及び文献の略述」)においては、ホッブズが国際法を自然法と同一視したこと、そしてプーフェンドルフがこのような理解を受容したことが触れられている。[43]

第二次大戦後の概説書でも、例えば、ドゥ゠ヴィシェ (Charles de Visscher) は、ホッブズ(及びスピノザ)の理論の基礎にあるものが「安全の必要性と恐怖への性向」であり、そこから留保や権力への制限のない社会契約理論へと繋がっていること、国家間には自然法 (le droit de nature) が存続すること、そして「ホッブズの観念が国際法 (le droit international) の否定にしか導き得なかった」こと等を指摘している。[44] また、ハイデ (Friedrich August

Freiherr von der Heydte）は、「国際法学の発展」の中の「プロテスタント期：グロティウスからヨハン・ヤーコプ・モーザーまで」において、自然法学派について論じ、その中でプーフェンドルフをこの学派の創設者とした上で、彼が「グロティウスの学説を」「ホッブズの機械論的自然哲学（mechanistische Naturphilosophie）の意味において」解釈したとし、それに加えて、彼がホッブズと共に人間の「自然状態」と「組織化された社会」という区分を設け、国家間の関係が自然状態にあるとした旨を論じている。(45) 更に、シュワルツェンバーガー（Georg Schwarzenberger）は彼の概説書の第七章（「戦争及び中立」）の冒頭に（この部の第四章でも触れられている）『リヴァイアサン』第一三章中の「戦争」は「戦闘や闘争行為にのみ存するのではなく、戦闘による闘争の意思が十分に知られている期間にも存する」のであり、「その他の全期間は平和である」との記述を掲げている。(46) 更にまた、ソーレンセン（Max Sørensen）が編者となった概説書において冒頭の章を担当したパリー（Clive Parry）は、「事実上の権威（a *de facto* authority）としての主権者（the sovereign）の観念が最終的に明確にされた」著作として『リヴァイアサン』を紹介すると共に、自然法学派の代表的人物の一人としてバルベイラック（Jean Barbeyrac）を挙げ、彼が自然法としての国際法というホッブズの理解に従っているとしている。(47)

以上のものと比較してやや多くの箇所でホッブズへの言及が見出されるのが、ベルバー（Friedrich Berber）の著作であり、その第一巻第一章（「国際法の観念と本質」）第二節（「国際法の法的性質」）で、「国際法の軽蔑者（Verächter）」としてマキャヴェッリ（Niccolo Machiavelli）とホッブズが挙げられ、それに続いて『リヴァイアサン』からの引用と共にホッブズの「国際社会」観が説明され、また、第七章（「国家承継」）の中で「近代的国家理論」を論じた者として（註において）ロック（John Locke）やプーフェンドルフと共にホッブズが挙げられている。更に、同書第二巻第一章（「戦争の観念、方法及び問題」）において、「戦争の心理的原因」として様々な要素が挙げられている箇所の註で『リヴァイアサン』（第一一章）が引用され、更にまた、同書第三巻第五章（「国際的統合」）中の「所謂原始的人々（Primitiven）の国際関係」と題された節で、ホッブズの「万人の万人に対する戦争」という観念が紹介されている。(48)

近年の国際法概説書においてホッブズへの言及が為されることは少なく、また為される場合であっても、（ホッブズを中心に論ずるという意味での）実質的言及ではない場合が殆どである。(49) 勿論、そのような言及を含む概説書が全く存在しないというわけではなく、次のような若干の（例外的）事例は存在する。

先ず、カッセーゼ（Antonio Cassese）の二〇〇一年公刊の概説書では、他の如何なる分野におけるよりも国際法において顕著な現象としての「擬制的人格」（fictitious person）についてホッブズが留意したことが触れられ、これに関連したやや長文の註が付されている。(50) また、同年公刊のブレックマン（Albert Bleckmann）の概説書では、「国際法の拘束力」と題された節で、一七世紀から一九世紀末までの国際法学説の中には「国際法の拘束力を厳格に否定した（strikt leugneten）」ものがあり、その最初のものとしてホッブズが国家間関係を自然状態として捉え、そこには国際法共同体（Völkerrechtsgemeinschaft）の如きものは存在しないとしたことが挙げられ、また、「国家の観念」を論ずる節で、諸学説の冒頭に「ホッブズに引き続いて発展した諸々の社会契約理論」が挙げられている。(51)

以上に瞥見してきたことから、二〇世紀以降の（決して多数とは言えない文献数ではあるが）国際法概説書がホッブズに言及する際には、基本的に一九世紀以前のものにおいて提示された五つの論点と関連していることが確認される。即ち、自然法と国際法を同一視したこと（アンツィロッティ・ドゥ＝ヴィッシェ・パリー）、（実定法としての）国際法を否定したこと（とそれに対する否定的評価）（オッペンハイム・ブライアリー・ドゥ＝ヴィッシェ・ベルバー・ブレックマン）、国家間関係を自然状態としたこと（ハイデ・ベルバー）、自然法論におけるグロティウス及びプーフェンドルフとの学説史上の関係（アンツィロッティ・ハイデ）、国家の擬制的人格を承認したこと（カッセーゼ）である。(52)

それでは、国際法概説書における以上のようなホッブズの取り扱い状況に比して、国際法史概説書や国際法史関連の専門研究書においては何らかの相異が見出されるのであろうか。

第二節　国際法史概説書におけるホッブズ

(一)　一九世紀以前の国際法史概説書におけるホッブズ

一九世紀末までの国際法史概説書には、ホッブズへの言及が全く見出されないものが存在する。それは、同世紀中葉のピュッター（Karl Th. Pütter）の『国際法史及び学術論文集』[53]であり、また同世紀末のホサック（John Hosack）の『国際法の発生と成長』[54]やウォーカー（Thomas Alfred Walker）の『国際法史』[55]である。

しかしながら、例えば、一七九五年に公刊され、国際法史概説書の嚆矢となったと考えられるワード（Robert Ward）の著作『ギリシア及びローマの時代からグロティウスの時期までの欧州における国際法の基盤と歴史の探究』では、『リヴァイアサン』において「この〔自然状態に関する〕理論が、法の体系の基礎としてはホッブズにより初めて考案されたように思われる」とされると共に、「自然法における義務」に関する議論の中で、ホッブズの自然状態観が提示され、更に、同書の最終（第一八）章「グロティウスの時代」において、『市民論』の引用と共に、人間の自然状態を戦争状態とするホッブズの立場は「国際法（the Law of Nations）を改善することを意図してのものでは決してなかった」とされている。[56]また、一八四一年にその仏語初版が上梓されるホィートンの『欧州国際法発展史』では、プーフェンドルフがホッブズの自然法の区分に従っていること、そして、スピノザがホッブズの見解に同意し、諸個人の（及び諸国家間の）自然状態が戦争状態にあるとしたことが指摘されている。[57]更に、カルテンボルン（Carl Baron Kaltenborn von Stachau）の著作では、「グロティウス後の哲学的方向」が論じられる中で、「[ホッブズが] 如何なる実定国際法も (jedes positive Völkerrecht)、そして独立した国際法学全般も否定した」とされた上で、『市民論』の一節（自然法と国際法は同一とする箇所）が引用され、更に同一の認識をスピノザが有したことにも触れられている。[58]（尚、同書の最終（第六）章の表題は「国際法の否定者」(Die Lugener [*sic*] des Völkerrechts) とされているが、その中ではホッブズについて論じられていない。[59]）

因みに、国際法史概説書ではないが、国際法の歴史に関連する諸論考が纏められたネイス (Ernest Nys) の著作では、ホッブズの名は「一六・一七世紀の英国」と題された章の中で次のように登場する。ネイスは、ホッブズが多様な評価を受けてきたことを認めつつも、彼が「それまで決して達成されることのなかった絶対主義の諸原則 (principes absolutistes) を明確さと正確さをもって定式化した」人物であるとしている。そして、ホッブズの略歴及び著書の紹介の後に、「ホッブズの理論の基礎は全ての人間の能力の平等であり、その平等が諸権利における彼等の平等をもたらす」ことの説明と「人間の人間に対する戦争が絶対的に不可避的且つ終了し得ない」ことから契約による絶対的な統治の設立に至るというホッブズの理論の説明が為されている。[60]

このように、一九世紀末までの国際法史概説書において、ホッブズは必須の論述対象であったとは言えない。それでも、国際法史の観点からの彼への関心は、その当時の国際法概説書における彼への関心に比較するならば、より大きいものであったとは言えるであろう。そして、この時期における国際法史概説書におけるホッブズへの言及は、自然状態観（及びその国家間関係への応用）（ワード・ホィートン・ネイス）、国際法の否定（カルテンボルン）、自然法と国際法の同一視（ホィートン）、学説的系譜（ホィートン・カルテンボルン）という四つの論点でほぼ尽くされている。それでは、二〇世紀以降の国際法史概説書においてホッブズはどのように論じられているのであろうか。

㈡　二〇世紀以降の国際法史概説書におけるホッブズ

二〇世紀以降に公刊された国際法史概説書においても、ホッブズの名が登場しないものは存在している。[61] しかしながら、全般的傾向から見れば、そのような著作は例外的であると言える。そして、そのような全般的傾向の起点となったと思われるものが、一九四七年の初版刊行以来国際法史概説書の最も標準的な著作という評価を永らく保持してきたと考えられるヌスバオム（Arthur Nussbaum）の『国際法略史』である。同書初版では、ホッブズは次のように論じられている。

先ず、第四章「一七世紀」中の「国際法の批判者（Critics of *Jus Gentium*）：トマス・ホッブズとザムエル・プーフェンドルフ」と題された節の冒頭から二頁以上にわたり、『市民論』と『リヴァイアサン』におけるホッブズの国家・法理論が紹介されており、国際関係（international relations）に関するホッブズの所見は、彼の国家哲学に付随するものに過ぎないが、「国際法理論に大いにそして多方面で影響を与えた」と肯定的に評価され、それと同時に、国際関係への適用のために"law of nations (*jus gentium*)"という専用の用語を使用した最初の人物としてもホッブズは評価されている。[62] 続いて、同一の節の中で、プーフェンドルフに関する記述において、「国際法（international law）に関してプーフェンドルフがグロティウスとホッブズの中間に位置する」ことが指摘され、また、「諸国家の自然的平等」というプーフェンドルフの国際法史上の貢献について、それが「平等が自然状態に生きる者達の特徴（feature）」であるとするホッブズの理論にまで遡ることができるとされた後に、「しかし、ホッブズはそれが生物学的資質（quality）であると考えていたのであり、『主権者』（sovereigns）への――即ち、国家（states）への――黙示的適用においてではあるが、それ［即ち、平等］は法的意味合い（a jural flavor）を帯びたのである」とされた上で、プーフェンドルフへの影響はグロティウスよりもホッブズの方が大きいとの評価が下されている。[63] 更に、ホッブズ及びプーフェンドルフにとって"*jus gentium*"が「専ら国際的意味」を帯びたことも指摘されている。[64] 以上の他、ヴォルフ（Christian Wolff）を扱う節において、彼がホッブズと同様に仮説としての自然状態から出発し、それを諸個人と諸国家に適用したとされ、また、オースティンに関する論述において、「国際法の否定者」問題が触れられる中で、国際法（international law）の法的性質について否定的である点でホッブズとオースティンは同一だが、前者は「否定者」（denier）とされ、後者はそうではないとされており、更に、デュギー（Léon Duguit）及びケルゼン（Hans Kelsen）の学説とホッブズの学説の比較が行われている。[65]

このように『国際法略史』（初版）では、ホッブズの国家間関係観、“*jus gentium*”という用語の国家間関係への排他的適用、「国際法の批判者（又は否定者）」という評価、他の著作家（特に、プーフェンドルフ）との関係について論じられている。これらの諸点は（国家の擬制的人格について明示的な指摘が為されていないことを除き）前節で確認された一九世紀末までの国際法概説書において指摘されてきた事柄と同一であると言えよう。但し、ヌスバオムのこの著作の意義を理解するためには、一九五八年に公刊された同書の改訂版との比較が必要であると思われるのである。

『国際法略史』の改訂版では、諸国家間に適用される法についての専用の呼称として“*jus naturae et gentium*”ではなく“*jus gentium*”を使用した最初の人物がホッブズであること、「自然法学派」（naturalists）の中でプーフェンドルフがグロティウスとホッブズの中間にあること（同様の評価は後に再述されている。）、「諸国家の自然的平等」という観念の発達にホッブズが貢献したことについて、初版と同様の記述が為されている。[66] それに対して、両版の間での大きな相異が看取されるのが、「国際法の否定者」に関わる箇所である。

前述の如く、『国際法略史』初版の第四章では「国際法の批判者：トマス・ホッブズとザムエル・プーフェンドルフ」と題された節の中でホッブズは論じられているが、そこでは「頻繁に行われているようにプーフェンドルフを『国際法の否定者』と呼ぶことは誤解を招き易い（misleading）」とされ、プーフェンドルフにとっては、自然法は専ら国際関係を規律するものと信じられていたことが指摘されている。[67]（つまり、ここで「国際法の否定者」という文言が登場する。）それに対して、改訂版では初版に存在しなかった「国際法の否定者」(Deniers of International Law) と題された節が設けられ、そこでホッブズ（及びスピノザ）が論じられている。そして、同節では、その冒頭から二頁以上にわたり、『市民論』と『リヴァイアサン』におけるホッブズの国家・法理論が紹介され、「諸国家間に如何なる法的紐帯 (legal bond) も存在しない」とされた上で、国際関係に関するホッブズの見解は、彼の国家哲学に付随するものに過ぎないが、「国際法理論に大いにそして多方面で影響を与えた」との肯定的評価が下されている。[68]（したがって、この部分は初版と同一である。）更に、「自然法学派」(The Naturalists) と題された節でもホッブズの名が登場する。（但し、同節の主たる論述対象はプーフェンドルフ及びヴォルフである。[69]）

つまり、ヌスバオムが意味した「国際法の否定者」とは「諸国家間に如何なる法的紐帯も存在しない」旨を主張する者を指しているのであるが、それと同時にホッブズが「自然法論者」であることは否定されていない。これらの記述を矛盾なく理解しようとするならば、ホッブズが否定したものは「実定国際法」であったとヌスバオムは考えていたことになる。ところが、以上の関連箇所において、「実定国際法の否定者」という明確な論述が存在しないことによって、ホッブズが「国際法（一般）の否定者」であるという印象が改訂版の読者には強く残される結果を招くことになっているように思われるのである。

以上のように、『国際法略史』の初版と改訂版の内容上の相異は大きくないにも拘らず、新たに設けられた「国際法の否定者」という節の中でホッブズが論じられることによって、読後感は大きく異なることになる。そして、『国際法略史』の改訂版で示されたホッブズに関する論点や評価、特に、「国際法の否定者」という評価は、同書以降の国際法史概説書においても次のように踏襲されることになるのである。

先ず、一九八四年公刊のグレーヴェ (Wilhelm G. Grewe) の『国際法史の諸段階』においては、ホッブズの理論体系がオッカム（William of Occam）の唯名論に基礎を置くものであることが指摘された上で、ホッブズは「近代的法実証主義の真の正統な祖先（der eigentliche legitime Stammvater）」とされると共に、「国際法の否定者達」（die Leugner des Völkerrechts）と後に称される学派の「始祖」（Ahnherr）であるとされている。(70) また、グレーヴェは、自然法として「国際法」を論じたプーフェンドルフとの対比やオースティンの法観念との関連においてもホッブズを論じている。(71) また、オランダの複数の研究者によって執筆された国際法史概説書（初版一九八九年：第二版一九九一年）の中で、ホッブズは二箇所で論じられているが、第一のものは第一章（「古代国際法史」）であり、ホッブズに関する実質的な議論ではない。(72) それに対して、ルーロフセン（Cornelis G. Roelofsen）が担当した第二章（「一四五〇年から一七一三年」）では、次のような議論が展開されている。ルーロフセンは先ず、ホッブズの自然状態観に加えて国際法と自然法を同一視する理論を紹介した上で、「この理論を根拠として、人はホッブズの国際法否定について論じ得るのであろうか、そして彼をグロティウスの対立者と称し得るのであろうか」との疑問を発する。彼は更に、「肯定的回答が自明のように見える」が、「より詳細な考察によれば疑念が生ずる」と述べた後に、次のような解答を与えている。即ち、「ホッブズの国際法理論を『二元的』（dualistisch）と称すること」が有意義であり、彼にとって「真の法」は「国内法」だけであって、国際法が国内法に「変型」（transformatie）されなければ法的拘束力を有しないというのである。(73)

以上の他にも、一九九四年公刊のツィークラー（Karl-Heinz Ziegler）の『国際法史』（初版）では、ホッブズは「国際法の否定者」（Völkerrechts-Leugner）として紹介され、彼の理論に含まれる悲観的な人間観及び自然状態観、そして、国際法と自然法の等置について説明された上で、“*ius gentium*”の観念が国際法（Völkerrecht）という意味における“the law of nations”や“droit des gens”と等置されるようになったのはホッブズからのことであるとの指摘が為され、更に、ホッブズとプーフェンドルフの法理論上の関係が述べられている。(74) また、一九九六年公刊のトゥルヨル＝イ＝セラ（Antonio Truyol y Serra）の著作では計四箇所でホッブズについて論じられており、「国家」（État）を指す用語としてホッブズが“Commonwealth”を用いたこと、「グロティウス後の学説」（第九章）中の「二人の国際法否定者」としてホッブズとスピノザが論じられ、プーフェンドルフの国際法理論がグロティウスのそれよりもホッブズのものに近いとされつつ、プーフェンドルフはホッブズのような「国際法の否定者」ではないとされ、プーフェンドルフ及びオースティンとの関連も論じられている。[75]更に、二〇一四年公刊のゴリエ（Dominique Gaurier）の著作においては、自然法学派の紹介の中でプーフェンドルフと共にホッブズが挙げられ、ホッブズは「国際法の否定者」であると共に「グロティウスと正反対の人物」とされ、「［ホッブズの］国際法理論への唯一の積極的貢献は国際関係のみに“jus gentium”という表現を限定したこと」とされている。[76]同書ではまた、スピノザがホッブズの自然状態観に同意したことも紹介され、更に、プーフェンドルフについて、「彼がグロティウスの息子の如くみなされてきた」が、プーフェンドルフの国際法理論には「実際に、ホッブズの影響はグロティウスのそれよりも明白である」ともされている。[77]

尚、二〇〇二年上梓のフォカレッリ（Carlo Focarelli）の国際法史概説書では、自然法学派に関連して、約二頁にわたり『市民論』と『リヴァイアサン』に即しての議論が展開され、グロティウスの自然法（*jus naturale*）と意思法（*jus voluntarium*）という二元論をホッブズが否定し、意思国際法（*jus gentium voluntarium*）という観念を排除したことが指摘されている。[78]また、二〇〇七年のルノー（Marie-Hélène Renaut）の著書でも、「自然法学派」と題された節の中で、「プーフェンドルフがグロティウスよりもホッブズにより多くを負っていた」こと、ホッブズによる「諸個人間の自然法と諸国家に適用される国際法（le droit des gens）の区分」、そして、「ホッブズが国際法の主体の範囲を諸国家に限定」したことが指摘されている。[79]更に、二〇一四年公刊の著作においてネフ（Stephan C. Neff）は、「国際法にとってホッブズの思考（ideas）の含意は多数存在した」という前提に立ちつつ、特に、ホッブズが国家をその構成員とは区別された、それ自体の権利、責務（duties）及び利益を有する団体（entity）としたこと、そして、「国家間の唯一の法的紐帯が自然法により提供される」としたことを挙げている。(80) ネフはまた、ホッブズが自然法学派に属するという基本的理解の上で、スピノザとプーフェンドルフがホッブズに従っている旨を論じ、更に、国家に実体的人格を認める理論の先駆者としてもホッブズに触れている。(81) つまり、これら三著においては、「国際法の否定者」としてのホッブズへの言及が見られないのである。

因みに、辞典類における通史的記述に含まれるホッブズに関する記述に目を向けるならば、『国際法辞典』中の「欧州国際法の時代（一六四八年から一八一五年まで）」という項目を担当したライプシュタイン（Ernst Reibstein）が、「初期実証主義」（Friiher Positivismus）と題する節でズーチに続いてホッブズ（更には、スピノザやプーフェンドルフまでも）を論じ、「〔ホッブズを通じて〕自然法に基礎付けられた国際法学説は深刻な危機に陥った」としている。(82) また、『国際公法百科事典』における「国際法史：一六四八年から一八一五年まで」と題された項目を担当したフェロスタ（Stephan Verosta）は、ホッブズが（スピノザと共に）「悲観的人間観」（a pessimistic view of mankind）を有し、「国際法（international law）の法的性質を完全に否定した著述家」の一人として紹介されている。(83) つまり、辞典類における論調も、ホッブズを「国際法の否定者」とするものであると言えよう。

以上のように、ヌスバオムが『国際法略史』（特に、その改訂版）で提示したホッブズを巡る国際法史上の論点は、同書以降の国際法史概説書において繰り返し挙げられており、グレーヴェによるオッカムの唯名論に関する指摘とトゥルヨル＝イ＝セラの“Commonwealth”の用語法についての指摘を除き、実質的に『国際法略史』の内容が踏襲されていると言えよう。特に、「国際法の否定者としてのホッブズ」という評価は、フォカッレッリ、ルノー及びネフを除く全ての著者によって論じられているのである。（前述のルーロフセンの議論も、「国際法の否定者としてのホッブズ」を巡るものであると言えよう。）

本節の最後に、ライプシュタインの二巻から成る国際法思想史を中心とした概説書におけるホッブズの取り扱いについて紹介しておきたい。同書は、「古代から啓蒙まで」を扱う第一巻において、四期に分けられた歴史区分に従って、各々の時期の「国際法」関連理論と著作家について論じ、「最近の二〇〇年間」を扱う第二巻においては、概ね一八世紀後半以降の国際法（史）学の方法論や原理的諸問題を考察している。その中でホッブズは各所で言及されており、例えば、「国際法古典期著作家（Völkerrechtsklassiker）と彼等の時代」と題された第三章では、『市民論』を基に国家の自己保存という観点からホッブズが国際法を自然法として捉えたことが指摘された上で、「ホッブズにより国際法（*jus gentium*）とも表現される」二〇に及ぶ自然法の諸規則（natürliche Gesetze）が挙げられ、更に、彼の理論の後世の理論家に対する影響についても論じられている。[84] また、第四章（『啓蒙と後期古典期著作家』）では、人間の本性についての理解を巡りルソーがホッブズ（及びグロティウス）を批判したことが長文の引用と共に紹介されている。[85] 同書におけるホッブズへの言及は、第一巻第一・二章（古代及び中世）を除く全章にわたり、概ね二〇箇所で為されている。[86] このことは国際法思想史におけるホッブズの一定程度の重要性を傍証していると解されるのである。

小括と若干の考察

以上本章において確認された事柄から、次の諸点を指摘することが許されよう。

第一に、一九世紀末までの国際法概説書においてホッブズへの言及が為される場合には、彼の理論における、自然法と国際法の同一視、実定法としての国際法の否定、国家間関係の自然状態としての認識、自然法論の系譜における他の著作家（特に、グロティウス及びプーフェンドルフ）との関係、国家の擬制的人格の承認、という五点で議論はほぼ尽くされている。第二に、二〇世紀以降の国際法概説書におけるホッブズへの言及の頻度は、一九世紀末までの状況に比較して、より少なくなるように思われるが、言及される主たる論点は何れの時期でも同一である。第三に、国際法史概説書におけるホッブズへの言及は、自然法と国際法の同一視、国家間関係の自然状態としての認識、実定法としての国際法の否定、学説的系譜という四つの論点でほぼ尽くされており、同時期の国際法概説書に比較するならば、国家の擬制的人格の承認という論点が欠落していることが理解される。第四に、二〇世紀以降の国際法史概説書において、最も広範にホッブズへの言及を行った者はヌスバオムであるが、彼の記述では一九世紀以前の国際法史概説書と同様に国家の擬制的人格の承認についての明示的言及が欠落している。第五に、二〇世紀中葉以降の殆どの国際法史概説書においては、ヌスバオム『国際法略史』（改訂版）によって明示されたホッブズの「国際法の否定者」という評価が踏襲されている。

以上のように、一八世紀後半以降二〇世紀中葉までの国際法概説書においてホッブズは一定程度の関心の対象であり続けたのであり、近年においても彼への言及を含むものは存在している。そして、それらが論じている事柄は前述の五つの論点でほぼ尽くされている。そして、それらの論点中、一九世紀以前の国際法概説書では、ホッブズが自然法と国際法を同一視した点が比較的重視されていたが、二〇世紀のものでは、「国際法の否定者」としてのホッブズ評価が登場する頻度が増していると言えよう。

また、国際法史概説書（特に、二〇世紀以降のもの）の中では、ホッブズへの言及が見られるものが大多数を占めており、それらにおいては彼を「国際法の否定者」とする評価が広く見られる。この評価は、一九世紀以前には（本章で確認され得た限りでは）カルテンボルンのみによって為されていたのに対して、二〇世紀中葉以降の国際法史概説書においては概ね共有されていると言える。そして、この評価の共有には、（時系列上）ヌスバオムの『国際法略史』（改訂版）が大きな影響を与えたものと思われる。但し、この評価の共有の過程において、一九世紀中にカルテンボルン（そして、国際法概説書ではヘフター・フィオレ・ロリマー・デパニェ）が論じたような「実定国際法の否定者」というホッブズの著作の正確な理解（これについては、次章以降で確認される。）に基づく評価が二〇世紀中葉以降には失われている点は留意されるべきである。[87]

第二章
ホッブズの「法」理論

序

本章では、前章で確認された「国際法の否定者」というホッブズに対する一般的評価について、より正確な検討を加えるために必要と考えられる彼の法理論を考察する。具体的には、ホッブズによる「法」の定義及び分類（第一節）と彼の自然法理論（第二節）が考察対象とされる。このように考察対象を二分することの理由は、ホッブズが「法」として認識しているものが現在一般に観念されている「実定法」に近似しており、それとの対照において「自然法」が論じられているようにも思われるからである。（但し、そのような認識の当否は、本章の「小括と若干の考察」において論じられることとなる。）

第一節　ホッブズによる「法」の定義及び分類

(一)　前提：「法」(*lex*) と「権利」(*jus*) の峻別

ホッブズの法理論を考察する際に、我々が先ず確認すべき事柄は、彼が「法」(*lex*) と「権利」(*jus*) の峻別を説いていることである。

周知の如く、ラテン語の“*jus*”は「権利」と共に「法」を意味し得る。ホッブズもこの点について、『市民論』の中で、「自然法」(the Law of nature) を諸個人間のものと「諸国家のそれ」(*that of Cities*)」に区分した上で、後者が「諸国家のそれ」(*that of Nations*) と呼ばれ得るが、「通俗的には諸国家の権利 (the *Right of Nations*) と名付けられている」としている。[88] このように「法」と「権利」を区分しようとする彼の態度は、『リヴァイアサン』中の次の論述において一層明確にされると共に、「権利」は「自由」と、「法」は「義務」と各々結合されている。

「この［自然法とは何かという］問題について論ずる者達はユースとレークス、即ち、権利と法（*Jus*, [*sic*] and *Lex*, *Right* and *Law*）を混用しているが、それらは区別されねばならない。何故ならば、権利（RIGHT）は為すこと又は控えること（to forbeare [*sic*]）の自由に存しているが、法（LAW）はそれらの何れかに決定し、拘束するのであり、それにより法及び権利は自由及び義務と同様に異なり、同一の事柄に関してそれらは矛盾するからである。(89)」

同様の論理は、『リヴァイアサン』の他の箇所(90)や『法原理』(91)でも展開され、更に『対話』では次のように提示されている。即ち、「哲学者」が発した「次に私があなたに質問する事柄は、法と権利、又はレークスとユース（Law and Right, or *Lex* and *Jus*）をあなたがどのように区別するかということだ」との質問に対して、「法学徒」がコーク（Sir Edward Coke）は両者を区別していなかったと答えたところで、「哲学者」は「法（Law）は何かを為すよう又は何かを為すことを控えるように私を義務付けるものであり、それ故に私に義務を課すものである」が、「私の権利（Right）は法により私に委ねられた自由（a Liberty）であり、それは法が私に禁じていない如何なることも為すこと、そして、法が私に命じていない如何なることも為さないままにしてよいというものである(92)」としているのである(93)。

以上のように、ホッブズの法理論において“*lex*”と“*jus*”は観念的に厳密に区別されており、（一般的用法とは異なり）後者は「法」という観念を含まない(94)。（その結果として、“*lex*”（及び“law”）は、敢えて「法律」と訳出する必要はなく、「法」で統一してよいことになるのである。）それでは、以上のような「法」と「権利」の峻別を前提として、ホッブズは「法」をどのような観念として説明しているのであろうか(95)。

(二)「法」(law: *lex*) の定義

ホッブズの「法」の定義として頻繁に紹介される[96]ものが、『リヴァイアサン』第二六章中の次の一文である。

「そして第一に明らかであることは、法一般 (Law in general) は、忠告 (Counsell: Consilium) ではなく、命令 (Command: Inperatum) であること、そして何れかの者から何れかの者に対する命令ではなく、その者に従うようそれ以前に義務付けられた者に対して命令を与える、その者だけの命令であることである。[97]」

これに類似した定義は『市民論』においても見出される。即ち、「法」(Law) とは「忠告 (*Counsell*) ではなく、命令 (*Command*)」であり、「その者の戒律 (*precept*) が服従の理由を含む者の命令」であり「抵抗し得ない者に対する全ての権力者 (the powerfull) の戒律[98]」であるというものである。

これらの定義においては、「法」が「忠告」ではなく「命令」であること、そして、それが「命令権者[99]」からその者に「従う者」に為されることという二つの要素が示されている[100]。（因みに、これに先立つ章において、ホッブズは「忠告」と「命令」の相異についての説明を行っているため、読者には「法とは命令である」との印象がより強く残るものと思われる。）

但し、この定義に加えて、ホッブズが「法の本質」として次のような要素を加えている点には注意を要する。即ち、彼は「自然法 (the Law of Nature) を除く、他の全ての法の本質 (the essence of all other Lawes) に属しているのは、それら［の法］に従うよう義務付けられる全ての者に対して、主権的権威 (the Sovereaign Authority) に由来することが知られる言葉、書面又はその他の何らかの行為により (by word, or writing, or some other act) 知らされるということである[101]」とし、「また、法は書かれ且つ公布される (written, and published) だけでは十分ではなく、それが主権者の意思に由来することの明白な印（manifest signs）がなければばならない」[102]としているのである。つまり、ホッブズにとって法とは、「主権者の意思」に由来することが明らかであり、言葉や書面により表現されなければならない。[103]しかも、これは「自然法を除く、他の全ての法の本質」に関わる問題として論じられているのである。[104]

以上のことから、自然法と実定法という二元論的理解の中で、ホッブズが論ずる真の法とは実定法のみであると判断され、更に、真の法であるためのこれらの要素が国家間関係において存在しないことから、彼を「国際法の否定者」とする評価が導出されることになる。しかしながら、そこには一つの疑念が存在している。それは、ホッブズに対するこれらの評価が現在一般的に共有されている観念を前提とするものであって、そのことが彼の法理論の正確な理解を妨げているのではないかというものである。この疑念をより明確にするために、次にホッブズによる法の分類に関する議論を確認することとしたい。

(三)「法」の分類とその特色

ホッブズが法の分類に関して体系的に論じているのは『市民論』第一四章「法と犯罪について」（Of Lawes and Trespasses）第四・五節であり、そこでは次のような説明が示されている。

先ず、その第四節においては、「全ての法（*Law*）は」「その制定者（Authors）の相異に応じて、神のものと人のもの（*Devine* and *humane*）に区分され得る」とされ、前者は「神が自らの意思を人間に知らしめた二つの方法」に応じて、「自然的なもの（*naturall*）（又は道徳的なもの（*morall*））」と「実定的なもの（*positive*）」に分類される。「自然的なものは、全ての人間に対して彼等の生得の神の永遠の言葉により、即ち、彼等の自然的理性により、神が宣言したもの」[105]であり、「実定的なものは、神が預言者の言葉により我々に明らかにしたもの」であって、「その中で神は人間に対して人間として話した」とされている。（ここでホッブズは、そのようなものの例として「神が統治と信仰に関してユダヤ人（*Jewes*）に与えた諸法（*Lawes*）」を挙げ、「それらは神の特別な民であるユダヤ人の国家統治（civill government）に特有のものである故に、それらは神の国家法（the *Divine civill Lawes*）と名付けられ得る」としている。）そして、「自然法（*the naturall Law*）は、人間のそれ（that of *Men*）（これのみが自然法（*the Law of nature*）の称号を獲得した。）と諸国家のそれ（*that of Cities*）に区分され得る」とされている。[106]

以上の「神法」の分類を受けて、続く第五節では、「人間の法」（人定法）について論じられており、その冒頭には「全ての人定法は国家［法］である」（All *humane law is civill.*）という一文が置かれている。そして、その理由は「公的社会」（国内社会（civill society））の外における人間は敵対的であり、「神法（the divine Law）である自然的理性の命令（the dictates of naturall reason）」以外に法は存在しないからであるとされる。その上で国家法は、主題（subject matter）の相異に応じて、「聖なるもの」（*sacred*）と「俗なるもの」（*secular*）に分けられる。前者は宗教に関わる法であり、また、「一般的には俗なるもの（*the secular*）が通常国家法（the *civill* Lawes）と呼ばれている」とされている。[107]

以上の法の分類に関する説明から、神法・人定法・自然法・実定法の関係に関するホッブズの理解は次のように纏められ得る。第一に、「神法」（神が制定した法）は自然法と実定法（「神の国家法」）から成る。第二に、自然法は「人間の」自然法と「諸国家の」自然法から成る。第三に、全ての人定法は国家法である。[108]

以上の三点の中で、第二点及び第三点については、（理論それ自体の当否は別として）理解可能であるが、第一点についての理解は困難であろう。その理由は、（現在我々が一般的に考える）「自然法」とは人為を超越した絶対的妥当性を具有する先験的存在[109]（自然・神・理性等）により定立乃至命令された規範であり、「実定法」とは人為により定立された法であるとの前提に立つならば、「神法」は「自然法」の典型例となるのであるが、ホッブズの説明によれば、「神法」は、「自然法」を包含すると同時に、「実定法」でもあり得るという点にある。果たして、このような理解はどのようにして成立可能なのであろうか。この点について考察するために、次にホッブズの「実定法」と「自然法」の観念について各々考察することとしたい。

(四) 「実定法」の観念

現在の「実定法」に関する一般的理解(「人為により定立された法」)とホッブズが示している「実定法」の観念はかなり相異するものであり、それは『市民論』における、「賢者、(つまり)裁判官の演説」(*orations of the Wise,* (that is to say) *Judges*)(即ち、判決)は「最高権力の同意(the consent of the Supreme power)により慣習(custome [*sic*])となる場合を除いて」法ではないとされ、また、「慣習」自体にも法を創設する力が認められず、「最高命令者の意思」(the Will of the Supreme Commander)を伴わなければ慣習は法とはならないという論述に現れている。[110] また、同様の論述は『リヴァイアサン』にも登場する。[111]

現在の一般的理解によれば、「判決」(乃至「判例」)と「慣習」に対しては、法系により形式的であるか実質的であるかの相異はあるものの、基本的に実定法としての地位が承認されている。何故ならば、それらは「人為」により定立された法規範であると認識されているからである。しかし、ホッブズはそのようには考えていない。それでは、彼にとって「実定法」の本質的要素とは何なのであろうか。それを示しているものが、『リヴァイアサン』第一五章において、自然法の具体的諸規則が論じられた後に、同章の末尾に付された次の記述である。

「これらの理性の指示(these dictates of Reason)を人々が法の名で呼ぶことが常であるが、[それは]不適切である。何故ならば、それら[の指示]は何が彼等の保存と防衛へと導くかに関する結論又は定理(Conclusions, or Theoremes *[sic]*）なのであって、これに対して、法は、本来的には、権利に基づき他者を支配する者の言葉（word）だからである。しかし、仮に、我々が同一の定理を、全ての物事に対して命令する神の言葉において発せられたものとみなすならば、それらは適切に法と呼ばれるのである。[112]」

つまり、「適切に法と呼ばれるもの」が「実定法」であるならば、ホッブズにとって或る規範が「実定法」であるためには、「人為による定立」ではなく、「支配者の命令」であることが必要とされるのである。（その結果、神が支配者であるとみなされる故に、「神の実定法」（Divine Positive Lawes）[113]も存在することとなる。）そしてそれは、「法」を「主権者の命令」とする定義や、判決や慣習が法であるために「最高権力の同意」や「最高命令者の意思」を必要とするという論理とも整合性を有するのである。[114]

尚、ホッブズにとっての「実定法」の要素はもう一つ存在しているように思われる。それに関わるのが『リヴァイアサン』における「もしそれ［即ち、法］が例外なく全ての臣民を義務付ける法（a Law）であって、書かれていない、或いは他の方法で彼等がそれを知り得るような場所に公布されていないならば、それは自然法（a Law of Nature）である」[115]という一文である。ここでは「書かれていない」法は自然法であるとの認識が示されているが、同様の認識は『市民論』においても次のように示されている。即ち、国家法が成文法と不文法に区分された上で（しかも、成文法の本質を「声」（*a voice*）であるとしていることは注目される。そのことの理由は、法は人類の誕生と共に存在しており、法が記憶されるための文字の発見より人の音声の方が古いことになるからであるとされている。）、不文法は「自然の声、或いは自然的理性以上の公布（publishing）を必要とせず、即ち、それは自然の諸法（the *lawes of nature*）である」とされているのである。[116]更に、同様の認識は『法原理』においても、「国制法」（constitution）と自然法の関係に限定されてはいるが、次のように示されている。

「……それにより自然の自由が縮小される、主権的権能に関する国制法（the constitution … of the sovereign power, by which the liberty of nature is abridged）は成文化されねばならない。何故ならば、それ以外にそれら［の国制法］は認識されないからである。それに対して、自然の諸法は人間の心に書かれていると想定される。成文法は明示的なコモンウェルスの国制法であり、不文法は自然的理性の法である。[117]」

そして、『対話』[118]ではより端的に「いかなる場所の実定法も全て制定法である」（[T]he Positive Laws of all Places are Statutes.）とされている。これらの論述から、ホッブズが「実定法」を「主権者の命令」である「成文法」に限定していることが理解される。それでは、「実定法」の対概念であると通常考えられている「自然法」について、ホッブズはどのように認識しているのであろうか。

(五)「自然法」の観念

ホッブズが「自然法」に言及する際には、類似の観念を並列乃至換言する場合が頻繁に見受けられる。例えば、「平和は善」であり、それ故に平和のための手段である「正義、報恩、謙虚、衡平、慈愛及びその他の自然法も善」であり、それは「道徳的価値」（*Morall Vertues*）である、[119]或いは、人を処刑する場合に「正しき理性（right Reason: recta ratio）が要求する方法とは異なるもので」行うことは「自然の諸法に、即ち、神に対して（contra leges naturales, id est, contra Deum）罪を犯す」[120]とされるような場合である。[121]また、より直接的に、「自然法の戒律（Precept）である衡平（Equity）」[122]、「諸々の神法」が「自然法である」[123]、「自然法（それは疑念の余地なく神の法である）」（the Law of Nature (which is undoubtedly Gods Law)）[124]といった表現も見受けられる。更に、「正義と衡平は自然法である」、或いは、自然法が「道徳法」(the moral law)[126]であるとされる場合もある。[125]

以上のような記述から、ホッブズの自然法観念は神（或いは神法）、衡平、正義、道徳等の観念と強く結び付いた（或いは、一体化した）ものであることが理解される。しかしながら、これらは「自然法」に含まれる要素ではあり得るが、「自然法」の観念それ自体ではない。（勿論、これらの諸観念（要素）の個々についての、或いは、それらの相互間の関係についての考察はホッブズの法観念を理解する上で重要な対象とはなり得る。[127]しかしながら、本書の主題との関連においてはそれらについて論じ得ない。）それでは、ホッブズは「自然法」を如何なるものとして観念し、それを如何なる定義によって表しているのであろうか。

「自然法」の定義に直接的に関わる記述としては、次のものが挙げられ得る。『法原理』においては、「理性(reason)以外に自然法(law of nature)は存在せず、また、そこにおいて同一のもの［即ち、平和］が獲得され得る平和への道を、そうでない場合には防衛への道を我々に示す(declare)自然法の諸戒律(precepts of NATURAL LAW)以外［の自然法］は存在しない」[128]とされている。[129]また、『市民論』においては、自然法とは「生命と身体(Members)の恒常的維持のために為されるべきことと為されざるべきことに精通した正しき理性の命令(the Dictate of right Reason)」とされている。[130]更に、『リヴァイアサン』においては、「自然法(A Law of Nature (Lex Naturalis))は、理性により見出される戒律又は一般的規則(a Precept, or general Rule)であり、それにより人間は自らの生命を破壊すること、或いは生命維持手段を奪うことを為すこと、そして、それにより生命が最もよく維持され得ると自らが考えることを等閑に付すこと(to omit)が禁じられる」[131]とされている。

これら三著における自然法の定義において、表現は異なる（「理性［それ自体］」・「正しき理性の命令」・「理性により見出される」）ものの、「理性」がホッブズの自然法観念の中核にあることは共通している。それに対して、これら三つの定義には、次のような差異も存在している。

『法原理』においては、「平和」や「防衛」という目的が重視されており、自然法の名宛人は「我々」である。そして、『市民論』においては、「生命と身体の恒常的維持」が自然法の目的とされると共に、その名宛人は主として諸個人であると理解される。更に、『リヴァイアサン』では、「人間の自己保存」に力点が置かれており、諸個人間に妥当する規範を対象としていると言える。ところが、同じく『リヴァイアサン』において、より具体的な自然法の諸規則が挙げられている箇所では、一九の自然法の規則が挙げられた後に、「これらが、群衆としての人間の保存手段のための (for a means of the conservation of men in multitudes) 平和を命ずる、自然の諸法なのである[132]」とされており、自然法は集団としての人間を保存する（そして、そのために平和を命ずる）ことに力点が置かれている。

以上のことからすれば、ホッブズによる自然法の観念の中核部分にある要素は、「個人又は集団としての人間の自己保存を目的とする」「理性に基づく法」であると言えよう。これら二つの要素の中で、前者は、目的の問題であるため、必ずしも本質的要素とは言えない。（しかし、本書にとっては重要な問題であるため次章第一節㈠で再度触れられる。）それに対して、後者はホッブズの自然法観念の本質的要素であると考えられる。そこで、以下では後者について、「理性に基づく」という点と「法」という点についての検討を節を改めて加えることとする。

第二節　ホッブズの自然法理論の本質

㈠「理性に基づく」法としての自然法

(1)「理性」

ホッブズは「理性」それ自体を如何なるものとして認識していたのであろうか。『リヴァイアサン』では「理性」について次のように述べられている。「人が推論する（*Reasoneth*）場合、それはその者が諸部分の加算（*Addition* of parcels）から総計（a summe totall）を想像し（conceive）、或いは或る数からの他の数の減算（*Substraction*）から残余（Remainder）を想像することに他ならない」のであり、「それは（仮に、それが言葉（Words）により為されるならば）全ての部分（parts）の名辞（names）から全体の名辞への連続（consequence）を想像し、或いは全体及び一部分の名辞から他の部分の名辞への連続を想像すること」である。その上で、ホッブズは次のように結論付ける。

「この意味における理性（Reason）とは、我々の思考を特徴付け（*marking*）、表示する（*signifying*）ために合意された諸々の一般的名辞の連続の計算（*Reckoning* of the Consequences of generall names）（即ち、加算及び減算）以外の何ものでもない。[133]」

つまり、ホッブズにとって理性とは、計算の規則の如きものとして認識され、そのような認識を（言葉を媒介とする）人間の思考にも応用したものなのである。そして、この点において、彼が「理性」と呼ぶものは、「事物の本質」や「先験的存在」等を認識するための能力とは異なるものと言える。[134]

そして、理性が計算の規則の如きものと観念されることによって、ホッブズが挙げる自然法の諸規則は「計算」を妨げるような行為を含むこととなる。例えば、「大酒呑みと大喰い」（*Drunkards and Gluttons*）が「理性を働かせる能力（reasoning faculty）を破壊し、弱める」故に、「泥酔」（*Drunkennesse* [*sic*]）が自然法上の「罪」（sin）とされ、[135]或いは、「何らの目的もなく誇ること（glorying to no end）は虚栄（vain-glory）であり、理性に反」し、「理性なき傷害（hurt）は戦争の採用に向かう」が、「これは自然法に反し、通常残忍（*Cruelty*）という名で呼ばれている[136]」とされるのである。

また、この計算の規則の如き理性は、人間に本来備わっている理性（自然的理性、或いは人間の本性）として観念されている。それは、『対話』において、「法学徒」が「理性は、その者が絶えず自らと共に持ち歩き、意欲するならば、読み取り得る、その者の本性の要素（part of his Nature）」とし、これに「哲学者」が同意している部分に表されている。[137]また、「哲学者」は、コークが「理性は法の魂（the Soul of the Law）である」としたことに賛意を示しているものの、それが「自然的理性」（natural Reason）ではなく、（人為的理性であり、また、法解釈のための推論である）「法的理性」（Legal Reason）であり、より具体的には裁判官（団）の理性であるとした点に対して批判を加え、法学以外の学問においても自然的理性が通常活用されている旨を論じている。[138]つまり、ホッブズの自然法理論は人間一般に適用可能な理論として提示されていると考えられるのである。[139]

それでは、何故にホッブズはこのような自然的理性を、自然法理論の本質としたのであろうか。この点について、彼の方法論との関係も交えて、考察することとしたい。

(2) 自然的理性の選択：ホッブズの方法論

ホッブズが自然法を以上のような意味における「『理性』に基づく」法であるとし、その際に「自然的理性」を選択したことには、或る種の必然性が存在したと言えよう。何故ならば、個人（自然法の定義においては、「集団としての人間」を含む。）の自己保存を目的とする法理論の構築にとっては、諸個人に共通する属性を理論の起点に据えることが当該理論の一般的妥当性と説得力を担保するために必要であり、そのような属性として「理性」を選択することは（人間に共通する他の属性として、生理的欲求や社会的欲求に関わるものを選択することも可能ではあるが、それらは法理論の構築にとって適切であるとは思われないということを考慮するならば[140]）他に適当な選択肢がないという点で、当然の帰結であると思われるからである。しかしながら、このこと以上に、ホッブズが自然法を自然的理性に基づく法としたことは、次のような彼の方法論との関わりにおいて必然的であったものと思われる。

先ず、ホッブズの方法論を支える基本的認識について確認をしておきたい。それは、彼の自然法理論の前提ともなるものであり、『市民論』の「読者への著者の序文」に次のように示されている。即ち、ホッブズは、同書における考察のための「経験により万人に知られ、誰にも否定されない原則（*Principle*）」として、「人間の性向（*dispositions of men*）は、自然的に何らかの強制的権力の恐怖（*feare*）に制約される場合を除き、各人は相互に不信と畏怖（*dread*）を抱き、その者は、自身の保存に向けて自らが有する力（*strength*）を利用することを自然権（*naturall right*）により許容され、また必要によりそうするように強制される」ということを挙げた上で、「我々は彼等［即ち、善人と悪人］を識別できない故に、疑念を抱き、用心し、先制し、征服し、自身を守ることの必要性が、最も正直で公平な者達にも常に起こりがちである」とするのである。[141]

つまり、友敵や善悪の識別を為し得ないままに、自己保存のために自らの力を行使し得るという自然権を有するとの人間観がホッブズの理論の前提となっているのである。この前提に立ち、そのまま自然権を相互に行使するならば、「万人の万人に対する戦争」という自然状態は不可避となるであろう。但し、ここで重要な事柄は、彼の自然状態観を強調することではない。ホッブズが彼の理論の基底に置いたものがこのような最低乃至最悪な人間像であり、そのような人間であっても自己保存が可能となるための理論の構築が眼目とされていると解されるのである。[143] そして、それは全ての人間に適用可能な理論の構築を意味するのである。[144]

このような前提に立ちつつ、ホッブズが選択する論理構築の筋道もまた、人間の経験がもたらす論理の不確かさを理由として、経験に依拠することを拒絶するものである。それを彼は『法原理』において次のように論じている。

ホッブズは、「或る人が、類似の先立つもの（like antecedents）が類似の帰結（like consequents）を伴うことを、極めて頻繁に観察した場合に」その人はそのような先立つものを見たときにその帰結を予測し、そのような帰結を見たときにそのような先立つものがあったことを予測すると述べ、そのようなものを相互の「印」（SIGNS）と呼ぶとしている。[145] そして彼は、「経験から印を得ること」によって、「それにより人間の能力全体又は認識能力（power cognitive）と理解される智慧（wisdom）」に差が発生すると考えられているが、それは誤りであるとする。その理由は、「印は推測的なもの（conjectural）でしかない」のであって、「〔印の〕確実性（assurance）の程度はまちまちであるが、決して十分且つ明白（full and evident）ではない」からである。例えば、人は昼夜の交代を目にしているが、「そこから、永遠にそうであると、或いはそうであったと、結論付けることはできない」。つまり、「経験は何事をも普遍的には結論付けない」（Experience concludeth nothing universally.）のである。[146]

そして、経験に対するこのような態度を例証するものが、タック（Richard Tuck）が紹介している次のような事例である。即ち、大きな硝子容器中の空気をポンプで排出することにより人工的真空（an artificial vacuum）を創出し、その中で様々な実験を行うことに成功したとするボイル（Robert Boyle）の主張に対して、ホッブズは、ボイルが主張し得たことの全ては、容器の中からポンプにより排出可能なものを全て排出した、ということであって、ポンプによる排出が不可能なものにはどのようなものがあるのかという問題が未解決のまま残されている、としたというのである。[147]

このボイルに関する挿話は、一方において、ホッブズが徹底した不可知論に立ちつつ「悪魔の証明」を要求しているようにも思われるが、他方において、実証主義一般が内包する理論的限界を認識した彼が、確実な理論的基礎の必要性を指摘していたとも解される。[148] そして、経験に対する以上のような認識を基に、ホッブズが選択した最も確実な理論的基礎こそが「自然的理性」であったと考えられるのである。[149]

(3)　自然的理性の効用

以上のような方法論との関連における自然的理性の選択の必然性は、結果的に効用を有することも勘案されたものであるように思われる。実際に、ホッブズの論述の中には、自然法を「理性に基づく」法とすることの「効用」に関わるものが多く見られる。その典型と思われるものが、次の『法原理』第二部第一〇章第一〇節における記述である。

「コモンウェルスの主権的権能が存する者又は集団 (he, or they) が、人民の統治及びよき秩序のための諸法 (laws) を定めるときに、それら［の諸法］が発生し得る全ての事件を、或いは恐らくはそれら［の事件］の著しい多様性を包含することは不可能である。しかし、新しい出来事 (occasions) の発生により、時間が彼等に教えるように、法もまた時に応じて定められなければならない。そして、何らの特別法 (special law) も作成されていない場合には、自然法 (the law of nature) がその場所を占め、政務官 (magistrates) はそれ［即ち、自然法］に従って、つまりは、自然的理性 (natural reason) に従って判決を与えねばならない。[150]」

つまり、この一節では、成文法の欠缺の際に自然的理性の援用とそれによる問題解決が可能であることが述べられているのである。また、『対話』においては、「成文法が理性に反することはあり得ない」ことの理由として「自らが同意した法律 (Law) に従うことほど合理的 (reasonable) なことはない」ことが指摘されている。[151] この指摘は、成文法（それ自体は「主権者の命令」である。）の正当性を担保するという効用を「合理性」（即ち、理性に合致すること）が有することを示しているものと解されるのである。

㈡　理性に基づく「法」としての自然法

それでは、ホッブズの法理論における自然法は「法」と言えるのであろうか。既に（前節㈡において）確認された通り、彼にとって、本来の法とは、「主権者の意思」に由来することが明らかであると共に、その内容が（言葉及び）書面により明示されなければならないものであった。そして、自然法がそのようなものではないことは一見明白であり、したがって、自然法は法でないこととなる。しかしながら、自然法の法としての性質を巡るホッブズの論述は単純ではない。

一方において、ホッブズが自然法を法とはみなしていないとする結論は次のような論述から導出可能である。先ず、『法原理』において「（正確に言うならば）法は命令（command）であり、自然に由来する諸々の指示（dictates）は命令ではないのであり、それ故に自然を考慮して法と呼ばれるのではなく、自然の創作者である全能の神（the author of nature, God Almighty）を考慮して［法と呼ばれるの］である」とされている。[152] また、『リヴァイアサン』においては（前節㈣でも触れられたように）自然法の具体的諸規則が「理性の指示」とされ、それらを「人々が法の名で呼ぶことが常であるが、［それは］不適切である」とされており、その理由は「それら［の指示］は何が彼等の保存と防衛へと導くかに関する結論又は定理」であるのに対して「法は、本来的には、権利に基づき他者を支配する者の言葉」であるからとされている。[153]（同様の見解は『市民論』でも示されている。[154]）

つまり、本来の「法」と「自然法」は、各々が「権利に基づいて他者を支配する者」の「命令」であるか否かという点で決定的に異なり、「自然法」は本来の意味で「法」とは呼ばれ得ないことになるのである。更に、本来の「法」と「自然法」の相異は、ホッブズが「万人の万人に対する戦争」において「正と邪」（Right and

いるのである。[156]

Wrong）や「正義と不正義」（Justice and Injustice）といった観念は存在しないとし、「共通の権力がないところに法はなく、法のないところに不正義はない[155]」としている箇所からも看取可能である。即ち、ここでは「自然状態において本来の法は存在しない」のであり、自然状態にも妥当する自然法は法ではないという彼の認識が表されているのである。[156]

何れにせよ、これらの論述からは、ホッブズが自然法をせいぜいのところ「理性の指示」としての「結論又は定理」でしかなく、本来の「法」とすることは不適切であるとしていることが理解されるのである。[157]

他方において、ホッブズが「法」と「非法」を明確に二分し、「命令」以外の規範の法的性質を全面的に否定しているとすることには疑問が残る。何故ならば、既に見たようにホッブズは、自然法の諸規則を論じた後に、それらは正しくは法とは呼ばれ得ないとしながらも、「しかし、我々が同じ定理を、権利に基づいて全ての物事を支配する神の言葉の中に述べられたものとみなすならば、その場合には、それは法と呼ばれることが適切である[158]」としており、主権者の命令と神の命令を共に「法」としているからである。[159]（そして、そのような思考に基づくからこそ、ホッブズは「国家法は神の法である[160]」とし、或いは「国王の法（それはまた神の法である）[161]」（the Kings Laws (which also are Gods Laws) という表現を使用したと考えられるのである。）しかも、自然法は、各人の最終目的である自己保存の達成のために、各人が同一の条件において為さねばならないことであるという意味において必要的且つ一般的な規範であるという点で、単なる「勧告」（＝非法）とは考え難いのである。[162]

以上のような一見矛盾するような記述を前にして、我々は如何なる解釈を為すべきであろうか。ここで注目されるのは、『リヴァイアサン』第一五章中の次の一節である。

「自然の諸法（the Laws of Nature）は内的法廷において（*in foro interno*）義務付ける（oblige）、即ち、それらが生ずるべきであるとの意欲へと義務付けるのである。しかし、外的法廷において（*in foro externo*）、即ち、それらを行為するようには、必ずしも常に［義務付けるの］ではない[163]。」

ここでホッブズは、自然法が人間の内面においてのみ拘束力を有し、外的強制を伴わないこと、つまり、形式的には法ではないことを承認している[164]。しかしながら、これに続いて、彼はこのような判断に立つ理由を次のように説明している。即ち、他の何れの者もが遵守しなければ、遵守する者は自己を破滅させてしまい、それは自然法の目的に合致せず、また、他者が遵守する十分な保証があるにも拘らず、自ら遵守しないのであれば、平和を求めずに戦争を求めることになり、「暴力による自らの自然（his Nature）［即ち、生命］の破壊」になるからである[165]。

これらの論述は次のことを主張していることになる。即ち、自然法は人間を内的にしか拘束しないが、（自己保存という目的のために）人間は結果的に外的行為として自然法を遵守することになるのである。このことはまた、『市民論』における「自然法（the naturall Law）は、意思（the Will）に命令する故に、国家法とは区別されるが、我々の行為に関係する限りにおいて国家法である」との論述によっても確認されると言えよう[166]。

以上のことから、ホッブズの法観念は、形式的な法（現代の観念で表現するならば「実定法」であり「裁判規範」でもある）と実質的に人間の行為を規律する法（現代の観念で表現するならば「行為規範」）の両者を含むものであることが理解される[167]。その上で、我々は次のように結論付けることができよう。即ち、ホッブズの法理論における「自然法は法か」という質問に対する解答は、「自然法は形式的に法であるか」或いは「自然法は（我々が通常観念する）実定法と同様に法か」という観点から評価されるべきではなく、「自然法は実質的（乃至は結果的）に（人間の行為を規律する）法として機能するか」或いは（より端的に）「自然法は行為規範であるか」という観点から評価されなければならないのである。そして、このような評価基準に照らすならば、自然法も法であることになるのである。

(三) 自然法規範の階層性

本節の最後に、ホッブズの自然法観念の本質に関わる問題としてもう一つ確認されるべき事柄が存在している。それは、彼が論じている自然法の規範には、具体的にその内容が明示されたものとそうではないものが存在するということである。

政治哲学に関する主要三著作においてホッブズは、「自然法」の定義に続き、具体的な自然法の内容を論じているが、その論述形式は著作により異なる。

『法原理』では、先ず第一部第一五章において、「自然法の一つの戒律（[o]ne precept）」として「全ての人は、自然により（*by nature*）有している全ての物に対する自己の権利を放棄すること」[168]が挙げられた後に、同第一六章でその他の自然法の八つの規範内容が論じられている。[169] 更に、同第一七章では、議論の余地のある自然法規範が紹介され、より厳密な内容が示されている。[170] また、同書における自然法規範の説明においては、（『市民論』及び『リヴァイアサン』において見られるような「第一の自然法」から始まる）自然法規範の序列化が明示的には行われていない。

『市民論』では、先ず第二章（「契約に関する自然法について」）において「第一の且つ根本的な自然法」（the first and fundamentall *Law of Nature*）（「平和を得ることが可能な場合には平和を求めなければならず、そうでない場合には戦争の助けを求めなければならない。」）とそれから派生する自然法の一つ（節の表題は「第一の特別自然法」（[*t*]*he first special Law of Nature*））と自然法に関わる様々な説明が加えられ、[171] 第三章（「その他の自然の諸法について」）で「自然の諸法の他の一つ」([a]nother of the Lawes of Nature)(節の表題は「契約を行うための第二の自然法」)とそれに関わる諸観念が説明された後に[172]、「自然法の第三の戒律」(節の表題は「忘恩に関する第三の自然法」)([t]*he third Law of nature of ingratitude*))から深酒の禁止に関する法(節の表題は「大食(*Gluttony*)その他の理性の使用を妨げる事柄に対する第二〇の法」)までが挙げられている[173]。

『リヴァイアサン』では、第一四章において「理性の一般規則」(節の表題は「根本的自然法」(*The Fundamentall Law of Nature*)とそれから派生する「第二の法」(節の表題は「第二の自然法」)が論じられると共にそれらと契約に関わる諸観念が説明され[174]、第一五章(「他の自然の諸法」)において第二の自然法に由来する「第三のもの」(節の表題は「第三の自然法、正義」)と正義に関わる諸観念が説明された後に[175]、「第四の自然法」である「報恩」(Gratitude)から「第一九の自然法、証人について」までが挙げられている[176]。

以上のように、これら三著作に含まれる自然法の具体的規則の数には若干の差異が存在している。また、『法原理』において最初に挙げられている規則は、『市民論』において「第一の且つ根本的な自然法」に由来する「第一の特別自然法」とされ、『リヴァイアサン』において「根本的自然法」に由来する「第二の自然法」とされているように、内容上も差異が見られる。しかしながら、ここで問題となるのは、これら三著作に挙げられている具体的諸規則が自然法の全てであるのかという問題である。

この問題については、『リヴァイアサン』において第一九の自然法までが論じられた後の一節から解答を導くことが可能であろう。即ち、そこでは、具体的に挙げられた自然法規則以外にも「個々人の破壊をもたらすものもあろう」として「泥酔(Drunkenness)その他の全ての不摂生(Intemperance)」が挙げられ、「それらもまた自然法が禁止した事柄の内に数えられるだろう[177]」とされている。また、別の箇所では「罪なき臣民の処罰は自然法(the Law of Nature)に反する[178]」ともされており、その他にも同様の事柄が自然法であるとされている[179]。これらは、具体的に列挙された自然法の諸規則から導出可能な規則であると言えよう。

以上のことから、ホッブズが自然法の規則として挙げているものは三つの範疇に区分可能となる。第一に、彼の自然法観念の中核である「根本的自然法」（「平和を求め、それが獲得不能であるならば自己保存をせよ」(180)）、第二に、それに続く明示的に列挙された諸規則、第三に明示的に列挙されてはいないが、列挙されたものから派生する規則である。そして、これらは第一のものから順次派生しているという意味で、階層構造を有していると言えよう。

第三節　国家法と自然法の関係

(一)　規律対象の同一性

本章における最後の考察対象は国家法と自然法の関係である。両法の関係については『リヴァイアサン』第二六章（「国家法について」）で次のように論じられている。

ホッブズは先ず、「自然法と国家法は相互に［他方を］含むのであり、等しい範囲のもの（of equall extent）である」と述べ、その理由は「全くの自然状態においては（in the condition of meer [*sic*] Nature）［自然の諸法は］本来の法ではなく、人々を平和と従順へと向かわせる諸々の性質（qualities）」であり、コモンウェルスでは「それら［自然の諸法］が法なのである」からとしている。(181) そして、次のようにも論ずる。

「国家法と自然法は異なる種類（kinds）の法ではなく、法の異なる部分（parts）なのであり、その一方が書かれている故に国家［法］と呼ばれ、他方は書かれていない故に自然［法］と呼ばれる。(182)」

それでは、「自然法と国家法は相互に［他方を］含み、等しい範囲のもの」であり、「国家法と自然法は異なる種類の法ではなく、法の異なる部分」であるとは何を意味しているのであろうか。或る論者は、これを「何れの社会にとっても国家法は自然法の権威ある表示（authoritative exposition）であること」を意味しているように思われるとする。[183] また、別の論者は、「自然法と国家法がそれらの権能（power）の範囲において等しいということは真実ではない」のであり、「より明白に、それらの内容（content）の範囲においてそれらが等しいということも真実ではない」として、ホッブズの記述自体が理論的に誤りであると主張している。[184] 我々はこの問題をどのように理解すべきであろう。

ホッブズの法理論は社会状態発生（国家設立）後の社会における法の諸問題だけでなく、それ以前の自然状態における法の諸問題から説き起こしている。そのため、自然権と自然法が先行して存在し、後発的に国家法が発生するという論理構造となる。[185] そして、社会状態において「適切に法と呼ばれるもの」としての（成文）国家法が主権者の命令として定立されるが、それにより規律されない諸事項・関係に関しては依然として（不文法である）自然法が適用されるのである。しかも、国家の設立により自然法は国家法とされる（「自然法と国家法は相互に［他方を］含む」）。つまり、自然法と（成文）国家法は同一の国内社会を規律対象とする（「等しい範囲のもの」）。そして、自然法と国家法は同様に法なのである。（国家を超える諸関係は自然状態であるために、自然法のみが適用される。このことに関しては第五章で論ずることとする。）

そして、この解釈からは次の疑問が発生する。即ち、主権者の命令としての（成文）国家法と自然法が抵触する場合の両法の優劣関係は存在するのかという疑問である。（尚、自然法が規律しない事項に関して（成文）国家法が規律することは、両法の規律対象が同一であることから、論理的にあり得ない。逆に言うならば、自然法は国内社会全般を規律することになるのである。）

(二) 自然法の優位

ホッブズの法理論において、(成文) 国家法と自然法は共に法であり、各々の規律対象も同一であると解されるが、両法は等位にあるのではないと解される。それは次の理由による。

『リヴァイアサン』第二六章において、「法」と「権利」の峻別の必要性が説かれた後に、「権利 (*Right*) とは自由 (*Liberty*)、即ち、国家法が我々に委ねる自由である」とされながらも、「しかし、国家法は、義務 (*Obligation*) であり、自然法 (the Law of Nature) が我々に付与した自由を我々から取り去る」とされている[186]。つまり、ここでは自由は国家法により付与される場合と自然法により付与される場合があるのに対して、義務は国家法により課されるものであるとされているのである。但し、ホッブズが各著作で挙げている具体的な自然法の規則は義務として提示されていることを勘案するならば、義務が自然法によっても課されることは否定できない。むしろ、ここで重要なことは、自然法により付与される自由が存在し、それに対する制約として国家法が後発的に発生するという点で、自然法上の自由が先行することである。これは、自然状態の存在を仮定し、そこから社会状態構成のための理論を提示するというホッブズの国家構成理論からすれば当然の論理構造であると共に、彼の法理論における自然法の重要性を確認させるものである。

それに加えて、『市民論』において「自然の諸法 (the Lawes of nature) に反する義務 (ought) を国家法により命ずることは不可能である」とされ[187]、『リヴァイアサン』において「法は理性に決して反し得ない」(Law can never be against Reason.)[188] (したがって、「理性に基づく法」である自然法に国家法は反し得ない) とされている。つまり、ホッブズは、国家法が自然法に合致しなければならないと考えており、その意味において国家法に対する自然法の優位を認めているのである[189]。

小括と若干の考察

以上の考察結果は、次の諸点に纏められ得る。ホッブズは「法」(*lex*)と「権利」(*jus*)を峻別した上で、「法」を「忠告」ではなく「命令」であり、それが「命令権者」からその者に「従う者」に為されるものであるとする。また、「実定法」は「主権者の命令」である「成文法」に限定される。更に、ホッブズの「自然法」観念は「個人又は集団としての人間の自己保存を目的とする」「理性に基づく法」と定式化することが可能である。(「理性」は計算の規則の如きものとして人間に本来備わっている自然的理性と観念されている。)自然法が外的強制を伴わず、人間を内的にしか拘束しないとされているが、自己保存という目的のために結果的に外的行為として自然法は遵守されることになる。ホッブズが挙げている自然法の諸規則は三つの範疇に区分可能であり、それらは階層構造を有している。更にまた、「自然法と国家法は相互に「他方を」含むのであり、等しい範囲のものである」とされ、国内社会の規律のために両法は同一の規律対象を有する法として認識されており、しかも、国家法が自然法に合致しなければならないという意味において国家法に対する自然法の優位が認められている。

以上のような考察結果から更に次の諸点が指摘可能となるであろう。

先ず、ホッブズにとって自然法が「真の法」ではないという結論は、彼の「法」の定義から容易に導出可能ではあるが、彼の「真の法」としての「実定法」の観念が通常の理解よりも限定されたものである点は留意されなければならない。彼が提示した実定法は「主権者の意思」に由来することが明らかな成文法に限定されている。その結果として、「自然法」に含まれる規範の範囲は通常考えられるよりも拡大することとなる。(その典型が判例及び慣習の法的地位を巡る理論である。)そして、このことは自然法が機能する対象や場面が拡大することを意味する。また、これと関連する(そして、より重要な)ことは次の点である。

ホッブズの定義に従って、「主権者の命令」としての法こそが外的強制を伴う「真の法」であるとしても、それは自然法が「偽の法」であることを意味するのではなく、内的強制力のみを有する自然法であっても法として認識されている。そして、内的強制力のみであっても、「自己保存」の実現のために人間は自然法を遵守するという外的結果が生ずるのである。[190] 更に、これに関連して、次のような示唆も許されるのではないであろうか。

本章第一節(一)において「前提」として確認されたように、ホッブズは「法」(*lex*)と「権利」(*jus*)を峻別した上で彼の法理論を展開している。その中で彼は国家法のみならず自然法についても「法」(law: *lex*)を使用している。その理由は、自然法にも「命令」(＝「義務」)という要素が伴うということが彼の法認識の根底に存在していたからではないであろうか。そして、その結果として、自然法が「外的強制」を伴わない規範であったとしても、依然としてそれは「義務」を伴うものであって、「行為規範」としては「外的強制」と「内的強制」の間で差異がもたらされることはないということになると考えられるのである。

第三章

ホッブズの「国家」及び「主権」理論

序

ホッブズは、「コモンウェルス、ラテン語ではキーウィタース（CIVITAS）と呼ばれる」ものが創設されるとき、それを「かの偉大なリヴァイアサン、或いはむしろ（より敬虔に言えば）かの可死の神（*Mortall God*）の生成」であるとし、「不死の神（*Immortall God*）の下で我々はそれ［即ち、可死の神］に我々の平和と防衛を負うている」としている。[191]

本章の考察対象は、本書の主題との関係において不可欠のものと考えられる「リヴァイアサン」或いは「可死の神」とされた「国家」とそれに与えられた「主権」に関するホッブズの理論である。但し、彼の「国家」・「主権」理論は多くの政治（哲）学研究者の関心の対象であり続けており、既に無数の先行研究が存在している。それ故、本章における考察は、次章及び次々章における検討に必要となる事柄のみを扱うこととし、ホッブズの理論において主権に含まれる具体的諸権利・権能についての考察は最低限のものに止めることとする。[192]

第一節　ホッブズの国家理論の概要

(一)「国家」の定義及び擬制的人格の付与

ホッブズは『法原理』において、共通の平和のために多数の人間の「結合」（union）が必要であることとその結合を形成する方法を説明した後に、「政治体」（body politic）について次のように説明している。

「そのようにして形成された結合は現今では人々が政治体又は公的社会（civil society）と呼ぶものであり……それは共

通の平和・防衛・便益のために共通の権力（power）により一つの人格（one person）として結合された群衆（a multitude of men）であると定義され得る。[193]」

この説明は「政治体」に関するものであるが、ここには後に『市民論』や『リヴァイアサン』において示される「国家」の定義の要素が登場している。即ち、群衆の結合の形成（社会契約）、共通の平和と防衛（国家設立の目的、主権者の責務）、結合（国家）への擬制的人格の付与である。これらは、ホッブズの国家理論を巡る諸著作において、若干の修整が加えながらも、全体としてはほぼ一貫して維持されてきた要素であると言えよう。

また、この引用部分において、ホッブズが国家を「結合された群衆」としている点には注意が払われるべきであろう。何故ならば、彼の社会契約理論は、諸個人の自己保存を当初の目的としつつも、実際に着目されているのは国家を形成する人間集団の全体であるとも解されるからである。[194] そうであるとするならば、「結合された群衆」を一つの集合体と捉え、それに一つの擬制的人格を与えて論ずるという着想は、より容易に生まれることになるであろう。

ところで、『法原理』後の著作では、これらの諸要素の中で「結合への擬制的人格の付与」がより強調されているように思われる。例えば、『市民論』第五章第九節では、「このようにして〔同章六・七・八節で説明されたように〕創設された結合（*union: vnio*）は国家（*City: civitas*）又は公的社会（*civill society: societas civilis*）、また公的人格（*civill Person: persona civilis*）とも呼ばれる」とされ、その理由は「全ての人間の一つの意思が存在する場合に、それは一つの人格とみなされるべきである」ことにあるとされ、更に「したがって、国家（*City: civitas*）とは一個の人格であり、その意思は複数の人々の盟約により（by the compact: ex pactis）彼等全員の意思とみなされなければならず、その結果として、国家は、個々人の実力と能力を共同の平和と防衛のために用いることができる[195]」というように、国家が人格を有することが繰り返し述べられている。また、『リヴァイアサン』でも同様の議論が展開されている。[196]更に、『ビヒモス』では、逆説的な例として、「残部議会」(the Rump Parliament)が「誠実さと英知」を有しなかった故に、統治に失敗したことが指摘されつつ、「残部議会及び他の全ての主権的合議体(Soueraigne Assemblies)は、唯一つの意見(voice)のみを有するのであれば、一つの人格である[197]」であるとされているのである。

(二)　ホッブズの社会契約理論：二つの自然状態？

ホッブズは「国家」の構成を社会契約理論の枠組みの中で行っている。彼の社会契約理論に関する先行研究ついては枚挙に遑がなく、本書において扱う必要はない。[198]しかしながら、次の一点については確認されるべきであるように思われる。

『リヴァイアサン』中では社会契約に関する記述が第一四章(「第一及び第二の自然法について、そして契約について」)と第一七章(「コモンウェルスの諸原因、発生及び定義について」)に存在している。即ち、第二の自然法における自然権を相互に放棄する契約と各人が自らを統治する権利を特定の者(或いは合議体)に与えることについての各人対各人の信約である。そして、通常これらは共に統治権力の設立のための契約であると解されている。[199]また、第一四章に登場する「第二の自然法」(同様の自然法の規則は『法原理』及び『市民論』にも示されている。[200])に含まれる「全てのものに対する権利を放棄する」ことは、通説においては「(基本的に)全ての権利を放棄する」ことと同義であると解されている。[201]ところが、二〇一六年に公刊された新村聡の論考は、これらの通説的理解に対する疑義を提示し、第二の自然法を中心に新たな解釈を行っている。以下では、同論考を紹介しつつ、本書の目的に即した説明を試みることとしたい。[202]

新村は、『リヴァイアサン』における「社会契約」は二段階に区別され、それは第一四章における「第二の自然法」[203]と第一七章における「コモンウェルスの生成」[204]として表されているという前提に立ち、前者を「人は、(1)他の人々もそうする場合に、(2)そして平和と自己防衛のためにそうすることが必要であると自分が考える限り、(3)全てのものに対するこの権利を進んで放棄すべきであり、(4)彼が他の人々に対して持つ自由は、他の人々が彼に対して持つことを許せる範囲で満足すべきである」(数字は新村による。)という四つの部分に分解する。そして、(3)の部分を自然状態における全てのものの共有状態から脱却する共有権廃止と私的権利導入という「第一の社会契約」を意味し、第一七章における「全ての人が全ての人と結ぶ信約によって、一つの同一人格内に形成される全ての人々の真の統一」を生み出す契約を「第二の社会契約」としている。この解釈は二つの社会契約を別個のものとしている点で、通説（即ち、二つの社会契約を同一のものとし、何れもが「市民的統治と主権者の設立を意味する」とする解釈）とは大きく異なるものである。[205]その結果として、自然状態は第一の社会契約の前後で区分され、「ホッブズ社会契約論の基本的理論構成は、『第一自然状態↓第二自然状態↓市民社会』という三段階論として理解されるべきである」と新村は主張するのである。[206]

このように二つの社会契約を別個のものとして論ずることは、ホッブズの国家構成理論の理解のために有効であるのみならず、国家設立後の諸国家間の関係を分析する際にも有益な視座を与えるものと思われるため、この論理については次章で再度触れることとする。

第二節　ホッブズの「主権」理論

ホッブズの主権理論の考察に際して、我々は先ず、彼による「主権」の定義に関わる記述の検討を行うべきであろう。

(一)「主権」の定義と属性

『法原理』第二部の冒頭の章において、「強制的権力」(power of coercion; power coercive) と「主権的権力」(sovereign power) について論じられているが、その内容は、それらに含まれる具体的権能（交戦権や刑罰権等々）を巡る議論であり、同章の最終部分で「全てのコモンウェルスの何処かに絶対的主権 (absolute sovereignty) が存在することを証明する理性及び経験」と「主権についての若干の主要な且つ最も信頼できる印 (marks)」について先述した事柄が纏められた上で、「したがって、他者が行い得ないような如何なることをもその者自身の権威によって合法的に (lawfully) 行う者は、それをその者自身がコモンウェルスの権力により行うのであり、それは絶対的主権である」という一文で同章は結ばれている。[207]

また、『市民論』では、その第六章第一八節において「最高権力の印」(notes of supreme authority) が論じられる中で、先ず、「何れの国家 (City) においても…［中略］…当該国家自体の力 (strength and forces) によってのみ制約され、現世の (in the world) 他の何ものによっても制約されない至高且つ絶対的な (*supreme* and *absolute*) 権力 (power)」が存在すること、そして、「［或る権力を］制限する権力は、制限のないもの、若しくは再びより大きな権力によって制限される権力のどちらかであり、我々は最終的に、全ての市民の力という最後の制限 (*terminus ultimus*) 以外には何らの制限をも有しない権力に行き着く」のであり、「これこそが最高命令権 (*supreme command*) とよばれるものである」[208]ことが論じられている。

更に、『リヴァイアサン』においても、主権の「印」に関わる事柄が同書第一八章[209]で論じられているが、それに加えて、第二二章で次のような議論が示されている。

「諸々の政治体において代表（Representative）の権力は制限されている。その制限を規定するものが主権的権力（Power Soveraign [*sic*]）である。何故ならば、無制限の権力が絶対的主権であるからである。そして、何れのコモンウェルスにおいても主権者は全ての臣民の絶対的代表である。[210]」

以上の三著作における論述において共通することは、主権に属する諸権利（「印」）が挙げられた後に、主権の定義が示されるという順になっていること、主権の定義に「絶対性」の観念が含まれていることである。[211] 特に、この主権の属性としての絶対性に関して、ホッブズは繰り返し論じており、その典型は、『市民論』における「国家（City）において至高の権力（supreme power: summa potestas）を有する合議体（Counsell: Concilium）又は唯一人の人間の権利について」の議論の中で「その者の市民（his Citizens）がその者に与えた絶対的支配権（absolute dominion）をその者は有する[212]」との主張であり、また『リヴァイアサン』における「主権的権力（Soveraign Power）は全てのコモンウェルスにおいて絶対的（absolute）でなければならない[213]」とされている節である。[214] このことはまた、「我々が合法的に且つ我々自身の安全のために服従することを約束した者に対して、それが誰であろうとも、服従するよう自然法は我々全てを拘束する[215]」という主張や「絶対的権力の欠如」がコモンウェルスに害悪をもたらす旨の議論にも繋がるのである。[216]

更に、この主権の絶対性の効果として、「コモンウェルスの主権者は、合議体（an Assembly）であれ、一人の人間であれ、諸々の国家法（Civill Lawes）に服さない[217]」こととなる。[218] これとは対照的に、臣民（国民）に関しては、

「臣民の倫理」(the Ethicks of subiects) と「主権者の倫理」が区別された上で、「臣民の徳 (Vertue) はコモンウェルスの法への服従の中に完全に包含されている」のであり、「法に服従することは正義及び衡平であり、それは自然法であって、したがって、世界の全ての国家 (Nations) における国家法である」[219]とされ、また、「人民が至高の権力 (the Supreme Power) を付与した者が制定するその時々の法に従うことが各々のコモンウェルスにおける唯一の基本法」であるとも論じられている[220]。つまり、主権者が制定する法への臣民の絶対的服従が求められているのである[221]。

但し、主権の属性は絶対性だけではない。例えば、『リヴァイアサン』第一八章において主権に含まれる諸権利(「印」)が列挙された後に、「これらの諸権利は分割され得ない」との表題が付された節において、それら諸権利は「主権の本質を成す諸権利」であるとされ、また「主権的権力が何れかの人又は合議体 (Man, or Assembly of men) に置かれ、属しているのかを識別するための標識」であるとされる。「何故ならば、それらは伝授不能 (incommunicable) であり、分離不能 (inseparable) であるからである[222]。」そして、同書第三〇章(「主権的代表の責務 (office) について」)では、「主権の如何なる本質的権利 (any Essentiall Right of Sovereignty) をも放棄することは［主権者の］責務 (duty) に反する」(節の表題[223]) ことが論じられているのである[224]。

このような主権の属性としての不可分性は、『法原理』において「主権に属する諸権利が分割されているコモンウェルスが存在するならば、それは正しくコモンウェルスと呼ばれ得ず、コモンウェルスの腐敗 (the corruption of commonwealth) でしかない、と我々はボダン『国家論』第二篇第一章と共に告白しなければならない[225]」とされ、或いは『市民論』において主権の分割可能性論が「コモンウェルスにとって最も致命的な見解[226]」として批判されている箇所でも表明されているのである[227]。

それでは、何故にホッブズは主権の不可分性を主張するのであろうか。この疑問に対する彼の回答は「我々が前述の［主権の中核的］諸権利の何れか一つを考察すれば、直ちに理解できることであるが、残余の全て［の権利］を保有していても、全てのコモンウェルスの設立目的である平和と正義の保存には、何らの効果ももたらさないのである」というものである。即ち、国家の平和と正義のためには主権（の中核的諸権利）は不可分でなければならないとされている。[229] 更に、そのような主張は「分割された諸権力は相互に破壊しあう」[230] との認識に基づいているのである。[231]

さて、以上で確認された主権の属性、就中「主権の絶対性」は、主権者が何らの制約も受けることなく統治し得ることへと直結しているのであろうか。一見したところ、これに肯定的回答を与えることは容易である。例えば、和戦の決定や戦争の遂行という国家の重大事に関して、ホッブズは主権者に全ての権限を付与しているように思われる。[232] しかしながら、社会契約を経て国家が創設された後の[233]（主権それ自体に対するのではなく）主権者に対する制約となり得る事柄についても彼は論じている。そのため、以下ではそのような論述について考察することとしたい。[234] そして、それらの制約を「神」・「理性」・「統治者の責務」・「自然法」に区分した上で（勿論、これら四つの観念は、[235] ホッブズの諸理論において相互に密接に関連しているのではあるが）考察することとする。[236]

(二) 主権者に対する制約

(1) 主権者に対する制約：神

英国教会聖職者を父としたホッブズが「真のキリスト教徒」であったか否かは別として、彼にとって自らの理論とキリスト教の教義との関係（より一般的には彼と神との関係）は無視し得るものでは決してなかったと考えられる。だが、彼の国家構成理論は、他者をして彼の信仰心を疑わせしめるものであった。例えば、彼の社会契約理論が自然状態における諸個人間の契約乃至信約（即ち、平等者間の契約）を媒介とするものであり、当該契約が主権者と被治者との間のものではないことから、上位者である神と人間の信約（この信約はユダヤ教とキリスト教の教義の中核部分であると言えよう。）が否定されるのではないか（神学理論との抵触の可能性）という問題が発生する。[237] また、自己の安全を企図して国家を形成するという行為の根本には（死への）「恐怖」が存在するが、キリスト教は「愛」や「慈善」（charity）に基づくのであるから、ホッブズの国家構成理論はキリスト教世界において貫徹可能であるのかという疑問も発生する。[238] 更に、全ては物的であるとするホッブズの信条から、彼は無神論者（atheist）との評判があり、[239] それに基づく現実的脅威が存在したという。[240] これらのことから、ホッブズは教会や神学者（そして、それらとの党派的利害関係を有する者）との間で常に緊張関係に置かれていたのである。[241]

以上のような事情からであろうか、ホッブズは彼の政治哲学関連の主要三著作の何れにおいても、彼の法・主権・国家に関する理論を旧約及び新約聖書から根拠付けるという作業を行っている。[242] このことから、彼は自らの理論と神（或いは神学）との整合性の確保に努めたと解されるのである。但し、神（或いは神学）との関係におけるホッブズの理論については、次の二点について若干の注意が必要である。

第一に、主権者と神及び自然法との関係についてである。既述（前章第二節㈡）の通り、『法原理』において、自然法は「命令」ではない（それ故に、本来の法ではない）とされつつも、「自然の創作者である全能の神を考慮して」法と呼ばれるとされている。[243]（ここでは、人々の神の認識に基づいて自然法は拘束力を有すること、それ故に、神は自然法を媒介として主権者を含む全ての者を拘束する旨が述べられていると解される。[244]）また、『リヴァイアサン』では、「彼自身［即ち、主権者］は神の臣民（the Subject of God）であり、そのことにより自然の諸法（the laws of Nature）を遵守するよう義務付けられている」[245] とされている。つまり、主権者を「直接的に」拘束するものは自然法であり、神は「間接的に」主権者を拘束するとされているのである。[246] ところが、ホッブズは全ての者を拘束する自然法と神（或いは神法）を同一視するかのような表現を複数箇所で用いている。[247] このことを勘案するならば、神の拘束は、自然法を媒介するというよりも、神の意思の表明としての自然法に姿を変えて主権者を含む全ての人間に及ぶとすることが、より正しい解釈であると考えられるのである。(248)

第二に、ホッブズと教会との関係についてである。神との関係においては調和を図ろうとするホッブズの姿勢は教会との関係において異なる場合がある。即ち、主権の絶対性（の強化）という彼の論調は教会権力の制約乃至縮減の試みとなるのである。そのような試みの典型的事例と思われるものが、聖書の解釈権の所在を巡る彼の見解の次のような変遷である。(249)

先ず、『法原理』においては、「聖書が神の言葉であるという我々の信仰は、教会に対する我々の信頼や信託に由来している」ことを理由として、「聖書の解釈については、自らの推理や霊（reasoning, or spirit）、つまりは自らの意見に頼るよりも、これを誰かに委ねた方が安全であろう」とされた上で、聖書の解釈権は教会に委ねられるとされていた。(250) そして、『市民論』においては、その第一三章で、「国王が自らの良心において最良であると判断する魂の救済を自らの臣民に供することは、国王の義務であるのか」という問題について、結論として「この難問は未解決のままにしておこう」(251)とされ、また第一四章で、「無神論」の罪が「無思慮乃至無知の罪」(252)であるとされるのであるが、第一七章で「世俗の事柄（temporall）を霊的な事柄から区別すること」(253)が論じられ、最終的には、自然的理性により処理可能な哲学上の問題について、言葉の意味や公的な信念の内容を決定する絶対的権限は主権者にあり、主権者の意見表明（pronouncement）による解決が市民にとって権威あるものとされつつ、「信仰の秘儀」（*Mysteries of Faith*）を巡る疑問については、キリスト者たる主権者は「正式に任命された聖職者達による聖書解釈」に従うよう義務付けられるとされているのである。(254)

このように以上の二著作では、（異なる論法が用いられてはいるものの）聖書の解釈権の所在を教会乃至は聖職者に委ねるとされていた。ところが、『リヴァイアサン』においては、聖書の解釈権が主権者のみにあること、そして聖書解釈に関して教会は何らの特別な地位も有しないことが主張されており、それは例えば、「政治的主権者（[t]he Civill Soveraigne）は、その者がキリスト教徒であれば、その者自身の領土における教会の首長である」[255]との同書第四二章中の一節の表題に現れており、他の箇所における論述からも理解されるのである。[256]

この「変遷」の結果として、最終的にホッブズは聖書解釈や神学関連問題の決定権も主権者の手に委ねたのであり、それ故に、主権者は神による制約に絶対的に服するが、現世に存在する教会による制約には服しないということがホッブズの最終的見解であると解される。そして、そこからは現世における主権の絶対性を主張するという彼の意図が看取されるのである。

(2)　主権者に対する制約：理性

次々章において論じられるように、ホッブズは「国際法」（the Law of Nations: *Ius Gentium*）を自然法としており、しかも既述（前章第二節）の通り、彼にとって自然法とは「理性に基づく法」である。勿論、この場合には、理性が、直接的に主権者を拘束するのではなく、全ての人間を拘束する自然法を媒介として間接的に主権者を拘束するという解釈も可能である。しかしながら、「自然法であり、道徳法であり、そして神の法である正しい理性に」（rectae rationi, quae lex est naturalis, moralis, & diuina）万事において可能な限り従うことが主権者の「責務」（*officium*）であるとされる場合もあり、[257]そこでは自然法等と理性が等置され（そして、それに従うことが主権者の責務であるとされ）ているのである。したがって、主権者に対する直接的又は間接的な制約として理性が存在することとなるのである。[258]

(3)　主権者に対する制約：「統治者の責務」

ホッブズは主権者に対して主権者故に課される「責務」[259]について、各著作において一章を費やして論ずると共に、随所で言及している。[260]そして、それらの中で彼が繰り返し強調しているものが「人民の安全は至高の法」(salus populi, suprema lex) という原則である。例えば、『法原理』中で主権者の責務を扱う第二部第九章において、その第一節で「人民の安全は至高の法」への言及が為され、「主権者の一般法」として「[主権者は] 最大限の努力をもって、人民の善 (the good of the people) を獲得する」ことが挙げられている。[261](そして、この原則から主権者の具体的な諸責務が記述されている。) また、『ビヒモス』においては「国王にとっての基本法 (fundamentall Law) とは、"Salus Populi"、即ち、彼の人民の安全と福祉以外の何ものでもない」[262]とされているのである。

ホッブズが「社会契約」の論理を採用したことにより、彼の論理には主権者に対して必然的に課されることとなる一定の責務が存在することになる。(仮に、ホッブズを「絶対王権のイデオローグ」と理解したとしても、「社会契約」に基づく主権確立後の王権の絶対性は事実行為の絶対性と法的な国制変更の問題であって、「社会契約」に基づく拘束からの王権の解放をどのように論理構成するかという問題でしかない。) そして、「社会契約」(信約) を結ぶ動機が「自己の安全」とされている以上、主権者に対する制約として「人民の安全は至高の法」という原則が選択されることも必然とされるであろう。

但し、「人民の安全は至高の法」という原則 (或いは、人民の保護という責務) については、統治者権力の強化に向かう側面もある点は留意されるべきである。実際にホッブズは、『対話』において、この原則を述べた上で、王国の人民 (People) の安全が国王の安全の中にあり、人民の防衛のためには国王に力 (Strength) がなければならない旨を論じている。[263]また、『ビヒモス』においても、「人民の安全に関する一般法」(generall Law of Salus Populi) が登場するが、そこでも「至高の権力」(Supreme Power) と「人民の安全」が関連付けられた議論が展開されているのである。[264]

それでも、ホッブズが「人民の安全は至高の法」という原則を説くのみならず、「安全」の意味をも次のように論じていることは注目されるべきであろう。

先ず、ホッブズは「安全」とは「［人民の］単なる生活の維持（the sole preservation of life）」ではなく「生活の幸福」（its happiness）と理解されるべきであるとしている。[265] その上で彼は「人民の安全は何に存するのか」という問いを立て、次のように述べている。

「現世のみに関する臣民（subjects）の利益（benefits）は四種類に区分され得る。⑴外敵（forraign [*sic*] enemies）に対して防衛されること。⑵国内で（at home）平和が維持されること。⑶公共の安全（publique security）と両立する限りにおいて富裕とされること。⑷彼等［即ち、臣民］が無害の自由を享受すること。何故ならば、対外的戦争と内戦から保護されつつ、彼等自身の勤勉さ（industry）により取得された富（wealth）を平穏に享受し得ないことは、彼等の公的幸福（civill happinesse）を最高命令者（supreme Commanders）がもたらし得ないことと同様であるからである。[266]」

このような「人民の安全」の確保を実現することという責務を真摯に実現しようとするならば、それは主権者の行動を大きく制約することとなるであろう。

⑷　主権者に対する制約：「主権者の責務」に基づく自然法

ホッブズの法理論において、自然法は全ての者を拘束するのであるから、主権者も自然法により拘束されることになる。実際に、「主権者達の全ては自然の諸法（the Lawes of Nature）に従うということは真実である」[267] とされ、或いは「自然法の戒律である衡平に主権者は彼の人民の最も卑しき者（the meanest）と同様に服する」[268] とされているのである。しかしながら、ホッブズは、国民（臣民）一般に適用される自然法規範とは異なる、主権者のみに適用される次のような規範についても論じている。

先ず、『市民論』第一三章において、ホッブズは「統治者の全ての責務（officia）は、人民の安全は至高の法という一句に含まれている」とした上で、「人々の間で最高統治権（the chiefest Dominion: summum imperium）を維持する者達」が自らの統治権を人民の安全以外のことに行使するならば、「平和の理、即ち、自然法に反する」（contra pacis rationes, hoc est, contra legem naturalem）としている。[269]（その理由は、統治権が樹立されたのは平和のためであり、平和が求められたのは安全のためであるからであるとされている。[270]）つまり、「主権者は統治権を人民の安全のためにのみ行使すべし」との自然法が存在するとされているのである。同様に、『リヴァイアサン』において、「主権者の責務は」「彼がそのために主権的権力を信託された目標に存」し、それは即ち、「人民の安全の獲得（procuration）であって、彼は自然法（the Law of Nature: Lex Naturae）によりそれへと義務付けられ」るとされている。[271]これらの記述から、主権者の責務（人民の安全の獲得）との関係において、主権者独自の自然法が存在するとされていることが理解されるのである。

また、主権者の直接的責務としての「人民の安全の確保」という一般的規範から、より具体的な自然法規範が派生する旨が論じられる場合もある。即ち、「人民の安全は、更に、主権的権力を有する人又は人々に対して、裁判（the Justice）が全ての位階の人民（all degrees of People）について平等に運営されることを要求する」のであり、その理由は「ここに衡平が存するから」であって、主権者は「それが自然法の戒律（a Precept of the Law of Nature）であるが故に」それに従うとされる。[272]また、端的に「罪なき臣民の処罰は自然法に反する」[273]とされる場合もあるが、これも「人民の安全」と関連付けて理解され得るものであろう。

さて、以上のように、ホッブズの主権理論においては、主権者に対する四種の制約が存在することが確認されるのであるが、同様の制約として考察されなければならない事柄が一つ残されている。それが「抵抗権」を巡る問題である。

(三) 抵抗権を巡る問題

主権者の不法な権力行使或いは圧政に対して人民（臣民）は実力を行使して抵抗する権利を有するのか。仮に、それが認められるのであれば、この権利は法（理論）的に主権者を制約するものとなるであろう。しかしながら、この人民の抵抗権の存否に関して、ホッブズの論述は次のように必ずしも一貫していない。

一方において、ホッブズは『法原理』中で、臣民が主権者設立の信約により「その者が自らの権利を委譲した者に抵抗するその者自身の権利を放棄[274]」すると理解されるべきであるとし、或いは「コモンウェルス設立のために集合した全ての者により合意された信約」の実効性の担保として「強制の権力」(a power of coercion) が必要であり、「コモンウェルス内の何人も強制の権力を譲許された者に対する抵抗権を有しない」との議論を展開し[275]、更には「暴君弑逆」(Tyrannicide) を合法とする主張に反駁している[276]。『市民論』においても「暴君弑逆」への駁論[277]が示されているが、このような抵抗権否定の論調は『リヴァイアサン』では、次の記述に見られるように、より強くなっているように思われる。即ち、同書第一八章において、人々が一旦結ばれた信約により君主とされた者とは別の者に新たに服従の信約を結ぶことは合法的ではあり得ない、或いは神との信約を理由として人々が主権者に不従順であることは不正である、というように、抵抗権の主要な論拠を挙げられた上で、何れも否定されている[278]。また、同書第二九章では、ギリシア人やローマ人を模倣して「暴君弑逆」を合法とする人々の諸説が批判されている[279]。更に、同書第二四章では、土地の分配について主権者が臣民に有害な分配を行った場合に、「これは信頼と自然法 (the Law of Nature) の破棄である」が、「このことは、如何なる臣民をも、彼等の主権者に対して戦争を遂行すること、或いは不正（Injustice）として告発すること」等を是認する（authorise）には十分ではないとされ、主権者の側に明白な不正があった場合でも抵抗権は否定され、主権者が不信心者である場合ですらも結論は同一のものとされている。同書における同様の記述はその他にも存在しており、その中には臣民の生命権の主権者による剥奪が認められるというような記述までもが見出されるのである。

他方において、『リヴァイアサン』第一四章で、「力（force）に対して力により自己を防衛しないという信約は常に無効である」とされ、同書第二一章で同様の事柄が再論されていることから、自己保存（乃至は自衛）の権利は個人（臣民）の側に常に留保されており、これに基づく抵抗権の行使は是認されることとなる筈である。この他にも、主権者が、或る者にその者自身を傷付け又は自殺すること、或いは、その者自身を襲う者に対して抵抗しないこと、更には、食糧・空気・薬品等の生存のための必需品の不使用を命じた場合には、その者は「不服従の自由」を有するとされている。また、犯罪についての自白は（恩赦の保証がない限り）主権者により強制されず、非自発的に兵士として戦うことを命じられた場合にも拒否し得るとされている。更には、「極めて多数の人々が共に、既に主権者権力に対して不正に抵抗した、或いは極刑に値する何らかの罪を犯した場合に、それらのことを理由として、その者達の各々が死を予測する」ときには、「共に結合し、互いに援助し防衛しあう自由」をその者達は「確かに有する」とされている。そして、これら以外にも抵抗権が肯定されると解される記述が見出されるのである。

このように抵抗権の存否という問題に関わるホッブズの記述には一貫性が欠如しているように思われる。その結果として、この問題を巡る先行研究における解釈は多様なものとなっている。

例えば、ラフリン（Martin Loughlin）は「彼［即ち、ホッブズ］の目的は、彼の同時代人の多くによって革命と抑圧に対する抵抗を正当化するために使用された観念である自然法を、その全く反対のこと（即ち、主権者への無条件の服従）を自然の諸法（laws of nature）が要求していることを示すために使用することであった」としてホッブズの論理が抵抗権の否定を意味することを示唆している。[290] また、「平和と安全を保障する能力がないことが明らかとなり、国家が存在理由を失う」までは「国家の臣民は抵抗権（a right of resistance）を有しない」[291]として、実質的に国家が崩壊するまで抵抗権が否定される結果となるような解釈も存在する。[292] 更に、この解釈の対極にあるような、「近代的な個人的抵抗権思想の祖は、ホッブズである」[293]とするものもある。更にまた、自己保存と不可分な諸権利とみなされる自然権までも主権者が（法の名においてであれ）剝奪するならば、「人民の側にはこれに対して抵抗する権利すら論理的には認められることになろう」[294]と抵抗権を抑制的に肯定する見解もある。

以上の他にも、著作間の記述の相異に着目して、『法原理』及び『市民論』においては主権者の権力を制約する権利が人民に認められていたが、そのような理論は『リヴァイアサン』においては群衆の一人一人の主権者への人格的統合が強調されることによって弱められたとの解釈もある。[295] 同様に、『法原理』に続き、『『市民論』においてホッブズは、自衛を不可譲の権利であることを承認しつつ、無抵抗という王党派の政治原則に固執し続ける」のであるが、『リヴァイアサン』においてはそれからの逸脱の口実（excuse）が設けられているとの解釈も提示されている。[296]

ホッブズの抵抗権理論に関して詳細な分析を行っているマイヤー＝タッシュ（Peter Cornelius Mayer-Tasch）は、市民（Bürger）の全ての自由は「始原契約」（Urvertrag）により規定される故に、「抵抗に関する本質的に前国家的な権利は、次の場合にのみその者［即ち、市民］の権利となる」として、ホッブズの社会契約理論の中で抵抗権が認められる四つの場合を挙げている。即ち、第一に「その者が自己の義務付け（Selbstverpflichtung）を何ら負っていなかった（例えば、国家の滅亡後に、その者が新しい支配者に服従しなかった）場合」[297]、第二に「自らが充足する義務を負わなかった事柄［の充足］の要求に晒されているとされているとその者がみなす（即ち、自衛の留保

(Vorbehalt der Selbstverteidigung）の）場合」[298]、第三に「始原契約がその法的有効性を喪失する（即ち、支配者の保護及び秩序維持の権力の剝奪又は消滅の）場合」[299]、第四に「始原契約が破棄される（即ち、反対行為（contrarius actus）による破棄の）場合」[300]である。そして、ホッブズの抵抗権理論では、これらの中で特に第二の「自衛の留保」に基づく抵抗権に重点が置かれているとされている。[301]

このような様々な解釈に接するとき、我々は「ホッブズの抵抗論は形式においても実体においても特異である」[302]との評言に同意せざるを得ないようにも思われる。その上で、ホッブズの抵抗権理論の「特異性」や非一貫性の原因を考えるならば、我々はそれを彼の基本的認識における相反する次のような思考に求めることができよう。

一方において、ホッブズは、「内戦（a Civill Warre）に伴う悲惨（miseries）と恐るべき災厄（calamities）」や「法への服従を伴わず、支配者を有しない人間達の分解状態（dissolute condition of masterlesse [*sic*] men）」に比較するならば、「何れかの統治形態において人民一般に生じ得る最大の不便（incommodity）」さえも痛切なものではないとする。[303]即ち、国内的秩序の維持こそが最重要であると認識されており、このような認識は抵抗権の否定に繋がる。他方において、放棄又は譲渡の対象とはならない若干の権利の第一のものとして「人は、その者の生命を奪おうとして力によりその者を攻撃する人々に対して抵抗する権利（the right of resisting them）を放棄することはできない」とされている。[304]即ち、自然権としての生命権乃至は自己保存権の不可譲性の承認であり、これは抵抗権の承認へと繋がるのである。

このように相反する思考に基づくホッブズの抵抗権に関わる記述を巡る解釈が分かれることは当然のことであろうし、ホッブズが臣民の抵抗権を認めていたのか否かについて明確な結論を見出すことは困難である。それでも、仮にホッブズがそれを完全に否定していたとしても、「人民の安全は至高の法」という原則の倫理的（乃至は規範的）価値とその妥当性は失われ得ないことは確かであろう。そうであるとするならば、自らの統治下にある人民に対する主権者の苛斂誅求が、自らの統治の正当性に関する人民の側からの疑問の提起という結果に至ることは不可避的であることとなる。実際に、『ビヒモス』では「権力者の力は人民の見解と信念の中以外に基盤を有さない」（[T]he power of the mighty has no foundation but in the opinion and beleefe [*sic*] of the people[.]）[305]とされており、このことを勘案するならば、抵抗権の否認が自らの「社会契約」理論を究極的には破綻させてしまうことをホッブズが認識していなかったとは考え難いのである。（そしてこの場合、抵抗権を否定するが如き彼の議論は可能な限り国内的安定を図ろうとする彼の現実的判断に起因するものであると解されるのである。）

また、仮に、ホッブズが自らを抵抗権否定論者として認識していたとしても、彼の理論において臣民の自己保存権は否定されないのであるから、主権者が臣民を保護できないのであれば、臣民は少なくとも国家から離脱すること（「消極的抵抗権[306]」の行使）は承認されることとなろう[307]。そして、そのような自己保存権の行使としての国家からの離脱者が多数となるならば、「リヴァイアサン」は崩壊するのである[308]。

以上のことから、ホッブズが主権者権力の絶対性を擁護し、したがって、抵抗権を否定したものであるとする理解は正確さに欠けるものであり、彼の国家理論の総体からすれば、少なくとも「消極的抵抗権」の行使は容認されるという解釈が導出されるのである。

小括と若干の考察

本章における以上の考察の結果は、次の諸点に纏めることができよう。

先ず、ホッブズの国家理論には「国家」の定義の三つの要素、即ち、結合の形成（社会契約）、共通の平和と防衛（国家設立の目的、主権者の責務）、結合（国家）の人格化が一貫して登場する。次に、彼が提示する「主権」の定義には「絶対性」と「不可分性」の観念が含まれている。しかしながら、彼の理論において主権は幾つかの制約（神・理性・統治者の責務・自然法）に服している。（就中、「人民の安全は至高の法」という原則が繰り返し提示されている。[309]）最後に、抵抗権を巡るホッブズの記述は必ずしも一貫したものでないが、少なくとも「消極的抵抗権」の行使は承認されていると解される。

以上のことから、ホッブズの「国家」・「主権」理論には二つの全く異なるように思われる方向性が共存していることが確認される。一つは、主権の絶対性や不可分性を強調し、理論化するものであり、他は、主権者の行為を制約するものである。但し、このことは過度に強調されるべきではないであろう。何故ならば、理論的に主権が絶対であったとしても、その実際の行使において主権者は少なからざる現実的制約を受ける（或いは、現実を考慮せざるを得ない）ことになるということは、自明だからである。（その意味において、ホッブズが提示した主権者の制約を巡る理論の本質は、主権者が自らの臣民（国民）の統治に際して現実的に払わなければならない考慮を、自然法に基づく「責務」（自然法上の義務）としている点にあるとも言えよう。）

それでも、ホッブズの「国家」・「主権」理論から描き出される主権者像は（絶対的主権者という言葉が与える印象とは異なり）次のように平和的・道徳的なものとなり得ることは確認されるべきであろう。

先ず、『法原理』において論じられているように、そもそも「理性は平和を命ずる」[310]とされている。そして、『市民論』では「第一の且つ根本的自然法」(the first and fundamentall *Law of Nature*) が「平和が見出され得る場合には、平和が求められなければならず、そうでない場合には、戦争の助けを我々自身に提供しなければならない」(*to provide our selves [sic] for helps of War*)[311]とされている。つまり、人が先ず為さねばならないことは理性に従って平和を求めることなのである。このことは、『リヴァイアサン』においてより明確にされ、「根本的自然法」として、

「各人は平和と獲得する望みが彼にとって存在する限り、それに向かって努力すべきであり、そして彼がそれを獲得できない場合には、戦争のあらゆる援助と利益を求め且つ用い得る」という規則が挙げられた後に、この前半部分が「第一の且つ根本的な自然法」であり、それは「平和を求め、且つそれを守ること」(*to seek Peace, and Follow it*) であるとされ、後半部分が「自然権 (the Right of Nature) の概要」であり、それは「我々が為し得る全ての手段により、我々自身を防衛すること」であるとされている。[312] そして、この「基本的自然法」から「第二の自然法」が導出され、以下「第一九の自然法」までの説明が為されるというのが、同書第一四・一五章の基本構造となっている。つまり、「平和を求め、平和に従うべし」という第一の自然法を基本として、ホッブズの自然法論は展開されているのである。[313] そして、(本章第二節(二)(4)で確認されたように) 個々人間に妥当するこれらの自然法は主権者間にも妥当するとされている故に、主権者達もこの「根本的自然法」による規律を受けることになるため、主権者に課される自然法上の第一の義務は「平和の追求」となるのである。[314] 同様に、自然法により課された義務の履行を前提とするならば、ホッブズが描く主権者像は極めて平和的・道徳的な人物となり得るのである。[315]
但し、そもそもホッブズが主権者に課している「制約」は極めて不安定な論理構造の上に成立していることもまた事実である。それを典型的に示すものが『対話』における「哲学者」の次のような発言である。

「私は普通の人々 (the Common People) の一人であり、殆ど数限りない人間の一人であるが、それらの人間の福祉のために、国王及びその他の主権者達は神により定められたのだ。というのも、神は国王を人々のために作成したのであり、人々を国王のために「作成したの」ではない。国王なくして、異なる言語を話し、私達を侮蔑する、そして私達を奴隷にしようとする、傲慢不遜な異邦人の支配から私はどのようにして保護されるのであろうか、或いは、内乱における諸党派の残酷さから生ずるであろう破壊を私はどのようにして回避するのであろうか。[316]」

この発言では、一方で「人民の安全は至高の法」が語られているが、他方で人民の安全のために人民は主権者に頼らざるを得ないとの認識が含まれている。そこから、人民の安全のために主権者にどの程度の権能が委ねられるべきかという課題が発生するが、実際には、この引用部分に続いて、国王のみが有する課税権や民兵(Militia)の召集権について論じられており、結果的に国王権力の正当化のための(しかも「王権神授説」を採用するかの如き)議論となっているのである。

結局、現実に「人民の安全」が脅かされた状況において主権者は、「人民の安全は至高の法」を実現するために、自己の権力の絶対性を主張し得るのか否か、という究極の状況を反映する疑問をホッブズの読者は発することとなる。(そして、この疑問は「抵抗権」の存否とも密接に関わる。)しかし、この疑問に対する彼の明確な解答は見出され得ないのである。

それでも、ホッブズが支配に関する或る種の調和を次のように見出そうとしていることもまた認められなければならない。即ち、『法原理』において、「[政治体設立の]利益(profit)は、主権者と臣民の両方に等しく及ぶ」とされ、また、「臣民の利益のために統治することは、主権者の利益のために統治することである」[317]とされており、主権者(統治者)と臣民(被治者)との間で統治を巡る利害は合致するとされているのである。[318]勿論、これが余りにも楽観的な見解であり、また、統治が被治者の利益であるとの外装を施すことによって統治者権力を正当化するに過ぎないとの批判は可能であろう。それでも、ホッブズの論述が、主権(者)の絶対性を一方的に説くものではないこと、そして、主権者が幾つかの制約の下に置かれる旨を含んでいることは確かなのである。[319]

それでは、そのような制約の下で、主権者間の関係は如何なるものとなるのであろうか。これが次章の考察対象である。

第四章
ホッブズの「国家間関係」観

序

この部の第一章で確認されたように、一九世紀以降の国際法（史）概説書においてホッブズへの言及が為される場合、彼が国家間関係を自然状態としたとする指摘を伴うことが多い。そして、同様の見解は、国際政治研究者の間で現在に至るまで根強く存在しており、それを例証するものが、当初法学（特に、国際法学）を専攻・教授し、後に「現実主義」（realism）[320]に立脚した国際政治学の泰斗とみなされるようになるモーゲンソー（Hans J. Morgenthau）の著作『諸国家間の政治』である。同書（初版一九四九年）では、「国際的な場（international scene）はホッブズにより描かれた『万人の万人に対する戦争』という自然状態に酷似している」[321]とされ、或いは「ホッブズの『リヴァイアサン』の制限されざる権威（unfettered authority）[322]」への言及が為されている。[323]つまり、ホッブズが描く国家や主権が無制約の権力体であり、諸国家間の関係は彼が説いた諸個人間の自然状態の如きものであるとされているのである。[324]

このようなホッブズ解釈の当否は暫く措くとして、モーゲンソーの「ホッブズ的国際社会観」が国際政治の「現実」の理解のために有効であるとの認識は少なからぬ国際政治研究者が共有するものであろう。[325]また、このような認識を国際法研究者の側から見れば、無制約の主権国家間の関係をどのようにすれば法的に規律可能であるのかという主題が姿を現す。この点で「ホッブズ的国際社会観」は国際法学の存在意義を明確化する際の重要な前提ともなるのである。

しかしながら、このようなホッブズ解釈は直感的には極めて説得的であるにも拘らず、この部においてこれまで確認された事柄を勘案するならば、大きな理論的問題点を内包しているものと思われる。何故ならば、諸個人が人間の自然状態において為し得る事柄と（前章で確認された）制約の下に置かれる主権者（国家）が「自然状態」として認識される国家間関係において為し得る事柄を直ちに同一のものとすることはできないのであるから、「万人の万人に対する戦争」(*bellum omnium contra omnes*) を「万国の万国に対する戦争」(*bellum omnium gentium contra omnes gentes*) と単純に置換することには、(仮にそれが比喩的な表現であったとしても) 何らかの論理の飛躍が存在することが予測されるからである。

ホッブズの論述を基にする場合、「諸個人間の自然状態」と「主権者(国家)間の自然状態」の関係は相互に単純な類推を許すものなのであろうか。このような疑念に対する解答の探究が本章の課題である。そのために、以下では先ず、この課題に直接的に関連するホッブズの記述を確認し(第一節)、続いて「諸個人間の自然状態」と「主権者(国家)間の自然状態」の相異から発生する両者の本質的相異について考察し(第二節)、最後にホッブズの「国家間関係」観と彼の「社会契約」理論の関係について検討する(第三節)。

第一節 「国家間関係」へのホッブズの直接的言及とそれに対する疑問

本節では、国家間関係が如何なるものであるかについて直接的に触れられているホッブズの論述を瞥見する。先ず、『市民論』では、「前もって警戒すること」(*Praemoneri*) と「前もって防備すること」(*Praemuniri*) が人民の防衛のために必要とされる事柄であるとされ、その理由として「諸国家相互間の状態は確かに、自然的、即ち敵対的である」(Status enim ciuitatum inter se, *naturalis*, id est, hostilis est.) ことが挙げられている。[326] そして、『リヴァイアサン』では、その第二一章において、「各コモンウェルスは、自らの利益に最も適すると自らが判断することを行う完全な自由を有する」と共に、「周囲の隣人に対して国境を武装し、大砲を配置しつつ、戦闘に直面した、永続的戦争状況 (the condition of a perpetual war) の中で生きている」[327] とされている。また、同書第一三章では、「国王及び主権的権威を有する者達は、全ての時代において、彼等の独立性故に、相互に武器を構え、凝視しつつ、継続的嫉妬と剣闘士（Gladiators）の立場及び姿勢の中」、即ち、「戦争の態勢」（a posture of War）にあるとされている。[328]（つまり、国家間関係は永続的戦争状態にあるとの認識が直接的に示されている。）更に、同書第二〇章で、主権が確立されていない状態が「戦争状況」（the condition of war）であるとされ、[329] また第三〇章では「何らの国内統治（Civil Government）も有しない人々に対して相互に何を為すべきであり、何を回避すべきであるかを命ずる法と同一の法が、諸コモンウェルスに対して」「同一のことを命ずる」とされている。[330]（つまり、これらの記述では、国家間関係が自然状態（乃至は戦争状態）にあることが含意されている。）更にまた、同書第一一章第二節（「全ての人における、力への不断の欲望（a restlesse desire）」）では、征服戦争継続の可能性が示唆されているのである。[331]

『対話』においては、制定法（Statute-Laws）の作成の目的に関する議論の中で、「哲学者」が「何れの国家（Nation）の中にも、また一国家と他国家の間にも、永続的平和が存在することについて、如何なる希望があるのか」と尋ねた際に、「法学徒」は次のように答え、その回答に対して「哲学者」は同意している。

「あなたは二つの国家（Nations）の間でのそのような［永続的］平和を希望し得ないでしょう。何故ならば、それらの不正義（Injustice）を罰する共通の権力（Common Power）がこの世界には存在しないからです。相互の恐怖が一時的にはそれらを静かにさせ得るでしょうが、目に見える利益がある度に（upon every visible advantage）、それらは相互に侵略するでしょう。そして、一方の国民（Nation）は国王に従い、他方はそうではないという場合に、目に見える最大の利益が存在するのです。[332]」

このように、国家間関係が言わば「万国の万国に対する戦争」という状態にあるとのホッブズの認識は（『法原理』を除く）[333]各著作で示されている。但し、この認識に関しては、少なくとも次の二つの疑問が存在するであろう。第一に、ホッブズの時代にあっても国家間の戦争が常時継続していたのではないのであるから、彼の前提は歴史的・経験的事実に反することになるのではないかという疑問である。第二に、諸個人間の自然状態と諸国家間のそれが同一のものであるのかという疑問である。

第一の疑問に対しては、我々は次のような説明をもってその解答とすることができよう。先ず、ホッブズは、諸個人間の戦争状態について、「そのような戦争時代又は戦争状態（such a time, nor condition of warre）は決して存在しなかったと考えられ得る」し、「世界中で一般的にそのようでは決してなかったと、私は信ずる」と述べている[334]。つまり、諸個人間の戦争状態は飽く迄も抽象的且つ観念的な仮説的状態なのである[335]。（但し、彼は世界の一部では諸個人間の戦争状態が実際に常態化していると考えていたものと思われる[336]。）また、前に挙げた各著作からの引用においてホッブズは、諸国家間の戦争が継続している旨を論ずるのではなく、平和が継続しない旨を説いている。更に、『法原理』において「戦争」とは「力により争うという意思及び主張が、言葉又は行為によって十分に公表されている（declared）期間」であり、「戦争ではない期間」が「平和」であるとされ[337]、また、『リヴァイアサン』において「戦争」は「戦闘や闘争行為にのみ存するのではなく、戦闘による闘争の意思が十分に知られている期間にも存する」とされている[338]。これらの記述から理解されるのは次の事柄である。即ち、ホッブズは、所謂「冷戦」の状態を認識し、それを国家間の自然状態（戦争状態）に含めており、これにより、国家間関係を自然状態（戦争状態）とすることと歴史的・経験的事実との齟齬は解消されることになるのである[339]。

更に、この問題との関連で興味深いのは、ホッブズが通商の必要性について論じている箇所である。即ち、『リヴァイアサン』第二四章において、「物資（Commodities）と通常呼ばれる物質（Matter）は、一部は国産（*Native*）であり、一部は外国産（*Forraign*）である」とされ、自国内で「自国全体の維持及び活動（motion）に必要な全ての物を産出するような」国家は存在せず、「[物資の]不足を、交換（Excahnge）、正当戦争（just Warre）又は労働（Labour）の何れかにより国外で得られるものの輸入（importation）により供給する」ことが必要であるとされているのである。[340] ここでは通商の必要性が説かれており、一見すると諸国家間の平和状態が前提とされているようにも思われるが、外国産物資の供給が「正しい戦争」によっても為され得ることにも言及されており、ホッブズの立論が諸国家間の「戦争状態」を強く意識したものであることが理解されるのである。[341]

それでは、第二の疑問に対しては、どのような解答が存在するのであろうか。特に、諸個人間の自然状態と国家間のそれが同一のものであるとの解釈を支えるのは、双方に自然法が妥当する旨の記述のみに依拠するものであって、このような解釈は双方の自然状態の差異が存在する可能性を無視したものである点で問題はより大きいものと思われる。そこで、次節ではこの差異とそれがもたらす論理的帰結について考察することとする。

第二節　ホッブズの論述に内在する「修正された自然状態」：その存在契機と永続

(一)「修正された自然状態」の存在契機

ホッブズは、前述の如く、諸国家（主権者）が常に「剣闘士の立場及び姿勢」、つまりは「戦争の態勢」にあるとし、国家間の関係を自然（戦争）状態と認識している。しかし、それに続く論述では、「だが、それにより彼等［即ち、諸々の主権者］は自らの臣民の勤労（Industry）を維持しており、諸個人の自由に伴う悲惨はそこから発生しない」とされている。[342]「諸個人の自由に伴う悲惨」とは諸個人の自然状態における悲惨な状況（「万人の万人に対する戦争」）を指すと解される故に、ホッブズが諸個人間の自然状態は諸国家間のそれよりも苛烈な状態であると考えていることが理解される。[343] つまり、これら二つの自然状態は異なるものであり、国家間関係は諸個人間の自然状態に比して烈度が緩和された自然状態（「修正された自然状態」）にあることになる。そして、このことは（前章において確認された）主権者に対する制約という観点からも理解可能である。

ホッブズが構想する「主権者」は、（その本質的部分について）不可分・不可譲の絶対的権力としての主権を有するものの、その実際の行使については、様々な制約に服している。特に、「人民の安全は至高の法」という原則が強調されていることから、主権者の臣民（国民）に対する権力は必ずしも絶対的なものではなく、彼等の安全を確保する責務を負うことになる。そして、このことを各人が自然状態において自己を防衛する「権利」を自由に行使し得る（むしろ、自己保存は自然法上の「義務」ですらある。）ことに対比するならば、人間の自然状態と国家間のそれとでは差異が生ずるものと推測されるのである。[345]

また、このような二つの自然状態の差異は、主権者による現実的考慮の結果としても導出され得る。何故ならば、国家間の関係が戦争状態（前節で確認されたように「冷戦」を含む。）であるとするならば、防衛体制の確立を含む戦争への準備を怠ることは許されないが、主権者はそのような準備を自らに服属する臣民（国民）の意思を無視して恣意的に行うことは実際上不可能であると考えられるからである。

勿論、ホッブズは主権者の権能に「徴兵」と「徴兵のための資金調達」が含まれることを認めている（「国王に徴兵の権能（a Power to Leavy Souldiers [*sic*]）があってこそ、国王の法律は力を発揮し、人民を外敵から守ることができる。[346]」）ことから、主権者の裁量として兵役や軍資金提供を臣民（国民）に課すことは認められる。しかしながら、主権者が彼等を戦争に何らかのかたちで動員せねばならないときには、それが彼等の自己保存権を脅かす程のものであれば、彼等の側からの抵抗権行使の可能性が発生する。（そして、前章第二節㈢で論じられた通り、ホッブズの法理論上少なくとも「消極的抵抗権」の行使は容認される。また、「権利」の行使としてではなく、事実行為としての臣民の側からの主権者に対する抵抗が発生する可能性は常に存在するであろう。）しかも、自己保存権が脅かされているか否かの判断主体は各人なのである。（勿論、当時の欧州における戦争が傭兵を中心として遂行されたことから、「国民軍」を前提とするかのようなこの論理は必ずしも妥当しないようにも思われるが、傭兵軍を組織するための資金及び物資の調達という点では、やはり主権者の臣民（国民）に対する何らかの配慮が必要とされるのである。）

以上のことから、「自然状態」と観念される国家間関係における国家の自己保存権の行使に際しては、対外的にも対内的にも主権者の裁量に対して制約が課されることになると考えられるのである。[347]

このようにして、国家として存続するために、諸個人間の自然状態とは異なる「修正された自然状態」に諸国家は置かれることになる。それでは、各人の自己保存を理由とする社会状態としての国家の設立によりいずれは消滅するものとしてホッブズが構想した諸個人間の自然状態と同様に、この「修正された自然状態」は消滅し得るのであろうか。

(二)「修正された自然状態」は永続するのか：「超リヴァイアサン」の発生可能性

(1) 問題の端緒

「修正された自然状態」にある諸国家が、自然状態を脱して「普遍国家」（「超リヴァイアサン」）の設立に至ることは、ホッブズの理論の内在的理解によって否定されるのであろうか。この問題を考察する際の出発点になると思われるものが、『リヴァイアサン』第一七乃至二〇章で論じられている国家の設立方式に関する理論である。

ホッブズによれば、「主権的権力」(Soveraigne Power) の獲得の方式は「政治的コモンウェルス」(Politicall Common-wealth) 又は「設立によるコモンウェルス」(Common-Wealth by institution) と呼ばれるものと「獲得によるコモンウェルス」(Common-Wealth by acquisition) と呼ばれるものの二つがあるとされる。[348] 前者は、人々が自らの間での合意により或る人又は合議体 (Assembly) に自発的に服従する場合である。後者は「自然的力」(Naturall force）によるもので、親が自らの子供を（そして、孫も）自らの統治に服従させる場合や或る者が戦争により（自身への服従の交換としての助命を条件として）敵を服従させる場合である。[349] 両者の唯一の相異点は、前者が主権者を設立する人々の相互の恐怖に基づくのに対して、後者は人々の自らが服従することとなる者に対する恐怖に基づく点にあるとされる。[350] また、両者共に契約に基づくものとされるが、前者の契約は主権者の設立のための契約を含意することから、所謂「社会契約」を意味することとなる。[351]

このような二つの主権的権力の獲得（国家設立）の方式の何れか（又は両者）が国家間関係に適用可能であるならば、戦争状態としての諸国家間の自然状態（但し、「修正された自然状態」である。）から諸国家の社会状態としての「普遍国家」（超リヴァイアサン）の設立が可能であることになる。果たして、ホッブズが提示した理論はそのようなものであったのであろうか。以下、「設立によるコモンウェルス」論と「獲得によるコモンウェルス」論の国家間関係への適用可能性ついて検討することとする。

(2) 「設立によるコモンウェルス」論の国家間関係への適用：「社会契約」の不可能性

前述（本節㈠）の如く、ホッブズは諸国家間の自然状態が諸個人間のそれよりも烈度が緩和された状態であると認識している。この烈度の差異から、「修正された自然状態」において諸国家（主権者）が感ずる社会契約を通じた自己保存の必要性は、諸個人間の自然状態において彼（女）らが感じる同様の必要性に比して弱いこととなる。つまり、諸個人の場合に比して、諸国家（主権者）は社会契約締結への動機が弱いものとなる。したがって、諸国家による「設立によるコモンウェルス」の誕生は困難となることが予想されるのである。

同様のことは社会契約の目的という観点からも理解可能である。ホッブズの社会契約理論は諸個人の自己保存のための理論であり、「自然状態」から脱して「社会状態」（国家）を創出する目的は構成員（国民）の「安全」

にある。[352] そして、諸国家間の関係も諸個人間の関係と同様に「自然状態」にあるとするならば、諸国家間の「社会契約」によって「普遍国家」は設立可能なのではないかとも思われる。しかし、諸個人間に存する能力的差異(「自然は人間を心身の諸能力 (faculties) において平等に作成した」のであり「最弱者ですら最強者を殺すに足る力を有している」[353] のである。) と諸国家間のそれとの相異を根拠として、そのような可能性は否定されるであろう。つまり、人間の能力 (より正確に言えば、攻撃に対する脆弱性) の均一性と国家のそれとの間には大きな差異が存在するために、人間が「自然状態」において「社会契約」へと自ら進む必然性があるのに対して、国家ではそのような「契約」を為す必然性が存在しないのである。[354]

更に、以上のような諸国家間の社会契約締結への動機の弱さや必然性の欠如に加えて、実質的にそれを不可能としてしまう要素をホッブズの理論は内包している。それが「最初の信約実行者」(the first performer) 問題[355]である。この問題は次のような彼の論述から発生する。即ち、何らかの強制力への恐怖が存在しなければ、「信約を最初に実行する者 (he that performeth first) は、その後に他の者が実行するという保証を有しないのであるから」、自然状態における最初の信約実行者は、「まさしく自らを裏切り、自らを自らの敵に渡す」(does but betray himselfe to his enemy[356]) のであって、「自己の生命と生存手段を防衛する (決して放棄し得ない) 権利 (Right) に反して」いることになるというものである。[357]

自然状態における人間にとってすら、「自己保存権」という放棄し得ない自然権の放棄を伴い得る信約 (社会契約[358]) を最初に実行することは、余りにも危険である。同様に、自然状態にある諸国家間の関係において、社会契約を最初に実行することは極めて危険であり、それを実行する主権者の行為は「人民の安全は至高の法」という責務の放棄に等しい。つまり、諸国家間の社会契約を最初に実行しようとする主権者は現実的にも (社会契約理論自体が仮説的理論である故に、それを「現実的に」考慮するということには或る種の矛盾はあるが)、規範的にも存在し得ないのではないだろうか。そうであるとすれば、諸国家間での「社会契約」を通じての「普遍国家」の創設は不可能であるということになるのである。

以上のことから、国家間における「設立によるコモンウェルス」の可能性はホッブズの理論においては排除されていることが理解されるのである。[359]

(3)「獲得によるコモンウェルス」論の国家間関係への適用

前項で確認されたように、合意（社会契約）を通じて為される「設立によるコモンウェルス」の論理は、国家間関係には妥当し得ず、国家間の自然状態は永続することとなる。それでは「獲得によるコモンウェルス」の論理はどうであろうか。諸国家間に（諸個人間とは異なる）大きな能力的差異が存在するならば、強大な国家による他国家征服の反復の結果として「普遍国家」が誕生する（したがって、国家間の自然状態が消滅する）可能性があるのではないだろうかとの疑問が発生する。この疑問に対する解答は、ホッブズの国家構成理論の中で如何なるものとなるのであろうか。

先ず、親子関係という「自然な力」による方式については、王位継承権により一人の人物が（名目上は各々の継承地は別個の国家として存在するとしても）「普遍国家」の主権者となる可能性は理論的には存在する。但し、少なくとも『リヴァイアサン』の英語初版公刊時（一六五一年）の欧州の全国家が王国として存在していたのではないのであるから、王位継承のみによる「普遍国家」の成立の余地は実際には存在しない。（勿論、これは事実上のことであって、ホッブズの理論それ自体においては王位継承のみを通じての「普遍国家」の成立の可能性は排除されていないように思われる。）それでは、王位継承と征服戦争の組合せによる場合はどうであろうか。そして、そもそも征服戦争の反復による場合はどうであろうか。

先ず、征服戦争の反復を予期させるものが、「全人類の一般的傾向」として「死によってのみ消滅する、力への永続的且つ不断の欲望（desire）」が挙げられた上で、論じられている次の一節である。

「その力が最も偉大である国王は、国内では法により、国外では戦争によって、それ［即ち、よく生きるための力と手段］を確保するよう努力し、それが達成されると、新たな欲望がそれに続く。若干［の国王］は新たな征服による名声を、他［の国王］は、安楽と官能的快楽（sensuall pleasure）を、更に他［の国王］は、何らかの芸術やその他の精神の能力の優秀性について称賛或いは追従されることを［欲するのである］。」[360]

そして、このような欲望に基づいて或る国王が他国を征服するためには、当該他国を「死滅」させるか「服属」させることが必要となる。「死滅」については、ホッブズの法理論においては、規範的に国家を「死滅」させることは禁止される。何故ならば、「残酷」（cruelty）の禁止は「戦時においてさえもその執行が停止されない」自然法とされており、[361]国家を「死滅」させることはこれに抵触すると解されるからである。また、事実上の問題としても、ホッブズが国家を「可死の神」としたにも拘らず、その「死」は単に象徴的なものであって、自然人の場合のような生物としての死滅や物理的消滅という事態は考えられず、国家が一度の敗戦を喫しても、再戦の可能性が常に存在することになる。（勿論、観念的には或る国家に帰属する人民の全てを殺戮することは可能ではあるが、戦争の目的をそのような殺戮に置くことは、戦闘の烈度を極端に上昇させ、交戦当事者双方にとって不利に働くことになるため、合理的には選択され得ない。）これにより、一旦は死滅する「可死の神」は潜在的には「復活」の可能性を常に有することとなる。（そして、この点において、ホッブズの「可死の神」に関する認識は現実との乖離を含むものであることになる。）したがって、規範及び事実において、国家の「死滅」としての征服は行われ得ないとすることは可能である。

しかしながら、「服属」による征服については、常に何らかのかたちでの再戦（乃至は「民族解放闘争」）の可能性が存在し、征服国家の恒久的安定の保障は困難であり、「普遍国家」は解体の可能性を常に内包することになるものの、服属の反復による「普遍国家」発生の可能性は理論的には排除され得ない。実際に、ホッブズは「獲得によるコモンウェルス」について論ずる中で、「敗者に対する支配権（the right of Dominion）を与えるものは、勝利ではなく、彼［即ち、敗者］自身の信約である」[362]としており、「服属」の正当性を承認していたものと思われるのである。[363]

結局のところ、「主権的権力」獲得の方式に関するホッブズの議論に着目する限りでは、「普遍国家」の成立を理論的に完全に排除することはできないこととなる。但し、「主権的権力」獲得の方式を巡る議論は国家構成理論を主眼としたものであり、ホッブズが自らの理論の中に「普遍国家」の成立可能性が内在していることを自覚していたのか否かは明確ではない。しかし、「普遍国家」の成立と密接に関わると思われる別の議論においては、ホッブズが少なくとも「普遍国家」の成立を認めない（乃至は「修正された自然状態」が永続する）とする思考を有していたことは看取可能であり、それは次のような点に現れているのである。

(4)「普遍国家」発生の否定の論調

国家間の「修正された自然状態」が永続することを、我々は先ず、「普遍国家」の発生（即ち、諸国家間の自然状態の消滅）を否定することに繋がるホッブズの論述から理解することができる。そのような論述として第一に挙げられ得るものが、「キリスト教共同体」（*Respublica Christiana*）の現世における優越の否定論である。「キリスト教共同体」観念の普遍性の否定は、「キリスト教共同体」を巡りベラルミーネ枢機卿（Cardinal

Bellarmine）が唱道する「王と教皇、聖職者と世俗人は、ただ一つのコモンウェルス、つまり、ただ一つの教会を形成する」との理念をホッブズが紹介し、それに対する反論を次のように展開する中で登場している。即ち、「フランスが一つのコモンウェルスであり、スペイン、ヴェネツィア等々もまたそうであることは明白」であり、「それらはキリスト教徒から成る」のであるから、それらは「キリスト教徒の各々別個の団体であって、言わば別個の教会なのである」と同時に、「彼等の各々の主権者が彼等を代表」するのであって、そのような代表を教会は「地上においては有しない」とされているのである。[364] 勿論、ホッブズはキリスト教及びその教会を否定しているのではない。彼が強調しているのは、「地上」或いは「現世」における主権者が各国の「キリスト教徒の団体」に優越するということなのである。実際に、ベラルミーネ枢機卿が「霊的コモンウェルス」（a Spirituall Common-wealth: Civitas Spiritualis）と「世俗的コモンウェルス」（a Civill Common-wealth: Civitas Temporalis）が存在し、前者が後者に優位する旨を論じているのに対して、ホッブズは前者が「現世」には存在しないと断言するのである。[365]

これらの議論からは、ホッブズが「キリスト教共同体」というような世界観からは既に解き放たれており、またコンフェッショナルな対立からも自由な思考を展開していることが看取される。[366]（この「キリスト教共同体」思想からの解放という点は、この箇所のみならず、キリスト教を奉ずる諸都市が単一の教会の如き存在を構成するのではなく、飽く迄も個別都市として分立しているとの認識を示している箇所にも示されていると言える。[367]）しかし、ここで確認されるべきより重要な事柄は、次の点にある。即ち、ホッブズは、精神界における普遍的存在としての「キリスト教共同体」の現世における存在を否定することにより、諸国家の統合（そして、「普遍国家」の登場）の際に用いられ得る有力な（そして、当時にあっては唯一のものと考えられる）理念の現世における援用可能性を排除しているのである。[368]

また、これらの議論においてホッブズは、「普遍国家」の基礎となり得る「キリスト教共同体」の現世における不存在を主張すると同時に、フランス・スペイン等々の複数の個別国家（コモンウェルス）及びその主権者の存在を前提としている。そして、彼はそのような複数の国家の併存状況を維持することに繋がる議論も展開しており、それは次のようなものである。

先ず、ホッブズは（前節で確認されたように）各国が「周囲の隣人に対して国境を武装し、大砲を配置しつつ、戦闘に直面した、永続的戦争状況」にあり、[369] 主権者達が「全ての時代において、彼等の独立性故に、相互に武器を構え」て「剣闘士の立場及び姿勢」、つまりは「戦争の態勢」にあるとしている。[370] これは自力での国防の必要性を説いていると解される。[371]（しかもこれは、主権者の奢侈を戒めることにも繋がる。）[372] その上で、「同盟」に関する記述において、コモンウェルス内では「臣民の同盟」(the Leagues of Subjects) が不必要且つ違法であるとされるのに対して、「コモンウェルス間の同盟」(Leagues between Common-wealths) は、当該同盟に上位する人間の権力 (human Power) が設立されないのであれば、「合法 (lawfull) であるのみならず、有益 (profitable) でもある」とされている。[373] ここでは自然状態にある（それ故に、自然法、そして「国際法」に規律される）[374] 複数の国家が（上位者を認めることなく）国家として存続するための同盟を推奨するというホッブズの意図が看取される。以上のことを整理するならば、征服を免れるために、常に国防に努め、必要ならば同盟を結ぶことをホッブズは推奨しており、これは極めて現実的な対応であると判断されるのである。[375]

以上から、「普遍国家」の発生を否定することに繋がる記述をホッブズが残していたことが確認される。しかも、彼の社会契約理論との整合性という観点からすれば、（「修正された自然状態」にある）諸国家の併存状況は維持され続け、国家間には「修正された永続的自然状態」が存在することとなると解される。[376] そして、これが次節の主題である。

第三節　ホッブズの社会契約理論と「修正された永続的自然状態」

前章において我々は、「社会契約の二段階論」とも称すべき、ホッブズの社会契約理論の構造について論じた。そこで触れられたように、ホッブズの社会契約理論における自然状態は、「第二の社会契約」が締結される前後で「第一の自然状態」と「第二の自然状態」に区分可能である。そして、より具体的には「第一の社会契約」を通じて共有権の廃止と私的権利の承認が為されるのであり、この契約は「私的権利設立の社会契約」と理解される。そして、諸個人間においては、「第二の自然状態」の中で（『リヴァイアサン』第一七章で提示されている）「第二の社会契約」によって社会状態（国家）の成立に至るのである。以上のような観念的分類を、ホッブズの言葉に従って、主権者（国家）間の関係に適用するならば、我々は次のような状況を認識することが可能となる。

先ず、主権者（国家）間の関係においても同一の自然法が適用されるならば、（前章「小括」で確認されたように）「第一の基本的な自然法」により、主催者は「平和を求め、且つそれを守ること」を義務付けられ、平和が望めない場合には「我々が為し得る全ての手段により、我々自身を防衛すること」についての権利を有する。[377] また、それが「第二の自然法」の適用（「第一の社会契約」の締結）以前の状態（即ち、「第一の自然状態」）であるならば、諸国家は世界に存在する「全てのものに対する権利」を共有しており、平和は全く存在し得ない。そして、「第一の社会契約」の締結後であるならば、主権者は「第二の自然状態」の中に存在することになる。第一の自然状態においても、第二のそれにおいても、自然状態である故に、諸国家は戦争状態に置かれることとなる。しかし、後者においては、諸国家は相互に「私的権利」を承認している状態に置かれることとなる点で大きな相異が存在するのである。それでは、この国家の「私的権利」とは如何なるものなのであろうか。

その点を考察するために重要となるものが、前章で確認されたホッブズの国家理論において承認されている「国家の擬制的人格」である。ホッブズは、自身の理論により生み出された「リヴァイアサン」に恰も自然人が有するが如き人格を付与している。（それにより彼の理論において国家には諸個人に対するものと「同一の自然法」が適用可能となる。）そして、国家には「私的権利」も付与され、それは国家が一定の物に対する所有権を有することを意味する。この場合、「領土」が国家の所有権の対象とされるのか、「リヴァイアサン」の「身体」としての国家それ自体であるとされるのかは、彼の理論中には明示されていない。しかし、（次章第三節で確認されるように）ホッブズが国家と国家の統治者（主権者）を人格として厳格に分離していないことを勘案するならば、「領土」は主権者の所有権行使の対象として認識されていたと推定されるのである。（但し、諸個人が「第一の自然状態」においても「自己保存権」を有することから、同様の状態において国家が「自衛権」を有するとする場合に、「領土」は国家それ自体であると認識することは可能であるようにも思われる。しかしながら、ここで重要なことは、一国が他国の領土を他国の領土であると認識している点である。）そして、このことはまた、『リヴァイアサン』第一四章における次のような議論からも看取可能である。

ホッブズは、「恐怖によって強要された信約は有効である」との前提に立ち、「純粋な自然状態（the condition of meer Nature）において、恐怖から為された信約は義務的（obligatory）である」とする。例えば、何者かにより生命の危機に晒され、身代金を支払い又は奉仕をするという信約をその者と結べば、それは拘束力を有する。何故ならば、一方は生命に関する利益を得、他方はそれに対する貨幣や奉仕を得るからである。そして、このことは君主間にも妥当するとされる。即ち、「より弱小な君主が、恐怖を理由として、より強力な君主と不利な講和を締結するならば、彼［即ち、より弱小な君主］はそれを遵守するよう拘束される」のである。[378]

この論述における「純粋な自然状態」とは「第二の自然状態」である。何故ならば、「身代金」の原資は私的所有権の下にあるからである。そして、君主（主権者）間の関係もそれと同列に論じられているのであるから、それらの関係も「第二の自然状態」にあることになるのである。

また、以上の論理が承認されるならば、次に諸国家は「第二の社会契約」へと進むことになりそうであるが、（前節で確認されたように）諸国家間でのそのような契約は、ホッブズの論理に従うならば、否定されることとなる。したがって、ホッブズの国家構成理論を可能な限り矛盾なく理解するならば、国家間関係が「修正された自然状態」の中で永続することが前提とされていることとなる。[379] 換言するならば、彼の構想における諸国家間の関係は、相互の「所有権」が承認された第二の自然状態としての「修正された永続的自然状態」にあると理解されるのである。

小括と若干の考察

本章における以上の考察から、ホッブズの「国家間関係」観について次の諸点を指摘することができよう。

先ず、諸個人間の自然状態を「万人の万人に対する戦争」としたホッブズの認識は、「冷戦」という認識を伴うことによって、国家間関係にも妥当するものである。次に、国家間の自然状態は、主権者に課される制約によって、諸個人間の自然状態とは異なる「修正された自然状態」となる。また、「普遍国家」の成立可能性は理論的には完全に排除することはできないが、より直接的に国家間関係に関わる議論におけるホッブズの論調は「普遍国家」の成立に対して否定的であり、しかもそれは彼の社会契約理論と整合するものである。そして、その結果として、彼の理論に従うならば、国家間関係は「修正された永続的自然状態」であることとなるのである。

さて、「万国の万国に対する戦争」という自然状態にあると考えられる国家間関係において諸々の主権者（国家）は対外的に如何に振る舞うのであろうか。ホッブズは人間の本性の中にある紛争（quarrell）の主要な原因として「競争」（Competition）・「不信」（Diffidence）・「栄光」（Glory）を挙げ、これらにより自然状態が戦争状態となる旨を論じている。[380] これらの原因は基本的に主権者の中にも存在すると考えられるため、主権者間の関係も戦争状態であることとなる。しかしながら、主権が不可分・不可譲の絶対的なものであることを前提としつつも、（前章で確認されたように）主権者には様々な制約が課されており、就中、「人民の安全は至高の法」という原則は社会契約締結の動機であることから主権者（国家）の存在意義に関わるものである。それ故に、相互の敵対的関係において諸々の主権者が為すべきことは（本章第一節でも触れられたように）「前もって警戒すること」と「前もって防備すること」であり、そのために「周囲の隣人に対して国境を武装し、大砲を配置」することである。これらのことは、戦争の遂行ではなく、攻撃に対する防備（及び反撃）を意味しているものと解される。つまり、ホッブズは諸国家間の関係を自然状態（＝戦争状態）であるとはしたが、（彼の論理に従うならば）それは「修正された永続的自然状態」であり、そこでは実際の交戦状態よりも「冷戦」状態が通常の状態であると考えられるのである。

それでは、このような国家間関係を何らかの（法）規範によって規律することは可能なのであろうか。この疑問に対する解答をホッブズの論述から導出することが、次章の課題である。

第五章

ホッブズの「国際法」認識：「『国際法』と自然法は同一」であることを中心に

序

この部においては、ここまでホッブズの「法」・「国家」・「主権」・「国家間関係」を巡る諸理論についての検討が行われてきた。それらの結果を基に、本章では彼の理論から導出される国家（主権者）間関係を規律する法観念についての考察が行われる。その際に中心的問題となるのは、「『国際法』と自然法は同一」であるとするホッブズの「国際法」観念であり、当該観念についての彼の記述を可能な限り内在的に理解することが本章の目的である。このような目的に限定することには、次のような認識が存在している。

ホッブズと国際法の関係が論じられる際に、多くの先行研究（それらの内の若干は本章第三節㈢でも紹介されている。）において採用されている記述方法は、各々の研究の主題に関わり得る事柄をホッブズの著作から抜き取り、それを近・現代における国際法上の諸観念に結び付けて評価するというものである。しかし、私見によれば、そこには次のような限界が存在している。即ち、ホッブズ自身が「国際法」に関して直接的に論じている箇所は極めて少ないにも拘らず、彼の著作中で「国際法」に関わり得ると思われる箇所を断片的に取り出して論ずるという方法は、彼の論述自体を「解釈」するというよりも、（往々にして現在の観点からの）「推論」を重ねて彼が全く考察しなかった事柄についての「結論」を導出することでしかないのである。先行研究におけるこのような記述方法も、ホッブズの理論を理解する上で何らかの学術上の意義を有し得るのかもしれない。しかし、本章における考察は、ホッブズによる記述それ自体を解釈することに限定している点で、「ホッブズ研究」としてはより適切な方法を採用しているものと判断されるのである。（そして、このことは、我々の「負の国際法意識」の克服の試みという本書の主題に基づくものである。）

以上のような認識に基づき、本章では、先ず、ホッブズの著作中に登場する「国際法」に類似する文言への明示的言及を含む記述について確認すると共に、彼と近代国際法の関係を巡る（この部の第一章で確認された）「通説」についての再検討を行い（第一節）、それに続き、ホッブズの「『国際法』は自然法と同一」であるとする理論を検討するため、当該理論の前提となる「法源」と国家への人格付与を巡る理論について確認し（第二節）、その上で当該理論についての解釈を幾つかの観点から試みる（第三節）と共に、「主権」・「主権者」・「国家」の観念的区分を巡る問題を考察する（第四節）こととしたい。

第一節　「国際法」への明示的言及と通説

ホッブズによる「国際法」関連の記述として、先行研究において最も頻繁に引用・言及が為されてきたと思われるものが、『リヴァイアサン』第三〇章最終節の冒頭部分であり、それは次の通りである。

「通常は国際法（the *Law of Nations*）と呼ばれる法（Law）に含まれている（comprehended）或る主権者の他［の主権者］に対する諸々の責務（Offices）について、ここで私は何も論ずる必要はない。何故ならば、国際法と自然法（the Law of Nature）は同一のものだからである。[381]」

ここには「『国際法』と自然法は同一」とするホッブズの認識が明示されている。そして、この認識に、（この部の第二章で検討された）「法」を主権者の命令とみなし、自然法を本来の「法」ではないとする彼の論述を重ね合わせるならば、国家に優越する「主権者」が存在しない国家間関係を規律するとされると同時に、自然法と同一のものとされる「国際法」は本来の「法」ではないこととなる。その結果、（この部の第一章で確認されたように）これまでの国際法（史）概説書において、ホッブズを「国際法の否定者」とする評価が発生し、それが通説的地位を得ることとなったと考えられるのである。（但し、このような評価が誤解を招きやすいものであることは既述の通りである。）

ところで、ホッブズは「国際法」と自然法を同一のものとする認識を『リヴァイアサン』以前の著作においても示している。即ち、『法原理』第二部第一〇章第一〇節末尾と『市民論』第一四章第四節後半において、各々次のように付言されているのである。

「自然法及び国家法（laws natural and politic）の諸原理及び一般的基礎に関しては以上の通りである。国際法（the law of nations）に関しては、それ［即ち、国際法］は自然法（the law of nature）と同一である。何故ならば、コモンウェルスの設立以前の人間と人間の間の自然法は、［コモンウェルスの設立］以後の主権者と主権者の間の国際法だからである。[382]」

「ここまで論じられてきた自然法及び［自然］権（*naturall Law, and Right*）に関する同一の諸原理（Elements）は、諸国家の総体（*whole Cities*, and *Nations*）に移されるときには、諸国家の法及び権利の諸原理（the Elements of the *lawes*, and *Right of Nations*）とされ得るのである。[383]」

これらの記述を見る限り、ホッブズの法理論において一貫して自然法としての「国際法」と（諸個人間の）自然法が同一のものとされていることは確かである。[384] しかしながら、（前章で論じられたように）諸個人間の自然状態と諸国家間のそれとの間には（「獲得によるコモンウェルス」論に基づく「超リヴァイアサン」の出現の可能性は理論的には完全に排除できないものの）後者が「修正された永続的自然状態」である点で相異が存在する故に、前者における自然法と後者における自然法が全く同一であるとは言えないのではないかとの疑問が発生する。（同様の疑問はヴァッテルによっても提起されている。[385]）そして、このことから、諸個人間の自然法と主権者（国家）間の自然法（即ち、「国際法」）を「同一」とすることは、ホッブズの著作の内在的理解として、成立し得るのであろうかとの疑問に我々は逢着することになる。そこで、この疑問に関連し得る彼の所論を追うことによって、一定の解答を導き出すこととしたい。但し、以下では先ず、ホッブズの「『国際法』は自然法と同一」であるとする「国際法」理論の前提となる「法源」と国家の擬制的人格を巡る理論について確認することとする。

第二節　「『国際法』と自然法は同一」論の考察の前提：「条約」の法的地位と国家の擬制的人格

(一)　「条約」の法的地位

ホッブズの「『国際法』は自然法と同一」とする認識の下では、「国際法」は自然法としてのみ存在することとなる。それでは、彼の理論において自然法以外の規範、特に、（主権者間の合意という意味での）「条約」は主権者（国家）間の関係を法的に規律しないのであろうか。[386]

ホッブズの法理論における「条約」の地位を論ずる前提として、主権者間の合意の存在を彼が次のように認めていることを確認すべきであろう。即ち、（前章第二・三節で触れられた）「コモンウェルス間の同盟」[387]や「恐怖によって強要された信約」[388]のように、主権者（国家）間での合意が存在し得ること、そして、それらが有効であることが論じられているのである。

しかし、ホッブズは（この部の第二章第一節で明らかにされたように）本来の意味での「法」を「忠告」ではなく「命令」とし、「実定法」を「主権者の命令」である「成文法」に限定している。したがって、主権者間の合意は「実定法」或いは本来の意味での「法」ではないことになる。このように「条約」が「法」でないことは、明示的には論じられてはいない。[389]しかし、『市民論』において「全ての人定法は国家法である」(All *humane law is civill.*)[390]とされていることから、「人定法」は「国家法」に限定されるため、「条約」は(人が作成するものであるにも拘らず)「人定法」ではなく、したがって、「法」ではないこととなるのである。

それでは、ホッブズは「条約」を如何なるものとして観念しているのであろうか。それは飽く迄も主権者間の契約(乃至信約)でしかないと考えられる。[391]そのような契約は『リヴァイアサン』における第三の自然法(「人々は結ばれた自らの信約を実行すること」)[392]により当事者を拘束するが、それ自体は「法」ではなく当事者間の約束に過ぎないのである。

(二)　国家への擬制的人格の付与

前々章第一節(一)において確認されたように、ホッブズによる「国家」の定義には多数の人間の「結合」と当該結合の「人格化」という要素が含まれている。そして、彼は国家が人格を有するとの認識を次のような表現で示している。

『市民論』においては、「両者〔即ち、諸個人間の自然法と諸国家間の自然法〕の戒律(precepts)は同様だが、一旦設立された諸国家(Cities)は人格的特性(the personall proprieties of men)を帯びる」[393]とされている。[394]そして、この点に関して『リヴァイアサン』第一七章中の「コモンウェルスの本質」に関わる記述では、「それ〔即ち、コモンウェルスの本質〕は、「一つの人格であり、その者の行為に関して、一大群衆(*a great Multitude*)が、〔当該群衆の各人の〕相互の信約によりそれら各人の全てを〔その行為の〕本人(*Author*)とした」のであって、その目的は「その者が彼等の平和と共通の防衛のために自身が適切であると考えるような、彼等全ての力と手段(*strength and means*）を利用するため」であるとされている。[395]

しかも、ホッブズは国家の人格が擬制的なものであることを認めて、次のように論じている。

「人格（PERSON）とは、その者の言葉や行為がその者自身のものとして、或いはそれら［の言葉や行為］が帰せられる他者又は他の物の言葉や行為を、真実に又は擬制的に（*Truly or by Fiction*）代表するものとしてみなされる者である。それら［の言葉や行為］が、その者自身のものとみなされるときに、その者は自然人（*Naturall Person*）と呼ばれ、そして、それら［の言葉や行為］が、他者の言葉や行為を代表するとみなされるときに、その者は仮想的な又は人為的な人格（a *Feigned* or *Artificiall person*）である。[396]」

また、「至高の権威（*Supreme Authority*）を与えられた議会（*Councell*）の意思又は一人の人の意思は、国家（City）の意思」であり、「それ故に、その者は全ての個々の市民（Citizens）の意思を有することとなる[397]」ともされている。これらの論述から、「自然人」が自己の言葉や行為を自らのものとみなされることとの対比において、国家は「仮想的な又は人為的な人格[398]」として社会契約により結合された「一大群衆」の言葉や行為を代表する者として理解されることになる。しかも、これら二つの類型の人格は、「言葉や行為を代表する」という点において同一の地位に置かれるのである。まさに、「コモンウェルス、或いは国家（COMMON-WEALTH, or STATE）」は「人為的人間（an Artificiall Man）に他ならない[399]」のである。

尚、ホッブズは、擬制的人格についてより一般的な観念として「法人」（a civil person: *persona civilis*）という言葉を使用している。そして、「何れの国家（*City*）も一つの法人（a *civill Person*）ではあるものの、全ての法人が国家であるわけではない」とされ、「国家に従属した法人」として国内の「商会」（the companies of Merchants）等のることが明確に意識されているのである。

このようにして、（他の国内法上の「法人」とは異なる）擬制的人格として国家を構想すると共に、その本質的部分に主権（者）を据えることによって、自然人と国家を同列に論ずることが可能とされ、「『国際法』と自然法は同一」であるとするホッブズの論理の一貫性が担保されることになる。そして、実際に、『リヴァイアサン』第一四章では、自然状態における自然人の行為と国家を統治する主権者の行為について同一の法規範を適用し、同一の法的効果を承認する次のような事例が挙げられている。

ホッブズは、（前章第三節でも引用された通り）「恐怖によって強要された信約は有効である」との前提に立ち、「純粋な自然状態において、恐怖から為された信約は義務的である」としている。そして彼は、その例として、或る者が何者かにより生命の危機に晒され、身代金を支払い又は奉仕をするという信約が拘束力を有することを挙げた上で、同様のことが君主間の講和締結においても妥当し、その拘束力は「戦争を再開するための、恐怖に関する何らかの新しい正当因（some new, and just cause of feare）が発生しない限り」継続するとしているのである。[401]

ところで、人格を有する国家の「言葉や行為」を実際に行動として示すのは（ホッブズが単独の自然人又は複数の自然人の合議体とした）主権者である。そして、（前章第二節で確認された）諸個人間の自然状態と諸国家（主権者）間のそれとの相異から、各々に妥当する自然法の内実は異なるものとなる可能性が存在する。そこで、次節において、「『国際法』と自然法は同一」であるとするホッブズの論理が成立し得るのか否かという問題を考察することとするが、その際に我々は少なくとも次の四点から彼の論述を検討することが可能である。即ち、⑴自然法が適用される「自然状態」の相異の有無とその影響、⑵同種の行為に対する自然法と「国際法」における評価の相異、⑶「国際法」独自の規範の存在可能性、そして⑷自然法と「国際法」の遵守可能性の差異である。

第三節　「『国際法』と自然法は同一」であるのか

(一)「自然状態」の相異とその影響

前章において我々は、ホッブズの「社会契約論」には二つの自然状態が存在していると解釈され得ることを確認した。それでは、この解釈は、諸個人間の自然状態と諸国家間のそれとの間に如何なる相異をもたらし、その結果として「『国際法』と自然法は同一」であることに如何なる影響をもたらすのであろうか。

ホッブズは、国家への擬制的人格の付与を通じて、「『国際法』と自然法は同一」であることを可能としたと解される。しかし、両法が妥当する自然状態は同一のものではないと考えられる。何故ならば、諸個人間の自然状態には二つの自然状態が存在する（つまり、「第一の社会契約」が存在する）のに対して、諸国家間の自然状態には「第一の自然状態」が存在しない（つまり、「第一の社会契約」が存在しない）からである。この相異は、国家を人格化することによって、その人格の内部空間（具体的には、支配領域や臣民（国民）等）に対する支配は他の同類の人格から独立したものとして扱われることになり、それは「第一の社会契約」によって生み出される「私的権利の制度」が存在するのと同様の状態にあることによってもたらされる。（仮に、或る国家という人格が有する支配地域に対する他の同類の人格による「領土権」の主張が提起される（更に、それに基づく戦争が遂行される）場合には、当該主張は第一の自然状態である「共有」を前提としたものではなく、飽く迄も「私的権利の制度」に類似する制度を国家間で承認した上でのものである。）したがって、国家間には第二の自然状態のみが存在し、第一の自然状態にも妥当する自然法は国家には妥当しないのである。

しかしながら、このことは諸国家間に（諸個人間とは異なる）独自の自然法が存在することを意味するのではない。何故ならば、特定の自然法規則が国家間には適用されないだけであって、ホッブズが構想する自然法総体には何らの影響も与えないからである。その点で「『国際法』と自然法は同一」であることは（自然法が「国際法」の総体を包摂するという意味において）維持されていることになる。しかも、国家間で適用されない規範は『リヴァイアサン』における「第二の自然法」に該当する規範（前々章第一節㈡を見よ。）のみであると考えられ、それに従った「第一の社会契約」（「私的権利」の制度の導入）は第二の自然状態においては既に締結（導入）済みであるため、実質的に「『国際法』と自然法は同一」ということになるのである。

㈡　同種の行為を巡る法的評価の相異

ホッブズは、同種の行為であっても、その主体に応じて異なる法的評価が下される場合を示している。それは、（前章第二節㈡⑷でも触れられた）『リヴァイアサン』における「同盟」に関する記述であり、コモンウェルス内では「臣民の同盟」が不必要且つ違法であるとされるのに対して、「コモンウェルス間の同盟」は、当該同盟に上位する人間の権力が設立されないならば、「合法であるのみならず、有益でもある」というものである。[402]この記述は「『国際法』は自然法と同一」であることに、如何なる影響を与えるのであろうか。

ここで下されている相異なる二つの評価は、「臣民の同盟」は国家法により違法とされ、「コモンウェルス間の同盟」は自然法（である「国際法」）により合法とされるというものである。つまり、前述（第二章第三節㈠）の「自然法と国家法は相互に［他方を］含み、等しい範囲のものである」とするホッブズの認識に従うならば、「等しい範囲」にある事柄（「同盟」）に対して、自然法と国家法が規律を及ぼすということになる。しかし、ここでは各々の法主体が置かれている状態の相異が重要であって、「臣民」は既に（「第二の社会契約」を行った後の）社会状態にあり、「コモンウェルス」は「第二の自然状態」にある。そのため、適用される規範は、前者については国家法であり、後者ついては自然法となり、各々に応じて異なる評価がもたらされることになる。（したがって、「臣民」が第二の自然状態に戻るならば、その者達の同盟は自然法により「合法であるのみならず、有益でもある」とされることになる。）つまり、ここでの議論は「国際法」が独自の規範を有するかのように見えながら、「『国際法』は自然法と同一」であることには影響を与えないのである。

(三)「国際法」独自の規範の生成可能性

ホッブズが展開した理論と国際関係論や国際法学との関係を検討した多くの先行研究においては、彼の理論の中でも様々な国際法規範が生ずる（可能性が存在する）旨が論じられている。

例えば、ヴィンセント（Raymond John Vincent）は、ホッブズの国家間関係観に立っても、戦争の最大の惨禍が自国に及ぶことを常に回避しようとする合理的判断に国家（主権者）が立つ限り、国家間で戦争に関わる諸規則（"*jus ad bellum*"と"*jus in bello*"の両方を含み得る。）が発生しやすいと考えられる旨を論じている。[403] また、メイ（Larry May）は、ホッブズの自然法理論においては、「残酷や残忍であること」（being cruel or ruthless）は排除されており、この「残酷」に対する合理的配慮が交戦当事者に対する制約となると共に、このような配慮が交戦規則（*jus in bello*）の基底部分を構成する旨を論じている。[404] これらの論者は、国家間関係が戦争状態にあるというホッブズの思考を前提として、「武力紛争法」や「人道法」と関連付けて彼を国際法学の中で評価しているのである。

以上の論者とは異なり、ホッブズの自然法論と（現在の）国際法上の諸原則や制度を直結させる見解も存在する。例えば、コヴェル（Charles Covell）は、『リヴァイアサン』における「第一の自然法」に含まれる「平和と自己防衛の原則」を「国際法において基本的」であり国家の「固有の権利」である「自衛権」に関連付け、「第三の自然法」に含まれる「信約についての信義の原則」を「条約法の基礎である原則」とし、「第九・一〇・一一の自然法」に明示された「平等思想」を「国際法の基盤としての国家の主権及び平等という中核的原則に関連する」とするなど、ホッブズが具体的に挙げた自然法の諸規則を現在の国際法の諸原則に直接的に結び付けた議論を展開している。[405] また、ホッブズの構想に従うならば、諸国家間の関係は自然状態であるため、諸個人間の自然状態の場合と同様に、各国家は（実際に存在するそれらの間の「力」の差異を無視して）平等な地位に置かれることから、「国家平等原則」の観念へと繋がるとの主張がある。[406] 更に、「平和と防衛」の達成のための手段は全て主権者の手中にあるとするホッブズの前提からすれば、その目的達成のために国内で実施される施策に対して、他国家は介入し得なくなるとして、そこに「国内管轄事項不干渉原則」が成立するとの議論もある。[407] 更にまた、自然法が個人に自己保存を命ずるのと同様、国家設立の目的が国民の「平和と防衛」であることから、「自己保存権」そして「自衛権」の観念がホッブズの理論には含まれており、遂行され得る戦争は「自衛戦争」に限定されることになるとの解釈もある。[408] それどころか、ホッブズの国家論を、全体の合意に基づきその違反者に制裁を課すもの、或いは平和を乱す行為を自己抑制するものと理解し、「今日の国際社会や国際連合における集団安全保障の思想的先駆をなす理論であり、その意味でかれの主権論は、いわば集団安全保障論の国内版とでもいえよう」[409]との主張すらも存在する。そして、これらと同様の論理を展開するならば、各主権者に自己保存と共に「人民の安全の獲得」が課される以上、国家は永遠の戦争状態からの脱却を企図せねばならず、それを現実のものとするための国家相互間での交渉や紛争処理を可能とするための個別的規範が必要となり、そのような規範として、外交使節の不可侵、[410] 条約の締結とその効力の承認、紛争の仲裁付託と仲裁判決の効力承認等々が挙げられ得るであろう。[411]

このようにホッブズの理論が内包する近代国際法の個別的規範形成への寄与という面から評価する論者は多数存在する。そして、これらの主張にはそれなりの根拠があるようにも思われる。例えば、『市民論』に付された註の一つにおいて、ホッブズは「これらの［自然の］諸法の中に、その無視（*omission*）が（平和のため、或いは自己保存のために為されることを条件として）自然法の違反というよりもむしろ遵守と思われるものがある」ことを認めつつも、「しかし、戦時においてさえもその執行が停止されない若干の自然法が存在する」として、「泥酔」(*drunkennesse*) や「残酷」(*cruelty*) を挙げている。[412] この議論は確かに「武力紛争法」や「人道法」の観念に通底するようにも思われるのである。

しかしながら、前述の論者達による議論には共通する重大な問題が存在している。それは、ホッブズが提示した理論（特に、自然法論）を現在の実定国際法規範に直結させているという問題である。（それはまた、無自覚のままに実定国際法の基礎を自然法に求めるという議論でもある。）自然法規範と現在の実定国際法規範を何らの躊躇もなく直結させるという議論は、単に論理の飛躍であるのみならず、ホッブズが提示した理論の現代的観点からの「歪曲」の可能性をも含むものである。（特に、「国家平等原則」を導出する論理の前提に置かれた「諸個人の平等」については、ホッブズが認めたものが、諸個人間の心身の能力の自然的平等であって、法的平等ではない[413]点で、歪曲の典型例と言うことができるであろう。）

勿論、理論的には、「主権者（国家）」が個別の「自然法」規範に合致した「実行」を重ねることにより、「黙示的合意」或いは「慣行」及び「法的信念」の形成が進められ、個別の「慣習法」規範が成立するという説明は可能である。しかしながら、このような説明もまた現在の国際法理論を援用して、ホッブズが夢想だにしなかった議論を展開するものでしかない。

それでは、ホッブズの理論の枠組みの中で諸個人間の自然法規範とは異なる「国際法」独自の規範が生成する可能性は全くないのであろうか。この点に関しては既述（前々章第二節(二)(4)）の主権者に対して課される制約が、そのような規範を生成させ得るものと思われる。即ち、『市民論』及び『リヴァイアサン』[414] において、主権者の責務（人民の安全の確保）との関係において、主権者にのみ妥当する自然法が存在する旨が論じられており、そのような自然法から主権者相互間の独自の「国際法」規範が発生し得ると考えられるのである。（そして、その具体的内容としては、「臣民を防衛する権利」や「（臣民の食糧や必需品の確保のための）通商権」等が推測されるが、残念ながらホッブズはそのような具体的規範には言及していない。）[415]

以上のように、「『国際法』と自然法は同一」というホッブズの理論の枠内において、「国際法」独自の規範は、（諸個人ではなく）主権者のみに課される責務との関係から生成する可能性が存在すると考えられるのである。

㈣　遵守可能性の差異

ホッブズの理論において、自然法と「国際法」は（両法共に自然法としての）同一の法的拘束力を有することになる。そして、そのことを前提として、前者は個々人を、後者は主権者を各々拘束するのである。しかしながら、個々の人間と主権者との間に存在する法的・事実的地位の相異を考慮するならば、「『国際法』と自然法は同一」の遵守可能性を有するのか否かについては、別個の考察が必要とされるであろう。

既述（前章第二節㈡）の如く、ホッブズの論理に従えば国家間には「修正された自然状態」が永続するのに対して、諸個人は自然状態において、自らの諸権利を放棄してでも（そして、自然法を遵守して）社会状態（国家）の創設に向かう動機が存在する。そして、その理由は、諸国家間の自然状態に比して諸個人間のそれはより耐え難いものであるとホッブズが考えていることに求められる。実際に彼は、（前章第二節㈠で確認されたように）国家間の戦争状態では個々人の戦争状態に伴う悲惨（「個々人の自由に伴う悲惨」）は発生しないとしているのである。[416]更に、このことは、一旦確立された社会状態（国家）から自然状態への回帰が惹起される場合を考えれば、よりよく理解されるであろう。即ち、そのような場合、各人の安全は社会状態におけるよりも遙かに大きな脅威に晒されることが予測されるのであり、ホッブズはこのような自然（戦争）状態への回帰を「この世で生じ得る最大の悪」(417)としている。以上のことから、諸個人は自然状態においても社会状態（国家の存続それ自体が諸個人（国民）の安全の保障となる。(418)）においても、自然法（但し、社会状態においては諸々の自然法規範は国家法となる。）の遵守へと向かうと考えられるのである。

しかしながら、このことは主権者による自然法遵守の程度が諸個人に劣るということを必ずしも意味するのではない。それは次のような理由による。

ホッブズは『リヴァイアサン』において第一の「根本的自然法」から「第一九の自然法」までを論じた直後に「これらが、群衆としての人々を保存する手段のために平和を命ずる自然の諸法である」（These are the Lawes of Nature, dictating Peace, for a means of the conservation of men in multitudes.(419)）と述べている。（前々章第一節(一)で確認されたように）ホッブズによる「国家」の定義には「群衆の結合の形成」という要素が含まれており、「群衆としての人々を保存する」ことができなければ、国家は解体し、主権者の存在は否定されることとなるため、主権者は自身の自己保存のために自然法を遵守しなければならないのである。それに対して、諸個人が（国家法となった部分を含む）自然法規範を遵守せず、国家が解体されたとしても（そして、戦争状態としての諸個人の自然状態は常に自己破壊への危険性を孕むとしても(420)）、各個人の存在自体が直ちに否定されるのではない。自然法の不遵守による国家の解体が自己否定に直結する主権者と必ずしもそうではない諸個人を比較するならば、自然法遵守の必要性は主権者の方がより切実なものとなるであろう。そのために、主権者による自然法の遵守可能性は諸個人によるそれよりも高まることが予測されるのである。

以上のことから、自然法が遵守される可能性は、諸個人間におけるよりも主権者間における方が高い場合が存在し得ることが理解される。その結果として、「『国際法』と自然法は同一」の遵守可能性を有することとは必ずしもならないこととなるのである。

第四節　「主権」・「主権者」・「国家」の関係を巡る問題

前々章第二節㈠における議論においては、ホッブズは「主権」とその担い手としての「主権者」を観念的に分離しているように思われる。しかし、果たしてそのような分離が一貫したものであるのかという点には、次のようにして疑念が生ずる。

㈠　「主権」と「主権者」及び「国家」

ホッブズは擬制的人格としての国家について次のような比喩を用いて表現している。即ち、前々節㈡における引用の通り、彼は「コモンウェルス、或いは国家」が「人為的人間に他ならない」としているが、それに続いて、「そしてその中で主権は、全体に生命と運動（life and motion）を付与する故に、人工的魂（an Artificiall *Soul*）[421]」であるとしているのである。また、「主権的権力なきコモンウェルスは実体（substance）なき言葉に過ぎず、成立し得ない[422]」ともされている。これらの記述からは、ホッブズが主権を国家の本質として理解すべきことを強調していることが理解されるのである。但し、この国家の本質としての主権を強調するための比喩が次のような理論的問題に繋がることは留意されるべきである。

ホッブズは、前述の国家と主権の関係を巡る比喩的表現と類似したものを国家と主権者の関係についても使用している。即ち、『市民論』では「最高権力（*summum imperium: supreme command*）を有する者」は「〔人間の〕肉体に対する頭（caput: head）としてではなく、魂（anima: soule）としての関係を国家（ciuitas: City）に対して有する」とされ[423]、『リヴァイアサン』第二九章最終節では「主権者は、コモンウェルスに生命と運動（Life and Motion）を付与する公共の魂（the publique Soule）である[424]」とされているのである。これらの「主権」と「主権者」についての類似した表現の存在は、ホッブズがこれら二つの観念を厳格に区別していないことを示唆しているものと思われる。[425] そして、類似の事柄は「主権者」と「国家」の間でも次のように生じている。

(二) 「主権者」と「国家」

本章第一節で示されているように、ホッブズは『リヴァイアサン』第三〇章最終節において「『国際法』と自然法は同一」であるとしているが、その前提として「或る主権者の他［の主権者］に対する諸々の責務」が「通常は国際法（the *Law of Nations*）と呼ばれる法に含まれている」ものであるとの見解を示している。ここからは、彼が「国際法」を諸国家（国民）間の関係というよりも主権者間の関係を規律する規範としていることが理解される。また、同節中で彼は次のようにも述べている。

「そして、各々の主権者は、彼の人民の安全を調達する際に、各人が自らの身体の安全を調達する際に有し得るものと同一の権利を有する。そして、何らの国内統治も有しない人々に対して相互に何を為すべきであり、何を回避すべきであるかを命ずる法と同一の法が、諸コモンウェルスに対して、即ち、主権的君主及び主権的合議体の良心（the Consciences of Sovereign Princes, and Sovereign Assemblies）に対して、同一のことを命ずる。[426]」

ここでは「コモンウェルス」と「主権者の良心」が等置されており、「主権」や「主権者」を「コモンウェルスの魂」とする前述の比喩的表現に類似するような表現となっている。そのため、国家（コモンウェルス）と主権者の間の観念的分離が為されていないものと解されることとなる。ところが、この部分はラテン語版では「諸国家に対して、最高命令権者の良心を通じて」（Civitatibus, per Summè Imperantium Conscientias）[427] とされていることから、国家の代表としての主権者という側面が明らかになっているとの解釈も可能である。結果的に、英羅両版うことである。

を通じて我々が言い得ることは、ホッブズは国家と主権者の（法）人格的分離を必ずしも一貫させていないとい

(三)「主権」・「主権者」・「国家」の関係

さて、以上のような「主権」・「主権者」・「国家」という三つの観念の関係から、我々は何を読み取り得るのであろうか。

先ず、「主権」と「主権者」が混同されているようにも思われる点については、（前々章第二節(一)における議論から理解されるように）ホッブズは主権それ自体とその担い手としての主権者を観念的に分離した議論を展開する場合はあるものの、結局はそのような観念的分離は貫徹されていない。本節で検討された「主権」と「主権者」を国家の「魂」とする表現は比喩的なものではあるものの、それら三つの観念の理論的混同を示唆するものと解するべきであろう。[428]（そして、「国家主権」（即ち、国家それ自体が主権を有すること）という近代国際法の観念も未成立であることは明白である。）しかしながら、それ以上に重要であるのは次の点である。

この部の第二章第二節(二)において確認されたように、ホッブズは自然法が人間を「外的法廷」ではなく「内的法廷」において義務付けるとしている。そして、「『国際法』と自然法は同一」とされている故に、「国際法」は主権者（ホッブズは「国際法」を自然状態にある主権者間の関係を規律する規範としている。）の「内的法廷」を拘束することとなる。即ち、自然法としての「国際法」はまさに「主権者の良心」を拘束するのであり、その拘束に従いつつ、擬制的人格を付与された国家の活動が展開される、というものが「『国際法』と自然法は同一」であることを前提とするホッブズの「国際関係」及び「国際法」を巡る基本構想であると理解されるのである。

小括と若干の考察

本章における以上の検討の結果は、次の諸点に纏められ得る。

第一に、二〇世紀中葉以降の国際法（史）概説書において「国際法の否定者」とされてきたホッブズではあるが、彼は「『国際法』は自然法と同一」とし、自然法は本来の「法」ではないとしたものの、自然法の法としての存在を否定しておらず、むしろ、彼の「国家」構成理論や「国家間関係」観において、自然法に重要な役割を担わせている。第二に、「『国際法』は自然法と同一」であることをホッブズの理論に従って内在的に理解することは概ね可能ではあるが、「国際法」独自の規範が発生する可能性は存在し、また、自然法規範の遵守可能性は、主権者（国家）間における方が諸個人間におけるよりも高いことが予測される。第三に、ホッブズにとって「国際法」は「主権者の他の主権者に対する諸々の責務」であって、抽象的人格を付与された国家間の関係を規律する規範とはされていない。そして、第四に、「主権」・「主権者」・「国家」の観念的分離が必ずしも貫徹されていない。

それでは、以上の検討結果を踏まえて、ホッブズの「国際法」認識に関する若干の考察を試みることとしたい。先ず、ホッブズの「国際法」認識は必ずしも厳密な理論的基礎の上に示されたものではないと考えられる。そのような非厳密性は、例えば、彼の「『国際法』は自然法と同一」という認識が、諸個人間の自然法とは異なる主権者間の独自の自然法規範の発生可能性が存在する点、そして、諸個人間の場合と主権者間の場合の自然法の遵守可能性の差異の存在という点で、貫徹され得ないという論理的帰結に現れている。（そして、その原因としては、ホッブズが自然状態における諸個人と常に自然状態にあるとされる主権者の間に存在する相異を無視したことが挙げられ得る。[429]）また、同様の非厳密性は、「主権」・「主権者」・「国家」の観念的分離を厳格に行っていないことにも表されていると言えよう。

しかしながら、そのような「国際法」を巡る理論的厳格性は、ホッブズには不必要なものであったとも言い得る。何故ならば、彼にとっての重要事は、そのような近代国際法理論の確立ではなく、飽く迄も、頭部を占める主権者（国王）の下に臣民が統合されて「リヴァイアサン」を構成するという『リヴァイアサン』の扉絵が象徴するような、主権者の人格と臣民が一体化された国家を如何にして理論的に構成するかという問題にあったと考えられるからである。

次に、我々にとってより重要と思われる問題点、即ち、国際法（史）概説書において過去半世紀以上にわたりホッブズに与えられてきた「国際法の否定者」という通説的評価について考察したい。

ホッブズが、「『国際法』は自然法と同一」とし、「法」とは主権者の命令であるとしたことから、彼を「国際法の否定者」とすることは、一見正しいようであっても、論理的には誤りである。彼が示そうとした「法」とは「適切に法と呼ばれるもの」としての「実定法」（但し、彼の「実定法」観念は現在我々が一般に認識するものよりも限定されたものである。）であり、彼の論理から導き出されることは、彼が「実定国際法の否定者」であるということであって、彼が自然法としての「国際法」（自然国際法）を認めていたという点は確認されなければならない。

また、自然法としての「国際法」が実定法と同様の拘束力を有しないことは承認されねばならないとしても、それが「法的拘束力」を全く有しないとすることはできない。何故ならば、「自然法も法」であるとする論者（自然法学派）は、自然法も何らかの法的拘束力を有することを前提に理論を構築しているからである。この点において、ホッブズに対する通説的評価は、自然法学派が提示する理論を内在的に理解することと外在的に評価乃至批判することは異なるということを忘却していると言い得る。即ち、「国際法の否定者」という通説的なホッブズ評価は飽く迄も外在的な評価に過ぎず、それが「実定国際法のみが国際法である」という基準を前提としてい

ることに無自覚なのである。(430)

以上のことから、ホッブズに対する「国際法の否定者」という通説的評価は誤りであり、「『国際法』は自然法と同一」という彼の認識に鑑みるならば、彼は「純粋な自然法学派」に属するとされるべきなのである。

第一部　まとめ

第一部　まとめ

㈠　第一部各章のまとめ

以上、本書第一部各章において確認・検討された事柄は次のように纏めることができよう。

第一章においては、一九世紀末までの国際法概説書においてホッブズへの言及は少なからず行われていたが、二〇世紀以降のものでは少数となったこと、国際法史概説書では、若干の例外は見られるものの、ほぼ何れのものにおいてもホッブズへの言及は見られたこと、そして、二〇世紀中葉以降の殆どの国際法史概説書において彼は「国際法の否定者」という評価を受けているが、それは、ヌスバオムの『国際法略史』（改訂版）に明示された評価が踏襲されたものと解されることが検証された。第二章においては、ホッブズの法理論では「適切に法と呼ばれる」法が（単独の自然人又は複数人による合議体である）主権者の意思表示と成文化という条件を伴う（したがって、一般に不文法として論じられる慣習（法）や判例（法）もそれら自体では法ではないこととなる）ものであるという点で厳格な法実証主義乃至は成文法中心主義が採用されているように思われる（但し、「主権者」の観念に神が含まれることから「実定神法」も存在する）こと、しかしながら、「国家法と自然法は異なる種類の法ではなく、法の異なる部分」や「自然法と国家法は相互に［他方を］含み、等しい範囲のもの」という表現に象徴されるように、ホッブズにとって国家法と自然法は、相互排除的な関係にはなく、むしろ密接な相互関係にあり、また、自然法は彼の法理論総体において国家法（或いは実定法）以上に重要な意義を有する場合があることが導出された。第三章においては、ホッブズが国家に擬制的人格を付与したこと、彼の国家構成理論における「自然状態」から「社会状態」の成立までの道程は、「第一の自然状態↓第一の社会契約（私的権利の制度の承認）↓第二の自然状態↓第二の社会契約（統治制度の成立）↓社会状態」という段階に分けられ得ること、そして、彼が描く主権者は、一見したところ臣民に対する絶対的権力の保有者であるが、実際には「主権者の責務」を中核とする多様な制約を課されていることが確認された。第四章においては、ホッブズの論述に従うならば、相互に戦争状態にあると観念される諸国家間の関係は「第二の自然状態」にあり、それは永続するもの（即ち、「修正された永続的自然状態」）と理解されることが提示された。第五章においては、ホッブズにとって「国際法」は「主権者間の法」であること、彼が「否定」したものは「主権者の命令」であり「適切に法と呼ばれる」法としての「国際法」であること、「『国際法』と自然法は同一」とする彼の理論は概ね一貫性をもって内在的に理解可能であるものの、必ずしも両法が同一ではない側面が存在すること、そして、彼を国際法理論史の中で位置付けるならば、彼は「純粋な自然法学派」に属するとされるべきであることが論証された。

それでは、以上のようなこの部における考察結果は、本書の問題意識との関連において、どのような意味を持つのであろうか。この点について、ホッブズの「法」・「国家」理論の特質と「国際法」認識という観点からの考察を試みることとしたい。

(二) ホッブズの「法」・「国家」理論の特質：自然法の役割

自然法が人間を内的にしか拘束せず、外的に（即ち、行為を）義務付けるのではない旨をホッブズが述べているにも拘らず、彼の論理からは（自己保存という目的のために）人間は結果的に外的行為として自然法を遵守すると彼が構想していることが理解される。また、彼の法理論において、自然法は「適切に法と呼ばれるもの」とされる主権者の命令ではない故に、自然法である「国際法」は本来の「法」ではないこととなる。しかしながら、自然法が有する拘束力が実定法に劣るということは言明されていない点は留意されるべきである。

勿論、制定される国家法が（強制の主体でもある）主権者の命令であることにより、現実に主権者が国家法を臣民（国民）に強制する際の実効性（そして、その意味における法的拘束力）は、強制を行う外在的主体を有しない自然法よりも高いであろう。しかし、それは現実的問題としてそのような場合が多いことが予見されるということに過ぎず、例えば、主権者の権力が危殆に瀕している状況において、そうではない状況におけると同様の国家法の拘束力が保証されるのではない。また、（第二章第一節㈣で確認された通り）ホッブズは、「実定法」であるための要件として、主権者の意思（命令）の宣言と成文化を挙げているが、その実行可能性も主権者が置かれた状況に依存することとなる。それに対して、自然法は、「適切に法と呼ばれるもの」（実定法）ではないものの、主権者の意思（命令）や行為とは無関係に、つまり、主権者に依存しない法として存在し続ける。その点において自然法の方が実定法よりも（たとえ、内的なものであるにしても）強い拘束力を有する場合があり得るのである。

また、この部の第三章を通じて、ホッブズの「国家」・「主権」理論には二つの相反する方向性を有するように思われる論理が併存していることが確認された。その一つの例が、「主権の絶対性」を前提としながらも、主権者に対する一定の制約が存在するというものであった。より具体的には、国内的に主権者はその主権故に絶対的存在であり、「主権者の命令」としての国家法に服することはない[431]。それにも拘らず、主権者には「人民の安全は至高の法」という原則をはじめとする様々な制約が課されているのである。そして、そのような場合には、実定法上の制約は構想し得ず、自然法を援用せざるを得ないのである。その一つの典型例が次のような議論である。

『市民論』では「罪刑法定主義」に通ずる議論が展開されている。（但し、ホッブズは「実行による」（by practice）、即ち、慣習に基づく処罰の存在を認めていると解される[432]。）しかし、そもそも「コモンウェルスの主権者は、合議体であれ、一人の人間であれ、国家法に臣従しない[433]」のであり、ホッブズの理論においては「法の支配」（the rule of law）という原理も主権者を制約する原理ではない。そこで、主権者制約のために「罪なき臣民の処罰は自然法（the Law of Nature）に反する[434]」という主張が提示されるのである。

このようにして、ホッブズの論述における二つの相反する方向性を有する議論の中で、実定法に関わる論理が提示される場合に、自然法の援用による反対方向の論理が提示されるという構造が存在することが理解される。(435) つまり、ホッブズの「法」・「国家」理論は単純に主権者の絶対性を擁護するものではなく、主権者の絶対性の表示形態である「適切に法と呼ばれるもの」への対抗理論の構築のために自然法が援用されているのである。

それでは、このような自然法の役割はホッブズの「国際法」認識にとってどのような意味を有するのであろうか。

(三) ホッブズの「国際法」認識

(1) 法源を巡る「二元論」的認識

ホッブズの「国際法」認識の理解のためには（この部においてはこれまで「国家法」とされてきた）「国内法」と「国際法」の間に「法源」を巡る次のような相異が存在することに着目すべきであろう。

先ず、国内法の法源について、ホッブズは、限定的な意味での「実定法」を本来の「法」としたが、国内法としての自然法の存在を否定せず、結果的に「実定法」と自然法を国内法源とする二元的体系として認識している。これに対して、「『国際法』と自然法は同一」であることから、「国際法」の法源は自然法に限定されており、「国際法」は一元的に認識されている。つまり、各々の法分野に応じて異なる（但し、自然法は共通する）法源が存在する。その意味において、ホッブズは「国内法」と「国際法」を異なる法分野として認識する「二元論」に立つものと解されるのである。

但し、この「二元論」的認識に関しては、留意されるべきことがある。それは、ホッブズの「二元論」的認識は、「国内的」側面（統治者と被治者の関係）と「国際的」側面（主権者間の関係としての国家間関係）の区別に立脚するものではあるものの、何れの側面においても、同一の自然法が適用されるのであり、国内において「実定法」化された規範以外は国内において自然法規範として存続するとされていることから、適用される場面に関しての二元論であっても、法の本質的相異に基づく二元論ではないということである。(勿論、既述(本部第五章第三節(三)の通り、主権者間には「国際法」独自の規範が発生する可能性は存在する。)[436]

以上のことから、「『国際法』と自然法は同一」とするホッブズの認識は、国際法学の観点からは、彼が徹底した自然法学派に属することを意味する。これに対して、彼の国内法理論は、主権者意思の表示としての成文法のみを「正しく法と呼ばれるもの」とみなす「実定法主義」に立脚するように見えながらも、実際には「自然法と国家法は相互に「他方を」含み、等しい範囲のもの」であり、「国家法と自然法は異なる種類の法ではなく、法の異なる部分」であるとして、両法は常に補完関係にある。そのことから、ホッブズの国内法理論の本質は補完関係にある両法の並存(そして、その意味での折衷)にあると言えよう。[437]

(2) 「国際法」の主体:「可死の神」としての国家

国際法理論史において、国家を擬制的人格(倫理的人格(*persona moralis*))とみなすことは、独立した「国家」のみを国際法主体とする近代国際法の理論構築の端緒となる。思弁的・哲学的方法と法実証主義的方法の何れにおいても、人格化された(しかも神学的基礎から解放された)国家に関する理論構築なくして近代国際法理論は成立し得なかったのである。[438]

ホッブズは、「可死の神」(Mortall God)[439]としての国家に擬制的人格を付与することにより、諸個人間の自然状態と同様の諸国家間の自然状態を構想し、彼の「『国際法』と自然法は同一」とする理論の提示に至った。しかも彼は『リヴァイアサン』において国家の人格を論ずる中で「この「コモンウェルスの」人格を担う者が主権者と呼ばれ、主権的権力（*Soveraigne Power*）を有すると言われるのであり、その他の全ての者は彼の臣民（SUBIECT）である」[440]としている。つまり、彼の国家理論は前近代的な諸々の「中間団体」を排除し、国家構造を主権者と臣民の関係に収束させている。これらの理論から看取されることは、ホッブズが近代国際法理論に適合的な国家理論を展開していたという事実である。（但し、「主権」・「主権者」・「国家」の観念的分離が未達成であり、「国家主権」の観念も見出されないことはこの部の第五章で確認された通りである。）

更に、国家を一つの人格として認識することは、ホッブズの「国際法」認識自体にとっても重要な要素であると考えられる。何故ならば、当該人格に関して生じている事象を（恰も、「リヴァイアサン」の体内空間と体外空間が分離されて認識されるが如く）対内的側面と対外的側面を分離することが可能となり、そのような分離が為された結果として、各々の側面における適用規範も別個のものとして認識可能となるからである。換言するならば、国家に擬制的人格を与えることこそが、前述のホッブズの「二元論」的法認識にとっての理論的前提でもあったと解されるのである。

(四) 国際法（理論）史におけるホッブズの再定位：「理性」と「剣」の協働の必要性

最後に、ホッブズの法及び国家に関わる諸理論、更には彼の「国際法」観念を国際法理論史の中で再度評価することとしたい。

ホッブズの「法」・「国家」理論は、彼の理論が近代国際法学の幾つかの前提乃至「公理」へと繋がるものである。即ち、「主権」理論の構築、国家への擬制的人格の付与、国内的秩序と国家間秩序の厳格な区分等々である。更に、近代国際法の成立と維持には複数の国家の成立とその並存状態の維持が必要となるが、ホッブズの理論は複数の「リヴァイアサン」による「超リヴァイアサン」の設立という状況が発生しないという見通しを内包していた点も挙げられるべきであろう。しかしながら、それらの前提乃至「公理」に至るための彼の理論には根本的な問題点が内在しているようにも思われる。

この部の第二章において確認されたように、ホッブズの自然法理論は「理性に基づく」法という観念を基調としたものであり、その「理性」とは「諸々の一般的名辞の連続の計算（即ち、加算及び減算）[441]」の規則の如きものとされ、そのような計算の規則の如き理性が機能する対象（言わば、「数字」）が「名辞」なのであった。そして、名辞に関連して彼は、「名辞（*Names*）と名称（*Appelations*）から成る言語（SPEECH）」は「それなしには、ライオン、熊、そして狼の間におけると同様に、人間の間にコモンウェルスも、社会も、契約も、平和も存在しなかったであろう[442]」と述べている。

自然状態にある諸個人が、「理性」の規則により「言語」を配置して「社会状態」の設立に関する「信約」を結び、「コモンウェルス」を設立し、「平和」（自然状態からの脱却）を達成することが、ホッブズの国家構成理論の基本構想である。そして、彼にとっての「理性」とは、「事物の本質」や「先験的存在」等のそれ自体で価値を帯びるものを認識するための能力ではなく、客観的な計算の規則であった。更に、彼は「言葉（words）は賢者の計算機（counters）であって、賢者はこれを使って計算しかしないが、愚者にとって言葉は貨幣である[443]」とも述べている。つまり、彼にとって、「言葉」（そして、「言語」、更にはそれを構成する「名辞」及び「名称」）もまた、価値を帯びることのない客観的存在（それ故に「数字」）なのであった[444]。

そして、そのような客観的な理性や言葉に基づく自然法の規範群は、（第二章第一節㈣で確認されたように）「理性の指示」であり、（本来の意味における「法」ではない）「定理」であるとされている[445]。つまり、諸個人は客観的理性の指示に従えば、当然にそのような定理を認識する。その上で、自然法は、外的拘束力は有さず、「内的法廷」においてのみ拘束力を有する規範ではあるものの、「行為規範」として結果的に諸個人を拘束するのである。

我々の問題意識からすれば、このようにして諸個人を拘束する（客観的理性に基づく）自然法が主権者をも拘束するという論理が、次の二つの側面で重要な意義を有することになる。即ち、自然法は、国家の対内的側面において主権者に対する制約をもたらすと同時に、国家の対外的側面において「国際法」として機能するのである。そして、この自然法の二面的な機能により主権者（国家）間の自然状態（戦争状態）と国内秩序の維持とが両立することになるのである。[446]

しかしながら、ホッブズの諸理論から導出されるこのような意義は、国家の対内的・対外的側面において、次のような理由により、何れも不安定なものであるように思われる。

先ず、ホッブズの国家理論における主権者に対する制約は、彼が言う本来の「法」によるものではなく、ましてや、国家制度に組み込まれた制度的制約ではない。そして、その点では、国家権力を分割し、分割された権力が相互に抑制し合うという近代的国家制度（それは、国家権力は暴走するという「国家権力性悪説」に立つものである。）を所与のものとして論じ得る現代人にとっては、ホッブズが提示した理論は（被治者の側から見た）危険性や（理論としての）楽観性を内包するものであるとの批判を容易に加えることが可能である。即ち、「危険性」に関しては、（これは彼の同時代人（である反王権派）からも批判を浴びた点であるが）ホッブズは王権の絶対性（絶対主義）の擁護者（したがって、現代人からすれば民主主義乃至議会中心主義の否定者）であるとの批判が可能であると同時に、「楽観性」に関しては、彼が、「万人の万人に対する戦争」という最悪の自然状態における最低乃至最悪な人間像を措定した上で、そのような人間であっても自己保存が可能となるための論理の構築を目指しながら、結果的に、彼により構築された理論の総体（そして、特に、主権者に対する諸々の制約）は「楽観的」であると感じられてしまうのである。[447]

また、国家の対外的側面に関しては、次のような理由により、ホッブズの理論は不安定性を内包することになる。そもそも、ホッブズは、彼の「法」・「国家」理論を（価値中立的な）客観的理性に基づくものとして構想し、『国際法』と自然法は同一」とすることによって、理性に基づく自然法が主権者間の関係にも適用されるとしている。その結果として、客観的理性の規則に従えば、諸々の主権者は自然法に従って（戦争状態としての自然状態ではあるものの）「修正された永続的自然状態」の中で自己保存（それは国家の自己保存でもある。）を達成することとなるのである。そして、当然のことながら、このような論理に基づく自己保存の達成は、主権者が客観的理性に従うことを前提として、はじめて可能となる。しかしながら、主権者の「理性」（「計算の規則の如き理性」）が常に正しく機能するという保証はどこにあるのであろうか。

更に、ホッブズは価値中立的な言語による社会契約を論じつつも（コモンウェルスの発生について論じられている『リヴァイアサン』第一七章において）「剣なき信約は、言葉に過ぎず、人を守る力を全く有しない」（Covenants, without the Sword, are but Words, and of no strength to secure a man at all.）[448]としている。つまり、言葉は社会契約の本源的要素であり、必要条件ではあるものの、十分条件としての「剣」が存在しなければ、社会契約は十全なものとはならない。より一般化するならば、ホッブズは、客観的理性に基づく「法」・「国家」理論を展開しながらも、その維持のための「力」[449]の必要性を説くのである。

確かに、主権者に「力」がなければ、主権者の命令としての「法」は執行され得ないであろうし、対外的な自己保存を実現することも不可能となるであろう。その点において、客観的理性と共に「力」が必要とされることを指摘したホッブズは正しい。また、彼の国家理論が（国家設立後に）主権者の「力」の確立・強化に資することも明白である。しかし、その「力」を確立する国家理論を担保するものが「力」であるならば、それは循環論法でしかないのではなかろうか。また、社会状態設立のための信約（社会契約）それ自体も「力」に裏付けられなければならないとするならば、自然状態における諸個人の各々が「力」を有しなければならない。ホッブズは人間の能力の自然的平等から社会契約締結の可能性を説いているが、果たして、各人が他を殺傷し得る状況において、誰がその「力」を主権者に委ねる信約を実行するというのであろうか。つまり、ここでも「最初の信約実行者」問題が切実な問題として登場してしまうのである。

ホッブズの「法」・「国家」理論は客観的理性の指示としての自然法を基礎とするものであり、それらの理論は『国際法』と自然法は同一」であるとの論理により主権者間の関係にも適用される。これらの理論及び論理は概ね内在的に理解可能なものである。しかしながら、究極的に「力」の存在を必要とすることによって、彼の論理は根底的矛盾を孕むものとなるのである。結局のところ、ホッブズの「法」・「国家」理論の内在的理解から彼の「国際法」認識を導出することによって我々が見出すものは、「理性」と「力」の協働の必要性とそれが孕む理論的矛盾という国際法学がこれまで解消し得なかった矛盾そのものなのではなかろうか。

第一部　註

はじめに

（1）　理論的には、ホッブズが国家の対内的関係と対外的関係を同時に扱うことは可能であったようにも思われる。しかし、例えば、「三〇年戦争」終結のためのウェストファリア講和会議は（正式には）一六四三年七月から四八年一〇月まで開催されたが、その間まさにピューリタン革命が進行中であったイングランドは同会議に参加しなかった。（但し、イングランド王はウェストファリア講和条約に「含まれる」とされた。）つまり、現実の問題としては、国家の外交を論ずるためには国内の安定が前提であり、国内問題を国際問題に優先させねばならないことは、ホッブズにとっては自明であったとも言えよう。（イングランドと三〇年戦争及びその講和会議・条約との関わりについては、明石（二〇〇九年）四一・六五―六七・七八―七九頁を見よ。）

（2）　但し、例えば、一六四〇年から六〇年にかけてのイングランド内戦の経緯が対話体で綴られた『ビヒモス』（同書には、世襲君主制への支持の表明と解される記述が多数存在しており、ホッブズの党派的利益やイデオロギーについても論じられ得る。）の内在的解釈に基づいて、ホッブズが自国の内戦状態から受けた衝撃と国内秩序維持の最重要性に関する認識を導出することは可能であろう。

（3）　このような解釈を提示するものとして、次の文献を見よ。Ryan (1996), 218. 但し、この文献では、ホッブズにとって「自然状態は歴史的事実である」旨の認識が示されている（Ryan (1996), 218.）が、私見によればこれは誤りであり、ホッブズの自然状態は飽く迄も仮説的状態である。実際にホッブズは、「［人間対人間の］戦争時代又は戦争状態は絶対存在しなかったとも考えられ得る」と譲歩し、或いは「全世界にわたって一般的にその様な状態が絶対存在しなかったと信じている」（*Leviathan*, XIII (IV, 194).）とさえ述べている。これについては後述（本部第四章第一節）する。

（4）　一七世紀における戦争については、差し当たり次の文献を参照せよ。Howard (1976), 38–53: O'Donnell (1989), *passim*.

（5）　次の文献も同旨である。Bull (1981), 718.

(6) 次の文献も同旨である。Grover (1989), 88. 尚、このようなホッブズの判断に関しては再述（本部第四章第二節㈠）する。

(7) ホッブズが諸個人間の「自然状態」を巡る問題の解決を諸国家間のそれに優先させたとする解釈については、次の文献も参照せよ。Kavka (1983), 305–306.

(8) 現代においてさえも、我々が国内的平和の維持と国際的平和の維持の何れかを選択しなければならない状況に置かれるならば、前者を優先することがより合理的であると言えよう。この点に関しては、次の文献も見よ。Bull (1981), 728.

(9) Grover (1989), 80.

(10) 国力（地理的・人口的・経済的・軍事的な規模）に関して大きな差異が存在するような国家間の関係においては、ただ服従のみが存在することとなり、戦争は発生しないであろう。問題は比較的近接した国力を有する国家間の関係がどのようなものとなるかである。ホッブズのこの問題に関する見解については、この部の第四章で論じられる。

(11) 「国際関係」よりも「国内関係」に関する議論を優先するというホッブズの論述は、彼がとった演繹的方法からの影響であったとの見解がある。即ち、彼が抽象的・観念的命題（「自然状態」）から議論を開始し、そこから演繹される国家の構成に至るまでは、主権者と臣民という現実に存在する諸関係との整合性を維持することは可能であったが、そこから更に、国家間関係まで一貫した理論を現実との整合性を確保しながら展開することは不可能であったというのである。Navari (1982), 212–213.

(12) Bull (1981), 718.

(13) *Leviathan*, XXVI (IV, 414). この定義については、後述（本部第二章第一節㈡）する。

(14) また、ホッブズの著作の目的という観点から彼の「国際法」理論の探求の不可能性を示唆する次のような主張もある。「主権者の権威が自然法の戒律（precepts）に依拠しているというホッブズの議論は、より高次の法規範の妥当性の承認へと彼を導かない。彼の主要目的は、国家法（civil law）を除いて有効な法は存在しないこと、そして、国家法の基本的機能は彼の国家学（civil science）の諸条件に合致することを説明することであった。」Loughlin (2012), 18.

(15) 例えば、ダントレーヴ（Alexander Passerin d'Entrèves）は、ホッブズが「法を専ら命令と定義することにより、国際法の本質を理解する全ての可能性から自らを引き離したのみならず、法の概念並びに法体系の概念を貧弱なものにもした」とする。D'Entrèves (1967), 111.

第一章

（16）「道徳的行為の規則、又は法一般について」(*De norma actionum moralium, seu de lege in genere*) や「道徳的行為の質について」(*De actionum moralium qualitatibus*)、或いは「国家創設の動機について」(*De causa impulsiva constituendae civitatis*) といった法及び国家理論の重要な論点に関する章の中で『市民論』及び『リヴァイアサン』が援用されている。Pufendorf (1672), I, vi; I, vii; VII, i.

（17）Pufendorf (1672), VII, vi, 13.

（18）Vattel (1758), Préface, x.（これは、次の箇所についての評価である。*De cive*, XIV, iv. (III, 170–171).）但し、同書の本論ではホッブズへの言及は見出されない。

（19）Martens (1789), 9 *et* 10 n. (e).

（20）若干の例として次の文献が挙げられ得る。Saalfeld (1833): Polson (1848): Woolsey (1860): Bluntschli (1868): Creasy (1876): Funck-Brentano/Sorel (1877): Hall (1880): Hall (1883): Levi (1887): Bonfils (1894): Walker (1895).

（21）Schmalz (1817), 297.

（22）Klüber (1819), I, 30; 73–74, n. (a); 229–230, n. (b).

（23）Manning (1839), 29.

（24）Wheaton (1836), 38.

（25）Wildman (1849–50), I, 28–29.

（26）Heffter (1848), 21. この記述に付された註で挙げられているのは『市民論』である。尚、引用部分に含まれる "internationales Recht" は、ヘフターが「国際法」について通常 "Völkerrecht" を使用していることから、「国際的な法」とした。

（27）Phillimore (1855–71), I, 1–2, n. (b).

（28）Fiore (Pradier-Fodéré) (1868), 42–43.

（29） Halleck (1861), 16.

（30） 尚、スピノザの政治理論の国際法学上の意義については、次の文献を見よ。Lauterpacht (1927), 89–107. 因みに、この文献では、「国家間に適用される彼［即ち、ホッブズ］の自然法は法では全くない」とされている。Lauterpacht (1927), 95.

（31） Halleck (1861), 43.

（32） Kent (Abdy) (1878), 143–144. 但し、この批判は人間の本性を平和的なものと理解するか、闘争的なものと理解するかという点を巡るものであって、理論的な批判ではない。

（33） Twiss (1861–63), I, 10–11, 111 *et* 116–117.

（34） Lorimer (1883–84), I, 9–10 *et* 76.

（35） Calvo (1887–88), I, 45–46 *et* 147.

（36） Despagnet (1894), 30.

（37） Despagnet (1894), 43 *et* 46.

（38） Lawrence (1895), 45.

（39） 尚、ウェストレイク (John Westlake) の（概説書ではないが）国際法の歴史に関する記述が比較的豊富な著作においてもホッブズへの言及が為されているが、それらは国家の擬制的人格と自然法としての国際法についてのものである。Westlake, (1894), 47 *et* 64.

（40） ホッブズへの言及が見出されない概説書の若干の例として、次のものが挙げられ得る。Liszt (1902): Westlake (1904–07): Baty (1909): Hershey (1915): Kohler (1918): Fenwick (1924): Fawcett (1968).

（41） Oppenheim (1905–06), I, 4.

（42） Brierly (1928), 49. 尚、同書におけるホッブズへの言及はその後の改訂版で増加し、ブライアリー自身による最後の改訂版（第五版）では、次の四箇所となっている。第一に、第一章（「国際法の起源 (origins)」）第二節（「主権理論」）の中で、ボダン (Jean Bodin) の後の主権理論の発展として『リヴァイアサン』の内容が紹介され、第二に、第二章（「近代システムの性格」）第一節（「国際社会」）において、ホッブズの「国際社会」観が『リヴァイアサン』に即して説明され、第三に、第二章第二節

（「近代『主権』国家」）において、ボダンと共にホッブズが主権理論を国内秩序の原則として構想したこと（そして、それにも拘らず、それが国際的無秩序（アナーキー）の原則に変化してしまったこと）が指摘され、そして、第四に、第二章第五節（「国際法の法的性質」）において、初版と同様の記述が為されている。Brierly (1955), 12–13, 43 *et* 46. 更に、ウォルドック（Sir Humphry Waldock）による改訂版（第六版）では、「ホッブズ的主権者を立憲国家の中に置くことは不可能である」との見解が付加されている。Brierly (Waldock) (1963), 14. ホッブズへの他の言及は、次の箇所にある。Brierly (Waldock) (1963), 12, 42, 45 *et* 70. クラッパム（Andrew Clapham）による第七版では、第六版の記述が、若干の変更を加えられつつも、基本的に維持されている。Brierly (Clapham) (2012), 11–14, 42, 44 *et* 79.

（43）Anzilotti (1928), 8 *et* 10.

（44）Visscher (1953), 27–28.

（45）Heydte (1958–60), I, 56.

（46）Schwarzenberger (1950), 75.

（47）Parry (1968), 14 *et* 25.

（48）Berber (1960–64), I, 9–10; I, 247, Anm.2; II, 19, Anm.2; III, 26.

（49）日本の単著国際法概説書を例にとるならば、（　）内に示された文脈でホッブズの名が登場する程度である。田畑（一九七三年）三三八頁（プーフェンドルフとの関連）：田畑（一九九〇年）九頁（グロティウスに関する議論において）：栗林（一九九九年）八頁（「『主権』とは何か」という問題に関心を向けた者の一人としてボダン・マキャヴェッリと共に）：杉原（二〇一三年）二頁（「国際社会の概念類型」中の「未組織敵対社会」の説明としてホッブズを援用）及び一六七頁（「近代の主権論」の中で「絶対的主権論に近似する立場」に立つ者としてヘーゲルと共に）。

（50）Cassese (2001), 4 *et* 419, n.1.

（51）Bleckmann (2001), 11 *et* 35.

（52）尚、前述のように、パリーは主権論に関連してもホッブズに触れている。

（53）Pütter (1843). この著作が主たる記述対象としているのは、古代から中世までの国際法史であり、近代に関しては最終章

「海戦における臨検の権利」(Das Durchsuchungsrecht in Seekriegen)(Pütter (1843), 187–221.)において触れられているのみである。

(54) Hosack (1882). この著作は国家実行に関する記述が中心であり、学説史に関する記述は「不必要」との判断に基づくものであるとされている。Hosack (1882), Preface.

(55) Walker (1899).

(56) Ward (1795), I, 5–6 *et* 72; II, 611.

(57) Wheaton (1841), 38 *et* 44.

(58) Kaltenborn (1847), 49. 但し、カルテンボルンのこの著作は「国際法文献史」乃至は「国際法思想史」の概説書と理解すべきであろう。

(59) Kaltenborn (1847), 306–316.

(60) Nys (1896), 298–299.

(61) Redslob (1923): Legohérel (1996).

(62) Nussbaum (1947), 112–114.

(63) Nussbaum (1947), 116–118.

(64) Nussbaum (1947), 136.

(65) Nussbaum (1947), 149, 224–225, 284 *et* 287.

(66) Nussbaum (1958), 135–136, 148, 149 *et* 150.

(67) Nussbaum (1947), 116–118.

(68) Nussbaum (1958), 144–146.

(69) Nussbaum (1958), 147–156.

(70) Grewe (1984), 224, 408–410 *et* 420.

(71) Grewe (1984), 412–413 *et* 595.

(72) Winkel (1991), 12.

(73) Roelofsen (1991 a), 104–105.

(74) Ziegler (2007), 156–157, 158 *et* 159.

(75) Truyol y Serra (1995), 40 (n.2), 81–82, 87, *et* 141.

(76) Gaurier (2014), 166–168.

(77) Gaurier (2014), 168–169.

(78) Focarelli (2002), 66–68.

(79) Renaut (2007), 112. 尚、ルノーは、「序論」部分においてもホッブズに触れており、彼の国家に関する分析が諸々の人民又は主権国家の間の関係を規律する規範の総体としての「古典的国際公法」の観念をもたらした旨を簡単に論じている。Renaut (2007), 8.

(80) Neff (2014), 168–170.

(81) Neff (2014), 173–177 *et* 236.

(82) Reibstein (1962), 709–710.

(83) Verosta (1984: 2012), 837.

(84) Reibstein (1957–63), I, 385–391.

(85) Reibstein (1957–63), I, 565–567.

(86) Reibstein (1957–63), I, 465, 484, 490, 495, 498, 508, 517, 531 *et* 535; II, 6, 18, 20, 24, 119, 171, 279, 325, 327 *et* 570.

(87) ここには、国際法学の実証主義化がもたらした次のような弊害が存在しているように思われる。即ち、「国際法」観念自体の狭隘化により、「非実定的国際法」が自動的に国際法学的思考から排除されることになり、「非実定的国際法学」の論理の誤解が招来されがちになるのである。

(88) *De cive*, XIV, iv (III, 171). 尚、この一節では、"city"と"nation"を共に「国家」の意味で使用するという一七世紀の用語法が明確に登場している。

(89) *Leviathan*, XIV (IV, 198).

(90) *Leviathan*, XXVI (IV, 450).

(91) *Elements*, II, x, 5.

(92) *Dialogue*, "Of Soveraign Power" (XI, 34–35).

(93) 「自由」については、『リヴァイアサン』第一四章では次のように論じられている。「著作家達が一般にユース・ナーツゥーラーレ (*Jus Naturale*) と呼ぶ自然の権利 (the Right of Nature) は、彼自身の本質 (his own Nature)、即ち彼自身の生命 (Life) の保存のために、彼自身が欲するように彼自身の力 (power) を使用するという各人が有する自由 (Liberty) である。」*Leviathan*, XIV (IV, 198).

(94) 例えば、或る論者は"*lex*"を"positive law"、"*jus*"を"right"としている。(Loughlin (2012), 9–10.) しかし、本節㈣で確認されるように、ホッブズの「実定法」の観念は現在我々が一般的に抱懐しているものとは異なる点は注意を要する。

(95) ホッブズによる"*lex*"と"*jus*"の峻別は、"*lex*"と"*jus*"の何れが他に先行（乃至は優位）するのかという重要な論点に繋がる。(例えば、シュトラウス (Leo Strauss) は、自然権を自然法に先行させた論理構成により国家理論を構築したホッブズを「近代政治哲学の創始者」としている。Strauss (1936), 157.) しかしながら、本書ではそのような論点を詳述することはできない。ホッブズによる"*lex*"と"*jus*"の峻別とそこから派生する論点については、差し当たり次の文献を見よ。小林（二〇〇七年）四三–五九頁。

(96) *E.g.*, Mathie (1987), 263; Goldsmith (1996), 274.

(97) *Leviathan*, XXVI (IV, 414–415). 更に、次の箇所を見よ。*Leviathan*, XLII (V, 890–891). また、別の箇所 (*Leviathan*, XXIX (IV, 510).) では、聖界及び俗界の「二人の主人」が各臣民に対して「彼等の命令が法として遵守されることを望む」(two Masters,

who both will have their Commands be observed as Law）としており、若干表現は弱められることがある。（但し、「二人の主人に従うこと」は不可能であるとされている。）

(98) *De cive*, XIV, i (III, 168).

(99) この「命令権者」は二つの意味において「主権者」よりも広義の観念として解し得る。一つは、主権者の下位に置かれる行政官の長がこれに該当する可能性が存在する。他は、（より高い可能性として）「神」がこれに該当する。そして、この主権者としての神が定める法が「実定神法」ということになるのであろう。（そして、これは更に"*lex*"（及び"law"）が単に（現在の意味における）「実定法」を指すのではないことを示唆している。この点については、本節㈣で論じられる。）

(100) 「命令とは、人が、それを言う者の意思以外の理由を期待することなく、これを為せ（*Doe this*）、或いは、これを為すな（*Doe not this*）と言う場合である。このことから、命令をする者はそれによってその者自身の利益（Benefit）を主張している（pretendeth）ということが、明らかになる。何故ならば、その者の命令の理由は彼自身の意思のみであり、各人の意思の本来の目的はその者自身の何らかの善（Good）だからである。

忠告とは、人が、それを言う相手にそれによりもたらされる利益から［それを言う者］自身の理由を導き出して、これを為せ、或いは、これを為すなと言う場合である。このことから、忠告を与える者は（その者の意図が何であれ）それを与える相手の善のみを主張しているということが、明らかになる。」「したがって、忠告と命令の間には、命令はその者自身の利益に向けられ、忠告は他者の利益に向けられるという一つの大きな相異が存在する。」そして、ここから更に、人は、「その者が従うことを信約した場合と同様に、命令されたことを行うよう義務付けられ得る」が、「忠告をされたことをするようには義務付けられ得ない」という「他の相異が生ずる」のである。*Leviathan*, XXV (IV, 398).

(101) *Leviathan*, XXVI (IV, 424).

(102) *Leviathan*, XXVI (IV, 426).

(103) 類似の定義は『対話』において次のように表明されている。「法とは、主権的権能（the Sovereign Power）を有する人又は人々が、彼又は彼等の臣民（Subjects）に与えた命令であって、臣民が何を為し得る（may do）か、そして何を為してはならない（must forbear to do）かを、公に且つ明白に（Publickly, and plainly）宣言したものである。」*Dialogue*, "Of Sovereign Power" (XI, 31).『対話』

におけるこの定義では、法が「主権者」による「臣民」に対する「命令」であることが端的に示されると共に、当該命令の内容自体の明確性が必要とされている。

(104) 同様の主張は『市民論』(*De cive*, XIV, xi (III, 174).) でも展開されている。

(105) ホッブズはこの「自然的なもの」こそが「本書［即ち、『市民論』］全体で解き明かそうと努力した法(*Law*)である」としている。*De cive*, XIV, iv (III, 171).

(106) *De cive*, XIV, iv (III, 170–171). 尚、『法原理』の最終章である第二部第一〇章の第六節以下における法の分類は『市民論』におけるものとは若干異なる。即ち、「制定者(authors)及び立法者(lawmakers)の相異、公布(promulgation)の相異、それら［の法］に服する者の相異」に応じて分類され、第一の相異からは「神法、自然法及び国家法」、第二の相異からは「成文法と不文法」、第三の相異からは「単純に法と呼ばれる法と刑法(penal laws)と呼ばれる法」という各々の分類が生ずるとされ(*Elements*, II, x, 6.)、そして第一の分類に関して、神法と自然法(それは「道徳法(the moral law)でもある」とされる。)は同一である旨が付言されるのである(*Elements*, II, x, 7.)。

(107) *De cive*, XIV, v (III, 171).

(108) 但し、ホッブズが論ずる「国家法」とは次のようなものであることは留意されるべきである。「国家法(CIVILL LAWES)［という言葉］により、私が理解するのは、人間達が、この或いはあの［というような］特定のコモンウェルスの構成員であるからではなく、或るコモンウェルスの構成員であるが故に、遵守するよう義務付けられている諸法である。個別の諸法に関する知識は、それらの者の個別の国(Countries)の法の研究を職業とする者に属するが、国家法一般の知識は何れの者にも属するのである。」*Leviathan*, XXVI (IV, 414). また、この部分のラテン語版冒頭は、「自然の諸法(*Leges Naturae*)が人間である限りそれらに従わなければならないものであるが如く、国家法(*Leges Civiles*)は市民(Cives)である限りそれらに従わなければならないものである」との記述となっている。*Leviathan*, XXVI (IV, 415). これらの記述には、ホッブズが法に関する一般理論の構築を志向していることが表明されているように思われる。

(109) この前提はケルゼンの「自然法」の理解を参考にしている。Kelsen (1928), 10–12.

(110) *De cive*, XIV, xv (III, 176–177). また『法原理』にも「慣習それ自体は如何なる法も作らない」(*Elements*, II, x, 10.) という記

述がある。

(111) 慣行（Use）と判決に関して各々次の箇所を見よ。*Leviathan*, XXVI (IV, 416): XXVI (IV, 430).

(112) *Leviathan*, XV (IV, 242).

(113) *Leviathan*, II, xxvi (IV, 442–444).

(114) 但し、『対話』においては、「慣習を法としているのは衡平（Equity）」であるとされている。*Dialogue*, "Of Courts" (XI, 63).

(115) *Leviathan*, XXVI (IV, 424).

(116) *De cive*, XIV, xiv (III, 176). これに続く『市民論』第一四章第一五節では、**自然法**（the *Laws of Nature*）は成文法ではない旨が指摘されている。*De cive*, XIV, xv (III, 176–177).

(117) *Elements*, II, x, 10.

(118) *Dialogue*, "The King is the Supreme Judge" (XI, 29).

(119) *Leviathan*, XV (IV, 242). ここで挙げられている正義、報恩等々は何れも『リヴァイアサン』第一五章中で自然法として挙げられている。

(120) *De cive*, VI, xiii (II, 143: III, 98).

(121) 「自然の諸法」と「神」の等置については『市民論』の次の箇所も見よ。*De cive*, VI, xiii (Annotation) (II, 143: III, 99).

(122) *Leviathan*, XXX (IV, 534). 『ビヒモス』では「衡平法」(the Law of Equity) が「不変的自然法」(the vnalterable Law of Nature) とされている。*Behemoth*, X, 264.

(123) *Leviathan*, XXX, (IV, 552): XLIII (V, 954–956).

(124) *Leviathan*, XXVI (IV, 444).

(125) *Behemoth*, X, 165.

(126) *Elements*, II, x, 7.

(127) 特に、「衡平」に関するホッブズの議論は興味深い。『対話』において「哲学者」は、衡平を「神の法」（*Dialogue*, "Of Courts" (XI, 66).）とし、或いは、「衡平は法を解釈し、同一の法に基づき下された判決を修正する」（*Dialogue*, "Of Courts" (XI,

68).）としている。これらからはホッブズが衡平の重要性を承認していることが理解されるのであるが、彼はコークの「衡平は、成文法を解釈し、修正する、或る完全な理性（a certain perfect Reason）である」という定式化には反対している。その理由として考えられるのは、理性（即ち、衡平）に反するとの口実の下で、「世界中の法（the Laws in the World）の全てを無効としてしまう（frustrates）」こと、或いは、人々が法に服従しないことが可能となるとの懸念（*Dialogue*, "Of the Law of Reason" (XI, 9).）である。つまり、ホッブズの「衡平」観念は成文法（そして、主権者）への服従という点からも、考究する価値がある課題なのである。

(128) *Elements*, I, xv, 1.

(129) 理性が平和を命ずることについては、次の箇所を見よ。*Elements*, I, xiv, 14.

(130) *De cive*, II, i (III, 52). この定義がホッブズによる「自然法」の「可能な限り最広義の定義」であるとの指摘がある。Mayer-Tasch (1965), 23

(131) *Leviathan*, XIV (IV, 198).

(132) *Leviathan*, XV (IV, 238–239).

(133) *Leviathan*, V (IV, 64).

(134) 尚、『市民論』に付せられた「正しい理性」（Right Reason）に関する註も見よ。*De cive*, II, i (Annotation)（III, 52).

(135) *De cive*, III, xxv (III, 72).

(136) *Leviathan*, XV (IV, 232). 類似の事柄は『市民論』においても「第六の戒律（precept）」として登場する。*De cive*, III, xi (III, 67). また、「残忍」の定義については、次の箇所に説明がある。*Leviathan*, VI (IV, 90).

(137) *Dialogue*, "Of the Law of Reason" (XI, 11).

(138) *Dialogue*, "Of the Law of Reason" (XI, 9–10). コークの考え方に対する疑念は、次の箇所でも登場する。*Dialogue*, "Of Courts" (XI, 68).

(139) また、ここで示されている諸々の学問における自然的理性の活用に関連する記述として、『対話』中の「如何なる研究においても、私の推理（Inference）が理性に適合している（rational）のかを私は検証する」との哲学者の言葉が挙げられ得る。

Dialogue, "Of the Law of Reason" (XI, 8).

(140) 勿論、ホッブズの社会構成理論の起点は「万人の万人に対する戦争」としての自然状態であり、それは万人に共通の生理的欲求に基づくものであるかもしれないが、彼の自然法理論は自然状態からの脱却が理性の使用に始まるという点で、「理性に基づく」理論であると言い得るのである。

(141) *De cive*, "The Authors [*sic*] Preface to the Readers" (III, 32–33).

(142) 「万人の万人に対する戦争」という表現は、プラトンがクリニアスに帰した見解、即ち、「人間どうしは、公的に見て、万人の万人に対する戦争という状態にある」（プラトン（一九七六年）五九頁。）に由来し、更にそれをベーコン (Francis Bacon) が支持したものであるという。Tuck (1999), 126–127.)

(143) グロティウスが同様の方法を採用したことが次の文献において指摘されている。Tuck (1989), 20–23.

(144) それ故に、自然法は不変（そして普遍）のものとなる。ホッブズのそのような認識は次の論述に現れている。「自然の諸法は不変且つ永遠 (Immutable and Eternal) である。何故ならば、不正義・忘恩・傲慢・驕慢・不公平・依怙贔屓 (Acception of persons) 及びその他のものは決して合法とはされ得ないからであり、戦争が生命を維持し、平和がそれを破壊するということはあり得ないからである。」*Leviathan*, XV (IV, 240).

(145) *Elements*, I, iv, 9.

(146) *Elements*, I, iv, 10.

(147) Tuck (1989), 49–50.

(148) タックは、ボイルの実験に対するホッブズの思考について次のように纏めている。即ち、認識理論 (a theory of perception) や一般形而上学理論 (a general metaphysical theory) といった基礎理論が確立されていなければ、実験は無駄であり、実験結果は一般形而上学に即した認識理論の枠組みと対照して検証されなければならないのである。Tuck (1989), 49.

(149) 尚、本項における『市民論』の「読者への著者の序文」からの引用において、ホッブズが「経験により万人に知られ、誰にも否定されない原則」(*De cive*, "The Authors Preface to the Readers" (III, 32).) を論じている点は、『法原理』に示された経験への依拠の拒絶という態度とは矛盾するようにも思われる。しかし、前者は、「読者」である「万人」に向けられたものであるが故に、このような表現となっているものと解され、ここでのホッブズの意図は最低乃至最悪の人間像の提示にあったという点がより重要であると考えられるのである。

(150) *Elements*, II, x, 10.

(151) *Dialogue*, "Of Courts" (XI, 64).

(152) *Elements*, I, xvii, 12.

(153) *Leviathan*, XV (IV, 242).

(154) *De cive*, III, xxxiii (III, 76).

(155) *Leviathan*, XIII (III, 196).

(156) この点に関しては次の文献も見よ。Bull (1981), 722.

(157) このように自然法が「定理」でしかないとされる点を強調するハリソン (Ross Harrison) は、ホッブズにとって、自然法は「ユークリッドにおいて幾何学的諸命題 (geometric propositions) が演繹される方法におけるかのように、理性により演繹可能な一群の真実であり、仮定された自然法の言明は何らの法をも陳述するものではない」としている。(Harrison (2012), 23.) そして、このような解釈に立つならば、ホッブズによる自然法の定義において「理性」という要素を強調することは、自然法の法としての性格を奪うこととなるのである。しかしながら、このような解釈は次のことを理由として妥当なものとは言えない。

確かに、ホッブズは自然法を「理性の指示」として「結論又は定理」としているが、(本文にも示されているように) それに続いて、「同一の定理」を「神の言葉において発せられたものとみなすならば、それらは適切に法と呼ばれる」(*Leviathan*, XV (IV, 242).) と付言している。この付言の意味は、ホッブズが無神論者であるか否かという問題と関連する (即ち、無神論者であればこの付言部分は実質的意味を持たず、そうでないならば「理性の指示」としての自然法は神の言葉として「適切に法と呼ばれる」ことになる)。少なくとも、本書における理解は (次章第二節(二)(1)で示されるように) 神の拘束が神の意思の表明としての自然法に姿を変えて主権者を含む全ての人間に及び、そして、(神と教会を区別した上で) 主権者は神による制約に絶対的に服するが、現世に存在する教会による制約には服しないというものである。つまり、ホッブズは神の存在を認めているのであって、それ故に、「理性の指示」としての自然法も法であるとすることが彼の意図であったと解されるのである。(尚、川添美央子は、ホッブズが自然法を幾何学的定理と同じく「定理」としてはいるものの、自然法が一定の価値を帯びる限り、両者は本質的に異なるものと考えざるを得ない旨を論じている。川添（二〇一〇年）一二九–一三〇頁。）

（158）*Leviathan*, XV（IV, 242）. 同様の見解は次の箇所にも登場する。*Elements*, I, xvii, 12: *De cive*, III, xxxiii（III, 76）.

（159）ワトキンス（John W. N. Watkins）は、この箇所におけるホッブズの意図は明白であり、「彼は自然法を万人にとって強制的なもの（compelling）とすることを望んだのである」としている。Watkins（1965）, 94.

（160）*Behemoth*, X, 182.

（161）*Behemoth*, X, 183.

（162）この点に関しては、次の文献を見よ。Gauthier（1979）, 552.

（163）*Leviathan*, XV（IV, 240）.

（164）三島は、ホッブズが説く国家権力の絶対性にも拘らず、その作用する場面が「外的法廷」に限定されることから、「近代市民国家の根本特質が存している」「内面の留保」が明示されており、ここに「ホッブズ国家論の近代性」が表明されているとする。三島（一九九三年）二三二頁。

（165）*Leviathan*, XV（IV, 240）.

（166）*De cive*, XIV, xiv（III, 176）.

（167）自然法の行為規範性に関しては、小林（一九九五年）一五〇–一五一頁を見よ。

（168）*Elements*, I, xv, 2.

（169）*Elements*, I, xvi, 1, 6, 8, 9, 10, 11, 12 *et* 13.

（170）*Elements*, I, xvii, 1, 2, 3, 4, 6, 7, 8, 10, *et* 11.

（171）*De cive*, II, ii *et* iii（III, 53）.

（172）*De cive*, III, i（III, 62）.

（173）*De cive*, III, viii–xxv（III, 64–72）.

（174）*Leviathan*, XIV（IV, 198–200）.

(175) *Leviathan*, XV (IV, 220).

(176) *Leviathan*, XV (IV, 230–238).

(177) *Leviathan*, XV (IV, 238).

(178) *Leviathan*, XXVIII (IV, 492–493).

(179) 若干の例として、次の箇所を見よ。*De cive*, III, xxvii (Annotation) (III, 73): *De cive*, XIII, ii (III, 157): *Leviathan*, XXX (IV, 520–521).

(180) この規則は『法原理』では明示されていないが、自然状態において「危険に対して我々自身の判断と力により我々自身を防御すること」が権利として描かれている。*Elements*, I, xiv, 13.

(181) *Leviathan*, XXVI (IV, 418).

(182) *Leviathan*, XXVI (IV, 418).

(183) Goldsmith (1996), 285.

(184) Harrison (2012), 38. その理由として、国家法は「何が我々の義務であるか (what our obligation is)」を告げるのに対して、「忠告」(counsel) である自然法は「物事がどのようにあるべきか (ought to be)」を示すのみであって、両者は相互に含み合うことはなく、等しくもないことが挙げられている。

(185) 『ビヒモス』では「正義と衡平」が「自然法であり」、「したがって、世界の全ての国家 (Nations) における国家法」であるとされている。*Behemoth*, X, 165. 尚、この引用部分は次章第二節(一)で再度触れられる。

(186) *Leviathan*, XXVI (IV, 450). 但し、「法の保護が安全に持続し得る全ての場合に」という条件が付せられている。

(187) *De cive*, XIV, x (III, 173–174).

(188) *Leviathan*, XXVI (IV, 422).

(189) 但し、『ビヒモス』では、「国家法は神の法」であるとの表現が見出される。それは神が国王に法の制定を命じたことを理由としている。*Behemoth*, X, 182.

(190) ラフリンは次のような議論を展開している。「生得的な自然権の自由行使」は個人を破滅に導く故に、自己保存のためには自然権は放棄されなければならない。人間を社会性に導く若干の自然法（相互の尊敬や公平な取り扱い等）は承認されるが、その実現は国家の外側では為され得ない。「国家法により承認された場合にのみ、それら［の自然の諸法（natural laws)］は『真の』法（'true' laws）―即ち、義務的なもの（obligatory）―となった」のである。「ホッブズにとって、自然の諸法は公的理性（それは主権者の理性を意味した。）のレジームの一部を構成した。」それ故に、ホッブズと他の自然法論者との相異が明白となる。その相異とは、後者が「自然法の戒律（the precepts of natural law）に合致する場合にのみ実定法は拘束力を有する」とするのに対して、前者は「実定法の形式において示された場合にのみ自然法は拘束力を有する」というものである。（Loughlin (2012), 16.）この議論においても、「義務的」と「実定法」の意味が（通説と同様）誤ったものとなっており、ホッブズの「法」観念が正確に捉えられていないものと解される。

第三章

(191) *Leviathan*, XVII (IV, 260).

(192) 主権に含まれる具体的諸権利・権能についての主要な議論は、『市民論』と『リヴァイアサン』において各々次の箇所で展開されている。*De cive*, VI, i–xviii (III, 91–104); *Leviathan*, XVIII (IV, 264–277).

(193) *Elements*, I, xix, 8.

(194) Warrender (1987), 298–299.

(195) *De cive*, V, ix (II, 134); (III, 89).

(196) *Leviathan*, XVII (IV, 260–262).

(197) *Behemoth*, X, 319.

(198) ホッブズの社会契約理論に関する先行研究は無数存在するが、本書執筆に際しては、差し当たり次の文献を参照した。Hampton (1986): Boucher/Kelly (eds.) (1994).

(199) 通常は、自然権放棄と国家設立が結び付けられて説明される。例えば、次の文献では、「始原契約は結合契約であると同時に服従契約である」のであって、「一つの契約」として説明されている。Mayer-Tasch (1965), 34–35. また、タックは、ルソーが『社会契約論』第三篇第一六章において社会契約を二つのものとする理論（the double covenant theory）を明確に批判している（OC (CS), III, xvi (V, 568–570): PW (CS), II, 98–99.)）箇所は、ホッブズの単一契約理論（Hobbes's single contract theory）を否認したプーフェンドルフ及びビュルラマキ（Jean-Jacques Burlamaqui）に向けられたものであるとしている。Tuck (2016), 129–130. 更に、次の文献も見よ。福田（一九八五年）三二八–三二九頁；藤原（一九七四年）二一六–二一九頁；関谷（二〇〇三年）一〇七–一〇八頁。

(200) 『法原理』では「自然法の一つの戒律」、即ち、「全ての人は、自らが自然により有する全てのものに対する権利を放棄すること」（*Elements*, I, xv, 2.）とされ、『市民論』では「第一の特別自然法」、即ち、「全てのものに対する我々の権利は保持されるべきではない」（*De cive*, II, iii (III, 53).）とされている。

(201) 但し、次節㈢で論じられる「抵抗権」との関連で、放棄され得ない自然権の存在をホッブズが認めていると解される点は考慮されなければならない。そのような意味において「全てのものに対する自然権の放棄」と解する例として、次の文献を見よ。Tuck (1989), 64–65. 藤原（一九七四年）、一八四–一八五頁。

(202) 以下本文に示される新村の解釈は、次の論考で示されている。新村（二〇一六年）一九七–二〇九頁。但し、同論考からの引用文の一部の表記は（本書における表記と整合させるために）改められている。また、新村は「第一〇の自然法」（「平和の状態に入るとき、何者も、残余の各人が留保すれば自らが満足しないような、如何なる権利も自らに留保することを要求しない」（*Leviathan*, XV (IV, 234).）も含めて考察している。

(203) *Leviathan*, XIV (IV, 200).

(204) *Leviathan*, XVII (IV, 260). ホッブズはこの契約を「同意（Consent）や協約（Concord）以上のもの」であり、「単一の人格（Person）における全ての人々の真の統合（a reall Unitie [*sic*]）」であって、「全ての者の全ての者との信約（Covenant）」としている。

(205) 次の文献も二つの社会契約を別個のものとして考察を試みている。小林（一九九五年）一三九–一五三頁。

(206) この新村の解釈は、『リヴァイアサン』第一三章においてホッブズが、諸個人間の自然状態においては「所有」（Propriety）や「支配」（Dominion）、「我の物」と「汝の物」の区別という観念が存在しないとしている（*Leviathan*, XIII (IV, 234).）ことにも合致するものと解される。

(207) *Elements*, II, i, 1–19.

(208) *De cive*, VI, xviii (III, 103). そして、この権力の「印」(notes) として「法の定立と廃棄」・「和戦の決定」・「紛争を裁判すること」等が挙げられている。

(209) 『リヴァイアサン』第一八章中の、特に、次の箇所を見よ。*Leviathan*, XVIII (IV, 270–276).

(210) *Leviathan*, XXII (IV, 350).

(211) 『ビヒモス』では「主権」それ自体の定義は見出され得ない。同書における主権に関わる議論の特色として、「民兵」(Militia) の召集及び指揮に関する権能を主権者が有することの重要性が繰り返し論じられていることが挙げられる。*Behemoth*, X, 211, 236, 303 *et* 389.

(212) *De cive*, VI, xiii (III, 97).

(213) *Leviathan*, XX (IV, 320–321).

(214) そして、主権者の絶対性は主権者による善悪（乃至は正義）の基準設定にまで及ぶこととなる。何故ならば、「善悪の諸行為の基準 (measure) は国家法である」(*Leviathan*, XXIX (IV, 502).) からである。

(215) *Behemoth*, X, 195.

(216) *Leviathan*, XXIX (IV, 498–500).

(217) *Leviathan*, XXVI (IV, 416). 主権者が国家法に服しないことについては、次の箇所も見よ。*De cive*, VI, xiv (III, 99–100).

(218) 同様に、『市民論』では、最高であることと他者に従属することは矛盾する故に、人々の間で最高支配権を維持する者達は「本来の意味での法に、即ち、人々の意思に」(legibus propriè dictis, hoc est, hominium voluntati) 従属することは不可能であるとされている。*De cive*, XIII, ii (II, 195).

(219) *Behemoth*, X, 165. 更に、この文脈において、「同様に、法に服従することは臣民の賢慮 (Prudence) である」ともされている。

(220) *Behemoth*, X, 321.

(221) 『ビヒモス』では更に、「我々自身の間で平和を永続させる恐らく唯一の途」として国家法への服従が説かれている。

Behemoth, X, 182–183.

(222) *Leviathan*, XVIII (IV, 278).

(223) *Leviathan*, XXX (IV, 520). 尚、「責務」という訳語については、本章後註(259)を見よ。

(224) 但し、主権の如何なる本質的権利をも他者に譲渡され得ないとされているにも拘らず、主権者は自己の無制限の権力に基づきそのような権利(の一部)を他者に譲渡する国家法を制定し得ることとなる故に、主権の不可分性という属性は矛盾を孕むことになるであろう。この点については、次の文献を見よ。Watkins (1965), 174–175.

(225) *Elements*, II, viii, 7. 尚、ここでホッブズはボダンの『国家論』に明示的に言及しているが、ホッブズが自らが同意する見解を示す著者名を挙げることは稀であるとの指摘が、次の文献において為されている。Baumgold (2010), 55.

(226) *De cive*, XII, v (III, 149–150).

(227) 『リヴァイアサン』でも同様に主権的権力の可分性を認める説が批判されている。*Leviathan*, XXIX (IV, 506). また、『ビヒモス』においては、一六四〇年から一六六〇年までの英国政治の激動が主権(或いは「至高の権威」(the Supreme Authority))の所在の変転の歴史として描かれており、主権の分割という観点は排除されている。*Behemoth*, X, 376–377.

(228) *Leviathan*, XVIII (IV, 278).

(229) 『ビヒモス』においては、「国王と二院の混合権力」(a mixt power of the King and the two Houses)の下で平和は存在し得ないとの指摘が為されている。*Behemoth*, X, 275.

(230) *Leviathan*, XXIX (IV, 506).

(231) 主権の不可分性は(ホッブズが君主制・寡頭制・民主制の間の優劣に言及していないにも拘らず)君主制の支持へと繋がる。この点に関しては、次の文献を見よ。Hampton (1986), 105–107.

(232) 例えば、『リヴァイアサン』第一八章(「設立による主権者の諸権利について」)において挙げられている一二の権利には、就中、「平和と防衛の手段とそれに対する障害及び妨害に関して判定者であること、また、何れも前もって、国内における不和と国外からの敵対行為を予防することにより、平和及び安全を維持するため、或いは平和と安全が失われた場合には、それを回復するために、彼[即ち、主権者]が必要と考える全ての事柄を行うこと」に関わる権利(*Leviathan*, XVIII (IV, 270).)、「他の諸国民・諸コモンウェルスに対して和戦を行う権利」、「それは、言わば、そうすることが何時公共の利益になるのかを判断し、その目的のために大規模な兵力（great forces）を如何にして召集し、武装し、［報酬を］支払うのかを判断する権利であり、その諸費用を賄うための貨幣を臣民から徴収する権利」、更には、軍隊の指揮権（*Leviathan*, XVIII (IV, 274).）、そして、「平和及び戦争における、全ての助言者（counselor）・代理人（minister）・長官（magistrate）・役人（officer）を選任する」権利（この権利が認められる理由は、「主権者が共通の平和と防衛という目的を課せられていることからすれば、彼は、自らがその課題遂行に最も適していると考える手段を使用する権力をも所有するものと理解されるからである」とされている。）（*Leviathan*, XVIII (IV, 276).）が含まれている。これらの権利によって、主権者は和戦決定に関する自らの意思を貫徹することが法的に許されるのであって、その意味における主権の絶対性が認められると解されるのである。

(233) ホッブズの政治学を国家や秩序の「制作学」として捉える川添は、主権者が国家を「制作」する際に課される制約について論じている。（川添（二〇一〇年）一五六―一五八頁。）それに対して、本書における考察は国家設立後の主権者に対する制約に限定されている。

(234) 本節における考察対象は主権者に対する制約であって、主権に対する制約ではない。それは、ホッブズの主権理論において、主権の絶対性は明示されており、現在我々が共有する諸観念を前提として理論的にそれに反論（又は支持を与える）ことはさほど有意なこととは思われないからである。前章で確認された自然法の法的性質を巡るホッブズ特有の理論のように、彼の理論は当該理論が対象とする観念（例えば、自然法）が「実質的に」どのような機能を果たしているのかという点を核心部分として展開されていると考えられるのである。

(235) 尚、『対話』において、国王は、外敵から人民を守り、国内における平和の維持を図る義務（Charge）を負っており、全力でこの義務を履行しない場合には「［道徳上の］罪」（a Sin）を犯すことになるとされている。*Dialogue*, "Of Sovereign Power" (XI, 20). つまり、「道徳的制約」も存在するとも言える。（次註も見よ。）しかしながら、前章で確認されたように、「道徳」や「衡平」は自然法と一体化されることが多いため、ここでは独立した制約要因としては扱わないこととする。

(236) 前註とも関連するが、本文で挙げられたものとは異なる制約要因を設定することも可能である。例えば、或る論者は、ホッブズの論述における「主権的立法に対する制約」（Limitations on Sovereign Law-Making）として、「道徳的（moral）制約」・「賢明さに基づく（prudential）制約」・「法的及び構造的（legal and structural）制約」・「国際的（international）制約」・「自己制約」（self-limitations）という五類型を挙げている。May (2013), 2–15. しかしながら、このような類型も、基本的には本書における制約の区分に解消され得ると考えられるのである。

(237) Curley (2004), 200–201.

(238) この疑問については、次の文献を見よ。Krom (2011), 166–171.

(239) ホッブズの機械論的唯物論が直ちに無神論を含意するものか否かについては、三島（一九九三年）、二二五頁を見よ。また、前章第二節で確認されたように、ホッブズの自然法観念は自然的理性に基づくものであるが、自然的理性と神の認識に関する次のシュトラウスの解釈は興味深い。「自然的理性が神の存在を確立し得ないとホッブズはみなしていたであろうが、それでも彼は聖書が真実を教えていることを確信していたが故に、彼は神の存在を確信していたであろう。」Strauss (1959), 185.

(240) Zagorin (2009), 16.

(241) 「一六六六年には議会内でホッブズの宗教観についての審問の脅威が存在し、また、一六八三年にはオックスフォード大学が『市民論』及び『リヴァイアサン』を非難し、焼却した」（Lloyd (2009), 359.）という。

(242) *Elements*, I, xviii, 1–12: *De cive*, XI, i–vi (III, 141–145): *Leviathan*, XXVI, *passim* (IV, *passim*). 尚、『リヴァイアサン』第三二乃至四三章は「キリスト教のコモンウェルスについて」論じられている。*Leviathan*, XXXII–XLIII (V, 576–955).

(243) *Elements*, I, xvii, 12. 更に『市民論』（*De cive*, III, xxxiii (III, 76)）及び『リヴァイアサン』（*Leviathan*, XV (IV, 242).）も見よ。

(244) この点については、次の文献を見よ。Strauss (1953), 69.

(245) *Leviathan*, XXI (IV, 330).

(246) シュトラウスは、ホッブズが説く理性に基づく法が「神に対する責務（duties）についての何らの規定も含まない」旨を指摘している。Strauss (1959), 184.

(247) 例えば、『リヴァイアサン』では、政治的主権者（Civill Soveraign: Rex）が不信心者（Infidel: Infidelis）であっても、その者に対して抵抗する臣民は「諸々の神法に対して（それらが自然法であるが故に）罪を犯す」とされている。（*Leviathan*, XLIII (V, 954).）更に、『市民論』では「自然法、即ち、神」という表現が見出される。（*De cive*, VI, xiii (III, 98))、

(248) 尚、このような論理に基づく自然法は（ホッブズ自身がその疑いを掛けられた）無神論者に対しては妥当しないこととなるのではないかとの疑念は存在する。しかしながら、そのような疑念を持つことすらも当初から排除されていると解すべきであろう。

(249) 以下の「変遷」を巡る議論に関しては、次の文献を見よ。Tuck (1989), 83–86.

(250) *Elements*, I, xi, 10.

(251) *De cive*, XIII, v (III, 158).

(252) *De cive*, XIV, xxix (III, 179–180). 但し、この論述には長文の註が付されている。

(253) *De cive*, XVII, xiv (III, 230–231).

(254) *De cive*, XVII, xxviii (III, 248–249).

(255) *Leviathan*, XLII (V, 864).

(256) 一例として、次の箇所を見よ。*Leviathan*, XXXIII, para. fin. (V, 604–609).

(257) *De cive*, XIII, ii (II, 195).

(258) 勿論、ここで問題とされている「理性」とは、自然法と同様に、客観的存在としての（その意味において、その「所有者」を問わない）ものである。但し、公平な第三者の視点に立つ「第三者的理性」をコモンウェルスに生きる人民が有し、それを健全に機能させることが主権者の暴走を押し止めることになるとの見解（川添（二〇一〇年）一六一頁。）に立つならば、被治者の理性、即ち、「所有者」が特定の集団に限定された理性もまた主権者に対する制約となり得よう。

(259) ホッブズはこの「責務」に該当する用語として英語版では"duty"及び"office"を使用しており、前者を「責務」、後者を「職務」（或いは「任務」）と訳出することは可能である。しかし、ラテン語版では"*officium*"のみが使用されているように思われるため、この部ではこれら三語は何れも「責務」と訳出されている。

(260) 特に、次の箇所を見よ。*Elements*, II, ix, 1–9: *De cive*, XIII, i–xvii (III, 156–167): *Leviathan*, XXX (IV, 520–553).

(261) *Elements*, II, ix, 1.

(262) *Behemoth*, X, 195.

(263) *Dialogue*, "Of Crimes Capital" (XI, 70).

(264) *Behemoth*, X, 251.『ビヒモス』中の次の箇所も同様である。*Behemoth*, X, 354–355 *et* 380. 同書では更に、長期議会の反逆の口実として「人民の安全」が用いられたことにも触れられている。*Behemoth*, X, 354.

(265) *De cive*, XIII, iv (III, 158). そして、これに続いて、国家設立の目的が「人間として許される限り快適な生活をする」ことにあるとされている。

(266) *De cive*, XIII, vi (III, 158–159). これに続く節では、人民の防衛や平和の維持に必要とされる事柄が論じられている。

(267) *Leviathan*, XXIX (IV, 504).

(268) *Leviathan*, XXX (IV, 534).

(269) *De cive*, XIII, ii (II, 195): XIII, ii (III, 157). 同様の記述は『法原理』にも登場する。*Elements*, II, ix, 1.

(270) *De cive*, XIII, ii (II, 195): XIII, ii (III, 157).

(271) *Leviathan*, XXX (IV, 520–521).

(272) *Leviathan*, XXX (IV, 534).

(273) *Leviathan*, XXVIII (IV, 492–493).

(274) *Elements*, I, xix, 10.

(275) *Elements*, II, i, 6, 7 *et* 19.

(276) *Elements*, II, viii, 10.

(277) *De cive*, XII, iii (III, 147–148).『市民論』における抵抗権否定論は、次の箇所における「反逆罪」(treason) を巡る議論とも関連付けられ得るであろう。*De cive*, XIV, xx–xxii (III, 180–181).

(278) *Leviathan*, XVIII (IV, 264–269).

(279) *Leviathan*, XXIX (IV, 506–508).

(280) *Leviathan*, XXIV (IV, 390).

(281) *Leviathan*, XLIII (V, 954–956).

(282) *E.g.*, *Leviathan*, XXIX (IV, 504–505).
(283) *Leviathan*, XXI (IV, 330).
(284) *Leviathan*, XIV (IV, 214).
(285) *Leviathan*, XXI (IV, 336).
(286) *Leviathan*, XXI (IV, 336).
(287) *Leviathan*, XXI (IV, 338).
(288) *Leviathan*, XXI (IV, 340).
(289) *E.g.*, *Leviathan*, XXI (IV, 344–345); XXIX (IV, 518–519). また、『法原理』においても、大群衆（a great multitude）が死に値する犯罪を行うことに同意した場合に「彼等は結合し、その［死刑への］恐怖から自らを守るために武器をとる」とされており、抵抗権が承認されているかのような記述となっている。*Elements*, II, viii, 2.
(290) ラフリンはこの文脈において更に、ホッブズの第二の自然法規則（「合意を遵守し、又は信約を守ること」）の履行が自然状態においては不可能であるため、その実現には主権者の支配への従属が求められる旨も論じている。Loughlin (2012), 15–16.
(291) Lesaffer (2009), 387.
(292) 類似の見解として、「［主権者が］平和を志向してそれが維持される限り」「個々人に抵抗権は一切認められなくなる」とするものがある。関谷（二〇〇三年）一〇八–一〇九頁。
(293) 田中（一九九四年）三七頁。
(294) 三島（一九九三年）二三五頁。
(295) Tuck (1989), 66–67.
(296) Baumgold (1988), 25–33.
(297) Mayer-Tasch (1965), 83–86 *et* 119.
(298) Mayer-Tasch (1965), 86–103 *et* 119.
(299) Mayer-Tasch (1965), 103–110 *et* 119.

(300) Mayer-Tasch (1965), 110–115 *et* 120.

(301) Mayer-Tasch (1965), 120.

(302) Plamenatz (2012), 148.

(303) *Leviathan*, XVIII (IV, 282).

(304) *Leviathan*, XIV (IV, 202).

(305) *Behemoth*, X, 128.

(306) 藤原保信は「ホッブズの擁護しようとしたのは抵抗（resistance）の権利であるというよりも、より正確には不服従（disobedience）の権利であるように思われる」としている。藤原（一九七四年）二四八頁。また、消極的抵抗権の行使は、その消極性故に新たな政治秩序の構築に向けられたものであってはならないこととなるであろう。この点に関しては、次の文献を見よ。Basso (2015), 66-67.

(307) 臣民の自己保存権の行使としての国家からの離脱に関しては、次の文献を見よ。Warrender (1987), 299.

(308) 逆に言えば、一人乃至少人数の離脱の権利、更には抵抗権の承認は主権者にとって危険ではないこととなる。この点に関しては、次の文献をみよ。Plamenatz (2012), 145.

(309) カッシラー（Erich Cassirer）は、ホッブズの理論において国家権力は擁護されてはいるものの、権力の絶対性は諸々の法的義務及び根本規則（Grundsätze）により制約されている旨を論じている。Cassirer (1919), 142.

(310) *Elements*, I, xiv, 14.

(311) *De cive*, II, ii (III, 53).

(312) *Leviathan*, XIV (IV, 200).

(313) このように、ホッブズの自然法理論が「平和を求めること」を基本とすることから、「[個人の自然法上の責務（duties）は]ホッブズの理論にしばしば伴うものよりも、社会的且つ非利己的（less selfregarding）な印象が与えられる」とする見解がある。Warrender (1957), 218.

(314) ホッブズの諸理論における平和志向に関しては、次の文献を見よ。Hanson (1984), 329–354.

(315) ホッブズが「極めて道徳的な主権者」を構想しているとの解釈に関しては、次の文献を見よ。Zagorin (2009), 84–98.

(316) *Dialogue*, "Of Soveraign Power" (XI, 17–18).

(317) *Elements*, II, v, 1; II, ix, 1.

(318) この点に関連して、ホッブズが構想する主権者は「自らの善 (good) を人民の善及び安全と完全に同一視する (identifies)」との解釈もある。Zagorin (2009), 86.

(319) 本章における考察結果は、次のような疑問を惹起する。様々な制約の下に置かれ、また、前述の平和的・道徳的な人物であることを求められるのであれば、果たして誰が主権者であることを望むのであろうか。この疑問への解答の模索（それは本書の主題との関係では行う必要はない。）に際しては、次の文献が参考になる。Sorell (2004), 183–196.

第四章

(320) 勿論、「現実主義」の意味内容について（国際関係論分野に限定した場合であっても）統一された見解が存在するのではない。この点については、差し当たり次の文献を見よ。Bell (2009), 1–25.

(321) Morgenthau (1949), 169.

(322) Morgenthau (1949), 261.

(323) 以上の他、無制約の帝国主義に関する議論に付された註において『リヴァイアサン』第一一章中の記述（「力への永続的且つ不断の欲望」）が引用されている。(Morgenthau (1949), 36 *et* n.16.)

(324) 尚、これらの記述はモーゲンソー死後の同書の改訂者によっても基本的に維持されている。例えば、第七版の次の箇所を見よ。Morgenthau (Thompson/Clinton) (2006), 67 (n.16), 332 *et* 505.

(325) 国際政治学や国際関係論の研究者でホッブズを「現実主義者」(a realist) とするものは無数に存在する。次の文献に付された多数の先行研究を見よ。Behr (2010), 257, n.95. まさにこれらの分野において「トマス・ホッブズの名前と現実主義の伝統は実質的に同義」となっているのである。Williams (2005), 19.

(326) *De cive*, XIII, vii (II, 197).

(327) *Leviathan*, XXI (IV, 332).

(328) *Leviathan*, XIII (IV, 196–197).

(329) *Leviathan*, XX (IV, 314).

(330) *Leviathan*, XXX (IV, 552).

(331) *Leviathan*, XI (IV, 150).

(332) *Dialogue*, "Of the Law of Reason" (XI, 12). 国家間の平和を維持する「共通の権力」の欠如については、『対話』中の次の箇所でも論じられている。*Dialogue*, "Of Soveraign Power" (XI, 23).

(333) 『法原理』では、人間が永続的な相互の不信感の中に生きているという「自然的自由にある人間の状態は戦争状態（the estate of war）である」とされ（*Elements*, I, xiv, 11.）、類似の記述も存在する（*Elements*, I, xix, 1.）が、国家間関係が戦争状態である旨の直接的な記述は見出されない。但し、次章第一節で示されているように「『国際法』は自然法と同一」である旨の記述は存在しており（*Elements*, II, x, 10.）、主権者間の関係が自然状態にあるとの含意は示されている。

(334) *Leviathan*, XIII (IV, 194).

(335) タックはホッブズの戦争状態としての自然状態を「認識論上のもの」（epistemic）としている。Tuck (2004), 132. また、次の文献も見よ。Forsyth (1994), 47–48: Williams (2005), 28.

(336) 何故ならば、ホッブズは、当時であっても「アメリカの多くの場所で野蛮な人々」が、「小さな諸家族の統治」（the government of small Families）を除いては、「統治というものを全く有しない」こと、更に、「恐るべき共通権力」（common Power to feare）が存在しない場合には、「以前は平和な統治の下で暮らしていた者達が内戦（a civill Warre）に陥りがちである」ことを付言しているからである。*Leviathan*, XIII (IV, 194).

(337) *Elements*, I, xiv, 11.

(338) *Leviathan*, XIII (IV, 192–193).

(339) 更に、「冷戦」を「戦争状態」に含めることには、連続的乃至恒常的な国家間関係の考察を行おうとするホッブズの意思が表明されていると言えよう。この点については、次の文献を見よ。Gauthier (1969), 207.

（340） *Leviathan*, XXIV (IV, 386).

（341） 尚、次の箇所では、通商の場所と物資の割当の権能も主権者に帰属する旨が論じられている。*Leviathan*, XXIV (IV, 392).

（342） *Leviathan*, XIII (IV, 196).

（343） 以上に関しては、次の文献も見よ。May (2013), 182–183.

（344） フォーサイス (Murray Forsyth) はホッブズの「自然状態」を「純粋な」(bare) 自然状態と「自然法により修正された」(modified by the laws of nature) 自然状態に分類している。Forsyth (1979), 207–209.

（345） この点については、次の文献も見よ。Lott (1989), 96.

（346） *Dialogue*, "Of Soveraign Power" (XI, 15).

（347） この点については、次の文献も見よ。Williams (1996), 221.

（348） 尚、「設立によるコモンウェルス」は民主制的原理（人工的国家）と、「獲得によるコモンウェルス」は君主制的原理（自然的国家）と、各々結合する。これらの全く異なる政治原理のホッブズにおける結合に関しては次の文献を見よ。Strauss (1936), 63–65.

（349） *Leviathan*, XVIII (IV, 262); XVIII (IV, 264); XX (IV, 306). 類似の説明は『市民論』でも示されている。*De cive*, V, xii (III, 90). また、『法原理』の次の箇所も見よ。*Elements*, I, xix, 11.

（350） *Leviathan*, XX (IV, 306).

（351） ウォレンダー (Howard Warrender) はこれら二つの方式を「主権の類型 (types)」として論じている。Warrender (1957), 120–125.

（352） 但し、（前章第一節㈠で触れられたように）ホッブズの社会契約理論は、諸個人の自己保存を当初の目的としつつも、実際に着目されているのは国家を形成する人間集団の全体であるとも解される。

（353） *Leviathan*, XIII (IV, 188–189).

（354） 次の文献も同旨である。Warrender (1957), 119–120.

(355)「最初の信約者」問題については、差し当たり次の文献を見よ。Tuck (1989), 68: May (2013), 57–63, 178–181, 227–228 *et* 235–237.

(356) *Leviathan*, XIV (IV, 210).

(357) ここにはまた、自己保存喪失への恐怖から人間が他者を信ずることができないにも拘らず、自己保存の永続の希望のためには他者を信じなければならないというホッブズの理論の困難が存在している。この困難については、次の文献を見よ。May (2013), 230.

(358) 但し、これは次節で論じられる「第二の社会契約」である。

(359) これに関連して、次のような見解がある。即ち、ホッブズは、「何らかの外的且つ優越的な政治的権威のために、支配者達による主権に基づく権利及び権能を放棄すること」が「国家にとって破壊的」である故に、そのようなことを考察の対象外とし、「国際的範囲及び適用のある権利及び権能 (rights and powers of an international reach and application) を伴う統治組織を設立するために共に契約するという主権的支配者達の賢明さ (prudence) の望ましさや論理的な形式的可能性を彼が許容することを示すようなコモンウェルスの諸原則に関する彼の議論は存在しない」のである。Covell (2009), 89.

(360) *Leviathan*, XI (IV, 150–153).

(361) *De cive*, III, xxvii (Annotation) (III, 73).

(362) *Leviathan*, XX (IV, 312).

(363) これに関連して、ホッブズはまた、「設立によるコモンウェルス」に関する議論の中で、信約により主権者が確定した後には「彼［即ち、主権者］の許可なしに、如何なる事柄についてであれ、他の何れかの者に対して従順であるとの新たな信約を、彼等［即ち、臣民］の間で合法的に結び得ない」(*Leviathan*, XVIII (IV, 264).) が、「君主 (Monarch) が敗戦により自らを勝者の臣民とするならば、臣民達は以前の義務から解放され勝者に対する義務を負うことになる」(*Leviathan*, XXI (IV, 346).) としているのである。

(364) *Leviathan*, XLII (V, 912–917).

(365) *Leviathan*, XLII (V, 918–919).

(366) この点については、次の文献を参照せよ。Cassirer (1919), 148–151.

(367) *Leviathan*, XLII (V, 914–916).

(368) コーイマンス (Peter Kooijmans) は、キリスト教共同体や人類社会 (*societas humana*) といった「共同体」観念がホッブズに始まる原子論的国際社会観により放逐されたとしている。Kooijmans (1964), 75.

(369) *Leviathan*, XXI (IV, 332).

(370) *Leviathan*, XIII (IV, 196–197).

(371) メイはこの記述が「防衛的態勢」(a defensive posture) と解される旨を主張している。May (2013), 192–193.

(372) 国防費の財源を確保することなく、「軽薄な個人的消費への資源の提供を理由として、より多くの資源が公共の安全のために利用できなくなれば、当該主権者は自らの人民をより脆弱にし、それら人民を征服の標的にする」のである。Sorell (2004), 193.

(373) *Leviathan*, XXII (IV, 370).

(374) ホッブズが自然法と「国際法」が同一であるとしていることは、次章の主要な考察事項である。

(375) そもそも、ホッブズは国家間に圧倒的な力の差が存在するとは認識していなかったようにも思われる。何故ならば、彼の国家構成理論の前提には諸個人間の心身の能力の自然的平等という理解が存在しており、ホッブズは、これが概ね国家間の関係においても妥当すると考えていたからこそ、(次章の重要な考察対象となる)「『国際法』と自然法は同一」という議論を展開したとも解されるからである。諸個人の平等と諸国家の平等については、本章第二節(二)(2)を見よ。

(376) 次の文献では、ホッブズの理論において「世界全体が単一の主権国家に包含される」可能性は否定されないものの、「しかし、そのようなことが生ずるという見通しをホッブズは有していなかった」とされている。但し、残念ながら、その明確な論拠は述べられていない。Neff (2014), 16.

(377) *Leviathan*, XIV (IV, 200).

(378) *Leviathan*, XIV (IV, 212). 尚、この議論は、第三の自然法(「人々は、結ばれた信約を履行すべきである。」)に対応するものである。

(379) 尚、(次章で論じられるように) ホッブズは、国家間関係に諸個人間のものと「同一の自然法」が適用されるとするものの、「同一の社会契約が為される」としているのではないことから、諸国家が「第二の社会契約」を締結することの必然性は当初から排除されているとも解されよう。

(380) *Leviathan*, XIII (IV, 192).

第五章

(381) *Leviathan*, XXX (IV, 552).

(382) *Elements*, II, x, 10.

(383) *De cive*, XIV, iv (III, 171). 尚、『市民論』では、その「読者への著者の序文」中で次のように自然法と「国際法」が同時に言及されている。「本書には、第一に人間として、次に市民として、最後にキリスト教徒として為すべき責務 (*duties*) が叙述されている。そして、これらの責務には、自然法及び国際法の諸原理 (*the elements of the Lawes of Nature, and of Nations*) のみならず、正義の真の淵源と力 (*the true originall, and power of Justice*) と共に、キリスト教の精髄 (*the very essence of Christian Religion*) が含まれている。」(*De cive*, "The Authors Preface to the Readers" (III, 29).)

(384) 但し、これらの三著作の間には次の二点についての相異が存在している。一つは、以上の三つの引用箇所に続く各々の根拠付けに関する論述の中で、『市民論』においては国家の擬制的人格に関わる言及が為されているのに対して、『法原理』と『リヴァイアサン』ではそれが存在しないという点である。他は、『法原理』と『リヴァイアサン』では主権者間の法の問題として論じられているのに対して、『市民論』では諸国家間の法の問題として論じられている点である。第一点が生じた理由は、『法原理』で「政治体」(BODY POLITIC) 或いは「国家社会」(civil society) が「一つの人格」(one person) であることが、そして『リヴァイアサン』でコモンウェルスの本質が「一つの人格」であることが、各々別の箇所で述べられているためであると解される。(*Elements*, I, xix, 8: *Leviathan*, XVII (IV, 260–263). 前々章第一節㈠も見よ。) 第二点が発生した理由は、ホッブズの国家理論においては、「国家」と「主権者」の厳格な観念的分離が為されていないことに求められるであろう。(尚、「国家」と「主権者」

が観念的未分離に関しては、本章第四節で論ずる。）

(385) Vattel (1758), Préface, x.

(386) 以下で検討される「条約」以外の規範として、「衡平」・「正義」等が主権者間の関係を規律する可能性も考えられるが、この部の第二章第一節㈤で確認されたように、それらの規範はホッブズの理論においては「自然法」の観念に含まれ得るため、ここでは考察の対象とはしない。

(387) Leviathan, XXII (IV, 370).

(388) Leviathan, XIV (IV, 212).

(389) 「条約」を「国際法」に含まないとする積極的な理由をホッブズは論じていない。これに対して、例えば、プーフェンドルフは、条約を法 (*jura*) 或いは法律 (*leges*) と呼ぶことは正しくないとし、それらは歴史学の対象に過ぎないとしている。Pufendorf (1672), II, iii, 23.

(390) *De cive*, XIV, v (III, 171). 但し、ここでは人定法が国家法の真部分集合であるのか否かは不明である。

(391) ホッブズの法理論における「契約」と「信約」の相異は次の通りである。「二乃至それ以上の者が彼等の権利を相互に譲渡する (*conveighing*) 行為が契約 (*Contract*) と呼ばれ」、「一方又は双方が信用を与えられており、信頼されている当事者がその後の実行 (after-performance) を約束する場合に、この種の約束 (promise) は信約 (COVENANT) と呼ばれる」のである。*De cive*, II, ix (III, 55).

(392) *Leviathan*, XV (IV, 220). 類似の自然法の規則は『市民論』で第二の自然法 (*De cive*, III, i (III, 62).) として登場し、また『法原理』(*Elements*, I, xv, 1.) にも挙げられている。

(393) *De cive*, XIV, iv (III, 171).

(394) 『市民論』では「（自らの自由意思により集合して一つの国家を形成している）人々の群 (multitude) それ自体が何であるか」を考察する中で、「一個の人格である国家」(the *City*, which is *one Person*) への言及もある。*De cive*, VI, i (III, 91).

(395) *Leviathan*, XVII (IV, 260–263).

(396) *Leviathan*, XVI (IV, 244). 但し、原文では引用文の第一文と第二文の間で改行されている。

(397) *De cive*, VI, xiv (III, 100). これに続き、次のように論じられている。「したがって、その者は国家法にも、何れの市民にも拘束されない。(何故ならば、それは自分自身に拘束されることになるからである。)」

(398) 『法原理』では「政治体」(a body politic) が「擬制体」(a fictitious body) であるとされている。*Elements*, II, ii, 4.

(399) *Leviathan*, Introduction (IV, 16).

(400) *De cive*, V, x (III, 89).

(401) *Leviathan*, XIV (IV, 212).

(402) *Leviathan*, XXII (IV, 370–371).

(403) Vincent (1981), 94–95.

(404) May (2013), 195–211. 但し、メイはホッブズの「残酷」の観念が「必要性」(necessity) の観念と緊密に結び付いていることを指摘している。(May (2013), 208, n.42.) つまり、「残酷」への配慮は絶対的なものではなく、戦争における「必要性」に制約されると解されるのである。

(405) Covell (2009), 84–86.

(406) このような見解を示す論者としてはヌスバオムが挙げられる。Nussbaum (1958), 144–146. 勿論、これは戦争を前提としているだけに、この「平等」は"might is right"としての性格が強く、法的観念としての性格は弱いことは認識されねばならない。Kooijmans (1964), 74.

(407) Vincent (1981), 95.

(408) Warrender (1987), 307. 別の論者は同様のことを次のように主張する。「最小限でも、彼［即ち、ホッブズ］は彼の理論体系 (scheme) の採用が防衛的戦争以外の全ての戦争を除去するであろうと考えていたように思われる。そして最大限には、啓蒙化された主権者と適切に非政治的な市民の集団が拡散することを彼が望んでいたとすることは可能ではないであろうか。」Hanson (1984), 353.

(409) 田中(一九九四年)一六五–一六六頁。

(410) Patapan (2009), 15.

(411) Akashi (2000), 213–214.

(412) *De cive*, III, xxvii (Annotation) (III, 73). 尚、この引用部分の一部は前章第二節(二)(3)でも触れられている。

(413) 諸個人間の自然的な心身の能力の平等については、ホッブズは次の箇所で論じている。*Elements*, I, xiv, 2: *Leviathan*, XIII (IV, 188).

(414) *De cive*, XIII, ii (II, 195); XIII, ii (III, 157): *Leviathan*, XXVIII (IV, 492–493); XXX (IV, 520–521); XXX (IV, 534).

(415) 但し、(前章第一節で確認されたように) ホッブズは通商の必要性については論じている。

(416) *Leviathan*, XIII (IV, 196).

(417) *Leviathan*, XXX (IV, 520). これは主権者が主権の本質的な権利の如何なる部分をも譲許する場合に発生するものとして論じられている。

(418) この点については、次の文献も見よ。Hoffmann (1965), 60–61.

(419) *Leviathan*, XV (IV, 238).

(420) 「諸個人間の純粋な (bare) 自然状態」は自己破壊である故に「実際上不可能なこと」(a practical impossibility) でしかないとの解釈も提示されている。Willms (1989), 138.

(421) *Leviathan*, Introduction (IV, 16).

(422) *Leviathan*, XXXI (IV, 554).

(423) *De cive*, VI, xix (II, 148: III, 104).

(424) *Leviathan*, XXIX (IV, 518).

(425) 更に、「主権」よりも「主権者」の方が重要であるかのような記述も見出される。即ち、主権者は「自らに付与された偉大な権力と威力 (Power and Strength) を使用し得る」のであり、その権力と威力に基づく「威嚇」(terror) によって主権者にそれらを付与した者の「全ての意思」を「国内の平和 (Peace at home) と彼等の外敵 (enemies abroad) に対抗する相互援助に向けて一致させ得る」のであり、「その者の中にコモンウェルスの本質 (Essence) が存在する」(*Leviathan*, XVII (IV, 260).) との記述であり、ここでは、主権者自身が国家の本質であるかのような表現となっているのである。

(426) *Leviathan*, XXX (IV, 552). 尚、この引用文の一部は前章第一節においても言及されている。

(427) *Leviathan*, XXX (IV, 553).

(428) また、ホッブズは、「自らの代表以外の何者にも服しない、絶対的且つ独立の」組織（Systems）は「コモンウェルスのみ」であるとしている。*Leviathan*, XXII (IV, 348). この「国家の絶対性」の観念は、「主権の絶対性」の観念に基づくものであると解されるが、「国家」の代表であり、「主権」の担い手である「主権者」が、実は（前々章第二節(二)で確認されたように）一定の制約を受けている点からは、これら二つの観念の整理が不十分であることが窺える。

(429) ホッブズは自然状態における諸個人と相互に自然状態に置かれる諸々の主権者を同一視しているように思われるが、両者の間には次のような相異が存在する。即ち、自然状態において諸個人は（平和の獲得が期待可能な場合はそれに向けて努力すべきであるが、そうでない場合には）自己保存のために「全ての手段」を用い得る（そして、それが「根本的自然法」（*Leviathan*, XIV (IV, 200).）の内容である。）のに対して、主権者は他の主権者との関係において常に自然状態にあるにも拘らず、既述（前々章第二節(二)）の如く、主権者故に課される制約の下に置かれる（その結果として、自らの主権者としての自己保存のために用い得る手段は制約される）のである。

(430) コヴェルは、ホッブズ（及びプーフェンドルフ）が国際法（the law of nations）と自然法を同一視したことにより「国際法の現実（the reality of international law）に承認を与えた」とした上で、彼等の議論に「依然として残る重大な欠点（defects）」として二つの欠点を指摘している。第一の欠点は、「国際的側面において国家（states）と支配者（rulers）に適用のある法の領域（province）から、意思及び合意（agreement）の諸原則（principles）に基づく法としての実定法を排除」したことであり、そして、それに関連して発生することになる第二の欠点が、「国際法の主体としての国家及び支配者の地位と立場（status and position）に関する疑問が決定的重要性を帯びて登場する」こととなるものであり、それはグロティウスの理論とは対照的に、「ホッブズ及びプーフェンドルフの下では、何らかの特別の且つ排他的な基礎に基づく国家及び支配者に対して適用があると考えられるような実定国際法（a positive law of nations）についての何らの主張（appeal）もなかった」ということ（そして、その結果として、「国際法の諸原則は国家及び支配者の実情とは無関係なものとされたままであり」、「国際法の法的統一性（the juridical integrity of international law）は著しく毀損されたままとなった」という。）である。Covell (2009), 87–88. この批判は国際法を実定国際法のみに限定していることに無自覚なままに展開されているものの典型と言えよう。同様の無自覚乃至誤謬は、次の文献からも看取可能である。Çali (2015), 91.

第一部　まとめ

(431)「主権者は立法者」(*Leviathan*, XXVI (IV, 416).) であるし、「主権者（それはコモンウェルスの人格である。）は裁判をする者」(*Leviathan*, XXVI (IV, 422).) でもあり、また「法の解釈は主権的権能に依存」(*Leviathan*, XXVI (IV, 428).) しているのである。但し、主権者の刑罰権の根拠は、立法権・司法権の根拠（それらは「信約」(により主権者に譲許されたとされる。) とは異なる。即ち、「処罰する権利乃至権威」(the Right, or Authority of Punishing) は自然状態において各人に属したが、コモンウェルスにおいては「放置」(laying down) され、主権者にのみそれが「自然状態におけると同様に完全なものとして (as entire)」「残された」(left) (*Leviathan*, XXVIII (IV, 482).) とされているのである。

(432) *De cive*, XIII, xvi (III, 166).

(433) *Leviathan*, XXVI (IV, 416).

(434) *Leviathan*, XXVIII (IV, 492).

(435) 以上のように考えるならば、ホッブズの「実定法」観念ですらも、主権者を制約する要素を含むものであるようにも思われる。彼は「実定法」の要件として、「主権者の命令」のみならず規範内容の明確性と成文化を挙げた。このように法の本質的要素（「主権者の命令」）に付加的要件を設定することにより、主権者の絶対性を担保する「実定法」の範囲は確実に限定されることになる故に、これもまた主権的権力の制約を意味すると解されるのである。（また、その場合には、自然法の適用範囲が拡大し、自然法の役割が増大することとなるのである。）

(436) ホッブズにとっての「本来の法」としての「実定法」が我々の現在の認識に基づく実定国内法よりも限定されたものであることを勘案するならば、一国内における自然法の適用可能性は決して低くないことが予想されるのである。

(437) 国内法に関してホッブズを法実証主義者とすることが可能であると同時に、国際法に関して彼を「自然法学派」に含めることもまた可能であって、彼には後世の法実証主義と自然法主義という全く異なる方向性が混在しているとの指摘が為されることがある。（例えば、三島（一九九三年）、二三三―二三六頁を見よ。）しかし、厳密にいえば、ホッブズの国内法理論は折衷的である。

（438） Schmitt (1950), 118–119.

（439） *Leviathan*, XVII (IV, 260). 第三章「序」を見よ。

（440） *Leviathan*, XVII (IV, 262).

（441） *Leviathan*, V (IV, 64).

（442） *Leviathan*, IV (IV, 48).

（443） *Leviathan*, IV (IV, 58).

（444） 川添は、「ホッブズの理性と自然法に内在する『人為』に吸収される傾向性、すなわち容易に恣意的な内容にすりかえられうる構造」を指摘するが、それでも「自然法が第三者の視点の表現という性格をも持つ」（それは、『リヴァイアサン』における第一七の自然法にも表明されている。）のであり、「第三者的理性」であるとする。川添（二〇一〇年）一二七・一三二・一三三頁。

（445） *Leviathan*, XV (IV, 242).

（446） 或る論者は次のような指摘を行っている。「彼［即ち、ホッブズ］にとって、リヴァイアサンは全ての物に対する権利を疑いなく有しているが、この権利はまさしくその存在理由（それは平和である。）と連結されている。それ故に、何れの政治家(political person) にとっても、安全保障に関する政治は必要である。国内秩序 (civil order) を創設したリヴァイアサンは、その存在理由自体に従って、その存続と安全を確立しなければならないのである。」Willms (1989), 138.

（447） 「リヴァイアサンのユートピア的理想主義」と題された論考においてタックは、ホッブズの国家構成理論は自然状態にある諸個人が恐怖から逃れるために自らの「矜持」や「尊厳」を捨ててコモンウェルスを構成するというものであると理解し、「近代政治の解釈においてホッブズの理論が演じた役割を我々が正しく理解しようとするならば、この見解の不思議さとラディカルな性格を理解しなければならない」と指摘している。Tuck (2004), 138.

(448) *Leviathan*, XVII (IV, 254). この一文における"Sword"と"Words"の綴り字の遊びにも似た表現は彼の読者に如何なる印象を与えるのであろうか。

(449) 但し、ホッブズは「力」(Power) を単なる「物理的暴力」乃至は「武力」に限定しているのではない。彼は、「(普遍的に考えるならば) 或る人の力とは、善と思われる将来の何らかのもの (some future apparent Good) を獲得するためのその者の現在の手段 (his present means) である」(*Leviathan*, X (IV, 132).) と定義した上で、「寛容を伴う富」(Riches joyned with liberality) や「雄弁」(Eloquence) 等々を挙げ、「力の論拠及び印」(an argument and signe of Power) は「名誉あること」(*Honourable*) (*Leviathan*, X (IV, 140).) であるとしているのである。

第二部　ライプニッツ：「失われた環」

はじめに

この部の目的は、「近代国際法学」に関連し得る諸観念についてライプニッツが提示した理論の内在的理解を通じて、彼の著作の国際法史における意義の再評価を試みることにある。この目的の背景には、本書に通底する「負の国際法意識」に併せて、次のような現状認識と問題意識が存在している。

ライプニッツは、「ニュートンの時代の最も普遍的な天才（the most universal genius）」[1]、「最後の普遍的天才（Universalgenie）」[2]、更には「真の博識家（omniscient）」[3]とも評される人物である。しかし、現在の国際法（学説）史研究において彼が考察の対象になることは殆どない。そもそも、法学的見地から彼の著作が分析・評価されること自体が少ない。一七世紀社会を多面的に捉えた著作において「ロックと同様に、彼［即ち、ライプニッツ］は政治家、パンフレット作者（a pamphleteer）、哲学者、神学者であった」し、「また卓越した歴史家でもあり、極めて高度な数学者でもあった」[4]とされていることは、欧米の知的伝統の中で彼と法学の関連性が殆ど意識されてこなかったことを例証していると言ってよいであろう。[5]また、より直接的に「彼［即ち、ライプニッツ］の法学的業績には驚くほど僅かな注意しか払われてこなかった」[6]とする論者も存在する。確かに、ライプニッツの法学的著作の概要を把握するために法制史概説書を繙いても、我々が知り得るのは極めて僅かな事柄でしかない。[7]そして、そのような事情は（彼の「母国」である）ドイツの法制史概説書を繙く場合であっても同様なのである。[8]

以上のような学問状況において、国際法学とライプニッツの論考の間に何らかの関係があるのかという問題意識自体が国際法研究者に存在しないことは、むしろ当然のこととも言えよう。しかし、彼の次のような経歴を勘案するならば、彼の知的関心が法学や外交関係、更には（何らかの意味における）「国際法学的問題」の解明に全く向かわなかったとすることは不可能であるように思われる。

ライプニッツは、一六四六年にライプツィッヒ（Leipzig）大学の道徳哲学の教授の子として生を享け、一五歳で同大学において法律学を学び、六七年に二一歳にしてアルトドルフ（Altdorf）大学法学部より『法における複雑な事案について』（*De casibus perplexis in jure*）と題された論文により博士学位を授与されている[9]。（その際の指導教授（Doktorvater）が国際法理論史においても頻繁にその名前が登場するテクストル（Johann Wolfgang Textor）である。）ライプニッツはマインツ選帝侯シェーンボルン（Johann Philipp von Schönborn）（同選帝侯は帝国宰相（Erzkanzler des Reiches）をも務めた。）の宰相であったボイネブルク（Johann Christian von Boineburg（Boyneburg））の知遇を得る。ライプニッツはアルトドルフ大学から教授職への勧誘を受けていたが、当時の帝国内で（更には、欧州においても）政治的影響力を有したボイネブルクとの交流によって、大学ではなく政治実務の世界を選択し、六七年から七二年にかけてマインツ選帝侯の宮廷に出仕し、また七六年から一七一六年に没するまで三代のブラオンシュヴァイク＝リューネブルク公（ハノーファー公）に仕え、この間に同公家が選帝侯位（一六九二年）及び英国王位（一七一四年）を獲得する過程に参与したのである[10]。

このような経歴を有するライプニッツが法や政治・外交について関心を有しなかったとは考え難い[11]。そして、このことを認識した上で彼の著作群を眺めるならば、その中に近代的な国家間関係や国際法と関連し得る記述が実際に存在していることを我々は確認できるのである。それにも拘らず、国際法史の観点からライプニッツに取り組んだ業績は僅かでしかない。勿論、このことは、後に（本部第一章）確認されるように、ライプニッツの名が国際法概説書やその他の国際法関連著作において全く登場しないということを意味するのではない。問題は、（これも本部第一章で明らかにされるように）これまでに為されてきた諸々の国際法研究者によるライプニッツへの取り組みは断片的なものであり、彼の「国際法」理論（仮に「理論」と称することが不適切であるならば、「観念」）を明らかにするという作業は全く試みられていないという点にあるのである。

それでは、何故にライプニッツと国際法学の関係が、そして彼の「国際法」理論が、改めて問われなければならないのであろうか。その理由の一つは、そのような論考がこれまで存在していないという事実そのものにある。しかし、そのような消極的理由のみならず、積極的な、そして、より一層重要な次のような理由も存在する。即ち、「主権国家間の関係を規律する法規範としての近代国際法」が一七世紀中葉以降の欧州国家間関係に妥当し、そのような規範が「現代国際法」に至るまで直線的に発展してきたとする短絡的な理解への疑念に由来する多様な疑問に対する解答の端緒をライプニッツの論考が与えてくれるのではないか、との期待である。このことについては更に次のような説明が必要であろう。

筆者（明石）は、既に別稿において、一六四八年のウェストファリア条約の中に提示された神聖ローマ帝国とフランス及びスウェーデンとの関係が、近代的な「主権国家の並存体制」と称し得るものではなかったこと、そしてプーフェンドルフにより「何か変則的で、怪物に類似したもの」(*irregulare aliquod corpus et monstro simile*)[12]とされた同条約以後の神聖ローマ帝国国制が通常考えられてきたよりも遙かに強靭なものであったことを確認した。[13]つまり、近代国際法が前提とするような中央集権的領域国家としての近代主権国家が欧州中央部の広大な領域には（少なくとも一七世紀中葉から一九世紀初頭に至るまで）存在しなかったのである。そうであるとするならば、帝国国制が関連する限りにおいて（より具体的には、帝国等族が「外交」を行う場合に）、「主権国家間の関係を規律する法規範としての国際法」という観念は妥当しないことになる。それでは、ウェストファリア条約以後に、帝国等族も欧州外交の場に参加した際に、彼等は何らの「国際法」的規律をも受けることなく（或いは、何らの「国際法」的規律の必要性も認識されることなく）、「外交」活動を展開したのであろうか。

この疑問に対する或る程度の解答となり得るものが、「ドイツ国際法」(teutsches Völkerrecht, Völkerrecht der Teutschen)論[14]であるが、これだけでは不十分であることは明白である。何故ならば、「ドイツ国際法」論が提唱されたのは主として一七七〇年代から八〇年代にかけてのことであって、それ以前の一世紀以上の期間についての理論的空白が存在してしまうからである。また、「ドイツ国際法」論それ自体についてもその理論的展開が充分に為されたとは言えないのである。[15] ウェストファリア条約以降の神聖ローマ帝国皇帝及び等族が関わる「外交」関係が如何なる法的規律の対象として認識されたのかという疑問に対する解答をより明確なものとするためには、より一層の考究が必要とされる。その点において、ウェストファリア条約締結の二年前にこの世に生を享け、一八世紀初頭まで欧州外交の舞台で活躍したライプニッツの論考が、そのような考究のための重要な手掛かりとなることが期待されるのである。言わば、筆者にとっての「失われた環」(the missing link) の発見のために踏み込もうとしている対象がライプニッツの諸論考なのである。

以上のような現状認識及び問題意識に基づいて、本書第二部における議論は次のように進められる。先ず、一八世紀以降の国際法概説書及び国際法史概説書においてライプニッツに与えられてきた評価が確認され（第一章）、次に、ライプニッツの国際法理論を考察する際に必要とされると思われる若干の基礎的観念、特に「正義」及び「法」についての検討が行われる（第二章）。更に、「国際法」観念の構成要素としての「国家」及び「主権」を巡るライプニッツの論述が検討される（第三・四章）。その上で、ライプニッツの「国際法」観念についての考察が行われる（第五章）。

第一章

予備的考察：国際法（史）概説書及び国際法史研究におけるライプニッツの位置付け

序

本章では、一八世紀以降の国際法概説書及び国際法史概説書、更に、国際法史分野の個別論考においてライプニッツに与えられてきた評価の確認を行う。それは、次のような理由による。即ち、「国際法」学に関連し得るライプニッツの諸理論の考察を試みる際に、国際法研究者が彼の理論をどのように受容したのか（或いは、受容しなかったのか）を確認することは、国際法史研究総体の中での本書の意義を確認するための必須の前提的作業であると思われるからである。そして、その意味において、本章はこの部全体の予備的考察として位置付けられることになるのである。

以下、本章の具体的議論は、ライプニッツの活動の末期である一八世紀初頭以降の「国際法」関連文献と一九世紀以降の国際法概説書におけるライプニッツ評価を確認し（第一節）、国際法史研究におけるライプニッツの評価を国際法史概説書と個別の国際法史関連論考に区分して行う（第二節）。

第一節　「国際法」関連文献及び国際法概説書におけるライプニッツ

(一)　一八世紀の「国際法」関連文献におけるライプニッツ

一八世紀前半の「国際法」関連文献においてライプニッツの名が登場することは殆どないように思われる。例えば、バインケルスフーク (Cornelius van Bynkershoek) の三つの「国際法」関連著作、即ち、『海洋領有論』[16]、『使節裁判権論』[17]及び『公法の諸問題』[18]ではライプニッツへの言及は見出されない。また、ライプニッツ哲学の影響下にあったとされる（そして、ライプニッツの『法学新方法』（一七四八年版）の序文[19]を執筆した）ヴォルフは、『科学的方法により演繹された国際法』[20]においてライプニッツに触れていない。このように、ライプニッツへの言及がない「国際法」関連文献は一八世紀後半にも見られ、例えば、モーザー（Johann Jacob Moser）の『平時欧州国際法要理』[21]がそれに該当するのである。

これに対して、ヴァッテルは、彼の主著『国際法』の公刊（一七五八年）以前の一七四一年に『ライプニッツ体系の弁護』（*Défense du systèm leibnizien*）を上梓しており、ライプニッツの著作に親しんでいたものと推測される。『国際法』においては、本文中にライプニッツの名が『類纂』と共に登場し、更に註において同書所収の二事例が紹介されている。[22]また、本文中に挙げられた事例の典拠として『類纂』が註で挙げられている箇所もある。[23]同様に、無主地の国家による先占に関する記述に関連して、註で二つの教皇教書が紹介されており（一四九三年のアレクサンデル六世のものと一四五四年のニコラウス五世のもので、前者の引用はかなり長い。）、その典拠が『類纂』とされている。[24]以上は何れも『類纂』を事例の典拠とするものであるが、公有物の私人への譲渡に関する規則について、註においてライプニッツの見解が『類纂』の「序文」から引かれている箇所があり、[25]これはライプニッツの理論的側面が紹介されている唯一の箇所である。

ヴァッテルの『国際法』と同様に、マルテンスの独語版概説書『条約と慣習に基づく実定欧州国際法入門』においてもライプニッツへの複数の言及が見られる。それらにおいては、本文中でライプニッツの名が挙げられ、それとの関連で註に『類纂』が登場している箇所[26]や註で条約集として『類纂』が紹介されている箇所[27]（以上は何れも同書の序論（Einleitung）に登場する。）、また註で『類纂』の「序文」が示されるなどしている。[28]但し、マルテンスは『類纂』だけにとどまらず、『*Suprematus* 論』にも言及しており、これがヴァッテルとの比較において異なる点となっている。[29]

このように、一八世紀を通じてライプニッツへの言及を行う「国際法」関連文献は少数ながら存在している。

但し、そこで引用又は参照されている文献は殆どの場合において『類纂』なのである。

(二)　一九世紀国際法概説書におけるライプニッツ

一九世紀の国際法概説書におけるライプニッツへの言及についても、一八世紀における状況と大きく異なることはないように思われる。即ち、一九世紀を通じて殆どの国際法概説書においてライプニッツに関する叙述は見出され得ず、[30]また、彼の名が登場する場合であっても、「国際法文献一覧」のような箇所で『類纂』のみが挙げられる国際法概説書が若干存在する程度なのである。[31]この「国際法文献一覧」における『類纂』の取り扱いという点に関連させるならば、同世紀初頭に公刊されたザールフェルト（Friedrich Saalfeld）の『実定国際法便覧』は、彼への関心の欠如を象徴的に示しているように思われる。即ち、同書中には「公文書、資料及び条約の集成」の一覧が付されており、そこにはデュモン（Jean Dumont (Du Mont)）が編纂した条約集やルッセ（Jean Rousset de Missy）によるもの等が挙げられているが、ライプニッツの『類纂』は登場していないのである。[32]

このような状況の中で、ライプニッツへの若干詳しい言及が為されている場合もある。例えば、一九世紀初頭にシュマルツは彼の概説書中の「欧州国際法学」の形成過程に関する章（第一篇第三章）において、ライプニッツが慣習国際法の明確な観念について論じているとしている。[33]また、同書巻末の「欧州国際法文献」中の「条約・公文書集」の項目の冒頭に『類纂』と『類纂補遺』が挙げられている。[34]

クリューバーの一八一九年公刊の概説書（仏語版）においてライプニッツの名は、キリスト教諸国の国家連合（Staatenbund）という構想を述べた者として、グロティウスと共に、[35]プーフェンドルフの理論が紹介された後にその反対者としてラッヘル（Samuel Rachel）等と共に、[36]条約集の編纂者としてリューニッヒ（Von J. C. Lünig）に続いて、[37]各々登場する。更に、主権に関する議論の中で、その正当化が国家の政治的（影響）力に依存しない旨が本文で論じられた箇所の註として、ライプニッツがそれに依存するとしたことが紹介され、[38]また、元首（Regenten）が外国領域内に平和的に滞在できるという意味での「治外法権」（Exterritorialität）について、それが「自然国際法」（das natürliche Völkerrecht）に属するとする者が先行して挙げられ、それに異議を唱える者としてプーフェンドルフ、バルベイラック等と共にライプニッツ（『*Suprematus* 論』）が紹介されている。[39]

以上の他にも、一八三六年にその初版が刊行されたホィートンの『国際法要論』では、同書冒頭に置かれた「国際法史の素描」（Sketch of the History of International Law）の中でドイツにおける学問状況、特に、使用言語について論じられている部分で、「ライプニッツは殆どラテン語と仏語で執筆した」との言及が為されているが、彼と国際法学との関連についての言及は見出されない。[40]また、マニングはライプニッツを「一七世紀後半の注目に値する著述家」とした上で、『類纂』及び『*Suprematus* 論』を二頁の紙幅を割いて紹介し、更に、『類纂』に対して「最初の偉大な包括的条約集」という高い評価を与えている。[41]

一九世紀後半の著作としては、次のものが挙げられ得る。先ず、ハレックの概説書においては、「歴史の素描」中で、ライプニッツが「哲学及び法に関する膨大な著作の著者」であったが、「国際法学に関する完成された論文を何ら残さなかった」ことが指摘されている。[42]また、ロリマーの概説書では計三箇所でライプニッツについて触れられている。それらの内の二箇所では、ライプニッツの国際法学への貢献（但し、具体的な貢献内容の記述はない。）が、彼の哲学者としての経歴（philosophical career）に基づくものであることが指摘され、[43]また、彼が「調和」（harmony）の観念の下でキリスト教世界の統合を説いたが、その思想を完全に体系化することはなかった旨が指摘されており、[44]彼の思想家としての貢献に力点が置かれている。残る一箇所では、グロティウスの意思法（*jus voluntarium*）観念を巡る問題点が論じられた後に、ロリマーの執筆当時にトレンデーレンブルク（Adolph Trendelenburg）により公刊されたライプニッツの自然法に関する未公刊断章の紹介が行われ、ライプニッツがそれまで知られていた以上に国際法の実定法化に反対していたこと、更に「ライプニッツがプーフェンドルフとの間で確かに同意できる範囲を発見することを妨げたのは、プーフェンドルフの退屈さに対するライプニッツの忍耐の欠如であったのであり、彼自身が時々意思法（*jus voluntarium*）という不幸な表現を使用し続け、そのことがプーフェンドルフを脅かし、彼の追従者を誤りへと導いたのである」とされている。(45) 更に、カルヴォーの概説書では、少なくとも二箇所でライプニッツが論じられている。その内の一箇所では、『類纂』への言及が為されているが、「ライプニッツの業績は国際法（le droit des gens）の発達への貢献は僅かであった」とされており、他の箇所では、『類纂』が「国際法の真の概論（un véritable traité de droit international）と評価されると共に（次章で論じられる）「自然法の三段階説」が紹介されている。(46)

以上の他、フィリモアの概説書では、少なくとも五箇所でライプニッツへの言及が為されており、それらは次のようなものである。先ず、「国際法の法源」におけるローマ法の重要性が論じられる中で、ライプニッツの所論が紹介されている。(47) また、「宗教と国家」(48) やローマ教皇の国際的地位といった問題に関する議論においても彼の名が登場している。(49) 更に、戦争が条約の効力に及ぼす影響に関する議論(50) や国際公法に関する結論部分でも彼の著作からの引用が行われている。(51) これらの中の三箇所は『類纂』又はその「序文」からのものである。

(三)　二〇世紀以降の国際法概説書におけるライプニッツ

二〇世紀を迎えると国際法概説書におけるライプニッツへの言及はそれ以前にも増して稀となるように思われる。即ち、同世紀初めに公刊されたウェストレイク、(52) ハーシー（Amos S. Hershey）(53) 等の各々の概説書にはライプニッツへの言及は全く見出されず、(54) また、戦間期においても、例えば、フェンウィック（Charles G. Fenwick）やアンツィロッティの概説書においてライプニッツの名は見出されない。[55]更に、戦間期（一九二八年）にその初版が上梓されたブライアリーの概説書は第二次大戦後の改訂版でもライプニッツへの言及が見られない。[56]このブライアリーの著作に典型的に見られるように、第二次大戦後の大半の国際法概説書においてライプニッツへの言及は見られないのである。[57]

それでも、ライプニッツの名を挙げる国際法概説書も存在することは事実である。但し、そのようなものであっても、例えば、一九〇五年公刊のオッペンハイムの概説書では、条約集の一覧の中に『類纂』[58]と『類纂補遺』[59]が挙げられているに過ぎない。そして、ほぼ同様の取り扱いを戦後のシュワルツェンバーガーやベルバー[60]も行っている。

以上のような状況の中で、実質的な議論の中でライプニッツについて国際法史上の評価を行っている国際法概説書も、僅かではあるが存在している。例えば、ハイデは、「国際法学の発展」を巡る記述の中の「プロテスタント期：グロティウスからヨハン・ヤーコプ・モーザーまで」と題された節において、「プーフェンドルフの重要な弟子及び後継者」として、トマジウス（Christian Thomasius）と共にライプニッツの名を挙げている。[61]（但し、本書における検討から理解されるように、このようにプーフェンドルフとライプニッツの関係を理解することには大きな疑問が残る。）[62]また、パリーは「国際法の歴史的起源」を論ずる中で、トルコに対する欧州或いはキリスト教世界の防衛が、一四世紀から一七世紀末までの「ダンテからライプニッツまで」の著作の中心的問題であった旨を論じている。[63]

以上のように、二〇世紀以降の国際法概説書において、ライプニッツへの言及が為されることは殆どない。また、彼の名が登場する国際法概説書も存在するが、それらにおける扱いは次の二つに大別可能である。一つは、オッペンハイム、シュワルツェンバーガー及びベルバーのように、『類纂』及び『類纂補遺』の編者としてライプニッツを紹介するものであり、他は、ハイデ及びパリーのように、国際法史の或る文脈の中で付随的にライプニッツの名を挙げるものである。

このような国際法概説書におけるライプニッツの取り扱い状況に比較した場合、国際法史概説書や国際法史関連の専門研究では何らかの相異が見出されるのであろうか。

第二節　国際法史研究におけるライプニッツ

(一)　国際法史概説書におけるライプニッツ

(1)　一九世紀末までの国際法史概説書におけるライプニッツ

本節では、先ず、一九世紀末までの国際法史概説書におけるライプニッツに関する記述を概観することとしたい。

一七九五年に公刊されたワードの著作はグロティウスの時期までを論じており、ライプニッツは論述の対象外とされている[64]。また、一九世紀中葉のピュッターの著作では、少なくとも五箇所[65]でライプニッツの名が登場するが、それらは何れも「中世国際法史」に関する記述に付された註におけるものであり、また四箇所は『類纂』に掲載されている事例に関するものである。このピュッターの著作と同時期に公刊されたカルテンボルンの著作においても、「実定国際法の淵源集（Quellensammlungen）」と題された節の中でライプニッツが「最初のより包括的な集成」（das erste umfassendere Sammelwerk）である『類纂』を一六九三年に、そして『類纂補遺』を一七〇〇年に、各々公刊したことが紹介されている。（但し、カルテンボルンはこれらの条約集が「外交的に不正確（diplomatisch ungenau）であり、純粋に国内法上の資料を多く含んでいる」との指摘を行っている[66]。）更に、一九世紀末に上梓されたウォーカーの『国際法史』においては、中世におけるローマ教皇と神聖ローマ皇帝が共に国際的仲裁者となることに失敗したこととの関連で、仮に教皇（Hildebrand）の理想が実現したとしたならば「ライプニッツのような理論家の熱望（aspiration）を満足させたであろう」という、傍論の中でライプニッツの名が登場するのみである。[67]

以上の諸著作とは異なり、ホィートンの『欧州国際法発展史』（仏語版）ではライプニッツの著作に関する実質的な議論が次のように展開されている。

プーフェンドルフの自然法理論の問題点をホィートン自身が示した後に、「これらの［ホィートンが提示した］欠点が、プーフェンドルフを『不充分な法律家であり、哲学者では全くない人物』（*Vir parum jurisconsultus, et minime philosophus*）としたとされるライプニッツの厳しい評価を殆ど正当なものとするように思われる」とした上で、『忠告』の論述を約一頁にわたって紹介している。そして、「この［プーフェンドルフの自然法理論に関するライプニッツの］見解は彼の同時代人の幾人かによりプーフェンドルフに対して与えられた過度の賞賛とは著しい対比を成す」とされている。[68] このライプニッツのプーフェンドルフ批判に関する部分に続いて、ホィートンは、（「生きている人間を教育するためにローマの死語［即ち、ラテン語］で［学者達が］著述した」[69]という）当時のドイツの学問状況について論じ、そのような状況の中で「トマジウスは公開講義における教育のためにドイツ語を初めて使用し、ライプニッツは哲学的議論のためにフランス語を使用した」と述べ、そこから更に約一頁にわたりライプニッツの法理論を紹介している。[70]

尚、ホィートンは『欧州国際法発展史』の英語版では、実質的内容を伴うライプニッツへの言及を次のように加筆している。即ち、領事の免除に関する議論において、公使（public ministers）に認められる免除が領事にも拡大されるのかという問題について、バインケルスフークが記述した時点では若干の疑義が存在したが、ライプニッツはこれについて肯定的であったことが指摘され、更に、註において、ライプニッツが、領事が自国民に管轄権を行使する場合があるという慣行（usage）を根拠に、領事自身は領域国の管轄権から免除されていると論じたとされているのである。[71]

因みに、国際法史関連の論文集であるネイスの著作では「一七世紀の二人の融和主義者（irénistes）：エメリク・クルセ（Émeric Crucé）とヘッセン＝ラインフェルスのエルンスト（Ernest de Hesse-Rheinfels）」と題された論考において、サン＝ピエール師（l'abbé de Saint-Pierre）の『欧州永久平和構想』（*Projet pour rendre une paix perpétuelle en Europe*）との関連で同書についてのライプニッツの批評が紹介されている。[72]

このように、一九世紀までの国際法史概説書（勿論、そのような分類に直接的に該当する著作の総数は僅少である。）におけるライプニッツへの言及は、必ずしも多いとは言えない。それでも、国際法史の観点からの彼への関心は、その当時の国際法概説書における彼への関心に比較するならば、より大きいものであったとは言えるであろう。それでは、二〇世紀以降の国際法史概説書においてライプニッツはどのように取り扱われているのであろうか。

(2)　二〇世紀以降の国際法史概説書におけるライプニッツ

二〇世紀以降の国際法史概説書の中でもライプニッツへの言及が全く為されていないものが存在している。[73] また、ライプニッツの名が登場する場合であっても、その紹介のされ方は極めて限定された範囲のものであることが多い。その典型が、『国際公法百科事典』におけるフェロスタによる記述であり、同書の本文中で「一般的条約集」(general treaty collections）の一つとして『類纂』が、また、末尾に付された文献目録中で『類纂』と『*Suprematus* 論』が各々挙げられているに過ぎないのである。[74] 類似の状況は、ツィークラーの著作においても見出される。即ち、彼の『国際法史』では、国家実行集成及び条約集の紹介の中で『類纂』及び『類纂補遺』が挙げられている箇所のみにおいて、ライプニッツの名が登場するのである。[75] ライプニッツに関する若干の実質的評価を伴うものの、ほぼ同様の状況は、ヌスバオムの『国際法略史』においても看取可能である。即ち、同書においては、一八世紀における条約集編纂活動の先駆的事例を論ずる中で、その筆頭に「一六九三年に多才のドイツ人哲学者ライプニッツが彼の『類纂』の公刊を開始した」ことが挙げられ、「それは最初の、そして必然的に不完全な、試みとなった」[76]との評価が示されているが、これが同書におけるライプニッツへの唯一の言及箇所である。つまり、これらの著作においては、ライプニッツは「条約集」の嚆矢となる『類纂』（及び『類纂補遺』）の編者としての位置付けが為されるのみなのである。

それでも、一九世紀までの状況と同様に、二〇世紀以降においても国際法史研究者の間では、ライプニッツの（国際）法理論は一定の学問的関心の対象ではあったようであり、『類纂』（及び『類纂補遺』）の編者としてのみならず、彼の「国際法」関連の理論についても論ずる国際法史概説書が存在している。例えば、トゥルヨル＝イ＝セラの著作においては、二箇所でライプニッツへの言及が為されているが、その一つでは、条約集作成推進者というライプニッツ評価と共に、『類纂』と『類纂補遺』が紹介され[77]、他の箇所では、ヴォルフに関する記述の中で、彼の哲学がライプニッツの影響を受けたものであることが指摘されている[78]。また、フォカレッリの国際法史概説書では、第二章（「アメリカ発見からナポレオン戦争まで」）の「集団安全保障」に関する節の中で、サン＝ピエール師の『欧州永久平和構想』との関連で、ライプニッツの見解が紹介されている[79]。更に、ネフは「実用主義者」(Pragmatists) に関する記述の中で、「条約に関する国家実行の体系的研究が一七世紀末に漸く可能となった」とした上で、『類纂』について簡単に紹介している[80]。

以上の諸著作に比較して、より詳細にライプニッツについて論じている国際法史概説書としては、次のものがある。先ず、ゴリエの著作においては、条約集作成者の筆頭にライプニッツが挙げられると共に[81]、永久平和に関するライプニッツの所論が三頁にわたって比較的詳細に論じられている[82]。その際に、『類纂』の「序論」と

『*Suprematus* 論』のみならず、一通の書簡からの引用が為されている点が、他の類書と比較してのゴリエの著作の特色と言えよう。[83]

また、グレーヴェの国際法史概説書においては、合計四箇所（本文中三箇所、註の中で一箇所）でライプニッツへの言及が為されている。先ず、第二部（「諸民族間の法（*Ius inter gentes*）：スペイン時代の国際法秩序（一四九四―一六四八年）」）の第二章（「国際法共同体の基礎：欧州の同族的キリスト教諸国（Die christlich-europäische Völkerfamilie）」）中で、十字軍の観念が一六・一七世紀にも存続していたとされ、ライプニッツが神聖ローマ帝国の安全保障のために論じた対トルコ戦争についての主張が紹介されている。[84] 次に、第三部（「欧州公法（Droit public de l'Europe）：フランス時代の国際法秩序（一六四八―一八一五年）」）の第二章（「国際法共同体の基礎：欧州の勢力均衡、王朝の連帯、植民地拡大」）の中で、註においてヴァッテルの思想に対するライプニッツとヴォルフの影響が指摘されている。[85] また同章の本文中では、「キリスト教世界」（Christenheit）と「欧州」という二つの観念の統合がライプニッツによって完成された旨が論じられている。[86] 更に、第三部第五章（「法規則の形成：自然法と国家理性」）中で、国際法学における「グロティウス派」乃至「折衷派」に属する学者としてヴォルフ及びヴァッテルと共にライプニッツが挙げられている。[87]

更に、ライプシュタインの国際法思想史概説書においては、その第四章（「啓蒙と後期古典派」）で「有名な哲学者」であるライプニッツの「国際法」理論が論じられている。そこでは、トマジウスの自然法と正義に関する議論に続き、ライプニッツの「国際法（Völkerrecht）―より正確には、第二の国際法（*jus gentium secundarium*）であり、それを彼［即ち、ライプニッツ］はグロティウス的な意思国際法（*jus gentium voluntarium*）と同一視する―の法的性質」を巡る議論が紹介され、『法原理考察』からの一節が引用されているのである。[88]

(二) 国際法史の個別研究におけるライプニッツ

本章の最後に国際法史関連のより専門的な個別研究の中で、ライプニッツがどのように論じられているのかについて検証することとしたい。

先ず、一九四五年に公刊されたジョーンズ (J. Walter Jones) の「国際法学者としてのライプニッツ」と題された論文が挙げられるべきであろう。この論文では、ライプニッツの著作を基に彼の諸理論が内包する「国際法学」的な諸側面が紹介されている。[89] また、シュレッカー (Paul Schrecker) は一九四七年に「ライプニッツの国際法の諸原則：この哲学者の生誕三〇〇周年に寄せて」と題された論考を公刊している。この論考は、題名から期待される国際法学的視点からのライプニッツの理論の分析は必ずしも中心的課題とはされておらず、また国際法学に関わる叙述は殆どが『類纂』に基づいている（その他には『永久平和構想考察』に関わる論述が若干含まれている。）ため、読者を学術的に満足させるものではない。（しかも、註が付されていないため、検証が困難となっていることも、同様の印象を読者に与える結果を招くであろう。[90]）以上の他、ライプニッツと国際法学の関連について考察したものではないが、フリードリッヒ (Carl J. Friedrich) の一九六六年の論考である「法、政治及び国家に関するライプニッツの哲学的省察」は、本書の論点や視点と合致する部分があり、国際法史研究に関わる論考としても評価されるべき著作となっている。[91]

更に、国際法史研究専門書の中でライプニッツに触れているものにも目を向けることとしたい。先ず、柳原正治は次のように、ライプニッツの「国際法」観念について論じている。即ち、ライプニッツが『類纂』の「序文」の他、「いくつかの小篇のなかで、ユース・ゲンティウム概念を論じている」こと、彼が「法を上位者の命令と定義すれば、ユース・ゲンティウム・ヴォルンタリウムは否定されることになってしまうとして、プーフェンドルフの主意主義をはっきりと批判」していること、彼によれば「自然法は神の泉から流れ出る、人間本性の永遠的法」であること、また、「意思法は『慣習により受容されたか、上位者により制定された』もの」であって、「後者が国法」、「前者がほかならぬユース・ゲンティウム・ヴォルンターリウム」及び「もろもろの人民の黙示の合意により受容された」法であるとされることを挙げた上で、ライプニッツが「かなりグロティウスに類似したユース・ゲンティウム・ヴォルンターリウム論を展開した」ものの、「その叙述は、きわめて限定的なかたちのものにとどまっていた」のであり、「そのため、かれの理論が、哲学の面では弟子にあたるヴォルフを含めて、後世に影響を与えることはなかった」としているのである。(92)

また、フェルゼイル（Jan Hendrik Willem Verzijl）は、彼の一連の著作『歴史的見通しにおける国際法』の第二巻（『国際法人格』）において、「管見の限りでは、『国際人格』（international person）又は『国際法主体』（the subject of international law）という専門用語を最初に用いたのはライプニッツであり、彼は既に彼の『類纂』の「序文」においてそれを使用したのである」(93)と指摘した上で、『類纂』の「序文」からの引用を行っている。そして、このフェルゼイルが提起した「ライプニッツの国際法主体理論」という問題に関連する業績である『国際法人格の観念：国際法の歴史及び理論の探究』を著したネイマン（Janne Elisabeth Nijman）は、同書の中でライプニッツの理論の紹介にかなりの紙幅を費やしている。(94)以上の他、豊田哲也は、七名のドイツの宮廷顧問官の「国際法」理論について論じた著作の中で、ライプニッツについての論述に一章を割いている。(95)

このように、国際法史研究者にとってライプニッツは一定の関心の対象であり続けたのであるが、二〇一五年には、（二〇一三年三月に開催されたライプニッツに関する国際シンポジウムの成果として）ライプニッツの政治や社会科学に関わる諸側面を扱う論考を収めた論文集が公刊されるに至っている。同論文集所収の若干の論考は国際法史研究者にとっても有益であると思われるが、特に、シュタイガー（Heinhard Steiger）の論考は、本書でも重要な考察対象とされている“*Suprematus*”観念を中心としてライプニッツの外交及び「国際法」に関わる諸理論を検討しており、極めて重要な業績として評価すべきであろう。[96]

小括

以上で論じられた事柄から、次の諸点を指摘することが許されよう。

一九世紀末まで国際法概説書において、ライプニッツへの言及が為されることは決して頻繁なことではなく、二〇世紀以降には稀なこととなっている。しかも、それらの言及の殆どにおいて、『類纂』と関連付けて「最初の条約集編纂者としてのライプニッツ」という認識が示されており、ライプニッツの「国際法」理論全般に対する評価は見出され得ない。

国際法史研究者にとっては、(全く彼に言及しない国際法史概説書も存在するものの) ライプニッツは或る程度の研究対象であり続けてきたと言い得る。そして、その中では従前の国際法概説書における「最初の条約集編纂者としてのライプニッツ」という評価のみならず、(「国際法」の「法源」及び「法主体」等の) 個別理論に踏み込んだ評価も為されている。それでも、彼の「国際法」理論を、「国家」・「法」観念に関わる彼自身の著作全般を考察対象としつつ、論ずるような先行研究は未だ存在していないものと判断されるのである。

第二章
ライプニッツの「法」観念

序

第二章では、（次章以下で行われる）ライプニッツの論考から析出される「国際法」に関連する諸観念の検討のための分析視角を得ることを目的として、ライプニッツの「法」観念について概観することとする。但し、（この目的から明白ではあるが）本章における考察対象は、次章以下の検討に関連すると思われる若干の観念に限定されており、彼の「法」観念全般にわたるものではない。

以下本章では、先ず、ライプニッツの「法」認識を巡る若干の特色を、基本的問題点及び「法学」の観念の検討を通じて描き出し（第一節）、続いて、彼の法観念の構成要素について考察する（第二節）が、そこでは法の基本的分類を瞥見した上で、特に、彼の法観念の重要な構成要素と考えられる「自然法」及び「正義」について検討することとする。

第一節　ライプニッツの法認識を巡る若干の特色

(一)　ライプニッツの法認識を巡る基本的問題点

(1)　法 (*jus*) 及び法律 (*lex*) の定義を巡る問題点

「法」(*jus*) はライプニッツによって如何なるものとして認識されていたのであろうか。この疑問に対する解答を、「法」の定義という観点から明らかにすることは容易ではない。何故ならば、ライプニッツは「法」それ自体の定義を殆ど与えていないからである。[97] 僅かに見出されるものとしては、例えば、一六七八年頃に執筆されたと考えられる『三段階論』の冒頭に登場する「我々が関わる法とは、慈愛の学問であり、正義とは、智者の慈愛又は徳であり、その慈愛又は徳は、人間に対する人間の好意を理性によって制御する」[98]というものが挙げられ得る。また、一六九五年から九七年頃に執筆されたと思われる『法の体系』における「一般に法とは…［中略］…訴権又は抗弁権を生み出すものである」[99]という定義も存在する。前者では「法」が「慈愛の学問」であるとされた上で、「正義」について論じられており、これを「法」の定義として理解することには困難が伴う。それに対して、後者ではかなり具体的・技術的な「法」の定義が示されていると言えよう。

また、『法学新方法』において、「法」に該当するとも思われる"*jus*"についての定義（「倫理的可能性（potentia moralis）は"jus"と呼ばれる。」）は存在するが、それは「倫理的必要性（necessitas moralis）と呼ばれる」「義務」（*obligatio*）との対概念として論じられている箇所においてのことであって、当該箇所における"*jus*"は「権利」と解さざるを得ない[100]。同様のことは、『類纂』の「序文」でも見出され、そこでは「倫理的必要性」とされる「義務」との対比において、"*jus*"が「倫理的可能性」とされているのである[101]。

勿論、"*jus*"が「法」と「権利」の両者を包含する観念であるため、このような対比に基づく「法」観念の積極的定義の欠如は飽く迄も、訳語上の問題であって、ライプニッツ自身にとっては、定義として充分であったとも考えられる。しかしながら、後述（次節㈢(1)）の「正義」の定義への拘泥と比較するならば、「法」の定義に対するライプニッツの関心の低さは明らかである。

それでは、「法律」(*lex*) の定義についてはどうであろうか。その積極的定義については、『考察』において「諸々の法律 (leges)」が「法の言葉及び規則の表示」[102]とされている程度である。そのような状況の中で、注目に値するものは『忠告』中の次のような議論である。

「法律は、その規定にそれら［臣民］の行為を合致させるために、上位者が臣民を自らに結び付ける命令と定義されている。この定義を我々が認めるならば、強制を課する上位者が誰も存在しないところでは、何者も自発的に責務を果たさないであろうし、それどころか、責務は何ら存在しないであろう。上位者を有しない者の中には責務は存在しないであろう。[103]」

この引用箇所の冒頭で挙げられている「法律」の定義はプーフェンドルフが提示したものであり、彼の「上位者の命令としての法律」という定義に対してライプニッツは批判を加えている。[104]この点において、ライプニッツの「法律」観念に関する実質的な議論がここで展開されているとも言い得る。また、『弁神論』において、法律がより強力であるのは「それら［の法律］が説得するから[105]」とされており、ここでも「法律の非命令的性質」が主張されていると解される。但し、何れにしろ、ライプニッツにとって「法律は上位者の命令ではない」という消極的な定義が看取されるのみであることは否定できないのである。

それでも、「法」と「法律」の相異に関しては、一七〇二年頃に執筆されたと推定されている『省察』において、次のような記述が見出される。

「正義（justice）を力（puissance）に依存させた人々の誤りは、部分的には法（droit）と法律（loi）を混同したことに由来している。法は不正ではあり得ない。それは矛盾である。しかし、法律はそうであり得る。というのも、法律を与え、維持するものは力であるから。そして、仮に、この力が叡智（sagesse）や善き意思（bonne volonté）を欠くならば、それ［即ち、力］は極めて有害な法律（fort méchantes lois）を与え、維持することができる。しかし、宇宙（l'univers）にとって喜ばしいことに、神の諸々の法律（les lois de Dieu）は常に正しく、神はそれらを維持する立場にあるのである。[106]」

これにより、ライプニッツが、「法」と「法律」の相異を明確に認識にしていたこと、そして、法（droit）を常に正しいものと観念していたことは看取される。[107]（また、ここでは、「神の諸々の法律」も常に正しいとされているが、この点については本節㈡⑵において論ずることとしたい。）しかしながら、「法」の観念についてのそれ以上の説明が加えられておらず、「法律」についての積極的定義が示されていないという点については、依然として変わりがないのである。

ライプニッツの法学関連著作における通常の議論の方式は、先ず諸々の基本的観念についての定義を与えてから、当該観念を巡る論点に関する議論を展開するというものである。例えば、『法学新方法』第二篇では、その冒頭で「法学」（*jurisprudentia*）の定義（「法学とは、何らかの仮定された状況又は事実による、法の学問である。」[108]）が提示された後に法学に関する様々な方法が論じられ、[109]更に、「正」（*justum*）・「不正」（*injustum*）・「倫理性」（*moralitas*）・「権利」（*jus*）・「義務」（*obligatio*）・「人格」（*persona*）・「物」（*res*）等々の観念に関する定義が与えられた上で、それらに関連する議論が進められている。[110]また、（本章において瞥見されるように）「自然法」（*jus naturae*）、「意思法」（*jus voluntarium*）及びその他の法観念についても、或る程度の定義が与えられている。（これは、次節㈢⑵で確認されるように、算術や幾何学と同様に法学を扱うとするライプニッツの学問的特性によるものとも言えよう。）ところが、このような通常の議論の方式とは異なり、「法」及び「法律」の観念についての積極的な定義や説明を展開しようとするライプニッツの意思が殆ど感じられないのである。

このように、ライプニッツが「法」それ自体の観念の定義や説明を積極的に展開しないことの理由は何なのであろうか。その明確な理由を彼自身による記述の中に見出すことは困難である。それでも、次のような理由を推定することは許されるであろう。即ち、彼の法学関連論考においては、「ローマ法」や（本部第五章第一節㈠⑴で確認される）「国際法」（*jus gentium*）の積極的定義が示されていないという事実があり、その事実を勘案するならば、彼にとってその存在が自明である事柄については詳述しないという傾向が存在すると考えられるため、そのような傾向が「法」にも妥当すると考えられるのである。

ところで、先に示された「法律は上位者の命令ではない」とするライプニッツの法観念は、別の問題へと我々を導く。それは、ライプニッツの法学関連著作間に存在する「矛盾」を巡る問題である。例えば、『法学新方法』において、法の原則として「上位者の意思」(*voluntas Superioris*) が挙げられ[111]、また、『類纂』[112]の「序文」では、「上位者により (a Superiore) 定立される意思法 (jus voluntarium)」という表現が登場しており、これは「法律は上位者の命令ではない」との理解とは矛盾するように思われる[113]。そして、この矛盾をも包含する大きな矛盾が彼の法学関連著作の間に存在しており、その大きな矛盾についての考察が、次項での主たる課題となるのである。

(2)　著作間における矛盾：主意主義 (Voluntarismus) と主知主義 (Intellectualismus)[114]

ライプニッツの法学関連文献を基に彼の法観念の分析を試みる際に、「法」の積極的定義の欠如に続いて我々が直面する問題は、著作毎に示される法観念が相互に矛盾を孕んでいることである。それは次のような矛盾である。

一方において、ライプニッツは『法学新方法』で「法学」(*jurisprudentia*) について次のように論じている。

「法学とは、［行為の］正又は不正が論じられる限りにおける、行為の学問である。(*Jurisprudentia* est scientia actionum, quatenus justae vel injustae dicuntur.) ところで、正と不正は公にとって (publice) 利益となるか損害となる全ての事柄である。公にとって、とは、第一に世界にとって、或いはその統治者である神にとって (rectori ejus Deo) であり、次に人類にとって、そして国家にとって (reipublicae)［ということ］である。この順序により (hac subordinatione)、矛盾する場合には、神の意思、或いは、こう述べることが許されるならば、［神の］利益が、人類の利益に優先し、これ［即ち、人類の利益］が国家の利益に［優先し］、そしてこれ［即ち、国家の利益］が個人の［利益に優先する］。これ故に、神、人類、国家の法学（*Jurisprudentia divina, humana, civilis*）が［存在する］。」[115]

この記述から窺われるライプニッツの法観念の特色の一つは、神の意思又は利益（それは、人類、国家、個人の各々の利益に（そして、これら三つの利益の間では、この順で）優先するとされる。）から神の法学が生ずるとされることに示されているような、功利主義的色彩を帯びた主意主義にあると言える。即ち、神の意思によって法が創出され、しかも、その際には利益と損害が意思決定の基準とされているのである。

他方において、『忠告』で示されているライプニッツの法観念は、『法学新方法』におけるものとは全く異なっている。即ち、「仮に、神自身が法及び正義を自身の恣意により制定したならば、神の本質的正義は分与されないであろう」[116]とされていることから、法及び正義が神の意思により恣意的に定められ得ないものとされるのである。また、後述（次節㈢(2)）の如く、ライプニッツは、正義は算術及び幾何学のような客観的法則を有しているともしている。結局のところ、これらの論述においては、法及び正義は神の意思により生み出されるとの認識（主意主義）ではなく、むしろ客観的に存在するそれらを神は知覚乃至選択するとの認識（主知主義）が示されているのである。

ライプニッツの法思想におけるこのような主意主義と主知主義の混在という状況を、小林公は、「［ライプニッツの］法思想は、一七〇〇年頃を境として初期の主意主義と後期の主知主義に明確に区別され」、「初期のライプニッツは法学を神学の一部として（むしろ、神学を普遍的法学の一部として）捉え、国家秩序を、宇宙を支配する神の実定的秩序の一部と考えていた」とする。[117] 確かに、『法学新方法』はマインツ選帝侯に献じられたものであり、その公表が一六六八年であったこと、[118]そして、『忠告』が書かれたのが一七〇六年であったことに[119]鑑みれば、この小林による説明も理解できないものではない。しかしながら、一七〇〇年よりかなり早い時期にライプニッツは主知主義的な正義論を展開しているという事実は看過され得ない。例えば、一六七七年一月に執筆されたとされる『対話』の中では次のように記されている。

「算術及び幾何学と同様に、叡智（sagesse）及び正義はそれら自体の永遠の定理（théorèmes éternels）を有している。神が自身の意思によってそれらを創出するのではない。神は自身の本質の中にそれらを所蔵し、それらに従うのである。[120]」

また、一六八六年に執筆された形而上学に関する無題の論考[121]においては、次のような疑問が提示されている。

「仮に、彼［即ち、神］が全く逆のことをしているのに同じように称賛に値するとするならば、何故に彼を称賛し、彼が行った何れのことを称賛するのであろうか。仮に、或る専制的権力のみが残されるならば、仮に、意思が理性の場を占めるならば、そして仮に、最強者を喜ばせるもの（それは暴君の定義に従っている。）がその事実故に正当であるならば、彼の正義と叡智は何処で見出されるのであろうか。[122]」

このように、前記の小林の見解にも拘らず、ライプニッツは遅くとも彼の三〇歳代前半には、主知主義的観点からの論考を残すようになっていたことが確認されるのである。[123]そして、彼の主知主義的認識はその後も維持され、例えば、一七〇二年から一六年の間に執筆されたと伝えられる無題の草稿においても、「叡智が神に最善の存在（l'Existence du Meilleur）を知らしめ、彼の善意（bonté）が彼に［最善の存在を］選択させ、彼の力が彼に［最善の存在を］創出させる」との見解が述べられており、この草稿での他の箇所でも同様の見解が示されている。[124] [125] また、一七一〇年に公刊された『弁神論』では、「結局、神は絶対的に絶対な命令によって（par un decret absolument absolu）又は合理的な動機（motifs raisonnables）とは独立な或る意思（une Volonté）によって、目的もなく（au hazard）行動することはできないと私はみなす」[126] として、神であっても理性に反することは行い得ないとの思考が明確に示されているのである。[127]

以上のことから、ライプニッツは、一六七〇年代半ばまで主意主義的な法理論を展開していたが、それ以降は一貫して主知主義的立場で法学を扱ったと理解することが妥当であると言えよう。そして、このような理解に立つならば、『法学新方法』において、法の原則として「上位者の意思」が挙げられているにも拘らず、（前項で確認されたように）「法」及び「法律」の定義について殆ど関心が払われていないという問題も、少なくとも「法」に関しては説明可能となる。即ち、主知主義の下で法の存在を認識するならば、法は既に宇宙の秩序（普遍的秩序）の中に所与のものとして存在することとなるであろう。そして、そのような存在に対して人間は本質的定義を与えることはできず、人間が為し得ることは、法を創出することではなく、既に存在する法を発見し、選択することであることになる。逆言するならば、本質的定義を能動的に提示することは、その定義に沿った法を創出することに繋がるため、主意主義的立場を採用することとなってしまうと解されるのである。

さて、このようにして基本的に主知主義的立場が採用されつつも、定義という点では必ずしも明らかにされていないライプニッツの「法」認識をよりよく理解するために、次に「法学」に関する彼の認識について考察することとしたい。

㈡　ライプニッツにおける法学（*jurisprudentia*）の観念

⑴　法学と主知主義的法認識

『自然法の諸要素』において、ライプニッツは「法学」（*jurisprudentia*）を「正しいことの（justi）学問、自由及び諸々の責務の（libertatis et officiorum）学問、又は何らかの仮定された状況若しくは事実による、法の学問である」[128]と定義しつつ、次のような論述も行っている。

「学問の範疇に基づき、法の学問は、諸々の経験にではなく、諸々の定義に、感覚の論証にではなく、理性の［論証に］、依存する諸学問［の一つ］であり、私が論ずるように、そのような学問は、事実ではなく、法則に属する。正義は或る種の調和と比例に存するのであるから、仮に正義を行う者が存在せず、［正義が］何者かに対して行われなくとも、或るものが正しいことは理解され得るのであり、全くそれは、仮に数える者が存在せず、数えられるものが存在しなくとも、計算の諸規則は真実であるようなものである。[129]」

同様に、『省察』においてライプニッツは、「論理学の争うことのできない諸規則を使用することによって、人は全ての定義から明確な帰結を導出し得る」のであり、「このことを、事実に全く依拠せず理性にのみ依拠する必然的且つ論証的な学問（les sciences nécessaires et demonstratives）を構築する際に我々は行って」いると主張し、そのような学問として「論理学、形而上学、算術、幾何学、運動学（la science des mouvements）」と共に「法（droit）についての学問」を挙げている[130]。

これらの言明では、法学が、理性による論証に依存する法則探究の学問であり、本質的に論理学や幾何学のような（観察者個人の認識からは独立であるという意味における）客観的学問である旨が論じられている。この法学の客観性は、主知主義的な法認識との間で（主意主義的な法認識に比して）より高い整合性を有する。何故ならば、主知主義的な法認識は、法それ自体が客観的存在であって、それを認識する主体（神・人間）の意思に左右されないため、「法則」がより安定的なものとなるからである。（尚、主意主義的な法認識に基づく法学においては、「法則」が探究され得ないのではなく、その「法則」自体の安定性が劣るものとなる点は留意されるべきである。）

そして、この主知主義的な法認識との整合性が高い法学観念がもたらすものが、次項で示される「普遍的法学」構想の可能性なのである。

(2)「普遍的法学」(*jurisprudentia universalis*) 構想の可能性

主知主義的な法認識は、その認識主体の意思から独立した存在としての法を措定する。そして、ライプニッツは、認識主体が自らの意思に基づいて行動（選択）することを重視している。即ち、彼は、『概説』において、真の信仰と真の希望が「論ずること、或いは思考することのみならず、実際的に思考すること、即ち、行動すること (*practice* denken, das ist thun [*sic*]) にも存する」[131] とし、また、或る書簡において、正義と不正義について「行為の倫理的善悪」(bonté ou malice morale des Actions)[132] として論じているのである。

この「行為（選択）の重要性」は人間のみならず神にも妥当する。既に（本節㈠(2)で）触れられたように、主知主義的な法認識においては、神も選択を行うことになるからである。但し、「法は不正ではあり得ない」が、「法律はそうであり得る」という前提に立ちつつも、「神の諸々の法律は常に正しく、神はそれらを維持する立場にある」[133] とするライプニッツにとって、神の行為（選択）は常に正しいという点において神と人間との間には相異が存在する。同様に、既述（本節㈠(2)）の如く、ライプニッツは神の善意が神に「最善の存在」を選択させる旨を論じているのである。[134]

それでも、両者が共に行為（選択）する存在であるという点に着目するならば、このような相異は、言わば、程度の差であって、質的相異ではない。つまり、神と人間が共に「客観的存在としての法を知ろうとする主体」とされるという点において、両者は同一平面に置かれることになるのである。そして、このことは、更に重要な次のような事柄に繋がる。

『弁神論』においてライプニッツは、「我々が神の正義の観念にも適合する正義の観念一般を何ら有しないということにはならない」し、「神の正義が人間に関して知られた正義とは別の規則を有することにも最早ならない」のであって、「普遍法（le droit universel）は神にとっても、人間にとっても同一である」[135]と宣言している。つまり、彼は、神の正義と人間の正義を同一平面で扱い、更に、神と人間に共通な「普遍法」の存在へと直結させているのである。そして、このことはライプニッツの法理論における極めて重要な二つの事柄を意味している。即ち、一つは、法と正義が緊密に結合されていること、他は、神と人間を同一平面に置いた法学である「普遍的法学」（*jurisprudentia universalis*）の構想が可能となることである。[136]

第二節　ライプニッツの法観念の基本的構成

(一)　法の構成要素と基本的分類

(1)　法の構成要素

さて、以上のようにライプニッツの法理論は神と人間を同一平面に置く「普遍的法学」となり得るものであったが、当然のことながら、そこには具体的な法規範群も存在する。ここでは、彼の法理論に含まれるそれらの法規範群（法の構成要素）とそれらについての基本的分類を考察することにより、彼の法理論の特色を明らかにすることとしたい。以下では先ず、ライプニッツが具体的法規範としてどのようなものを挙げているかを確認する。

『註解』においてライプニッツは、法の「諸部分」(*partes*) として、「普遍法」(*jus universale*)・「自然法」(*jus naturale*)・「国際法」(*jus gentium*)・「神法」(*jus divinum*)・「教会法」(*jus ecclesiasticum*)・「公法」(*jus publicum*)・「封建法」(*jus feudale*)・「国制法」(*jus politicum*)・「刑法」(*jus criminale*)・「私法」(*jus privatum*)・「手続」(*processus*)・「地域法」(*jura localia*) を挙げている。[137] そして、これらが彼にとっての法の構成要素であると考えられるのである。

『註解』では、これらの各要素の中で、「普遍法」については、それが「実定的な付加物、制限又は拡張、特に、より高貴なるもの、そして特に、ローマ〔法上〕及び教会〔法上の〕のものと共に示された自然法であろう」[138] とされている。つまり、「普遍法」は自然法を基礎として、それに実定法を加えた法であるということになる。[139] ところが、「普遍法」以外の法の構成要素についての説明は、同論考中では見出され得ない。そのため、ここでは、同論考以外の論考において、ライプニッツが彼にとっての法の構成要素をどのように分類しているかを確認することを通じて、彼の法観念に関する我々の理解を更に深めることとしたい。

(2) 法の基本的分類（Ⅰ）：自然法と実定法、そして意思法 (*jus voluntarium*)

最も基本的な分類と考えられるものが、ライプニッツ自身が『正義及び法論』[140] において明らかにしているように、「自然法」(*jus naturale* (*naturae*)) と「実定法」(*jus positivum*) である。『コンリンク宛書簡』において示されている事柄に従うならば、自然法と実定法の各々は、「賢慮」(*prudentia*) が「学問」(*scientia*) と「経験知」(*peritia*) という二つの部分から成ることに対応しているとされている。即ち、自然法が学問に属し、実定法が経験知に属するとされ、そのことから、更に、「確かに、実定法は法に属するというよりも、むしろ事実に属する (Jus enim positivum est facti potius quam juris.)」とされるのである。[141]

このように、自然法と実定法は対義的なものとして紹介されているのであるが、同様の関係は自然法と「意思法」(*jus voluntarium*)との間にも発生するように思われる。即ち、『類纂』の「序文」中の「意思法について」(*De jure voluntario*)と題された節において、ライプニッツは、「聖なる淵源から流れ出る永遠の自然の理性的法と並んで、慣習を通じて受容されるか、或いは上位者により定立される意思法も存在する」[142]と論じていることから、「永遠の自然の理性的法」を自然法と解するならば、意思法をその対義語として捉え得ることになるのである。[143]

以上のように、ライプニッツは「自然法と実定法」及び「自然法と意思法」という二組の分類を提示している。ライプニッツの自然法それ自体を巡る問題に関する考察は次項で行うこととし、ここでは、これらの分類に伴う二つの問題点について考察することとしたい。

先ず、「実定法」と「意思法」の関係が問題となろう。両者が全く同一のものであることをライプニッツが明言する記述は見出され得ない。それでは、両者は異なる観念であると考えるべきなのであろうか。この問題に対する解答は、「上位者により定立される意思法」という観念を巡り、「国家内では国家法が"summa potestas"を有する者から力を受け取る」[144]とされていることから導出可能であろう。即ち、意思法である「国家法」(*jus civile*)は「上位者」の意思により定立されるものであり、それは(「永遠の自然の理性的法」としての自然法ではなく)「経験知」に属する事実としての実定法と同一のものと解される故に、ライプニッツの思考における実定法と意思法は同一の観念としてよいと考えられるのである。(このことはまた、「意思国際法」(*jus gentium voluntarium*)が実定法として構想されていることとも符合する。この点については、本部第五章第一節(二)(2)で論ずることとする。)

第二に、実定法(及び意思法)と自然法の関係が問題となろう。この問題の考察のためには、『法の学問』における次の記述が重要であるように思われる。

「自然法の知識を教えることは、最良の国家の法律を伝達することである。任意法の知識を教えることは、最良の国家の法律と共に、受容された法律を与えることである。[145]」

つまり、「最良の国家」の法律が自然法に合致すること、そして、「任意法」(*jus arbitrarium*) が(「受容された法律」ではあるが)「最良の国家の法律と共に」与えられるものであることから、「任意法」は自然法に抵触するものではないと解されるのである。(勿論、ここでは「任意法」という文言が使用されているため、これが直ちに実定法であるとすることはできない。それでも、それが「意思法」であると解するならば、結果的にこれら三者は同一のものとなるのである。) ここでの議論は「最良の国家」を巡るものであって、通常の国家についての議論ではない。しかしながら、少なくともライプニッツの理想としては、国家法が自然法に合致する(或いは、両法は調和する)との構想が描かれていることは確かであろう。[146] また、このことは彼が(本来実定法であると考えられる)ローマ法の大部分は自然法であるとの見解を示していることからも理解されるのである。[147]

以上の二つの問題点の他に、実定法と神法 (*jus divinum*) との関係についても触れられるべきであろう。[148] 両者の関係について、ライプニッツは、キリスト教徒達が自らの共通の紐帯として「諸々の聖なる事柄に (in sacris) 含まれている実定神法 (jus divinum positivum)」を有しており、「それらに加わるものは、教会全体で受容された聖なるカノン、それに続いて、西方における教皇の諸法(それらに諸王と諸人民が従っている。)である」としている。[149] つまり、キリスト教徒(教会)によって一般的に受容され、通用している規範が実定法として分類されるのであって、神法であるが故にそれが直ちに非実定的規範とされるのではないのである。[150]

(3)　法の基本的分類（Ⅱ）：私法（*jus privatum*）と公法（*jus publicum*）

以上のように、ライプニッツの法学理論における法の基本的分類として、自然法と実定法（及び意思法）が提示されているが、彼は更に、私法（*jus privatum*）と公法（*jus publicum*）の区分についても、本書の主題との関係において、興味深い論述を行っている。

もっとも、「私法と公法の区分」と言っても、彼の法学の体系を示すと思われる若干の論考、即ち、『法原理考察』、『法学新方法』、『法の体系』、『考察』等において「私法」の積極的定義は見出されず、「公法」の定義のみが示されている。[151] つまり、ライプニッツは「私法」と「公法」を分類の基準とはしていないという可能性がある。しかし、この点については、ライプニッツが私法に含まれる多くの事柄についての定義を先述の諸論考で示していることから、むしろ次のように解すべきものと思われる。即ち、彼の法観念において「私法」の存在は自明であるため、「法」（これもまた、彼にとって自明である。）の積極的定義についてさほどの関心が払われていないのと同様に、「私法」の積極的定義についても関心が払われていないのである、と。そして、このような前提に立つならば、その自明の存在としての私法とは共通法（*jus commune*）としてのローマ法であると解されるのである。[152]

また、「公法」の定義について見るならば、次のような事柄が明らかとなる。先ず、『考察』において、「正確に論じられる公法は、国家の形態、或いは"summa potestas"の構成に関して述べる（Jus publicum stricte dictum agit de reipublicae forma, seu constitutione summae potestatis.）」とされている。[153] また、『法の体系』においては、「公法」に関して「それは純粋に公的なものである（Id est mere publicum.）」とされた上で、「公的な事柄一般」について「それらは政治的事柄（politica）及び公法を含む」とされ、更に「公法は、金が他の物に対してそうであるように、法に関するより高貴な事項である（Jus publicum est nobilior casus juris, wie gold wege gegen andere.）」、そして、「最も公的な法は、神の法であり、それとの関係では、全ての国家は私人の地位を有する（Jus publicissimum est jus Dei, cujus respectu omnes respublicae privati locum habent.)」とされている。[154]

つまり、ライプニッツは、公法が国家の統治形態や権力を規定するものであることを明示し、また、神との関係においては、国家は私人の地位に置かれるとしている。このことは本書の主題との関連において次のことを意味し得る。即ち、国家それ自体は公法的秩序であるが、神との関係においては、諸国家が共に私人と同様の地位に置かれることにより、諸国家間の法は私人間の法(私法)と同様な性質を帯びる規範とみなされるのである。

(二) 自然法

(1) 自然法の観念:自然法の目的及び認識方法、そして神法との関係

「自然法」それ自体に関する積極的定義をライプニッツの諸論考の中から見出すことは困難である。これは、(前節(一)で既に指摘されている)彼にとってその存在が自明である事柄について詳述しないという傾向に合致するものであると考えられる。しかし、そのような状況にあっても、我々が彼の自然法観念を探ることは不可能ではない。以下では、彼の自然法理論の中に登場する、自然法の目的及び認識方法、更には神法との関係について検証することによって、彼の自然法観念の一端を明らかにすることとしたい。

先ず、自然法の目的に関して、ライプニッツは『自然法論』において「自然法は自然的社会を維持し、或いは増進するもの[155]」であるとしている。これを或る種の定義であると理解することも可能であるが、その内容の実質は自然法の存在目的である。(尚、ライプニッツの「自然的社会」の観念については後述(次章第一節)する。)そして、『忠告』においては、より明確に自然法の目的が述べられている。即ち、「自然法の目的は善を維持する者に属すること(finem juris naturalis esse bonum servantium)[156]」である。

それでは、そのような目的を有する自然法はどのようにして認識されるのであろうか。この点に関しては、『法

原理考察』において、「自然法は、崇敬なしに自然的理性のみに基づいて知られ得るもの[157]」とされている[158]。そして、この「理性のみにより認識される自然法」という思考は同論考において次のような論理により繰り返されている。即ち、「諸国民（gentes）は自然法（jus naturae）を、あるときは理性により、あるときには古来の父祖の伝統により認識する」のであり、「理性を通じて知られ得ること、それは唯一の自然法（solum naturale jus）であり、場合によっては、理性を通じて知られないとしても、伝統を通じて」知られるというものである[159]。

ところで、ライプニッツがここで示している自然法の認識方法としては、理性のみならず、「伝統」（*traditio*）という、一見したところでは人為の集積も、存在しているようにも思われる。しかし、これに続いて彼は、「理性により知られ得ず、神の意思の伝統のみによって（traditione divinae voluntatis sola）知られ得ることは、即ち、実定神法（jus divinum positivum）である」としている[160]。つまり、「伝統」とは「神の意思の伝統」であって、人為によるものではなく、しかもそれにより認識される規範は（本来的な自然法ではない）「実定神法」であるとされるのである。そして、この点から、更に、自然法と神法の関係が問題となる。

ライプニッツは「自然法は倫理的な神法に違背しないこと（[n]ec jus naturale differre a jure divino morali）[161]」を宣言しており、自然法と神法が矛盾・抵触しないことは彼の法理論の前提であると解される。但し、この宣言においては、神法が自然法の基準になっているようにも思われるが、彼の主知主義的な法認識においては、神に先行する法としての自然法の存在が前提とされている（そして、神は誤った選択を行わないのであるから、神の意思による神法は自然法に矛盾・抵触することはない）筈である。そして、このことから、更に、神が有する「理性」（それは法を認識し、選択するために必要とされる。）と人間のそれとの関係が問題となる。そして、これに対しては、ライプニッツは、「永遠の理性の光（［その光は］諸々の精神の中で神により灯されたものである。）が、我々の内部における実効性のある原因であること（caussam denique efficientem in nobis esse rationis aeternae lumen divinitus in mentibus accensum)」を述べている。[162]つまり、人間の「永遠の理性の光」は「神の力」によって光を放っているのであり、後者なくして前者は十全に機能し得ないと考えられている。結局のところ、両者の間には密接な関係が存在する(但し、人間は人間であるが故に認識・選択において誤りを犯し得る。)のである。

以上のようなライプニッツの自然法観念における自然法の目的や認識方法、更には、神法との関係から、彼の自然法観念の二つの特色が指摘可能となる。一つは、自然法が「崇敬」を伴うことなく「自然的理性のみによって」認識されること、また、そのように認識された自然法が「実定神法」とは区別されることから理解されるように、合理的乃至は理性的自然法観念を彼が抱懐していることである。これらは一見したところ、相矛盾するものではある。[163]しかしながら、既に(前節(二)において)示されたように、ライプニッツは人間と神とを同一平面に置く「普遍的法学」を構想しており、そのために自然法と神法、そして、神の理性と人間の理性は矛盾することのない総体として描き出されることになると解されるのである。

(2) 「自然法の三段階説」

さて、ライプニッツの自然法理論の中で、注目されるべきものが「自然法の三段階説」である。この理論は『法学新方法』中で、古代ギリシア・ローマ(プラトン・アリストテレス等)から「最近」(グロティウス・ホッブズ等)に至るまでの自然法に属する原則に関する諸理論の紹介[164]の後に、次のように提示されている。

「これらの者[即ち、プラトンやグロティウス等]の好意を、我々は自らの見解を説明することによって得るであろう。それは即ち、自然法の三段階(tres gradus)、つまり厳格法(jus strictum)、衡平(aequitas)及び敬虔(pietas)が存在するというものである。それらのものの中では後続するものが、先行するものよりも一層完全であり、それ［即ち、先行するもの］を確証し、抵触する場合にはそれを廃するのである。」[165]

原則的な考え方がこのように提示された後に、「厳格法」、「衡平」、そして「敬虔」の各々についての説明が加えられる。先ず、厳格法は「純粋法」(*jus merum*)であるとされ、それは「戦争と平和の法以外の何ものでもない」とされる。その理由について、ライプニッツは、人格(*persona*)と人格の間の関係と、人格と物(*res*)との間の関係とに分けて論ずる。即ち、前者においては、「一方が戦争を遂行する、即ち、害すること」がない限りにおいて「平和の法が存在する」からであり、後者においては、「物が悟性を有しない故に、戦争の法は永続的である([Q]uia res non est intelligens, perpetuum est jus belli.)」からである。[166] 更に、「しかしながら、物及びその物の捕獲に対する人格の勝利は占有と呼ばれる(Victoria autem personae super rem reique captivitas dicitur possessio.)」とし、「したがって、占有は、［その］物が何者にも属さない限り、戦争の法により、物に対する権利を人格に付与する(Possessio igitur dat personae jus in rem, jure belli, dummodo res sit nullius.)」として無主物の占有が所有権を発生させるとし、それが戦争の法に基づくとする。ここで占有の対象を無主物に限定する(「何故ならば、もしも、［その］物が何者かに属するならば、その物を害すること又は奪い去ること(laedere aut auferre)は、他者の奴隷を殺すこと又は他者の脱走者を収取することと同様に、許されないから」である。)ことにより、逆に「仮に、相互に、人格に対して又は物に対して害を為したならば、［そのことは］物に対して有する権利、即ち、戦争の権利をその者に付与する」との論理が展開される。そこから、更に「しかし、損害の種類の間には致命的な欺瞞(deceptio perniciosa)が存在するのであり、それ［即ち、その欺瞞］により、損害(その損害に約束を遵守することの必要性が由来する。)が精神に加えられる」とする。つまり、他者の人格や物に対して損害を与えることは欺瞞に由来するのであり、そこから約束の遵守という規範までもが導出される。これらの事柄が論じられた上で、次のような結論が示される。

「このことから、純粋な自然法の唯一の命令が存在することが明らかとなる。即ち、何者をも害すること勿れであり、その者に戦争の権利を与えてはならないのである（*Neminem laedere*, ne detur ei jus belli.）。これには交換的正義（justitia communitiva）が属するのであって、それはグロティウスが権能（facultas）と呼ぶ権利が［属するのである］[167]。」

続いて、ライプニッツは衡平について論ずる。「衡平又は均衡とは、二又はそれ以上のものの理性又は比例が調和又は均整の中に存する（Aequitas seu aequalitas, id est, duorum plurimve ratio vel proportio consistit in harmonia seu congruentia.）」状態を指す。そして、具体的に「これ［即ち、衡平］は、私を害した者に対して、私が殺し合いの戦争に着手するのではなく、損害賠償［を請求すること］を要求する（Haec requirit, ut in eum qui me laesit, non bellum internecinum instituam, sed ad restitutionem.）」ことや、「仲裁人を関与させること」、「汝が汝に欲しないことは他の者に為されてはならない」こと等が挙げられ、「その他のことに関して、厳格法が遵守されることを衡平それ自体が命じている」とされている。その上で更に、次のように付言されている。

「衡平なこと（aequum）とは、狡猾な仕掛けにより私への債務から自らを解放した者は、それにも拘らず私への［債務を］負い続けるものの、私にはその者に対する執行の訴権（actio persequendi）が付与されないというようなものである。訴権（actio）又は抗弁権（exceptio）、或いは如何なる請求も、純粋法（jus merum）に由来するのであるから（何らかの法律（Lex）が付加しない限り）、その者は私に支払うよう義務付けられるのである。このことからあの命令（praeceptum）［が存在することになる］。即ち、各人に各人のものを配分せよ（*Suum cuique tribuere*）[168]。」

最後に、ライプニッツは敬虔についての説明に進む。そして、その冒頭部分は意外な表現で始まっている。即ち、「第三の法の原則は上位者の意思（voluntas Superioris）」であり、「そしてこれはトラシュマコス（Trasymachus）がプラトンの下で論じたこと、即ち、正しいことはより強い者にとっての便宜であること（[j]ustum esse potentiori utile）」とされているのである。但し、それに続く一文で読者はライプニッツの意図を知ることになる。即ち、「上位者とは自然又は神」なのであり、「その［即ち、自然又は神の］意思は、自然的であり、これ故に敬虔（*pietas*）［である］か、法律（lex）であり、これ故に実定神法（jus divinum positivum）である」とされているのである。そして、敬虔が有する効力について次のように論じられている。

「敬虔は自然法の第三段階であり、その他のものに完成と効果を（perfectionem et effectum）授ける。確かに、神は、全知（omniscius）であり、賢明（sapiens）であるのであるから、純粋法と衡平を確証するのである。そして、［神は］全能（omnipotens）であるから、［純粋法と衡平を］実施するのである。これ故に、人類の便益（utilitas generis humani）、それどころか世界の優雅と調和（decor et harmonia mundi）が、神の意思と一致するのである。(169)」

そして、これに続いて、「我々自身が神（全能が全てのものについての権利を神に授けた。）に帰属する（nos ipsimet sumus Dei）のであるから」「あの命令（praeceptum）」即ち、「正直に生きよ（*Honestè vivere*）」が存在することになるとされているのである。(170)

以上のように、ライプニッツは、自然法の中核的規範を「厳格法」、「衡平」及び「敬虔」として措定し、それらを階層的に構成することによって「自然法の三段階説」を提示している。(171) そして、この説は、彼の他の論考においても（変更を伴いつつ）登場するのである。（例えば、一六七七年から翌年にかけて執筆されたと推定されている『法及び正義論』においては、「三段階（tres gradus）」ではなく、法の「三つの主要な命令（tres prima praecepta）」として、「正直に生きよ」、「何者をも害すること勿れ」及び「各人に各人のものを配分せよ」が挙げられている。[172] また、同時期の『正義及び法論』においても、自然法を巡る三段階についての記述が見出される。[173]）

さて、この「自然法の三段階説」を巡っては、一方で、「その全ての構成要素（Komponenten）が伝統から由来するものであるとしても、何らの先駆者（Verläufer）も全く存在しない」[174]とその斬新な発想を高く評価する者があるが、他方で、「法哲学にとって如何なる帰結がもたらされるのかは明らかとなっていない」[175]としてこの理論の法哲学史上における意義を疑問視する者もいる。このように後世における評価は分かれるが、何れにしろ、同説が内包する本書にとっての重要性は次の事実にあると言えよう。即ち、「自然法の三段階説」は、単なる自然法理論にとどまるものではなく、（後述の如く）「正義」・「国家」・「主権（統治権）」についてのライプニッツの観念にも影響を及ぼすものなのである。

㈢ 正　義

(1) 「正義」の定義

ライプニッツは「正義」（*justitia*: justice: Gerechtigkeit）に多様な定義を与えている。特に、一六六九年から七一年頃に執筆されたと推定されている『自然法の諸要素』において、そのことは顕著である。以下では、先ず、同論考における正義の定義を列挙することとする。

「正義とは他者に援助を与えるか害悪を与えるかにおける賢慮である。[176]」

「正義とは、他者に善をもたらすか悪をもたらさないかについて、その意思の表明により自らに善をもたらすか自らに悪をもたらさないか（それは即ち、報酬の獲得又は懲罰の回避である。）という理由により、［判断する際の］賢慮である。[177]」

「正義とは、他者の諸々の善及び悪について、他者の賢慮及び権能［という観点］からの我々の諸々の善及び悪についての熟考による賢慮である。或いは、正義とは、他者に対して我々の能力を適用することについて、当該他者の能力を我々に対して適用する際の賢慮についての熟考による賢慮である。正義とは、智者及び能力ある者に喜ばれる賢慮である。正義とは、報酬及び懲罰の理由により、援助し及び害する賢慮である。[178]」

「正義とは、正しいことを欲する徳、或いは、適切に欲するということが正しさの付加された事柄に基づくことは明らかなのであるから、徳という言葉の代わりに、正義とは、正しいことを欲する熱意であろう。[179]」

「正義とは、自らの安寧による共通の幸福に向けた不変の努力である。[180]」

「正義とは、害することが許されている限りにおいて害悪を配分することにおける、賢慮である。[181]」

「したがって、正義とは、賢慮を通じて為され得る限り（又はより大きな苦痛の原因が存在しない限り）他者を愛する性向（又は自らを通じて他者の善を追求する［性向］、他者の善を喜ぶ［性向］）であろう。[182]」

「正義とは、善き人の性向（又は確立された態度）であり、確立されたとは、除去され得ないというようなものでなく、容易には［除去され］得ないというようなものであると私は論ずる。[183]」

「真実の又は完全な正義の定義とは、他者を愛する性向又は他者の善に関する見解に基づいて［それが］問題となる度毎に［当該他者の］喜びを受容れる性向である。[184]」

「正義とは全ての者を愛する性向である。[185]」

このように、ライプニッツは、「正義」の定義を様々に試みており、当然のことながら、『自然法の諸要素』以外の論考でもそれを試みている。[186] そして、それらの諸定義から看取される彼の正義の観念の特徴として、次の四つを挙げることが許されるであろう。第一に、これらの定義には、功利主義的観点（「報酬の獲得又は懲罰の回避」・「害悪の配分」等）を包含したものと、そうではないものとが混在している。第二に、或る人が他者との何らかの関係を取り結ぶ際の「賢慮」(*prudentia*) の問題として正義が定義される場合が多い。第三に、他者との何らかの関係における「性向」(*habitus*) や「不変の努力」(*constans conatus*) が正義とされることもある。そして、第四に、「賢慮」と「性向」（特に、他者を愛する性向）が結合した正義の定義も存在する。但し、『自然法の諸要素』における正義の定義に含まれる諸要素の中でとりわけ重要なものは「賢慮」であると思われる。それは、「汝は正義を賢慮から定義しなければならない[187]」とされていることに現れているだけでなく、主知主義的傾向にあるライプニッツの思考にも合致するものと考えられるからである。

ところで、これらの諸定義の中に現れている、正義を巡るライプニッツの基本的思考は、その後の論考、例えば、一六九〇年から九八年の間に執筆されたと推定されている『自然法論』においても維持されている。即ち、同論考で正義は「社会的徳 (eine gemeinschaftliche Tugend) であり、社会を維持する徳の一つである[188]」とされているのである。

しかし、『自然法論』の執筆時期には、ライプニッツの正義の定義は変更を受けているように思われる。例えば、一六九三年公刊の『類纂』の「序文」においては、次のような議論が展開されている。

「正義とは…［中略］…自らの感情の統治者である徳 (quae virtus est hujus affectus rectrix) であって、仮に私が誤っていなければ、最も適切には、［正義を］智者の慈愛、即ち、叡智の指示に従う［慈愛］(sequentem sapientiae dictate) と我々は定義するであろう。したがって、カルネアデスが述べたとされる、正義とは、自らの［利益を］無視して、他者の利益が考慮されることを促すのであるから、最大の愚行である、とすることは、その［即ち、正義の］定義についての無知から生じたのである。[189]」

ここで看取される明白な変更点は次の二つである。即ち、第一に、正義の定義における功利主義的観点の消滅であり、第二に、正義を「智者の慈愛」(*caritas sapientis*) としたことである。これら二点について若干の考察を加えることとしたい。

先ず、第一点については、ここに示されたカルネアデスの見解に対するライプニッツの評価（の変化）とも関連する。ライプニッツは、一六七〇年代前半の『コンリンク宛書簡』において、カルネアデスの功利主義的正義論に同調していた。[190]ところが、ここではカルネアデスに対する評価は全く異なるものとなっているのである。そしてこれは、前節㈠(2)で確認された主意主義的法認識から主知主義的なものへの転換と通底するものと考えられる。

第二点については、実はこの変更は従前の定義を本質的に変えたものではないことが指摘されるべきであろう。何故ならば、「智者の慈愛」とは、『自然法の諸要素』において見られた、正義を他者との関係における「賢慮」や「徳」、（他者を愛する）性向とする定義を総合したものと解することが可能であり、「賢慮」や「徳」を有する者（「智者」）の（他者を愛する）性向（「慈愛」）と解し得るからである。

この「智者の慈愛」という正義の定義は、『類纂』の「序文」において「正義は智者の慈愛以外の何ものでもない[191]」と繰り返されている。また、一七〇六年のものと思われる或る書簡の添付書 (Beilage) においても、前述の引用部分がそのまま登場するのである。[192]

ところで、先述のように、「賢慮」はライプニッツの主知主義的傾向に合致するものであるが、この「智者の慈愛」という正義の観念も同様のものである。それをよく物語っているものが、『法原理考察』における次の一節である。

「したがって、探究されるべきより高貴な、そしてよりよい他の法の諸原理は、神の意思の中にだけではなく、悟性の中に存在し、また神の能力だけでなく、叡智の中に存在する。そして、正義を定めるものは、智者の意思又は好意ではない。そのことから、最近或る法律家により正義が定義されている。[即ち、] アリストテレスにより賢慮ある者の中庸である [とされた] 美徳のような、智者の慈愛 [である]。」[193]

この一節では、「悟性」(*intellectus*) や「叡智」(*sapientia*) という主知主義を支えると解される観念が重視された上で、正義が「智者の慈愛」とされている。また、一七〇二年頃に執筆された『省察』においては、更に別の要素を含めて、正義が次のように説明されている。

「正義は叡智と善意が共に結合したものに合致するもの以外の何ものでもない。善意の目的は最大の善 (le plus grand bien) である。しかし、それ [即ち、最大の善] を認識するためには、叡智が必要であり、叡智は善に関する認識 (connaissance) 以外の何ものでもない。それは、より大きな善のために、或いはより大きな悪を防ぐために、悪が必要とされない限り、善意は、すべての者に善を為し、悪を防ぐ性向 (inclination) 以外の何ものでもないのと同様である。したがって、叡智は悟性の中に、善意は意思の中にあり、結果として、正義はその両者の中にある。力は別のものである。しかし、仮に、それ [即ち、力] が生ずるならば、力は、事物の本性 (la nature des choses) が許すのと同程度に、法（droit）を生じさせ、存在すべきものを現実に存在させる。そして、これが世界の中で神が行っていることなのである。[194]」

つまり、「正義」（*Justitia*: justice）は、「悟性」（*intellectus*: entendement）の中にある「叡智」（*sapientia*: sagesse）と、「善意」（*bonitas*: bonté）の中にある「意思」（*voluntas*: volunté）という二つものに由来し、「力」（*potentia*: puissance）により実現されるものなのである。（また、これと類似の理解が『弁神論』において「力は存在に向かい、叡智又は悟性は真実に［向かい］、意思は善に［向かう］[195]」として登場している。）つまり、ライプニッツは正義を叡智・意思・力との関係において理解していたことが看取されるのである。[196] また、「善意の目的は最大の善」であり、「それを認識するためには、叡智が必要」であるとされていることから、善意の目的が達成される前提として、叡智が存在していることになると共に、ここでの論述が「世界の中で神が行っていること」に関する説明として展開されていることから、ここでも主知主義的認識が基本とされていることが理解されるのである。

(2)　法と正義の関係

以上のようにライプニッツは正義を理解したのであるが、それでは、正義と法とは如何なる関係にあるのであろうか。法と正義の関係の考察のための手掛かりとなるものが、『忠告』における次の一節である。

「そして、確かに正義は、衡平及び比例性の何らかの諸法則を維持するのであり、物事の不変の自然の中でそして神に属する理念［又はイデア］の中で、算術及び幾何学の諸原理であるものに劣ることなく、確固たる［法則］を維持するのである。[197]」

ここでは、正義が「算術や幾何学の諸原理」と同様の「確固たる法則」を有するとの思考が示されているが、これは前述（前節㈡⑴）の「法（droit）についての学問」が「論理学、形而上学、算術、幾何学、運動学」と同様に「論理学の争うことのできない諸規則を使用することによって、人は全ての定義から明確な帰結を導出し得る」とする思考と酷似している。このことから、法及び正義が客観的な認識対象とされていることが理解される。（また、ここにも、ライプニッツの法及び正義に関する主知主義的な理解が示されていると言えよう。）更に、『忠告』では次のようにも述べられている。

「法の学問においては、人間の［正義を］、それが完全なものであるために、恰も淵源の如く、神の正義から導出させることの方が相応しい。確かに、正義の観念は、真実の［観念］及び善の［観念］に劣ることなく神に関連しており、それどころか、恰も［神以外の］その他のものの尺度である神に一層［関連している］のであって、［神の正義と人間の正義に］共通な諸規則は、確かに学問に適するのであり、普遍的法学（その教説を自然神学ですら活用している。）に委ねられるべきである。[198]」

つまり、ライプニッツは、正義を法学の問題として捉え、しかも人間と神とに共通な正義の諸規則を前述（前節㈡⑵）の「普遍的法学」として論ずるとしているのである。その場合、正義が「算術及び幾何学の諸原理」と同様の確固たる法則を有すると考える彼にとって、正義或いは普遍的法学において神と人間が同一平面で扱われる（但し、正義を正確に認識乃至選択する能力において程度の差は存在する。）ことは当然の帰結となる筈である。何故ならば、「算術及び幾何学」は普遍的学問であり、仮に、神の正義と人間の正義の間に質的な相異があるとす

るならば、それは恰も人間界の数学が神の国では誤りであるとするようなものであるからである。(199)

⑶「自然法の三段階説」と正義の接合

以上の通り、ライプニッツは正義を法学の中で扱うという姿勢を明確に示しているが、その帰結の一つとして、彼が正義を前述の「自然法の三段階説」と接合していることが挙げられる。それは、彼の「自然法の三段階説」は自然法の各々の段階に応じた正義（交換的正義・配分的正義・普遍的正義）を構想するものであったことを意味する。即ち、「厳格法」においては「何者をも害すること勿れ」が交換的正義に、「衡平」においては「各人に各人のものを配分せよ」が配分的正義に、そして、「敬虔」においては「正直に生きよ」が普遍的正義に、各々対応するものと理解されるのである。

そして、これら三種の正義は、論者によって差異のある次のような解釈を与えられることとなる。

例えば、シュナイダー（Hans-Peter Schneider）は、『三段階論』や『正義及び法論』、『類纂』の「序文」に依拠しながら、自然法による国家権力の「社会倫理的拘束」（sozialethische Bindung）について論じている。その中で、彼は、ライプニッツが、最も基底的な段階では、「補整的（応報的）正義」（ausgleichendene Gerechtigkeit）（即ち、交換的正義）と結合した厳格法の中に、「誠実」（Rechtschaffenheit: *Probitas*）という意味における「法的忠誠の義務」（die Pflicht zur Gesetzestreue）、即ち、「何者をも害すること勿れ」を置き、その上部に「配分的正義」（austeilende Gerechtigkeit）に従う衡平（Billigkeit: *aequitas*）（それは、「隣人愛」（Nächstenliebe: *caritas*）という意味で、「個人の権利の割当という命令」（das Gebot der personalen Rechtszuweisung）、即ち、「各人に各人のものを配分せよ」に従う。）を置き、更に、自然法の最高段階として「敬虔」（Frömmigkeit: *pietas*）を置くが、それは神の愛の表示としての貞潔な生活、即ち、「正直に生きよ」という「普遍的正義」（universale Gerechtigkeit）に相応するとする。(200)

また、澤田昭夫は、ライプニッツの正義論について、「個人的段階における『応報的正義』、社会的段階における『配分的正義』、精神的段階における『普遍的正義』」が存在し、「それらは各々その内容として『狭義の正しさ（権利）』、『衡平』、『敬虔』をみずからのうちに含んでいる」とした上で、「それらは各々自己の格率として『人を侵害するなかれ』、『各人に各人のものを与えよ』、『敬虔あるいは誠実に生きよ』を掲げており、それぞれが『個人的利害』、『博愛』、『宗教』をその対象としている」と論じている。(201)

このように、自然法による国家権力の統制や社会関係における格率の問題としても「自然法の三段階説」及びそれに含まれる三種の正義が解釈されていることから理解されるように、正義観念と結合した「自然法の三段階説」はライプニッツの法（及び正義）理論から社会理論にわたる多くの側面において鍵概念となっているのである。

小括と若干の考察

以上、本章において確認・考察された事柄から、ライプニッツの「法」観念の特色について次の四点を指摘しておきたい。

第一に、神と法及び正義との関係における特色である。即ち、法及び正義が神の意思により創出されるとの認識（主意主義）ではなく、むしろ客観的に存在するそれらを神が知覚乃至選択するとの認識（主知主義）を遅くとも三〇歳代前半から示していたライプニッツは、正義が（神の意思に依拠しないという意味で）客観的なものであり、それ故に、神と人間に共通に妥当するものとして構想しているのである。また、これにより神と人間を同一平面で扱う「普遍的法学」が構想可能なものとなることも指摘されるべきである。

第二に、正義の定義に関する特色である。ライプニッツは様々な正義の定義を残しているが、それらは最終的には「智者の慈愛」として纏められるようになったと判断される。そして、正義の定義との関わりにおいても、彼の主知主義的認識は妥当しているのである。

第三に、正義の定義の変化の過程において、功利主義的観点からの定義が行われなくなるが、これは第一点（主意主義から主知主義への転換）と通底するものがあると思われる。

最後に、「自然法の三段階説」との関係における特色である。ライプニッツは、「自然法の三段階説」を提示し、同説の中で自然法と正義を結合させている。このことよって、自然法は正義という客観的準則に抵触しないものとされていることになるのである。[202]

さて、本章で確認・検討されたライプニッツの「法」認識から、彼の法学理論が自然法論に依拠するものであることは明白である。そこで、彼の自然法論の特色について若干の考察を試みることとしたい。

一方において、ライプニッツは主知主義的立場での法観念を提示し、神と人間を同一平面で扱う「普遍的法学」を構想しており、そこでは、神意を恣意から分離し、神が（そして、誤りを犯す確率は高いが、人間も）理性的に行為すると考えられているようである。その意味において、彼が構想したものは「理性的法学」であり、実際に、彼は自らが企図しているものが「理性的法学の著作」(*opus Jurisprudentiae rationalis*) であることを『ホッブズ宛書簡』で言明している。[203] したがって、ライプニッツの法観念を合理主義的自然法思想に基づくものと評することは、誤りではない。[204]

他方において、前章において確認されたように、ライプニッツの国際法学上の評価が行われる場合には、『類纂』（及び『類纂補遺』）に依拠しつつ「最初の条約集編纂者としてのライプニッツ」とするものが大多数であり、それは必然的に彼の法理論の実証主義的性格に目を向けさせることになる。その点において、ライプニッツが「歴史の過程の中での法の形成を追求した」（また、それにより帰納的方法を採用した[205]）とする評価が登場することも充分に首肯できると言えよう。（そして、そこから更に、「歴史法学」や「比較法学」といった分野におけるライプニッツの先駆的役割が論じられることとなる[206]。）。

それでは、ライプニッツの法理論が示す合理主義的自然法論という側面と実証主義的側面は、「矛盾」とされるべきなのであろうか。この点に関しては次のように評価することが妥当であろう。

ライプニッツの自然法論は、特定の「公理」或いは「一般命題」から全ての法規範が演繹的に導出可能となる（その意味において、実定法の存在は必要とされない）というようなものではない。彼が企図する「普遍的法学」は、その名が示す通り自然法と実定法を包含するものである。しかも、彼にとって、法は「智者の慈愛」である正義によって基礎付けられるものであるが、「智者」は特定の宗教や世界観に固有の者ではないことから、地域や時代の相異によって生ずる法の差異が承認されることになる。何故にそのようにして「智者の慈愛」に対して信頼を寄せることができるのであろうか。それは、ライプニッツが地域や時代を越えて存在する「理性的存在として」の智者」を信頼したからであり、その意味において彼は「理性」それ自体を信頼したと考えられるのである[207]。

但し、その際に、我々はライプニッツの論理の大前提を看過してはならない。即ち、理性への信頼は当然にも神の理性への信頼をも意味するのであり、主知主義的認識の中で神が理性的存在として認識し、行為（選択）するとするならば、その認識や行為（選択）の対象は既存のものでなければならない。つまり、世界（宇宙）の秩序（普遍的秩序）は、神の意思に関わることなく、存在していると彼が理解していることになるのである[208]。

第三章
ライプニッツの「国家」観念

序

本章の課題は、ライプニッツが「国家」を如何なるものとして観念し、それを如何に理論化していたのかについて検証することである。この検証作業は、近代国際法学において唯一の法主体とされるようになった近代国家と彼の理論における国家との乖離の有無と（仮に、それがあるとするならば）その程度を明確にすることによって、彼の国家理論の近代性を評価するために行われる。そして、そのような評価を行うために、我々が本章で最終的に着目するのは、国家が擬制的（乃至は抽象的）人格として理解されているか否かという点である。その理由は、近代国際法学における「国家」とは、当該国家を現実に統治する人や団体とは別個に当該国家それ自体に対して擬制的人格が付与され、「国際法主体」として認識されている存在であることにある。この点を明らかにすることによって、彼の国家理論と近代国際法学における国家理論との関係の一端が理解可能となるであろう。

尚、本章における考察は、このように国家の擬制的人格に注目するが、国家内部の統治体制（政体）に関するライプニッツの理論には及ばない[209]。これは、勿論、近代国際法理論が国内の政体を問題としなかったことに由来している。（この部における政体論に関連する議論は、後述（第四章第三節）の神聖ローマ帝国の領邦の地位に関する考察において行われるものに限定されている。）

以下では、ライプニッツの論述の中で、先ず、国家もその一つの形態である「社会」について、それが如何なるものとして観念されていたのかを確認し（第一節）、次に、国家（又は社会）を理論的に構成する際に何らかの原理（国家構成原理）が用いられていたのか、用いられていたとすれば、それが如何なるものであったのかについて論じ（第二節）、更に、国家に何らかの擬制的人格が付与されているのかという問題について考察する（第三節）。

第一節 「社会」

ライプニッツは、『自然法論』(*Vom Naturrecht*) と題された小品の中で、正義との関係において「社会」(Gemeinschaft) について論じている。彼によれば、「社会とは、共通の目的のための、複数の人々の一つの結合 (eine Vereinigung)[210]」であるが、彼は、「自然が欲した或る自然的社会 (eine natürliche Gemeinschaft)」という観念をもって、社会をその構成員間の関係と目的に基づいて次の六つに分類している。[211]

ライプニッツによれば、「第一の自然的社会は一人の男性と一人の女性との間のものであ」り、それは「人類を維持するために必要」なものである。次に、「第一のものから直ちに生ずる」第二の自然的社会は、「両親と子供達との間」のものである。第三の自然的社会は「主人と召使との間」に存在する。(ここでは、「或る人が悟性 (Verstand) を欠くものの、自らを養う強さ (Kräften) を欠かない場合には」そのような社会が存在することは自然であり、「そのような人は、本性により (von Natur)、その者に命ずる他者に従って召使として働かなければならない」とされており、アリストテレス的な人間観が示されている。[212]) 第四の自然的社会は「世帯」(Haushaltung) であり、以上の三つの自然的社会の一部又は全部を含むものとされており、「その目的は、人間の日々の必要［の充足］である」とされている。第五の自然的社会は、「市民社会」(bürgerliche Gemeinschaft) であって、それが「小さければ都市 (Stadt)」と呼ばれ、複数の都市から成る社会であれば「邦」(Landschaft) となり、更に、複数の邦から「王国又は大所領」(Königreich oder große Herrschaft) が形成されるとされ、それらの何れもが、「そこにおける幸福の実現又は安全［の確保］」を目的とするものであるとされている。最後に、第六の自然的社会は「神の教会」(die Kirche Gottes) であり、それは「恐らく啓示 (Offenbarung) なくしても存在したであろうし、敬虔且つ神聖な人々により維持されてきたであろう」とされ、また、その目的は「永遠の幸福」にあるとされるのである。(因みに、ライプニッツは、「私がこの［第六の］社会を自然的社会と呼ぶことを驚くには当たらない」とし、その理由として「我々の内部に根差した或る自然的宗教（eine natürliche Religion）と不滅への欲望（Begierde der Unsterblichkeit）が存在する」ことを挙げ、更に、「聖人から成るこの社会は、カトリック的又は普遍的（katholisch oder allgemein）であって、全人類を結合する」としている。[213]）

以上のように、ライプニッツは、社会を自然的な結合として理解し、それを各々の構成員と目的を基準として分類している。[214] また、『自然法論』の末尾部分において、「全ての領邦（Länder）は神の教会の下に立つ[215]」とされていることから、他の五つの自然的社会は「神の教会」の下位秩序として認識されていることになる。そして、このような「神の教会」の下に置かれる諸々の自然的社会の中で、本章の考察対象である「国家」は、第五のものである「市民社会」の中に位置付けられることとなろう。

尚、ライプニッツは、以上のような自然的社会に関する説明とは別に、『*Suprematus* 論』において現存する社会の結合のための紐帯について、次のような論述を行っている。即ち、彼は、「確かに、三つの最大の紐帯（tria maxima vincula）が人間を結合する」とし、それらが「良心（conscientia）、畏怖（reverentia）、力それ自体（vis ipsa）である」ことを示した上で、「良心は全ての者を神に服従させ、畏怖は諸侯を教会、神聖［ローマ］帝国及び皇帝に［服従させ］、最後に、現存する力は臣民を諸侯又は上位者に［服従させる］」とするのである。[216] この論述における結合の紐帯は、第五及び第六の自然的社会のためのものであると解されるが、そこには、第一から第四の自然的社会の紐帯については論ずる必要がないほどに「自然的」であるとの認識が隠されているとも言えるのである。

さて、本節で論じられてきた事柄は、前章で確認されたライプニッツの法学理論の基本的思考に合致すると言える。即ち、神と人間とを同一平面に置く「普遍的法学」の構想に向かうという思考と、「自然的社会」が男女間のものから「神の教会」に至るという社会認識とが合致するものと解されるのである。

第二節　国家観念を巡る諸問題

(一)　“*civitas*”と“*respublica*”

ライプニッツの「国家」観念の考察に際して留意されるべきことがある。それは、「国家」に関する議論において、彼が“*civitas*”と“*respublica*”を併用（場合により、並置[217]）していることである。そして、このことからこれら二つの語の観念的区分が為されているのか否かという問題が生ずる。この問題に関して明確な解答を得るためには、ライプニッツ自身によるこの問題に関する記述が存在すればよい。しかし、筆者（明石）が確認し得た限りでは、そのような記述は存在しない。むしろ、“*respublica*”と“*civitas*”が等置されていると考えられる記述[218]や“*civitas*”に加えて「協定により結合された者達を（confederatos）」も“*respublica*”と呼ぶ場合があるといった記述[219]の存在に鑑みれば、ライプニッツは両者を区別していないものと思われる。（また、これに関連する興味深い事柄として、本節で後に触れられるように“*civitas*”に関する或る種の定義は存在するものの、“*respublica*”に関する同様の記述は見出され得ないことが挙げられる。）また、先行研究、特に、ライプニッツの著作の翻訳に関わるものに目を転ずるならば、次のような状況が明らかとなる。

ライプニッツの自然法論に関する著作及び書簡を羅独対訳の形式で纏めたブシェ（Hubertus Busche）は“*civitas*”と“*respublica*”を共に概ね“Staat”[220]とする。例外的に、“*respublica*”が“Staatwesen”[221]とされている箇所もあるものの、両語の厳格な観念的区分は為されてはいないものと判断される。また、ライプニッツの政治理論関連著作を抜粋・英訳したライリー（Patrick Riley）は、“*civitas*”を“a state”と、“*respublica*”を“a commonwealth”と各々訳出する場合があり、両者を異なるものと観念しているようにも思われる[222]。ところが、これらの訳語は一貫しておらず、前者が“a city”とされている箇所[223]や後者が“a state”と訳出されている箇所[224]も見られる。

総じて、これらの訳者には“*civitas*”と“*respublica*”の相異に関する明確な問題意識が存在していないように思われる。これに対して、フリードリッヒは、斯かる問題意識の自覚を示す次のような議論を展開している。

フリードリッヒは、ライプニッツの国家観念を論ずる中で、“*civitas*”を「政治的共同体」(a political community)と訳出しつつ、「我々は“*civitas*”を『国家 (state)』とすることができるのであろうか」と問う。そして、「むしろそれは古代の意味における都市である、市民の総体ではないのか」とし、更に、「管理 (administration) が通常の法 (ordinary law) の下での権威に繋げられる場合にのみ、ライプニッツは国家 (a state) (*respublica*) について論ずるであろう」とする。[225] つまり、フリードリッヒは、ライプニッツの論理の中では、“*civitas*”は単なる「政治共同体」であり、それが法を伴った管理（行政）組織という側面を有したときに“*respublica*”、即ち、「国家」となるとするのである。（尚、この「管理（行政）組織」への着目という点では、フリードリッヒは優れていると言えるものの、次項で確認されるように、「管理」という側面は“*civitas*”の定義にも登場しているため、彼の理解は支持し難いものである。）

但し、フリードリッヒは次のような留保を設けている。

> 「国家の政治的（社会学的）概念と法的概念の明確な区分をライプニッツに帰することは人為的であり時代錯誤的 (anachronistic) である。確かに、自然的必要性の領域と精神的自由の領域を区分するという彼の傾向に沿って、そのような区分は論理的であるように見えるであろう。しかし、ライプニッツは、実際的政治の現実にあまりにも深く巻き込まれ、そして現実の活動と法規範の相互依存にあまりにも注意を払っていたために、そのような区分を重要とはみなすことはできなかったのである。[226]」

つまり、フリードリッヒは、一方において、ライプニッツの理論の全般的傾向からは、“*civitas*”と“*respublica*”

は区別されることになろうが、他方において、彼が現実と法との相互関係を重視した結果、そのような区別を貫徹していない、と論じているのである。

私見によれば、ライプニッツは「国家」に関する記述において“*civitas*”よりも“*respublica*”を多用する傾向にある。しかし、「国家」の定義に関わると解される記述においては、“*civitas*”が使用される場合があるため、(フリードリッヒがするように)“*civitas*”を「政治共同体」とすることには躊躇せざるを得ない。そのため、本書においては、これら二語を何れも「国家」と訳出し、原語を付すこととする。

(二) 国家の定義

ライプニッツは、『*Suprematus* 論』において、国家 (*civitas*) についての或る種の定義を次のように示している。

「国家とは、脅威とされがちな種類の大きな力に対する相互の防衛の希望に向けて、集住する意思をもって開始された十分に多数の人間の結合であり、共通の物の或る種の管理に向け確実に設立されたものであるとみなされる。家族には、或いは若干の家族から構成される(私が称するところの)村落には、大きさが欠如している。軍隊には、或いは(アジア旅行におけるキャラバンのような)偶然に掻き集められた大きな社会には、集住する意思が欠如している。[227]」

つまり、ライプニッツにとって「国家」とは、「相互の防衛」と「共通の物の管理」という目的のために、「集住する意思」を有する「十分に多数の人間の結合」なのである。また、『自然法の諸要素』の草稿[228]には、次のような記述が存在する。

「諸々の国家（civitates）が他［の存在］よりも、より一層完璧（そして汝は、より一層模範的である、と加えよ。）であることは何ら疑われるべきではない。何故ならば、国家（*Civitas*）は安全の社会（Societas securitatis）、即ち、相互に世話をしあう安全についての予測の中で生きる人々の集団であるからである。[229]」

ここでも、「相互の安全」（*securitas sibi*）[230]と「意思（予測）」（*opinio*）が強調されていることが理解される。そして、ライプニッツが国家をこのようなものとしていることから、彼の国家理論において社会契約理論的な国家構成原理が前提とされていると解する余地が存在することになる。

社会契約理論に基づく国家理論が採用されているか否かは、次のことから、本章、そして本部全体にとって極めて重要な論点となる。即ち、本章における主要な問題点は、ライプニッツの国家理論において、（君主、皇帝、更には諸侯といった）自然人たる主権者が国家から分離され、国家が抽象的存在として措定され、そこに擬制的人格としての法人格が付与されているかどうかを検証することにあり、そしてそれは、ライプニッツの「国際法」理論がどれだけ「近代的」なものであるかを考察するという本部全体の重要な課題にも繋がることになるのである。[231]そこで、次に彼が社会契約理論的な論理構成を採用しているのか否かという点を検討することとする。

(三)　国家構成原理を巡る問題：不完全な社会契約理論

『プーフェンドルフ批判』においてライプニッツは、「社会は、相互の合意を何らかの行為において約した多数の者の集合である（*Societas* est coetus plurium, qui consensum sibi in aliquo negotio pacti sunt.）[232]」と述べている。この一文では、彼が社会契約理論的観点からの「社会」の定義を行っているように思われる。しかしながら、前節で確認されたように、彼は社会を「自然的社会」としても説明している。この二つの「社会」観念は原理的に相互に矛盾するものと考えられるが、彼の真意は奈辺にあるのであろうか。この問題について考察するためには、彼の国家構成理論を検討することにより、彼が社会契約理論を展開したのか否かを確認することが必要とされるであろう。そこで、以下では先ず、社会契約理論の理論的前提とされてきた「自然状態」の観念がライプニッツに存在するのかという点について確認する。

ライプニッツの「自然状態」認識を確認する上で参考となるものが、『法原理考察』における次のような記述である。

「確かに、かつては結合されることのなかった人間達から国家は設立されたのであるから、その後にどのようにして共通の紐帯により全ての者を相互に拘束するのか。[233]」

この一文からは、人間には国家を設立する以前の結合されない状態が存在したとライプニッツが考えていたことが理解される。勿論、ここでは「自然状態」という言葉自体は登場していないが、例えば、『法学新方法』においては、「不法」(*injuria*) に関する説明の中で、「不法は、純粋な自然状態において、相互にあらゆる種類の自由、能力及び権能についての権利、加害者に対する戦争の権利を被害者に付与する[234]」とされ、また、権利取得の五つの方式 (*modus*) が論じられる中で、その一つとして（それが「国家 (respublica) においては諸々の法律により (legibus) 制約されている」事柄であるとの留保は付されているが）「不法」が提示され、そのような不法の一例として「純粋な自然状態において相互に全ての権利を揚棄する人間社会の破壊 (ruptio societatis humanae in statu mere naturali omne jus mutuo tollens)[235]」が挙げられている。また、『忠告』においては、ホッブズの自然状態観が批判されている[236]。これらのことから理解されるように、ライプニッツが彼なりの自然状態観[237]を有していることは確かである。

それでは、彼の自然状態観は如何なるものなのであろうか。このことに関しては、『人間悟性新論』における次のような論理が解答となっているように思われる。即ち、神は人間を「社会的被造物」(une creature sociable) であるように創造したのであり、人間は同類との共存の必要に向けて動機付けられるのみならず、社会の「偉大な道具であり共通の紐帯」である言語能力を与えられたとされている（更に、ここでもホッブズの人間観が批判されている。）のである。[238] このことから、ライプニッツは自然状態を比較的平和なものと捉えていたものと判断される。[239] しかし、そのような自然状態観は、直ちに次のような疑問を発生させる。即ち、そのような状態においては、人々は「相互の安全」の確保という社会契約の動機を抱懐することはないのではないかという疑問である。[240]

この疑問に対する解答として理解されるものが、次のようなライプニッツの議論である。即ち、「鳥が移動をよりよいものとするために群を形成するように、そして海狸が大きな堤防を築くために結集するように」「全ての悪意 (mechanceté [*sic*]) から免れている最良の人々 (les meilleurs hommes) は、自らの目的のよりよい達成のために結合する」というものである。[241]

さて、このような比較的平和な自然状態から、人間は先述のような「相互の安全」のための「意思（予測）」をもって社会契約を行い、社会（国家）を設立することになるのであろうが、ライプニッツはこのような一貫した理論を明示的には提示していないように思われる。果たして我々は、彼を社会契約論者であると評価し得るのであろうか。この点については、肯定論者と否定論者が存在している。

肯定論者としては、先ず、フリードリッヒが挙げられ得る。彼は次のように論じている。

「彼の時代の極めて多くの他の理論家達と同様に、ライプニッツは契約論的観念を受容した。それは格別にオリジナルなものではなく、ホッブズ及びホッブズ的人々とは対照的に伝統的要素を保持している。彼は、フィルマーの家長的理論とロックの［フィルマーに対する］批判、そして、後者［即ち、ロック］自身の解釈に非常に親しんでいた。ライプニッツ自身の見解はロックのそれに類似しているが、人間の合理性（rationality）への固い信念の保持によって情熱の支配的重要性というロックの観念とは対比される。[242]」

また、小林公は端的に「ライプニッツの国家論も社会契約論を基礎としている[243]」とする。しかも小林は、「自然状態における所有の自然権は、自然状態が人々にとり不利益なものであることが理解され、契約による国家秩序の形成が合理的と判断されることにより修正され、分配的正義の観念が社会に導入されるが、この正義の規準は広義の社会的利益に置かれていると考えていいだろう[244]」と論ずることによって、正義の観念が国家形成にも関わるとしている。

これに対して、否定論に立つネイマンは次のように論じている。

「ライプニッツは国家の起源を契約（pact）や原初契約（original contract）というよりも、自然の中に置いた。ホッブズが信じたように人間が自然により純粋に利己的（egoistic）であるとは、ライプニッツはみなさなかったのであり、それ故に、契約によってのみ文明化されるという見解をも支持しなかった。それに代えて、ライプニッツは、人間が自然により他の者の完全化と幸福を求める理性的魂であり、社会は契約からではなく、自然から誕生すると論じたのである。[245]」

これらの論者の見解の対立はどのように理解されるべきであろうか。その理解の一助となると思われるのが、『法学新方法』の中で法的な決定が行われる際の原則を巡り展開されている次のような記述である。

「我々は次に決定の諸原則について（de *principiis decidendi*）、それに続いて決定の集成について（de *collectione decisionum*）論ずるであろう。決定の諸原則とは、自然法に基づく理性（*ratio ex jure naturae*）であり、確かな国家法に基づく類推（*similitudo, ex jure civili certo*）である。確かに、仮に我々が物事を正確に考察するならば、全ての国家法は、法に属するというよりも、事実に属する。何故ならば、［国家法は］物事の本性に基づくのではなく、歴史又は事実に基づいて吟味されなければならないからである。勿論、証明されなければならないことは、法律が公布されたこと、或いは慣習（consuetudo）が導入されたということである。続いて証明されるべきことは、法律をもたらした者が、その者に属するものについての権能を事実及び合意により取得したことである。そしてそのことから、人民の協約に基づいて法律が有効であること（legem ex conventione populi valere）が明らかである。合意（pactum）が介在しなかった場合の事柄について、純粋法を保持すること（obtinere jus merum）は、確実な法に属する（certi juris sit）ことであるから、法律（lex）が宣言しなかった事柄に関する事件においては、自然法（jus naturae）に従って裁かれるべきことは明白である。それは、効力のない制定法に関わる事件においては、共通法（jus commne）に従って裁かれるのと同様である。[246]」

この一節においてライプニッツは、法的決定の原則を「自然法に基づく理性」と「国家法に基づく類推」であるとする。（「全ての国家法は、法に属するというよりも、事実に属する」という表現はやや奇異に思えるが、それは、自然法と国家法の対比において、後者が人為（即ち、「事実」）に基づくもの（その意味における実定法）であることを強調するものであると解される。[247]）その上で彼は、立法者（「法律をもたらした者」）の権能が「事実及び合意」に基づくとし、更に、法律の有効性が「人民の協約に基づく」とする。これと同様の認識は、ライプニッツの博士学位請求論文においても、「君主が法律を制定し得ることですらも、そのことに対する人民の同意に由来する[248]」という表現で示されており、何れにしろ、社会契約としての「人民の協約」が早期の著作から見出され得るのである。更に、この一節において、立法者が重視されている点にも我々は注目すべきであろう。[249] この立法者の重視という特色は、『法学新方法』中の、「倫理的属性の［法的］原因（*Causa Qualitatis Moralis*）は本性と訴権である」で始まる一節からも読み取ることが可能である。そこにおいてライプニッツは占有（*possessio*）、不法（*injuria*）、協約等の法的原因や淵源（*fons*）を挙げた後に、次のように論じている。

「したがって、不法は不法行為及び準不法行為の（delictorum et quasi delictorum）淵源である。そして、協約はその中に全ての約束と承諾を包含し（[c]onventio vero promissiones acceptationesque omnes in se continet）、それ故に文言の解釈、条件等々についての教説（*doctrina de verborum interpretatione, conditionibus, etc*）が役立つ。更に、準契約（[q]uasi contractus）は物権（jus reale）に関わる。しかし、これらの本性の淵源に由来するのではなく、法律に由来するとみなされる多くの事柄は、それらの［淵源の］中の一つから、確かに、協約に由来する。何故ならば、人民は立法者に従うことに同意した（populus in legislatorem compromisit）からである。[250]」

ここでは、「人民は立法者に従うことに同意した」ことが「協約」であるとされ、更に、それが法律の効力の淵源である（「法律に由来するとみなされる多くの事柄」が「協約」に由来する）とされている。このように、国家（社会）の権能の中で、立法権を重視するという理論は、例えば、ルソーも示しており、[251] 社会契約理論の系譜において通常看取されるものである。（また、主権理論においても、例えば、ボダンは主権の属性として立法権を最重要視している。[252]）

以上のことから、ライプニッツの論述は社会契約理論として十分理解可能であると言えよう。但し、本章（第一節）において確認された通り、ライプニッツは「自然的社会」という観念によって社会を説明し、その延長線上で国家理論を構想しているものと理解される。それ故に、前述のネイマンの指摘が全くの的外れであるとは言えないし、また、社会契約論者の系譜に関する現代的理解においては、ライプニッツが契約論者として重視されることはないのである。[253]

むしろ、より大きな問題は次の点にある。即ち、一方において「自然的社会」を論じながら、他方において、社会契約理論的な観念により国家を論ずるということが、如何にして可能であったのか、という点である。ライプニッツはこのような自らの主張が矛盾したものであるとは自覚していなかったのであろうか。この点については、本章の「小括と若干の考察」において扱うこととしたい。

本節の最後に、更に確認されるべき事柄が挙げられるべきであろう。前述の通り、ライプニッツは『法学新方法』において「不法」が「純粋な自然状態」においても「加害者に対する戦争の権利を被害者に付与する」[254]としている。「戦争の権利」の発生は（前章第二節で確認された）「自然法の三段階説」の第一段階における「厳格（純粋）法」の問題とされており、この点を考慮するならば、ライプニッツは彼の国家理論においても同説を基礎に置いた思考を展開しているものと判断されるのである。

第三節　国家の擬制的人格

(一)　国家の法人格

国家の擬制的人格を巡るライプニッツの理論について考察するのに先立ち、本節では最初に、彼による「人格」(*persona*) それ自体の定義について確認しておきたい。

先ず、『自然法の諸要素』において、ライプニッツは「人格とは、自らを愛する各々の者或いは喜び又は苦しみに働きかけられる各々の者である」[255]としている。これは自然人の人格についての定義と思われるが、この他に、「その者或いは人格とはその者の何らかの意思である」[256]とも論じられていることに注目するならば、人格とは意思の主体であるとライプニッツが理解していたものと考えられる。

また、『法学新方法』において、ライプニッツは、「倫理的属性（*qualitas moralis*）の主体は人格及び物である」とした上で、「人格とは理性的実在（substantia rationalis）であり、そしてそれは自然的〔実在〕であるか公的〔実在〕（vel *naturalis* vel *civilis*）である」とし、自然的実在として、神、天使（*angelus*）、そして人間を挙げている。[257]

これらの記述が意味することは、自然人以外にも意思を有し得る主体に人格を与えることが可能となるということであり、実際にそのような論理が示されているものが、『自然法の諸要素』における次の記述である。

「例えば、社団のような公的人格が実際に認められる。何故ならば、それらは意思を有するからである。確かにその意思とは、団体構成員、即ち、諸々の自然人が、意見の不一致の場合に全ての者の〔一個の〕人格であるとみなされることを欲するものである。それ〔即ち、意思〕は多数決により、極めて困難な事柄については、事情の考量により、抽籤により又はその他の方法により決定される。[258]」

つまり、複数の自然人により構成される社団（*collegium*）にも、それが意思（それは何らかの方法で決定可能であると考えられている。）を有することを理由として、公的人格（*persona civilis*）が認められるのである。[259]そして、このような公的人格が国家に認められることは、「意思を有するのであるから、自然〔人〕の人格と同様に、自由なる諸国家において公的人格が認められる」[260]、「国家は一つの公的人格であるが、その内部では自然的〔人格〕が永遠に流れ動いている」[261]、「その者の同等者に対して“summa potestas”を有する一つの公的人格は国家である」[262]、更には、「帝国は一つの公的人格でなければならない」[263]といった表現で繰り返し述べられている[264]。この「公的人格」の観念については、当時既に国家にも認められるものとの理論が知られており、例えば、（本書第一部第三章第一節㈠における議論に関係するが）ホッブズは、国家（*civitas*）を公的人格とし、「その意思が多数の人間の合意に基づきその全ての者の意思であるとみなされるべき」[265]であると論じている。このことから、ライプニッツが国家に人格を認めたことは決して新奇なことではなかったと言えよう。

それでは、ライプニッツが説く「公的人格」としての国家は法人格を持つものとして認識されているのであろうか[266]。この点の解明のためには、『プーフェンドルフ批判』中の次の記述が参考となるであろう。

「権利と義務が帰属する者には、一つの意思が生ずる。一つの意思が生ずる者は、一つの公的人格である……〔以下略[267]〕。」

つまり、公的人格とは、権利と義務が帰属し、独自の意思を有する法主体であり、それ故に、公的人格である国家は法主体であることになるのである[268]。そしてこの解釈は「公的人格とは全ての者の諸権利の集合体である」[269]とされていることによって補強されるであろう。即ち、公的人格を法人格として理解しなければ、「諸権利」が法的に無意味なものとされてしまう（逆に言うならば、全ての者の諸権利が保全されるためには、それらが何らかの権利として法人格である公的人格に転換・帰属されなければならない）故に、公的人格は法人格であり、国家がそのような法人格を有すると、ライプニッツが考えていたものと解されるのである[270]。

但し、このような論理が近代主権国家の法人格に直結するのではない点は留意されなければならないのであり、この点は次の一節に示されている。

「しかしながら、国家（Civitas）は自権者（sui juris）であるか、他者の権利に属する。支配地（*Ditio* [*sic*]）とは、共通の統治に服する居住された土地の広がり（terrae habitatae tractus）である。大きな支配地は地方（*Regio*）と呼ばれ、地方は、他のより大きな支配地の一部であるとき、州（*Provincia*）と言われる。領域（*Territorium*）は、国家（civitas）、支配地、或いは土地の広がりに共通の名称である。[271]」

つまり、国家は自らが法主体性を有する（「自権者である」）場合もあれば、そうではない（「他者の権利に属する」）場合もあるのであって、必ずしも全ての国家が独立した法主体性を有するのではないのである。しかも、国家は「土地の広がり」（terrae tractus）の一形態でしかないのであって、他の形態（地方・州）との相対的な関係の中に位置付けられており、国家であることの独自性はここには見出されないのである。

㈡　領域の結合と法人格

ライプニッツの国家の法人格理論を考察する上で、「人格」や「公的人格」の観念と同様に重要であると思われる事柄が存在する。それは、『*Suprematus* 論』中で複数の領域（*plura territoria*）が一つの統一体に（*in unum corpus*）統合され得ることが論じられた後に登場する次の一節の中に表されている。

「しかしながら、同盟と連合の間には（inter *Confoederationem* & *Unionem*）、団体と社団の間（inter *Societatem* & *Collegium*）のように、大きなもの［即ち、差異］が存在する。諸個人の物が元本に（in sortem）拠出され、利益が全ての者の間で配分されるとき、複数の者の団体（Societas）が存在する。しかし、組織体（Corpus）又は社団（Collegium）においては、何らかの新たな公的人格（nova quaedam persona civilis）が構成され、共通の金庫（aerarium）に拠出されたものは、個々人のものではなく、組織体それ自体のものであり、利益は全員の又は多数派の決定による場合を除いて配分されない。同盟は言葉だけによって結ばれ、必要があれば、力が一体とされる。連合にとっては、構成員に対する何らかの権威（その権威は、通常の権利により、どこであろうとより重要な事柄及び公共の福祉に関係する事柄に関して（de rebus majoris momenti ac salutem publicam spectantibus）支配する。）を有する或る種の確実な管理（certa quaedam administratio）が設定されることが必要であり、そこでは国家（*Respublica*）が存在することを私は肯定する。[272]」

この一節において、ライプニッツは、領域が結合される場合に「同盟」（*confoederatio*）と「連合」（*unio*）[273]の二つの形態があるとして、それらの法人格について「団体」（*societas*）と「社団」（*collegium*）[274]との対比を用いて説明している。そして、彼は、連合を社団に類比させて、連合に単一の法人格を承認した上で、連合が「構成員に対する何らかの権威を有する或る種の確実な管理」を行うならば、それは「国家」であるとするのである。つまり、ライプニッツは、領域の結合体に対する統一的管理の有無によって、国家であるか否か（即ち、単一の法人格となるか否か）が決定されるとしているのである。

但し、前述の引用箇所に先立って、「個々の［領域の］"superioritas territorialis"はそのままで」との限定が付されているため、法人格の結合はあっても、個々の領域の"*superioritas territorialis*"は維持される点には注意を要する。ここにはライプニッツが構想する「統治権」理論の複雑さが内包されているものと考えられるため、この点については、次章における彼の「主権」理論の検討の後に、（次章「小括と若干の考察」中で）再論することとする。[275]

また、前述の一節においては、領域、即ち、*"territorium"* の結合について論じられているが、*"territorium"* は神聖ローマ帝国の領邦をも意味する言葉であるため、この議論は同帝国の領邦の結合の程度と法人格について論じているとも解される。（実際に、この引用箇所に先行する箇所において、複数の領域が統一された「顕著な諸事例」として、「スイス」(*Helveticum Corpus*) 及び「オランダ」(*Unitae Provinciae*)[276] と共に、神聖ローマ帝国が挙げられている。[277]）そうであるとするならば、次章及び次々章においても検討される帝国の選帝侯及び諸侯をも含めたかたちでの「主権」及び「国際法」(*jus gentium*) に関する理論の構築というライプニッツの理論的特色がここにも現れていると言えよう。

小括と若干の考察

以上、本章で検討・確認されたライプニッツの国家観念を巡る諸理論については、差当たり次の三点に纏めることが許されるであろう。

第一に、ライプニッツは「自然的社会」として、第一の男女間のものから、第五の市民社会（国家）、更には第六の「神の教会」に至る社会を挙げている。このことは、彼の「普遍的法学」の構想と同様に、神と人間を同一平面に置いて統一的に説明しようとする思考と合致するものと解される。

次に、ライプニッツの「自然状態」についての認識と「国家」の定義を基にするならば、彼が社会契約理論的な国家構成原理を展開していたと理解することは十分可能である。但し、「自然的社会」の観念によって社会を説明する彼の理論は、社会契約理論としては不完全なものであると言わざるを得ない。

最後に、ライプニッツが国家の擬制的人格を承認するのみならず、領域の結合と法人格の関係についても、「同盟」(*confoederatio*) と「連合」(*unio*) の相異の認識を通じて理解し、理論化していたことが挙げられる。そして、このことはライプニッツが抱懐していた国家観念が近代国際法理論における国家の法人格を巡る理論に近接したものであったことを示しているとしてよいであろう。(但し、それが「近代主権国家」の観念に合致するか否かの判断は、次章におけるライプニッツの「主権」観念についての検証を経なければ、下すことはできない。)

さて、以上の諸点に関して若干の考察を試みることとするが、それらは直接的には第一点及び第二点に関わる問題、即ち、ライプニッツの「不完全な社会契約理論」を巡るものである。

ライプニッツの論理は社会契約理論としては矛盾を孕むものであり、その矛盾の根本には、次の二点が存在しているものと思われる。第一に、彼の「自然的社会」の理論においては第五の自然的社会として「市民社会」が挙げられている点である。このことは、社会(国家)は自然に生成したものであって、契約により創設されたものではないと彼が考えていることを示している。第二に、(本章第一節で確認されたように)ライプニッツは「自然的社会」に関する理論の中で、「第三の自然的社会」としての「主人と召使との間」に存在する社会において「本性により、その者に命ずる他者に従って召使として働かなければならない」人間が存在するとしており、ここには彼のアリストテレス的人間観が示されている点である。彼の人間観には「社会契約」の前提となる「個人の平等」という観念が欠如しているのである。これらの根本的問題点の存在によって、ライプニッツの国家理論は究極的には、ホッブズやルソー等が展開した(但し、彼等の間にも重要な理論的前提、例えば、「自然状態」における人間の相互関係を如何なるものとして構想するか、についての相異は存在する。)「完全な社会契約理論」とは相容れないことになる。換言するならば、「完全な社会契約理論」を基準とすれば、ライプニッツの理論は社会契約理論ではあり得ないことになる。(これは、本章第二節㈢で触れられたネイマンの解釈に繋がる。)つまり、「社会契約理論」を如何なるものとして理解するかによって、ライプニッツの理論の評価は変化するのである。(そして、本章における結論は、彼の理論が「社会契約理論として十分理解可能」なものであり、「不完全な社会契約理論」であるというものである。）

そうであるとするならば、この不確定な問題に対する確定的解答を求めるよりも、むしろ、このような理論を展開するライプニッツの根本的思考について検討することの方が、彼の理論を理解する上でより有益であろう。（勿論、このような検討は彼が置かれた単純な社会的乃至政治的文脈を論じようとすることを意味するのではない。）そして、そのような検討を行う際に、考慮されるべき事柄が、前述の第三点、即ち、国家の擬制的人格を巡るライプニッツの理解であると思われる。但し、この点は神聖ローマ帝国国制の当時の状況に深く関連するものであるため、帝国国制と彼の理論との関わりについて（次章及び次々章において）論じた後に、この部の「まとめ」において論ずることとしたい。

以上のような留保を付しつつ、我々は次に、ライプニッツの国家理論の「近代性」の検証のために、彼の「主権」理論の検討に進むのである。

第四章
ライプニッツの「主権」理論：“*Suprematus*”観念の分析を中心として

序

ライプニッツが生きた時代（一七世紀後半から一八世紀初頭）は欧州における「主権」観念生成の歴史の中で（看過されがちではあるものの）注目されるべき時期である。その理由は、次のような事情にある。

一方において、ボダンが近代的主権理論を提示したとされる一六世紀後半（より正確に言うならば、彼の『国家論六篇』（*Les six livres de la République: De republica libri sex*）の仏語初版は一五七六年に、また、ボダン自身の手によるそのラテン語初版は一五八六年に各々公刊されている。）から概ね一世紀の時間が経過し、彼が論じたような主権観念が欧州世界全般に浸透していたとも考えられる。（そして、そのような理解が「ウェストファリア神話」によって強化されたことは言うまでもないであろう。）他方において、ウェストファリア講和会議においてフランス国王の使節が“Souveraineté”という言葉を講和条約中に挿入することを主張したものの、皇帝の使節がそれに反対し、この争点については皇帝側が勝利したという事実、そしてまた、神聖ローマ帝国という複雑な国制を内包する存在が欧州中央部の広範な部分を一九世紀初頭に至るまで占め続けたという事実に鑑みるならば、ライプニッツが生きた時代のドイツ地域において、“Souveraineté”の観念が一般的に受容されていたとすることには躊躇せざるを得ない。[278]つまり、ライプニッツが生きた時代は、主権観念を巡る理論とその現実への適用が複雑な関係にあったと考えられる時代と重なるのである。

以上のような時代背景を負いつつ、ライプニッツは「主権」観念に関わり得るような論考をも著しており、特に、『*Suprematus* 論』には同観念に密接に関連する論述が多く含まれている。そこで本章では、同書を主たる考察対象として、彼の「主権」理論に関わる論述の内容の提示及び考察が試みられる。この試みは当時の「主権」理論を巡る状況を明らかにすることに役立つであろうし、それはまた、近代国際法理論史の理解にも影響を及ぼすであろう。

尚、本章における「主権」の表記について説明が加えられなければならない。(本章における考察において明らかになるように)ライプニッツの「主権」観念は、ボダンが提示し、一般的に受容されたと考えられる主権観念(『国家論六篇』の仏語版によれば、「主権」(souveraineté)とは「一国の絶対且つ永遠の権能」[279]であり、また、そのラテン語版によれば、「主権」(*maiestas*)とは「法により制約されない、市民及び臣民に対する最高の権力」[280]とされる。[281])とは合致しない。このため、ライプニッツの「主権」理論の評価についての予断を与えることを回避するために、「主権」という表現を極力回避して、「統治権」[282]という言葉を当面用いると共に、「主権」に類似する用語は原文に従って、"*Suprematus*"・"*summa potestas*"・"Souveraineté"・"*superioritas territorialis*"(Superiorité territoriale)(及び"*jus superioritatis territorialis*")を使用することとする。(これらの他に、ボダンによる「主権」の定義で用いられている"*maiestas*"も、ライプニッツの著作中に登場する。しかし、『*Suprematus* 論』では、"*Majestas*"が称号として理解されており、"*Suprematus*"の実質とは無関係であるとの理解が示されていること[283]から、"*maiestas*"については比較・考察の対象外とすることとする。[284])

第一節　「統治権」観念の錯綜

ライプニッツは、『*Suprematus* 論』の第一〇章の冒頭で、"*Suprematus*"に関して論ずる際に、「"Civitas"とは何か、"Respublica"とは何か、自由(Libertas)とは何か、"summa Potestas"とは何か、レガーリエン(Regalia)とは何か、"jus Superioritatis territorialis"とは何か、留保分(Reservata)とは何か、諸国家の連合(unio plurium Rerumpublicarum)とは何か」が論じられるべき旨を述べている。[285] これに続いて、同章中では、「支配地」(*ditio* [*sic*])、「地方」(*regio*)、「州」

(*provincia*) といった「領域」(*territorium*) に関わる諸観念の他、「ドイツの法律家達が"Superioritas territorialis"又は"sublime territorii jus"と呼ぶもの」や「昔の法律家達が［対人］支配権 (Imperium) と称した強制権能 (coërcendi potestas)」に加えて、「管轄権」(*jurisdictio*)、「軽度の強制権能」(*levis coërcendi potestas*)、「至高の強制権」(*summum cogendi sive coërcendi jus*) といった統治に関わる諸権能、更には、何らかの統治権者として、「管轄権の主」(*Dominus jurisdictionis*) や「領域の主」(*Dominus territorii*) といったものが挙げられている。[286]

また、『対談』における登場人物の口からは、"Souveraineté"、"Superiorité territoriale"、「領主権」(la Seigneurie) といった言葉が随所で発せられている。[287] そして、同書では、例えば、前二者について、登場人物の一人 (Philarète) が「"Souveraineté"と"Superiorité territoriale"の間には大きな差異がある」ものの、「この差異は十分に説明されてこなかったように私には思える」[288] と指摘しており、これらの観念の厳密な考究の必要性が示唆されているのである。

ライプニッツにとって、これらの言葉は何れも支配や統治に関わる用語である。しかも、例えば、「我々が"Superioritas territorialis"と称するこの事柄は、また、フランス人が、若干広義にではあるが、"la Souveraineté"とも称するものと同一のものであると見られる」[289] という記述から看取されるように、ドイツとフランスにおける、或いはラテン語とフランス語（更には、ドイツ語）における用語が完全に対応していないことをライプニッツは認識しているのである。

以上のように、当時の「統治権」に関わる用語は錯綜した状況にあり、ライプニッツ自身もそのような状況を認識している。そこで本章次節以下では、「統治権」との直接的関連において使用されていると思われる諸観念を表すライプニッツの用語を紹介・整理することによって、彼の「主権」理論の一端を明らかにすることとする。

(一)　“*Suprematus*”

(1)　“*Suprematus*” の定義を巡る問題

ライプニッツは、『*Suprematus* 論』の冒頭に付された「読者へ」(*Ad lectorem*) の中で次のように論じている。

「私は“*Suprematus*”を次の者に与える。即ち、自領で武力により臣民を支配するのみならず、領域外に軍隊を率いること、そして武器により、同盟により、使節により、その他の国際法 (jus gentium) に属する機能により、欧州の全般的事柄の総体に対して何らかの影響力を及ぼし得る者にである。[290]」

また、この引用に続く箇所で、“*Suprematus*”保有者について、「自分自身に又は自らの代理人に (Ministris)、欧州の他の諸勢力との間で、例えば、会議、異教徒に対する遠征、一般的講和条約、同盟、仲介、及び所謂保証において、地位が付与される」ことや、「その者の神聖且つ不可侵の人格は維持される」ことも述べられている。[291] 更に、別の箇所では、“*Suprematus*”保有者が、「欧州の他の権力者達と、同等の条件で交渉し、同盟（条約）を結び、軍隊を給養し、その他の［欧州の］全般的事柄に対する影響力を自らの権威をもって行使する[292]」、或いは「軍隊を自らの領域外へと率いること、そして兵力により及び同盟により重大な事柄に通常参与すること (armisque & foederibus plurimum ad summam rerum conferre) ができる者達である[293]」とされている。

ここで述べられている事柄は、一見したところ、“*Suprematus*”が付与されるための要件とその付与の法的効果であるものと思われ、前者は、「自領での武力による臣民の支配」と「欧州の全般的事柄の総体に対する何らかの影響力の行使」という事実であり、後者は、「欧州諸勢力との間での地位の保持と人格の不可侵」であるようである。[294] しかし、ライプニッツがここで行っていることは、“*Suprematus*”それ自体に関する定義（言わば、「内包による定義」）ではない点には注意を要する。彼は“*Suprematus*”についての抽象的定義から始めて、演繹的に説明するのではなく、具体的活動内容（事実）を要件として提示し、そのような活動を行っている者に“*Suprematus*”が認められ、その結果として、「欧州諸勢力との間での地位の保持と人格の不可侵」をその者が享受するという論理構成を採用しているのである。しかし、我々は直ちに次のような疑問に逢着する。即ち、ここで挙げられている結果（法的効果）の実質は、要件としての「欧州の全般的事柄に対する影響力の行使」と密接に関係しており、結局のところここに示されている論理は循環論法に陥っているのではないだろうかという疑問である。そして、同様の疑問は、『*Suprematus* 論』第一一章における次のような議論においても生ずる。

一方において、ライプニッツは、「“Suprematus”の権利を備えた、ヴェネツィアの、オランダの、そして、スイスの［人民の］ような人民は、自由にして何らの制約も受けない（liber, et nulli astrictus）ものと評価される」[295]としており、ここでは、“*Suprematus*”の権利を有するという事実によって、「自由にして何らの制約も受けない」人民になるという結果がもたらされるという論理が展開されている。他方において、彼は、「フランスやイングランド（Anglica）のような人民全体も同様に、自らの権利により統治されているのであるから、自らの下に“Suprematus”を有していると評価される」[296]としており、この部分では、「自らの権利により統治されている」という事実によって、“*Suprematus*”を有するという法的効果がもたらされるとの論理が示されている。つまり、ライプニッツにとっては、“*Suprematus*”を有するということは事実でもあり得るし、法的効果でもあり得ることになるのである。

このような問題に対してライプニッツが用意した解答と思われるものが、『対談』における登場人物の一人

(Eugène) が語る次のような言葉である。

「私は、力 (la puissance) が与えるこの事実上の権力 (ce pouvoir de fait) に関して論じているのではなく、法律 (loix) と慣習により確立された法的能力 (la faculté de droit) に関して［論じている］。[297]」

つまり、ライプニッツ自身の認識としては、"Suprematus" を有するということが「力」に基づく「事実上の権力」、即ち、事実の問題のように思われるとしても、その本質は「法律と慣習により確立された法的」事項なのである。果たして、この論理がどれだけ説得力のあるものであるかについては疑問も残るが、ここでは彼の論理展開を更に追うこととしたい。彼が示す "Suprematus" の定義に関わり得る事柄は、『Suprematus 論』の本論においても述べられており、それは次のようなものである。

「"Suprematus" の権利、或いは何者かが言うように専制君主政は、命令し、強制し、或る卓越した支配地を武装した軍隊により保持する "summa potestas" に存することを、私は上で述べた。この権利は恰も他の諸権利の何らかの総体、又は言わばレガーリエンの集合体であり、明瞭に除外されたのではない全ての事柄についての完全な権利がこの力を有する者に帰属する。[298]」

ここでも、先に挙げた一節と同様に、"Suprematus" が「軍隊による支配地の保持」という事実に依存することが承認されている。[299] 但し、第二文では "Suprematus" に属する権利の抽象的定義（内包）が示されているとも解され得る。即ち、それは「他の諸権利の何らかの総体、又は言わばレガーリエンの集合体」である。しかも、そこには所謂「ローチュス原則」[300]を彷彿させるような記述が付加されているのである。

さて、以上のことから、"*Suprematus*" の定義に関して次の二点を確認することが可能である。第一に、"*Suprematus*" それ自体は、或る者が置かれている状態という意味において事実であると同時に、そのような事実に基づき付与される地位という意味において法的観念でもあるという点である。そして第二に、"*Suprematus*" に含まれる諸権利は、ある程度抽象的な総体として理解可能であるという点である。

(2)　"*Suprematus*" の具体的諸権利

それでは、"*Suprematus*" の権利とは具体的には如何なるものなのであろうか。この点に関しては、『*Suprematus* 論』の第一九・二〇章における記述が参考となる。これら二章の内容は、"*Suprematus*" の具体的権利を論ずる旨が明言された上でのものではなく、飽く迄もドイツ諸侯の権能に関するものであり、また、同書全体の構成という観点からも、第一四章冒頭において「しかし、ドイツ諸侯の権能 (potestas) がより正しく理解されるために、物事が根源から (ab origine) 想起されなければならない」[301]との一文が置かれ、そこから古代以降のドイツ諸侯の成立過程と展開が第一八章に至るまでの五章を費やして論じられた後のものであることから、一見すると "*Suprematus*" の具体的権利には関連しないようにも思われる。しかし、ライプニッツは、第一九章において、「諸侯の権能は、"Suprematus" の権利から又は帝国等族の権利から生ずる」とした上で、「しかし、我々は先ず "Suprematus" の権利から発生するものについて論ずるであろう」[302]として、同章において「内在的なもの」(*immanentia*) である諸権利について論じ、第二〇章で「[領域外に] 波及するもの」(*transeuntia*) とされる諸権利について論じている。[303]これにより、第一九・二〇章で論じられている諸権利は、"*Suprematus*" の具体的諸権利であると解されるのである。

さて、このように“*Suprematus*”の具体的諸権利は「内在的なもの」と「[領域外に]波及するもの」に区分されるが、このことは“*Suprematus*”保有者の領域を基準とした上での対内的権利と対外的権利の区別を意味している。その上で、ライプニッツは次のような具体的権利を挙げている。

先ず、対内的諸権利は、「人を理由とするか、物を理由とするか（vel ratione personarum,vel ratione rerum)」によって区分されている。そして、「人を理由とする」ものについては、「人を、確かに臣民［であること］を理由として、君主は命令権（jus imperandi, sive jubendi）を有する」とされ、それは「命じられた事柄を行うよう強制する」権利であって、「現在では管轄権（*jurisdictio*）という言葉で呼ばれているもの」であるとされている。[304] そして、具体的には「法令制定権（jus *condendi leges* ac *statuta*)」、「度量衡制定権及び貨幣鋳造権（jus constituendi pondera et mensras, cudendae monetae)」、「公文書館保有権（jus habendi Archivi)」、「名誉回復権（jus infamiae abolendae)」、「恩恵付与権（jus aggratiandi)」、「逮捕権（jus arrestandi)」等々が挙げられている。[305]

「物を理由とする」ものについては、更に「無主物についての（in res nullius）ものか、臣民の物についての（in res subditorum）ものか」で区別される。そして、無主物については、取得或いは他者を排除する権利が認められ、その具体的権利として、「公の河川及び道路についての権利（jus fluminis publici viaeque)」、「狩猟権・捕鳥権・漁労権（jus venationis, aucupii, piscationis)」等が挙げられている。また、臣民の物については、「臣民の保護という理由により（Subditi protectionis causa)」「君主又は領主に」付与される権利であるとの考えが示されており、具体的権利として、「特別救援権（jus extraordinariarum subventionum)」、「課税権又は徴税権（jus indicendi tribute, sive collectandi)」、特定の物（例えば、肉、ワイン等）に対する課税権等が挙げられている。[306]

このように、“*Suprematus*”保有者に認められる対内的諸権利は、立法、執行、司法、課税といった広範囲に及ぶものなのである。[307] それでは、第二〇章で論じられている「[領域外に]波及するもの」とされる諸権利は如何なるものなのであろうか。同章では冒頭から次のような記述が為されている。

「他者に波及し、そして領域外に達する諸侯の諸権利は、戦争と平和の権利、同盟の権利、軍隊を保有する権利、堡塁を建造する［権利］、兵器庫を準備する（armamentarii adornandi）［権利］、帝国の構成員ではない者を抑止する権利（jus repressaliarum）、外国人の権利を援用する者に対する、即ち、自らに帰する外国の相続［財産］を獲得する者に対する報復の権利（[jus] retorsionis in eos, qui Albinagii jure utuntur, id est in eos, qui extraneis successiones apud se obvenientes auferunt）、それら［の租税］により帝国の他の構成員が圧迫されないような、そして外国の利益が制約されないような方法で、通行に対する租税を決定する権利、他者の領域を攻撃するための無害な通行の権利（jus innoxii transitus）、それによりキリスト教徒の公共の事柄が（res Christianorum publica）協議される一般的な条約及び会議に介入する権利、仲介を申出ること、仲裁を引受けること、保証を約束することの権利（jus mediationis offerendae, arbitrii suscipiendi, garantiae promittendae）、外国の者であっても制圧された者を救助する権利。次いで、尊厳（dignitas）それ自体とキリスト教諸侯の間で定められている土地、卓越した家門の権利、そして人格の不可侵（personae inviolabilitas）である。しかし、それらの全て［の権利］がより近接して使節権（そのことを原因として、我々の側でこの考察が試みられた。）に関わるのであるから（quoniam omnia ista paulo propius pertinent ad jus Legationis, cujus causa haec a nobis suscepta tractatio est）、それ故に、暫く後により明確に、或る時には戦争・平和・同盟の権利及びこれに関係付けられる事柄を、別の時には使節自身の支配権及び家門の（ipsius Principatus familiaeque）、更には人格の尊厳を、我々は説明するであろう。[308]」

以上に列挙された諸権利の中でライプニッツが最重要視するものが、「ドイツ諸侯に相応しい戦争の権利、平和の［権利］及び同盟の［権利］[309]」であり、特に、「戦争の権利と同盟の［権利］は結び付いている」とされている。[310] そして、これらの権利を中核とすることによって、重要な観念が提示されることになる。それは、「平等権」である。

(3) "*Suprematus*" に基づく「平等権」

『*Suprematus* 論』第二三章の冒頭において、ライプニッツは次のように論じている。

「戦争、平和及び同盟の権利を有する何れの者も、軍隊を給養し、重大な事柄に（magnis rebus）介入し得るのであり、約言するならば、"*Suprematus*" を有する者には、より一層礼節を弁えた［即ち、「文明化」した］欧州の他の権力者達との同朋の権利（*Jus Fraternitatis* cum caeteris Europae moratioris Potestatibus）が相応しい。その権利には、特に、一方が他方に対して、（力の長い懸隔があるとしても（longo licet potentiae intervallo））恰も平等者を（aequalem）、そして仲間を（socium）育むこと、一方が他方の尊厳を考慮すること、更に、その首長が確かに教会の全般的擁護者である皇帝である、かの共通のキリスト教共同体における同一の宮廷の同等者（pares ejusdem Curiae）とみなされることが含まれる。[311]」

また、これに続く部分では、「ドイツ諸侯が、諸国王の間での戦争において仲介者（Mediatores）、或いは所謂平和の調停者（Pacis Conciliatores）でさえもあり得ることは今や確かである」[312] とされている。これらの記述におけるライプニッツの主張は明白である。即ち、"*Suprematus*" 保有者は欧州（それはキリスト教共同体（*Christianitatis Respublica*）でもある。）において「同朋の権利」[313] を有し、「力の長い懸隔があるとしても」、即ち、「国力」に大きな差があるとしても、[314] 法的に平等であるというのである。（同様の思考は、「"Suprematus" を享受する全ての者の間で、自然が恰も或る種の社会を（quandam [*sic*] velut Societatem）、そしてある程度の平等を（quodammodo aequalitatem）を確立した[315]」との表現からも理解される。）

更に、これらの論述に関して、我々は次の点にも留意すべきであろう。即ち、ライプニッツが「“*Suprematus*”保有者の平等」を導出する過程において、“*Suprematus*”の最高性や絶対性から平等性を演繹するという論理を採用していないという点である。これは、近代国際法における「国家平等原則」が主権の最高性や絶対性からの論理的帰結であることと比較するならば、ライプニッツの“*Suprematus*”理論（更には、「国際法」理論）の大きな特色であると言えるのである。

(二) “*summa potestas*”

(1) ライプニッツの“*summa potestas*”観念

ライプニッツの“*summa potestas*”観念を考察する際に我々が直面する困難は、（前々章の考察における「法」(*jus*)の場合と同様に）その積極的定義が与えられていないということである。そのため、以下では、彼の論考中の“*summa potestas*”への言及箇所を検討することによって、彼の“*summa potestas*”観念を或る程度明らかにすることとしたい。

先ず、（次章第一節(三)(1)でも紹介されるように）『テンツェリウス宛書簡』において、「『国際法上の人格』を有する者、即ち、“summa potestas”に基づいて参与する者（qui partem capiunt de summa potestate）[316]」という表現が使用されていること、また、（次章第二節(一)(1)でも触れられるように）『類纂助言』において、「諸々の『意思国際法』(jus gentium voluntarium) が“summa potestas”の参与者である者達の、或いはそれ［即ち、“summa potestas”］に由来する権威を有する者達の慣行及び見解により最大限に支持される[317]」と論じられていること、更に、『法原理考察』において、「第二の国際法 (Jus Gentium secundarium)」が実定法であることが述べられた上で、それが「諸々の“summa potestas"」を拘束する旨の主張が為されている（また、その文脈中で「複数の"summa potestas"が、そして、それだけの数の自由なる人格（personae liberae）が」という表現が使用されている。）ことに我々は着目すべきであろう。[318]これらの記述から、"*summa potestas*"保有者は、「国際法」の規律の対象であると共に、「意思国際法」の創出主体（或いは、少なくとも、慣行の支持者）でもあり得ることが理解される。（尚、ライプニッツの「国際法」及び「意思国際法」の観念についての考察は、次章第一節で為される。）

また、「意思国際法」に関連して、『類纂』の「序文」において、「国家外で又は"summa potestas"の参与者である（それらの者は同一の国家内であってもときには複数存在する）国家間では、諸人民の黙示的同意により受容された意思国際法の場が存在する」[319]と論じられていることも重要である。ここでは「"summa potestas"の参与者」が「国家（Respublica）」とされていること、それに加えて、『プーフェンドルフ批判』において「その者の同等者に対して、"summa potestas"を有する一つの公的人格は国家（civitas）である」[320]とも述べられていることをも勘案するならば、"*summa potestas*"を有する者が国家（*respublica: civitas*）と等置され、そのような国家が単一の存在として（「一つの公的人格」として）「意思国際法」の適用対象とされていることになるのである。[321]

ところで、ここで確認された「"*summa potestas*"保有者と国家との等置」については、別の側面が存在する。即ち、『模範』において「"summa potestas"の人格は自らの中で諸々の臣民の（subditorum）公的人格、或いは何者かが言うところの、倫理的［人格］を結合する」[322]とされていることと併せて考えるならば、臣民の公的人格を統合したものとして"*summa potestas*"の人格が措定されていることになるのである。つまり、「国内的に」臣民の公的人格の統合であり、「対外的に」一個の公的人格としてその統合体を代表するものが"*summa potestas*"の人格であると言えよう。

次に、"*summa potestas*"の「対内的」側面についても検討することとしたい。先ず、前に挙げられた『法原理考察』からの引用箇所において、「諸々の"summa potestas"」という言葉には「他の民族の立法者としての権力を自らの中に承認しない（quae aliarum gentium potestatem legislatoriam in se non agnoscunt）」[323]との修飾節が付せられていることから、"*summa potestas*"は他民族の（国内）法には服しないこととなる。また、『類纂』の「序文」においては、「国家内（in Republica）では国家法（jus civile）が"summa potestas"を有する者から力を受け取る」とされており、国内法の立法権が"*summa potestas*"保有者に存しているとの認識が示されている。以上のことから、（少なくとも立法権については）"*summa potestas*"が他に服することのない対内的に最高の権力であるものとライプニッツが構想していることが理解されるのである。但し、この対内的最高性に関して付言すべきことがある。それは、"*summa potestas*"の可分性である。

（2）"*summa potestas*"の可分性

先ほどの『類纂』の「序文」からの引用文中では、「"summa potestas"の参与者である国家」という句に「それらの者は同一の国家内であってもときには複数存在する」[324]という修飾節が付せられている。このことから、一国内での複数の参与者による"*summa potestas*"の分有があり得ることが承認されていることとなる。そして、この「"*summa potestas*"の可分性」については、『*Suprematus* 論』において次のように詳細な議論が展開されている。

ライプニッツの、「"*summa potestas*"の可分性」という主張は、ホッブズが展開した主権論（より正確には、"*summa potestas*"論）に対する反駁というかたちで登場している。先ず、ライプニッツは、「仮に、我々がホッブズに耳を傾けるならば、我々の下では、純粋な混沌（Anarciae merae）以外の何ものも存在しないであろう」とした上で、ホッブズの理論の骨子を「国家（Respublica）又はそれを代表する人格が欲する事柄は各人が欲している事柄であると理解されるよう、各人は自らの意思を国家へ、即ち、君主政若しくは最良の者達の又は人民の集会へ（vel in

Monarcham, vel aliquod optimatum aut populi concilium)、或いは自然人又は公的人格へ (in personam naturalem aut civilem) 移譲しなければなら」ず、「他の全ての者を代表する国家のこの公的人格は単一のもの以外の何ものでもあり得ず、"summa potestas" に属する諸権利 (jura summae potestatis) が複数の人格又は複数の社団 (collegia) の間で誤って分割され得ることもない」のであり、それは、例えば、「或る者に法律制定権 (jus legum ferendarum) が存し、他の者に課税権 (jus indicendorum tributorum) が存するならば、[それらの者の間に] 頑強なる不一致が存在する場合に国家は解体されること [になるのであるから]」と纏めている。[325] ライプニッツは、ホッブズのこのような見解を「謬論」(*paralogismus*) であるとし、そのような謬論が発生する原因が、「不都合 (incommodum) を生じさせ得る事柄は如何なる態様によってももたらされるべきではない (そのことは人間の事柄の本性からかけ離れている。) と彼が判断していることの中にある」ことを指摘した上で、次のように反論する。

「"summa potestas" が分割された場合に、多くの不和が、それどころか、仮に各人が [自己の] 見解に固執するならば、戦争すらも、発生し得ることを、私は否定しない。しかしながら、経験に合致することは、人間は、強情 (pertinacia) により物事の最重要事を (summam rerum) 難局に至らせないように、大抵何らかの中道を (medias quasdam vias) 採るということである。全ての者にとっての顕著な事例としては、ポーランド及びオランダ (Respublicae Polonica & Belgica) があり得る。[326]」

そして、「何らかの中道」の例として、ポーランドでは一地域の代表が議会 (*Comitia*) を解散させることが可能であり、またオランダでは和戦・同盟等の重要問題について各州代表の全会一致が必要とされる制度となっているが、実際には「賢明さと節制により (prudentia et moderatione)」柔軟に運営されている旨が説かれる。また、ドイツの帝国議会についても、全てが多数決で決せられるのではなく、事項によっては全会一致が必要とされると述べられている。そして、それらは何れも、ホッブズの見解に従うならば、「純粋な混沌」の発生が予見されるような制度であるが、実際にはそうはなっていないとの主張が展開されている。更に、ライプニッツは、ドイツを「怪物の如き（monstrosa [*sic*]）」と形容する者が存在するが、それが正しいとするならば、同様のことは、ポーランド・オランダに加えて、イングランド及びスペイン、そしてフランスにさえも妥当するとする。更にまた、トルコのスルタンであっても臣民に対して恣意的統治を行うことがないようなシステムが存在していることが説明されている。その上でライプニッツは、「諸々のホッブズ的帝国（Imperia Hobbiana）はより一層礼節を弁えた［即ち、「文明化」した］諸国民の下で（apud moratiores gentes）も野蛮人の下でも存在しないと私は判断する」とし、また、「至高の物事が帰属する者が天使の徳に基づく（angelicis virtutibus）勢威をふるうのでなければ、それ［即ち、ホッブズ的帝国］が可能でも望ましいとも思わない」として、次のように結論付ける。

「したがって、ホッブズが示す事は、全て［の事柄］について信頼され得る唯一の存在である神が国王であるような国家（ea Respublica ..., cujus Rex Deus est）において存在するのである。[327]」

つまり、ライプニッツは、ホッブズが説くような「不可分の主権」が人間界において実質的に不可能であると判断しているのである。尚、"*summa potestas*" の分割の内実について指摘されるべき事柄が存在する。それは、ライプニッツが、"*summa potestas*" を分割可能であるとし、また事例としては、（ホッブズの議論を引用するかたちで）立法権と課税権を挙げている点に関わる次のような事柄である。即ち、このような "*summa potestas*" の分割が統治権の中の同一内容の権能を複数者で分有するという形式であることも論理的には排除されていないため、ライプニッツが近代的な国家権力の分割理論（典型的には「三権分立論」）を認識していたとは必ずしも言えないのである。

(3) "summa potestas"と"Suprematus"の関係

それでは、"summa potestas"に関する考察の最後に、"summa potestas"と"Suprematus"の関係について整理を試みることとしたい。

"summa potestas"と「国際法」（*jus gentium*）との関係や"summa potestas"が「対外的に」一個の公的人格として当該統合体を代表すること、「国際法」の規律対象となる"summa potestas"保有者が国家と等置されること、更には、武力による臣民の支配を重視することなどを勘案するならば、"summa potestas"と"Suprematus"の間には殆ど差異が存在しないようにも思われる。しかし、次のような理由により、両者は同一の観念ではないと判断される。

既に（本節㈠(1)において）確認されているように、ライプニッツは「"Suprematus"の権利、或いは何者かが言うように専制君主政は、命令し、強制し、或る卓越した支配地を武装した軍隊により保持する"summa potestas"に存する」[328]としている。この一文の意味は、「"summa potestas"を基盤として"Suprematus"が成立する」としてよいであろう。また、（これも既に確認された通り）"Suprematus"保有のためには「欧州の全般的事柄に対する影響力の行使」が必要であるとされている。つまり、"summa potestas"の保有は"Suprematus"保有のための必要条件ではあるが、十分条件ではないのである。

(三)　"*superioritas territorialis*"

(1)　ライプニッツの "*superioritas territorialis*" 観念

ライプニッツの統治権を巡る理論の中で、"*Suprematus*"（そして、"Souveraineté" 及び "*summa potestas*"）と共に重要な観念であると解されるものが、"*superioritas territorialis*" である。[329] この観念と "*Suprematus*" が密接に関係する（しかし、両者は別個の観念とされるべきである）ことを示しているのが『*Suprematus* 論』の「読者へ」における次の記述である。

「しかし実際に、サンマリノ共和国や想像上のイヴト（Yvetot）王国の［領域］がそうであるように（quale est Reipublicae Sanmarinianae aut Regini imaginarii Ivetotiani）、領域は僅少であり得るのであるから、ここから更に（外国人が "Souveraineté" と呼ぶものに対応すべき言葉として）"*Suprematus*" と私が呼ぶものから "superioritas territorialis" を私は区別する。[330]」

それでは、"*superioritas territorialis*" とは如何なるものとしてライプニッツにより観念されているのであろうか。この点に関して、最も詳細な議論が展開されているのが、『*Suprematus* 論』第一〇章である。そこでは、ライプニッツは、「共通の領域（territorium commune）」について、それが国家（*civitas*）や支配地（*ditio* [*sic*]）といった空間的な広がりを指すだけでなく、「諸々の権利の集積（jurium aggregatum）を意味する」とし、その理由が「相続財産と世襲家産（haereditas et patrimonium）が或る家門や住居における物及び権利の総体（rerum juriumque in familia aliqua sive domicilio universitas）を含むように、領域は土地の居住された部分において帰属し得る諸々の権利の総体（uiversitas jurium）を意味するからである」とした上で、「このことから、ドイツの法律家達が "*superioritas territorialis*” 又は “*sublime territorii jus*” と呼ぶものが発生する」としている。[331] つまり、“*superioritas territorialis*”（それは、“*sublime territorii jus*” でもある。）とは、領域に由来する諸々の権利の総体であるとされているのである。

(2) “*superioritas territorialis*” の享有主体：「管轄権の主」と「領域の主」

ライプニッツは更に、“*superioritas territorialis*” 又は “*sublime territorii jus*” には、「管轄権（*Jurisdictio*）及び軽度の強制権能（*levis coërcendi potestas*）の他に、武力の権利（*Jus manus militaris*）さえもが含まれる」とする。[332] そして彼は、「管轄権の主（*Dominus jurisdictionis*）と領域の主（*Dominus territorii*）は相異なるものである」との前提を設定した上で、各々の説明に進む。

ライプニッツは、先ず、「管轄権を、訴訟を決定することに関する権能、或いは判決を下し、命令不服従の私人を強制する権利と私は称する[333]」とし、「反抗的な者達に対して、必要であれば（ubi opus）、力を利用することが許容される場合に、強制権能（それを昔の法律家達は支配権（Imperium）と呼んだ。）が存在すると私は述べる」とする。その上で彼は、「それに対して、武力の権利は、単純な強制権能よりもはるかに高位にある何ものか[334]」であり、「支配地全体を責務に留める（in officio continendam）ために十分である武力を集めるというこの権利を有することが権能の中にある場合に、武力の権利と私は呼ぶ[335]」とするのである。

この説明から、「管轄権」と「（軽度の）強制権能」の上位に「武力の権利」が位置付けられていることが理解される。そして、これらの位置付けには、実際の職務に当たる者の存在が対応しているものと判断される。何故ならば、前二者については、「正義の代理人（Justitiae Minister）」（即ち、司法官）が行使する権能として記述され、「何れかの村や城塞の主（Vici vel Burgi Dominus）は、全ての管轄権を有し得るし、極刑をもって罰し得るし、先導吏（lictor）を通じて、そして、必要な場合には、集められた市民又は農民を通じて、命令不服従の若干の私人を秩序へと戻し得る」とされるが、その者は「兵隊を徴募すること、大きな弩を引くこと（tormenta majora ducere）［即ち、大規模な武力の行使］、その他それによりその土地全体を命令へと強制するよう訴えることを為し得ない」のに対して、「少数の反抗的な者に対してではなく、或る共同体（communitas）全体に対して準備された力が存在する場合には、領域の主に助けを求めるであろう」とされるからである。[336] つまり、「管轄権」と「（軽度の）強制権能」については「正義の代理人」や「村や城塞の主」が有し得るのに対して、「武力の権利」を有する者は「領域の主」のみなのである。

そして、「管轄権の主」と「領域の主」を区別するという前提を設定したことの意味がここにおいて明らかになる。即ち、ライプニッツは「これらの事柄を正確に考察する者は、“superioritas territorialis” が至高の強制権（summum cogendi sive coërcendi jus）の中に存すると見るであろう」とし、この「至高の強制権」を有する者である「領域の主」こそが “*superioritas territorialis*” を有するとの見解を示すのである。[337]

但し、ライプニッツは “*superioritas territorialis*” に必要とされる「至高の強制権」に関して或る種の留保を付している。即ち、彼は「この権利は兵士がなくとも保有され得ることは留意されなければならない」とし、更に、次のように論じているのである。

「［その者が］服従されるべきであるとの臣民達の共通の見解が存在する限り、人々の見解（即ち、恭順（obsequium）、崇拝（cultus）、権威（autoritas [*sic*]））のみによって、力それ自体によるのと同じだけ、そしてしばしばそれ以上に、［至高の強制権の保有は］可能なのである。そのようなときには、確かに、僅かな煽動者による騒動に対抗し得るだけの少数の手勢を（manum）手許に置くことで十分である。その間、必要な場合には、大きな力を利用する権能が承認された状態であれば（confessam esse potestatem）十分である。[338]」

ライプニッツが「至高の強制権」としての「武力の権利」を重視していることには疑念の余地はない。（これは“*Suprematus*”に関する議論でも同様である。）しかし、ここでは、被治者の側の認識によっては、現実に大規模な武力を保有する必要がない場合があることが示されているのである。

さて、以上のように“*superioritas territorialis*”の帰属主体に関する一般論が展開された後に、具体的な主体が挙げられている。即ち、「この権利は帝国の諸侯にのみならず、諸伯に（comitibus）も帰属」し、「自由都市に関しては（[d]e Urbibus liberis）、かつて長い間疑義が存在したが、最近、特にミュンスター講和により（Pace imprimis Monasteriensi）、問題は決着したものと見られる(339)」とされているのである(340)。

(3)　“*superioritas territorialis*”の特質

ライプニッツによれば、「“superioritas territorialis”が臣民を強制する至高の権利に存する」ということが理解されることにより、次のことが明らかとなるという。即ち、“*superioritas territorialis*”の中に「明示的に除外されてはいない、或いは他者に留保されている物以外の他の全ての物を支配する完全な裁量」が存在し、そのことから「領域権（territoriale jus）は或る種の諸権利の総体に存すること（in quadam Jurium Universitate consistere）」、更に、「明示的合意により及び頻繁に誓約により、或いは地方の慣習により（Provinciae consuetudine）多くのレガーリエン（Regalia）が［“*superioritas territorialis*”から］除外されていること、そしてそれにも拘らず、“superioritas territorialis”はそのまま維持されること」である。これらのことからの帰結として、「我々の領域において、他者が狩猟権（jus venationis）、採掘権（jus fodinarum）、［市場］開設権（jus aperturae）、召集権（jus conducendi）、徴税権（jus vectigalium）、更には、その他の管轄権或いは犯罪者に死刑を科す権利と被告人を処刑する権利を有するというようなことがあり得ることになる」上に、「所謂最終審の権利（jus supremae instantiae）」も他者に認められることになり、逆に、「領域の主が、貨幣鋳造権（jus signandae monetae）、裁量により租税を課す権利（jus indicendi tribute pro arbitrio）、堡塁築造権（jus struendi munimenta）、その他の多く［の権利］を有し得ない」ということが発生するというのである(341)。

つまり、“*superioritas territorialis*”は（その享有主体が「領域の主」と呼ばれる場合であっても）近代国際法上の観念としての「領域主権」のような排他的な権利を意味しない。それは、レガーリエンという帝国国制上の諸権利によって蚕食され得る、しかしそれでもその部分を除いた諸権利は「領域の主」の手にあることが認められる、という権力の総体であると言えよう。それでも、我々が留意すべきことは、「明示的に除外されてはいない、或いは他者に留保されている物以外の他の全ての物を支配する完全な裁量」が“*superioritas territorialis*”には含まれているとされている点である。即ち、“*superioritas territorialis*”（及び「領域権」）は、個別的権利の集合体ではなく、権利の総体として理解されており、個別的権利の列挙により帰納的に導出される観念ではなく、個別的権利を必要に応じて演繹し得る観念とされているのである。

(4)　“*superioritas territorialis*”と“*Suprematus*”の関係

それでは、以上で検討されてきた“*Suprematus*”と“*superioritas territorialis*”の関係は如何なるものなのであろうか。それらは同一のものなのであろうか。また、そうでないとするならば、両者の相異は奈辺に存在するのであろうか。これらの事柄を考察するに際して我々の参考となるものが、『*Suprematus* 論』第一二章中の次のような記述である。

「ドイツの諸々の自由都市は（liberae Germaniae civitates）、守備隊を受容れることを強制されないし、実力により容易に占領され得ることもないが、我々はそれらに“Suprematus”を認めないし、それら［の自由都市］は自らのそれ［即ち、“Suprematus”］を自らに［与えるよう］要求しない。何故にそうなのであろうか。皇帝及び帝国に束縛されているからでは確かにない。選帝侯により“Suprematus”が譲許され得ないからでもないであろう。それら［諸都市］の支配者達（Rectores）が優れた血統の出身（ex illustri stirpe）ではないからであろうか。否、そうではない。…［中略］…それでは、結局、何故なのであろうか。それら［諸都市］自体において（個々について、と私は言う。）至高の事柄に対する諸々の影響力（momenti ad summam rerum）が十分に存在しないと見られること以外に、私は理由を見出さない。つまり、軍勢（copiae）を給養しないが、自らの中で防護されており、実力に対して亀甲の如くに守られている、つまり［それら諸都市は］“superioritas territorialis”を有するが、“Suprematus”を有しないのである。[342]」

ここから明らかとなることは、“*Suprematus*”と“*superioritas territorialis*”の相異は「至高の事柄に対する影響力」の有無という事実にあるということである。（これは、勿論、本節㈠(1)で確認された「欧州の全般的事柄の総体に対して何らかの影響力を及ぼし得る者」に“*Suprematus*”が与えられることに合致する。）そして、“*Suprematus*”の有無の基準として対外的問題への影響力の保持という事実を重視するという点は、『*Suprematus* 論』の中で繰り返し登場する。[343] 更に、次の事柄も確認されなければならない。即ち、ここで重視されている「事実」とは、帝国や皇帝との紐帯や血統による正統性[344]のような当該主体自身のみにより変更不可能な事柄ではなく、飽く迄も、当該主体の実力により変更可能な事柄なのである。

(四)　"Souveraineté"

(1)　ライプニッツの"Souveraineté"観念

ライプニッツは『対談』において"Souveraineté"を次のように定義している。

「"Souveraineté"とは、困難を伴うことなく彼自身の事柄（les siens）を強制し得ることについての、そして、（人が彼に対して有し得る何らかの義務と人が彼に為さねばならない何らかの服従又は忠誠を）他者により強制され得ないことについての、承認された権利である。[345]」

つまり、自らの臣民に対する強制権であって、その者のみに認められた統治者の権利が"Souveraineté"であると言えよう。同様の定義は、「従順を臣民に強制する正統且つ通常の権力（un pouvoir legitime [*sic*] et ordinaire)」、或いは「民事の執行に関する至高且つ通常の権利」（le droit supreme [*sic*] et ordinaire d'execution [*sic*] civil）[346]という表現でも示されており、臣民に対する（対内的）統治権として"Souveraineté"が理解されている。

但し、当然のことながら、"Souveraineté"は対外的な側面をも有する。即ち、同じく『対談』において、「"*Souveraineté*"の戦争の権利に対して侵害を与え得るものは戦争の権利だけであることが明らかとなる[347]」とされ、或いは、講和・戦争・同盟の権利が"Souveraineté"の問題とされていることから[348]、まさに和戦の権利を中核とした対外的な諸権能が"Souveraineté"に含まれていることが理解されるのである。（尚、『対談』の基となった『*Suprematus*論[349]』におけるライプニッツの実践的課題が、自らの主君であるハノーファー公がナイメーヘン講和会議に派遣した使節の処遇改善問題であったことから、『対談』中の"Souveraineté"観念に関する議論においても使節権の問題が重視されていることは明らかである。[350]）

(2) “Souveraineté” と “*Suprematus*” の関係

それでは、以上で検討が為されてきた“*Suprematus*”と“Souveraineté”の相異は如何なるものなのであろうか。この点についてのライプニッツの論述は、次のように、やや不明瞭な部分を含んでいる。

一方において、ライプニッツは“*Suprematus*”と“Souveraineté”が同一のものであるかのような表現をすることがある。例えば、『*Suprematus* 論』第一三章冒頭においては、「これらのことから、何が“Suprematus”、［即ち、］“Souveraineté”であるべきか (quid sit Suprematus, la Souveraineté) が十分に理解されると私は判断する」[351] とされており、“*Suprematus*”が“Souveraineté”と言い換えられていることが理解される。また、“*Suprematus*”が「俗に言うところの (quem vulgo vocant)」“Souveraineté”とされている箇所もある。[352] 更に別の箇所においては、同様の理解が次のように示されている。即ち、“Souverains”と呼ばれる者についてフランス人が論ずる際に、「自由都市について (de urbibus liberis)、或いは、富裕な商人でさえもが自ら容易に購入し得るような僅少な領域の主 (exiguorum territoriorum Dominus) について」は議論の対象とされず、「戦争を開始すること、戦争を継続すること、言わば、［自らの］力により持ちこたえること (vi stare)、同盟を結ぶこと (foedera pangere)」、更に、「より劣位のそしてより下位の地位に属する人間達には容易に帰属することはない事柄 (但し、教会諸侯の選挙を除く。) に対して、権威をもって介入することができる重要な権力者達について (de majoribus illis potestatibus)」論じられるとされており、[353] ここで「“Souverains”と呼ばれる者」の実質は“*Suprematus*”保有者であると解されるのである。

他方において、ライプニッツは、同じく『*Suprematus* 論』中で、次のように述べることによって、“*Suprematus*”と“Souveraineté”を区別しているようにも思われる。

「ところで、今日では諸々の小さな領邦［又は領域 (territoria)］が“*Souverainetés*”と称されがちである。しかしながら、より一層共通する意味によれば、この言葉はより狭く制約されており、大きな領域を有し、軍隊を進発させ得る者達が"*Souverains*"又は"*Potentats*"と呼ばれている。そして、これこそが私が"*Suprematus*"と呼ぶ事柄なのである。(354)」

同書では更に、「時にはフランスの法律家達がその言葉［即ち、"Souveraineté"］により"*la Souveraineté de Bidache*"や類似の種類の小さな領邦［又は領域］をも認識することを確かに私は知っている」ものの、「公的な事務に関しては（de publicis negotiis）、諸々の"*Souverains*"は、大きな領域を保有する者達を別称で"*Potentats*"と呼ぶことを常としている(355)」とも述べられている。また、『類纂』の「序文」においても、"*Suprematus*"が「国家(Respublica)内で、［その者より］上位の者を（superiorem）排除しない」とされつつも、「しかしながら、武力及び同盟を通じて、権威をもって諸国民の事柄に介入し得るような十分な自由と力を有する者は、"Potentatus"の中に数えられ、"Suprematus"を有すると信じられる(356)」とされている。これらの記述おいては、"*Suprematus*"と"Souveraineté"を区別するという理解が示されているのである。

以上の引用部分を矛盾なく理解しようとするならば、次のようになるであろう。即ち、ライプニッツは広義と狭義の"Souveraineté"が存在するという状況を認識しており、彼にとっての本来の（「より一層共通する」且つ「より狭く制約」された意味における、つまりは「狭義」の）"Souveraineté"とは、"Potentat"によってのみ担われる資格であり、それこそが"*Suprematus*"なのである。換言するならば、（前述の"*summa potestas*"と"*Suprematus*"の関係と同様に）"Souveraineté"の保有は、"*Suprematus*"の保有（即ち、"Potentat"であること）の必要条件ではあるが、十分条件ではないのである。

それでは、ライプニッツの"*Suprematus*"観念の特質は如何なるものと言えるのであろうか。この点については次々節で考察することとし、その前に、彼にとって（そして、当時のドイツの国制や法を論じた理論家達にとって）

の重要問題であった帝国等族の法的地位について、"Suprematus"理論における帝国等族の位置付けという観点から、検討しておきたい。

第三節 "Suprematus"理論における帝国等族

(一) 選帝侯及び諸侯

(1) "Suprematus"保有者としての選帝侯及び諸侯

前節(一)において確認されたように、『Suprematus論』においてライプニッツは、「自領での武力による臣民の支配」と「欧州の全般的事柄の総体に対する何らかの影響力の行使」を実現する者に"Suprematus"を付与するとしていた。このことを前提として、彼が繰り返し主張する事柄がある。それは、帝国等族、特に、選帝侯と諸侯が"Suprematus"保有者であるということである。このことは同書の「読者へ」において「諸々の国王に劣ることなく我々の選帝侯及び諸侯に相応しい全ての事柄が、私により指し示されている[357]」という表現で予示されている。そして、実際にこのことの論証こそが『Suprematus論』の中心的課題であることは、同論考の全体の構成と個別的議論という二つの観点から理解可能である。

先ず、『Suprematus論』全体の構成からは次のことが明らかとなる。この論考は「読者へ」と題された序論部分と六七章にわたる本論から成っているが、本論第一章から第一二章までは、"Suprematus"理論の「総論」に相当するもので、それに続く第一三章以降ではドイツ諸侯や帝国国制に関する記述（その中で第一四乃至一八章は、ドイツ諸侯の生成の歴史が古代から説明されている。）が最終章に至るまで展開されている。つまり、全体の五分の四以上の章がドイツに関する問題を直接的に扱っており、しかも、「総論」相当部分であっても、第一章冒頭の一文は「ドイツの諸侯が自らのために正当に主張している、使節を派遣する権利に関する、よく知られている論争が今日展開されている」というものであって、ドイツ諸侯の使節権がこの論考の執筆の端緒となっているとの印象を読者に与えるのである。

また、『*Suprematus* 論』においてドイツ諸侯に関する個別的議論が開始される第一三章の冒頭は次のようなものである。

> 「これらのこと［即ち、“*Suprematus*”理論の「総論」相当部分における記述］から、何が“Suprematus”、［即ち、］“*la Souveraineté*”であるべきかが十分に理解されると私は判断する。今や指摘されるべきことは、ドイツ諸侯は“*Suprematus*”を有することである。(358)」

これに続いて、ライプニッツは、「ドイツ諸侯が“*Souverains*”であることを示す無数の外国の証拠を容易に入手できる」として、様々な「証拠」を挙げつつ、第一三章以降の議論を展開している。そして、その過程においても、「諸々の最重要な国王（Maximi Reges）はドイツ諸侯と“*Souverains*”から“*Souverains*”への如くふるまった(359)」とされ、或いは、「確かに、ドイツ諸侯は、“Suprematus”を有する彼等の全てがそうであるように、私法上の法律により（legibus juris privati）拘束されない(360)」とされ、更に、ウェストファリア条約に関連して「最重要である事柄に関して（de maximis rebus）、即ち、宗教、自由及び安全に関して問題とされるとき」「今日の帝国の諸侯が」その判断に加わること、「つまり、“Suprematus”を享受することは、明らかであるように思われる(361)」とされるなど、帝国の選帝侯及び諸侯が“*Suprematus*”保有者である旨が繰り返し主張されているのである。

(2) "*Suprematus*" 保有者としての選帝侯及び諸侯の権能

それでは、"*Suprematus*" 保有者としての選帝侯及び諸侯には、具体的に如何なる権能が帰属するのであろうか。『*Suprematus* 論』において「ドイツ諸侯に相応しい（competit）」中核的権能として挙げられているものは、「戦争の権利、平和の［権利］、同盟の［権利］（jus belli, pacis, foederum）」であり、特に「戦争の権利」に関しては「マキシミリアン一世の下で制定された公共の平和（ラントフリーデ）（Pax publica: Land-Friede）の以前からそれらの［ドイツ諸侯の］間でそれらの者に相応しかったのであるから、外国人に対する（in exteros）戦争の権利が以前からドイツ諸侯に相応しかったことは疑われ得ない」とされている。[362]

また、同書の別の箇所では選帝侯と「帝国の卓越した諸侯（praecipui Imperii Principes）」について、"*Suprematus*" 保有者として、「尊厳についても名誉についても区別されない（nec dignitate atque honoribus.....separentur）」のであり、それらの者の使節についても同様である旨が主張されている。[363] つまり、"*Suprematus*" 保有者である選帝侯及び有力諸侯（そして、それらの者の使節）の尊厳・名誉に関する平等が主張されており、ここでも "*Suprematus*" に基づく「平等権」の主張が確認されるのである。

以上のように、"*Suprematus*" 保有者としての選帝侯及び諸侯は、和戦及び同盟の権利、尊厳・名誉に関する平等権を有すると同時に、より具体的権能として、既に（前節(一)(2)において）挙げられた、"*Suprematus*" に由来する諸権能を有することとなるのである。

(二) 諸身分間の差異

(1) "*Suprematus*" 保有者としての選帝侯及び諸侯と皇帝の差異

ところで、"*Suprematus*" 理論を神聖ローマ帝国の等族に適用し、選帝侯及び諸侯が "*Suprematus*" 保有者として、同じく“*Suprematus*”保有者である皇帝と平等な地位に置かれるということは、帝国国制理論と齟齬をきたすのではないであろうか。この点についてライプニッツは如何なる理論を展開しているのであろうか。

この点に関する考察の前提として、次の二つの事柄が確認されなければならない。第一に、ライプニッツは、皇帝が帝国の「首長」（le chef）であるとし[364]、また帝国において“*Majestas*”という称号が認められる者は皇帝のみであるとする[365]ことによって、皇帝の特別な地位を承認していることである。第二に、ライプニッツは、選帝侯が皇帝及び帝国に対して「誓約」（serment）を示しており、諸侯の誓約が選帝侯のそれと何ら異なるところはないとする[366]ことによって、帝国の選帝侯及び諸侯が（それらの者の間での平等な関係を維持しつつ）皇帝に臣従していることを承認しているということである。

これらの前提にも拘らず、ライプニッツは、「選帝侯及び諸侯が帝国に含まれるという種類の従属は“Suprematus”と相反しないということが理解され得る[367]」とする。（また、これと同一の思考は「諸侯の権能は、“Suprematus”の権利又は帝国等族の権利に由来する[368]」という表現にも表されていると言えよう。）何故に彼はそのように主張し得るのであろうか。その論拠とみなされ得るものが、「武器を使用する権利（droit de se servir des armes）（即ち、“souveraineté”）を与える資格を、臣従の礼（hommages）と封臣であること（vasallages [*sic*]）への考慮を払うことなく、人は考察する」のであり、その理由は「『国際法』（le droit des gens）上の全ての特権（それらは“Souverains”又は彼等の使節（Ambassadeurs）に帰属する。）へ参与させるのは“souveraineté”であるから[369]」とする彼の見解である[370]。つまり、帝国国制の枠内の存在であることと「国際法」（le droit des gens）上の諸権利の享有主体であることは、別箇の事柄であるとされているのである[371]。

以上のことに関連して、ライプニッツは、帝国議会と選帝侯及び諸侯との関係についても、彼等の「自由及び“Souveraineté”」、特に、戦争の権利という観点から、『対談』の登場人物（Philarète）に次のように述べさせている。

「帝国全般の統治を扱う事柄は、［帝国］議会に帰属し、多数決に依存する。例えば、帝国が戦争を宣言する或いは講和を行う場合、同盟条約を締結する場合、使節（Ambassadeurs）を派遣する場合、軍隊を編成する場合、負担金を課す場合には、それらを規律することは［帝国］議会に属する。しかし、特に個々の選帝侯又は諸侯の自由及び“Souveraineté”に関わる事柄は同様ではない。何故ならば、貴方は理解するであろうが、その者は、帝国が何らの迷惑も蒙らないのであれば、その者の個別的事項に関して戦争を宣言できるのであり、帝国が戦争を宣言する場合には、自身の負担分を負担するのであれば、そして、急迫した危険が存在しないのであれば、その者は中立に留まり得ることを保証されているからである。そして、実行はこの見解を支持しているように思われる。(372)」

つまり、帝国議会の決定に基づくものであっても、しかも、たとえそれが帝国の戦争の場合であっても、帝国諸侯の自由及び“Souveraineté”に関わることであるならば、帝国に損害を与えない方法（例えば、戦費分担分の拠出）によって、諸侯は彼等自身の判断に従うことができるとされているのである。

(2) “*Suprematus*” 保有者としての選帝侯と諸侯の差異

さて、以上の論述においては、神聖ローマ帝国の選帝侯及び諸侯が一括して扱われている。（そこでは、“*Suprematus*”保有者としての諸侯に帰属する権能は選帝侯にも当然に帰属するという論理が前提とされている。）しかし、帝国国制上、両者は異なる権能を与えられており、この点についての考慮が必要であると思われる。そして、実際にライプニッツは、選帝侯のみに帰属する諸権能について、『*Suprematus* 論』において論じている。それは、例えば、第三八・三九章において皇帝選挙やその他の帝国事務に関する選帝侯のみに帰属する権能についての論述、第四九章における選帝侯の席次を巡る議論（但し、同章における結論としては、選帝侯及び有力諸侯が平等であること、そして、"*Suprematus*" 保有者及びその使節は尊厳・名誉の点で平等であることが述べられている。）がそれに当たる。しかしながら、最も重要であると思われる論点は、第三六・三七章で扱われている選帝侯の使節権である。そこでは、「諸々の選帝侯が、全ての付属する事柄（それらの中には、完全な使節権（*jus Legationis plenum*）が含まれる。）と共に "Suprematus" の権利を行使することは、今日では議論の対象外である[373]」として、選帝侯の完全な使節権の享有は既に決着済みの事柄であるとの見解が示されている。これは、前述の（『*Suprematus* 論』第一章冒頭部分に登場する）諸侯の使節権を巡る「よく知られている論争」が当時続いていたこととの対比において、選帝侯のそれは争いがないとすることを強調したものと理解されるのである。

第四節　"*Suprematus*" の特質

㈠　"*Suprematus*" の可分性

さて、以上に論じられてきた事柄を基に、ライプニッツの "*Suprematus*" 理論から看取される、"*Suprematus*" の特性について、その「可分性」及び「相対性」、そして「統治者に対する制約」という観点から考察することとしたい。先ず、"*Suprematus*" の可分性を巡っては次のように考えるべきものと思われる。

既に（前々節㈡⑵及び⑶において）確認されたように、ライプニッツは、"*summa potestas*" が分割可能であると共に "*Suprematus*" が「"summa potestas" に存する」（つまり、"*summa potestas*" が "*Suprematus*" の基礎となっている）としている。基礎となる "*summa potestas*" が複数の人や機関によって分有可能であるのであれば、"*Suprematus*" についても同様であることを否定することはできないように思われる。より具体的には、（前々節㈠⑵で確認された）

「内在的なもの」(対内的諸権利)としての「人を理由とする」「管轄権」に含まれる「法令制定権」・「度量衡制定権及び貨幣鋳造権」等々と「物を理由とする」ものであって、無主物についての「公の河川及び道路についての権利」・「狩猟権・捕鳥権・漁労権」等々と臣民の物についての「特別救援権」・「課税又は徴税権」等々が、各々別個の人や機関に帰属し得るのであり、また同一の個別的権利が複数の人や機関により分有される可能性も排除されないのである。また、「[領域外に]波及するもの」(対外的諸権利)も基本的には同様のことが妥当するように思われ、観念的には、例えば、国王と或る種の「議会」や貴族団が和戦の決定権を分有するということが考えられる。

しかしながら、"*Suprematus*"に属する対外的諸権利については、それらが「欧州の全般的事柄の総体に対して何らかの影響力を及ぼし得る者」に属するとされていること、そして、それらの中で最重要なものが和戦及び同盟の権利であるとされていることからするならば、対外的諸権利の行使が異なる人格(自然人や団体)の異なる意思の下で為されることは実際上あり得ないであろう。例えば、「軍隊を保有する権利」と「堡塁を建造する権利」が異なる意思(各々の権利の保有者)の下で行使され、更に、「戦争の権利」が他の意思(当該権利の保有者)に従って行使されるという状況が想像できるであろうか。和戦・同盟、更には使節を巡る諸権利の行使は、統一された意思の下で為されなければ実現不可能なものであろう。勿論、意思が統一されているならばよいのであるから、理論的にはそれらの諸権利が分有されることは可能である。しかし、分有者間での意思決定が迅速に行われないならば、それは当該政治体にとって極めて危険な事態を招来するであろう。そうであるとするならば、外交・政治の実務家という役割をも担うライプニッツのような人物が、対外的諸権能の分有を全面的に承認するということは考えられないこととなるのである。

ところで、このように"*Suprematus*"が理論的には可分性を帯びるということが、"*Suprematus*"が個別的権利の単なる集合体であることを必ずしも意味しない点には注意を要する。（前々節㈠(1)で確認されたように）"*Suprematus*" の権利は「恰も他の諸権利の何らかの総体（universitas）、又は言わばレガーリエンの集合体（aggregatum）」であって、「この力を有する者に明瞭に除外されたのではない全ての事柄についての完全な権利が帰属する」[374]とされている。このことから、統治に関わる諸権利であって、既存の規範によって「明瞭に除外」されていないものであるならば、新たな状況に応じて必要となる新たな権利を "*Suprematus*" 保有者がそこから演繹し得ることになる。つまり、このような意味において "*Suprematus*" は包括性をも帯びた観念なのである。

㈡ "*Suprematus*" の相対性

ライプニッツの "*Suprematus*" 理論全体の中で、次に看取される "*Suprematus*" の特質は、その相対性である。[375]そして、この「相対性」は二つの意味を有している。即ち、「"*Suprematus*" の非絶対性」と「"*Suprematus*" 保有基準の相対性」である。

「"*Suprematus*" の非絶対性」とは、ボダンによる「主権」(souveraineté) の定義、即ち、「一国の絶対且つ永遠の権能」に見られるような「主権の絶対性」の観念（但し、既述（本章「序」）の如く、それは飽く迄も「一般的に受容された」理解であって、「主権」に対する制約の存在はボダン自身により承認されていた。）が欠如していることを指す。このような意味における相対性は、典型的には、前節で確認された帝国国制（それは、諸々の帝国等族と領邦等族から成る複雑な身分秩序の総体でもある。）の枠内にある選帝侯及び諸侯にも "*Suprematus*" の保有が認められることに表されている。

「"*Suprematus*" 保有基準の相対性」は、（前々節㈠(1)で確認された）"*Suprematus*" の存否が「欧州の全般的事柄の総体に対して何らかの影響力を及ぼし得る」[376]という事実によって判断されることに由来する。即ち、判断者による事実の認識及び評価により、"*Suprematus*"の存否が変わり得るという意味における「相対性」であり、それはまた、客観的で明確な判断基準は存在しないことをも意味する。

仮に、ライプニッツ自身は自らが提示した基準が十分に客観的なものであるとみなしていたとしても、「欧州の全般的事柄」に対する「影響力」がどの程度のものでなければならないかという問題は、判断者の主観的評価に委ねられてしまうであろう。また、ライプニッツが提示した基準が客観的なものであり得るとしても、現実に存在する影響力を絶対的に測ることは不可能であると共に、影響力の大小が相対的に決定されるものであることは否定され得ない。これらの事柄の結果として、"*Suprematus*"の存否を判断するための絶対的基準は見出され得ないことになるのである。(377)

(三) 統治者に対する制約

"*Suprematus*"の特質を更に明らかにするために、ここでは("*Suprematus*"保有者を含む)統治者一般に対する制約についてのライプニッツの論述を検討することとしたい。そして、このような検討のために、第一に注目されるものが、一六七九年頃に執筆された『肖像』の冒頭にある次のような一節である。

「諸身分の秩序(l'ordre des etats [*sic*])が、統治する者の権威の上に、そして人民の従属の上に、確立されているように、諸々の人間を市民生活(la vie civile)に運命付ける自然は彼等を、或る者は命令し、他の者は従うという、異なった資質と共に誕生させる。それは、諸々の君主政(les monarchies)における"souverains"の権力(puissance)と国家(Republiques)における命令する者と従う者の不平等が、法律(loy [*sic*])に劣ることなく本性(nature)に、そして運(fortune)に劣ることなく徳(vertu)に、基礎付けられるためである。したがって、君主達は、自然法を通じて、そして国家法を通じて（par le droict [*sic*] civil）支配するために、諸々の法律が彼等に付与する権威を通じて臣民達の上に存在するように、また、自らの徳と精神的美点（les avantages de l'esprit）を通じて人民統治の地位へと上昇させられた世界の初期の諸王が、法律と同様に自然を通じて、そして運と同様に功績を通じて命令したように、君主達は徳によって、そして自然的資質によって、自らの臣民達の上に存在しなければならないのである。[378]」

この一節は、統治者と被治者の関係に関するライプニッツの理解についての、次のような特色を示している。即ち、彼がアリストテレス的な秩序観をもって統治者と被治者の関係を把握していること、（恐らくはそれに関連して）「徳」や「精神的美点」といった内面的資質による統治の重要性を強調していること、そして、それにも拘らず、統治が法（自然法及び国家法）によるものであることも前提とされていることである。[379] しかも、『肖像』では、「"souverains" と人民は等しく法律の尊重を通じて（par le respect des loix [*sic*]）拘束されなければならない[380]」ともされている。つまり、「法律の尊重」という内面的資質乃至は動機に基づき、"souverains" 自身も法律に拘束されることをもライプニッツは承認していることが理解されるのである。

また、統治者の内面的資質の重視という点は、『肖像』中の他の箇所においても登場し、例えば、君主の統治が「本性の美点（les avantages de la nature）、徳、法律に基づかなければならない[381]」とされ、或いは君主に必要な資質として、正義（jusitice）、寛大（clemence [*sic*]）、恩恵（liberarité）、鷹揚（magnificence）、寛容（generosité [*sic*]）が挙げられている。[382] しかし、それらは等しく必要とされるのではなく、ライプニッツは「正義はこれら徳の全ての中で君主にとって最も必要」であり、「その他はそれ［即ち、正義］の栄光の装飾品（ornemens [*sic*]）である」とするのである。[383]

このように、ライプニッツは内面的資質に基づく統治者に対する制約を強調している。（しかも、そのような制約は主として『肖像』において論じられている。[384]）しかしながら、それだけでは当該統治者の意思への依存の度合いが余りにも大きく、実質的な制約とはなり得ないのではないであろうか。この疑念に対する回答となり得るものが、「自然法の三段階説」の国家権力への適用である。

既に（前々章第二節㈢(3)において）紹介されているように、シュナイダーは、『三段階論』や『正義及び法論』、『類纂』の「序文」に依拠しながら、自然法による国家権力の「社会倫理的拘束」(sozialethische Bindung) について論じている。その文脈において彼は、自然法（自然法の諸々の命令 (*praecepta juris naturalis*)）による国家権力の社会倫理的拘束が「三つの異なる水準 (Ebene (*gradus*)) で有効である」として「自然法の三段階説」を説明した上で、次のように述べる。

「この自然法の三段階 (Trilogie) によりライプニッツは各々全ての倫理的命令を把握したのであり、それら［の命令］には全ての国家が等しく服従し、それら［の命令］は個々の水準において異なる方法で公法 (das öffentliche Recht (*jus publicum*)) をも規定する。拘束力のある法律規範 (Gesetzesnormen) が存在する範囲内では（特に、私法関係について）、上位者 (Obrigkeit) 自身もそれら［の法律規範］に拘束される。上位者は、就中、法律上の根拠 (gesetzliche Grundlage) なく他者の権利を侵害してはならないのである。[385]」

このようなシュナイダーの解釈に立つならば、国家権力（統治者）は単なる内面的資質のみならず、自然法によっても拘束され、そして自然法の命令によって法律にも拘束されることになるのである。[386] 勿論、このような解釈については、統治者に対する拘束が、結局のところ、自然法に基づくものに止まっている（つまりは、実定法を独自の根拠とするものではない）との批判は可能である。しかし、ライプニッツの法理論全体の中で内在的に理解するならば、彼の法理論が正義と自然法を基底とするものである以上、「自然法の三段階説」の適用による統治者の法による制約という主張は、論理的には一貫したものとして把握可能なのものと評価できよう。

以上のように、ライプニッツの理論において、統治者に対する制約として構想されているものは、内面的資質や自然法に基づくものである。そして、これらの制約は、当然のことながら、「統治者」に含まれる（しかも、それらの中で重要な者達である）"*Suprematus*" 保有者にも課される。つまり、これらの制約は "*Suprematus*" それ自体に対する制約として理解可能なものなのである。

小括と若干の考察

以上、本章で検討・確認されたライプニッツの "*Suprematus*" 観念を中心とする「統治権」を巡る諸理論については、差当たり次の諸点に纏めることが許されるであろう。

第一に、"*Suprematus*" 自体は、法的な観念であると同時に、或る者の活動状況を表現するという意味において事実を示す観念である。第二に、"*Suprematus*" 保有者間に現実に存在する実力の相異を離れて、「同朋の権利」(*Jus Fraternitatis*) に基づきそれらの者は法的に平等である。第三に、"*Suprematus*" の特性として、その「可分性」と「相対性」、そして、"*Suprematus*" 保有者に対する制約の存在が挙げられるが、それらに加えて、状況に応じて個別的権利を演繹可能であるという意味における「包括性」も挙げられる。第四に、"*Suprematus*" は、他の「統治権」に関連する諸観念（"*summa potestas*"・"*superioritas territorialis*"・"Souveraineté"、更には本書では詳述されなかったが、"*majestas*"）に類似するが、それらとの間には次のような相異点が存在する。先ず、"*Suprematus*" は "*summa potestas*" を基盤とするが、後者の保有は前者の保有のための必要条件ではあるが、十分条件ではない。また、

“*Suprematus*”と“*superioritas territorialis*”の相異は対外的影響力（「至高の事柄に対する影響力」）の有無という事実にある。“Souveraineté”は広狭両義に用いられる観念である（それはフランス語で表現されることから発生する問題であると考えられる。）が、ライプニッツは狭義の“Souveraineté”を“*Suprematus*”としており、“Souveraineté”の保有は、“*Suprematus*”の保有（それは、“*Potentat*”であることを意味する。）の必要条件ではあるが、十分条件ではない。

第五に、ライプニッツの“*Suprematus*”理論は神聖ローマ帝国の国制をも包摂した統治権理論である。

ところで、ライプニッツは、自らの“*Suprematus*”理論が独自のものであるとの認識を有していた[387]。（そして、“*Suprematus*”理論に対する多様な異議や反論が巻き起こったという[388]。）彼の認識は、当時の「統治権」を巡る次のような理論状況と政治状況を勘案するならば、当然のものであるようにも思われる。即ち、旧来の“*summa potestas*”や“*superioritas territorialis*”をはじめとする「封建的」社会構造に対応した諸観念及び諸理論が存続しつつも[389]、ボダン以降の“Souveraineté”理論が流布しているという理論状況と、「聖俗両界における領域権の自由行使」(*liberum iuris territorialis tam in ecclesiasticis quam politicis exercitium*)（ＩＰＯ第八条第一項：ＩＰＭ第六二条）と「［帝国等族］相互間の及び［帝国］外の者との同盟を行う権利」(*ius faciendi inter se et cum exteris foedera*)（ＩＰＯ第八条第二項：ＩＰＭ第六三条）がウェストファリア条約により帝国等族に承認されたにも拘らず[390]、ドイツの有力諸侯であってもフランスやスペインという諸列強により外交上対等な存在として扱われなかったという政治状況である。このような状況の中で、ライプニッツは、彼が伺候したハノーファー宮廷の意（即ち、ナイメーヘン講和会議への、少なくとも、イタリア諸君主と同等の地位での参加）に沿う論理を展開するためには、独自・新規の理論を、既存の理論と現実に存在する政治制度（及びそれを裏付ける法・政治理論）との整合性を担保しつつ、展開せざるを得なかったと解されるのである。そして、このような理解を前提として、ライプニッツの“*Suprematus*”理論の特色を、その対内的側面と対外的側面に分けて、且つ前記の五点を含めつつ、考察することとしたい。

先ず、“*Suprematus*”の対内的側面における特色は次のような点にあるものと思われる。主権理論史においては、例えば、ボダンが、「国家とは、一つの且つ同一の支配権（*imperium*）に従属する、諸々の家又は団体の集合体以外の何ものでもない」[391]とし、また、ホッブズが、「社会契約」により創設される国家における「主権者」（sovereign）の「主権」（sovereignty）に属する中核的諸権利を列挙した後に「これらのものが主権の本質を成す諸権利であって」「それらは不可譲且つ不可分」であるとしたように[392]、主権の単一性乃至一元性という意味における主権の不可分性は、ライプニッツ以前から主張されてきた。しかし、そのような主権観念は神聖ローマ帝国の国制には妥当せず、そうであるからこそ（本章の「序」でも触れられたように）皇帝の使節はウェストファリア講和会議において“Souveraineté”観念を講和条約中に導入することを拒絶したのである。当時存在していた帝国国制を立論の前提としたライプニッツは、一方において、従来の統治権に関わる諸観念（“*summa potestas*”・“*superioritas territorialis*”、更には“*majestas*”）を包摂し、他方において、ボダン的な“Souveraineté”観念を拒絶しなければならなかった。そのため、帝国国制との整合性という観点から、対内的には分割可能であり、その保有者を制約可能とするもの（“*Suprematus*”の可分性・相対性、そしてその保有者に対する制約は、実質的には、何れも対内的な権能を巡るものと解される。）として“*Suprematus*”を提示したと考えられるのである。

しかも、“*Suprematus*”は分割可能ではあるが、包括性を排除するものではない。即ち、（本章第二節㈠(1)で確認されたように）“*Suprematus*”は「諸権利の何らかの総体」或いは「レガーリエンの集合体」であって、当該“*Suprematus*”保有者から「明瞭に除外されたのではない全ての事柄についての完全な権利」がその者に帰属するのである[393]。つまり、“*Suprematus*”は、帝国国制の中で従来から承認されてきた帝国等族の個別的な特権を存続させた上で、状況に応じて“*Suprematus*”保有者に（新規の）権利を帰属させ得るという意味での包括性を有しており、この点では、“*Suprematus*”はボダンやホッブズが主張した「主権の不可譲性と不可分性」に近接した側面をも有していると言い得るのである。

また、“*Suprematus*”の対外的側面における特色は次のようなものであると思われる。

先ず、“*Suprematus*”と“*summa potestas*”及び“*superioritas territorialis*”との比較において明らかになる“*Suprematus*”の特色は、それが対外的権能を中心とした観念であることである。後二者は、(“*summa potestas*”を有する国家が「対外的に」一個の公的人格(*persona civilis*)とされることが述べられる場合があるものの)基本的に統治権の対内的側面に関するものである。そして、“*Suprematus*”はそれらを基盤とする観念であるが、“*Suprematus*”とそれらとの相異は何れも対外的側面に着目したものである。端的に表現するならば、“*Suprematus*”は、帝国国制における統治権の対内的側面を巡る諸観念を基盤としつつ、対外的な能力を中心的課題として構想された観念なのである。そして、このことは、“*Suprematus*”と“Souveraineté”の比較においても妥当する。即ち、ライプニッツは後者を広狭の二義に区分し、「大きな領域を有し、軍隊を進発させ得る者達」を狭義の“Souveraineté”の保有者、即ち、“Potentat”とし、それを“*Suprematus*”の保有者としているが、ここでも、「軍隊の進発」という対外的能力が問題とされているのである。それとは対照的に、“*superioritas territorialis*”に関しては、(前章第三節(二)で確認されたように)領域結合の場合に、法人格が結合されても個々の領域の“*superioritas territorialis*”が維持されるとされており、これは各領域における対内的統治権(「自治権」)の保持として理解されるのであり、結局のところ、“*superioritas territorialis*”は対内的統治権に関わる観念なのである。

このように対外的能力を中心とする観念として“*Suprematus*”を理解した上で、我々はライプニッツの実践的意図にも考慮を払わなければならない。即ち、前述のハノーファー宮廷の意図をどのように実現するかである。これに関しては、“*Suprematus*”の対内的側面において、その相対性が内包されることが障害となる。何故ならば、これにより、“*Suprematus*”保有者間の平等の観念を導出することが困難となるからである。(例えば、ボダンのよ

うに "Souveraineté" の絶対性や最高性を承認することによって、その絶対性や最高性故に、各々の "Souveraineté" 保有者は平等であるとする論理が、"*Suprematus*" 保有者間では成立しなくなる。）ライプニッツがこの隘路を抜け出すために援用したものが、「同朋の権利」の観念であり、これにより "*Suprematus*" 保有者間の法的平等が導出可能となったのである。

以上のことから、ライプニッツの "*Suprematus*" 理論は、既存の帝国国制における諸々の統治権に関わる理論と帝国外（特に、フランス）で浸透していた "Souveraineté" 理論を統合した上で、帝国諸侯と帝国外の狭義の "Souveraineté" 保有者（Potentat）との間の法的平等をも理論的に提示するものであったと判断されるのである。

第五章
ライプニッツの「国際法」観念

序：ライプニッツの「国家間関係」観

本章の主題は、ライプニッツの「国際法」観念であるが、本論に入る前に確認されるべき事柄が存在する。それは彼の「国家間関係」観である。何故ならば、仮に、彼が（前章で示された“*Suprematus*”の保有者達により展開される）「国家間関係」を法的に制御することが不可能であると理解しているならば、本章における検討の意義は殆ど失われてしまうからである。そして、ライプニッツの「国家間関係」観を考える上で興味深い事柄は、彼の中に相矛盾する認識が並存しているように思われることである。

一方において、ライプニッツは、権力者達（*potentes*）に関して、スパルタの軍人・政治家であったリュサンドロス（Lysander）の言葉になぞらえつつ、彼等が「自宅においてはカードを遊び、国家においては（in republica）同盟条約（foedera）を遊ぶ」とし、或いは、「『市民論』の著者（*Elementorum de cive* scriptor）」（即ち、ホッブズ）の「相異なる諸国家や諸民族の間に永遠の戦争が存在する（*inter civitates diversas aut gentes perpetuum esse bellum*）」という認識を（「確かに全く馬鹿げているのではない（non sane prorsus absurde）」と控え目にではあるが）肯定的に評価している[394]。更に、ライプニッツは「君主間での真の友情（amitié）は稀であり、国家（État）間では存在しない[395]」、或いは「国家間に真の友誼は何ら存在しない[396]」と断言しさえする。（この部の「はじめに」で触れられたように）ライプニッツは政治・外交の実務家でもあったのであるから、このような「国際社会」認識を彼が有したことは当然であるとも言えよう。

他方において、ライプニッツは、少なくとも欧州（キリスト教社会）全体には歴史的に一定の秩序が存在していることを繰り返し述べている。例えば、『永久平和論考察』において次のような一節が見出される。

「我々の黄金勅書（notre Bulle d'Or）が普遍的教会或いはキリスト教社会（la Societé Chrétienne）に関して論じているように、教皇が精神的首長であることを担い、ローマ皇帝又は国王が俗界の首長であることを担うことを、人は見る。そして、皇帝はそこで生来の将軍（Généraux nés）の如くあらねばならない。このことは、数世紀にわたりラテンのキリスト教徒（les Chrétiens Latins）の間で『一つの国際法』（un droit des gens）であったのであり、諸々の法律家（Jurisconsultes）はこのことに立脚して理論を構築したのである。[397]」

また、『*Suprematus* 論』の「読者へ」においては、「キリスト教世界の全体が恰も一つの国家を構成し、その中で何らかの権威が皇帝に帰属する」とした上で、「［神聖ローマ帝国の］皇帝（Caesar）は支配者（Imperator）、即ち、異教徒に対するキリスト教徒の生来の指導者（Dux natus Christianorum）である」とされ、更に、『類纂補遺』の「序文」中には、「キリスト教の諸君主又は諸国民が全体へと結合され、そして［それらの者が］恰も一種の身体を構成する」とされている。[398]

これらの記述は何れも、キリスト教という精神的紐帯が一つの政治体としての統合を欧州にもたらしている（そして、その中で神聖ローマ皇帝が俗界の権威を保持している）とのライプニッツの認識を示していると言ってよいであろう。そもそも、ライプニッツは（前々章第一節で確認されたように）「第六の自然的社会」として「神の教会」を挙げ、それが「全人類を結合する」としている。彼の社会観からすれば、キリスト教社会が一つの統合体として描かれることは、当然の論理的帰結であることになるのである。[399]

このように、ライプニッツにとって、「国家間関係」一般はホッブズ的権力政治の場であるが、「欧州社会」は「キリスト教世界の全体が恰も一つの国家」であるという共通理念が存在する場なのである。そうであれば、欧州にはそれを「社会」たらしめる何らかの法規範が存在する可能性は高いと考えられる。また、「国家間関係」

一般を規律する何らかの法規範の存在可能性は否定されていないのである。（我々は既に本書第一部において、ホッブズですら自然法として「国際法」の存在を認めていることを確認した。）

以上のようなライプニッツの「国家間関係」観の理解に立脚して、本章における彼の「国際法」に関わる観念及び理論の考察が進められるのである。

第一節　ライプニッツの「国際法」理論

（一）「国際法」の定義及び存在目的

(1)「国際法」の定義を巡る問題点

ライプニッツは「国際法」(*jus gentium*) それ自体の積極的定義（「内包」による定義）を提示していないように思われ、そのような定義の欠如は次のような論述箇所の中で看取される。即ち、ローマ法における"*jus gentium*"について触れられている箇所、[400] また、「諸国民間のユース・フェーキアーリスの (juris fecialis inter gentes) 基盤は自然法それ自体である」とされている（但し、「諸国民の諸々の受容された制度が存在し、それらは時間及び場所により変化するものである」とも論じられている。）箇所[401]において、それらを何らかの既知のものとして議論が展開されているのである。そして、このことは、既にこの部の第二章第一節(一)(1)で確認された、ライプニッツの論考においては「法」(*jus*) それ自体の積極的定義について殆ど関心が払われていないことに通底する事象であるように思われる。

勿論、彼の「国際法」観念が窺われるような記述は見出される。例えば、「何れかの国内法 (jus domesticum) ではなく、ただ『国際法』にのみ属する事柄 (res juris gentium)」[402] が存在する旨が述べられており、ここから「国際法」

は国内法とは別個の法規範として観念されていることが理解される。そして、このような観念は“le droit des gens”についても同様である。即ち、「外国人との交渉（les negotiations [*sic*] avec les etrangers [*sic*]）及び公的条約（les traités publics）において」「“le droit des gens”に敬意が払われなければならない」[403]とされ、或いは、「公的交渉（negotiations publics）及び外国人」に関する事柄が「“souveraineté”及び“le droit des gens”の問題となる」[404]場合があるとされているのである。

それでも、「国際法」それ自体の積極的定義や抽象的観念が提示されていないという事実は依然として真実である。このような状況において、ライプニッツの「国際法」観念を可能な限り明らかにするために、当該観念に関わる幾つかの観点から彼の論述の整理を試みることとするが、その前に、「国際法」の存在目的について確認することとしたい。

(2) 「国際法」の存在目的

ライプニッツの論述の中で、「国際法」の存在目的について、最も明瞭に述べられている箇所が、『*Suprematus* 論』中の「この『国際法』（jus gentium）の最大の［存在］理由（ratio）は、戦争が回避されることにある」[405]という一文である。この戦争の回避（或いは、平和の維持）という「国際法」の存在目的は、同論考において、別の表現で繰り返されている。即ち、“*Suprematus*”保有者は、自らの代理人（*Minister*）にとって「諸々の会議に完全な権利及び名誉により参加することが衡平（aequum）である」にも拘らず、それを拒絶されるのであれば、「恥辱の全ての印（omne contemtus [*sic*] signum）は権力者にとって危険である」から、平和の促進に反するのであって、「そのことを理由として、『国際法』の第一の目標である平和に（ideo paci, primo juris gentium scopo）反対するもの」となるというのである。[406]更に、この議論の文脈においてライプニッツは「平和の原因が『国際法』を要求する（jus gentium pacis causa exigat)」[407]とも述べるのである。

更に、平和の維持と類似した存在目的が示されている箇所もある。即ち、「法に敵対すること」、「否、それどころか、何れであれ、友好の絆を打ち砕くこと、或いは何らかの方法で無効にすること」が不可能となるような状態が「国際法」により可能な限り保護されなければならないと述べられている箇所である。[408]つまり、ここでは、法の遵守と友好関係の維持が「国際法」の存在目的とされていると解されるのである。[409]

(二)『国際法』観念の整理

(1)「第一の国際法」(*jus gentium primarium*) と「第二の国際法」(*jus gentium secundarium*)

それでは、ライプニッツが使用している各種の「国際法」観念を整理することとしたい。

先ず、『法原理考察』中の「自然法の原理について」(*De juris naturae ratione*) と題された節では、「諸人民の意思により受容された『第二の国際法』(jus gentium secundarium, voluntate populorum receptum)」への言及が為され、しかも「それ［即ち、『第二の国際法』］は、『第一の［国際法］』、即ち、『自然の［国際法］』に対立させられる傾向にある (quod primario, id est naturali, opponi solet)」とされている。[410]また、同論考の別の箇所でライプニッツは、「『第二の国際法』が実定法 (jus positivum) であることが論じられながら、しかし (他の民族の立法者としての権力を自らの中に承認しない) 諸々の“summa potestas”を拘束しないということ (quod summas potestates (quae aliarum gentium potestatem legislatoriam in se non agnoscunt) non obliget)」について「私は十分に理解しない」とした上で、「確かに、かつては結合されることのなかった人間達から国家 (respublica) は設立されたのであるから、その後にどのようにして共通の紐帯により全ての者を相互に拘束するのか」という問題について、「複数の“summa potestas”が、そして、それだけの数の自由なる人格 (personae liberae) が共通の紐帯を法律、即ち、明示的意思により、或いは慣習により（sive lege seu expressa voluntate, sive more）受容し得る」としている。[411]

以上の論述から、ライプニッツの理論においては、「自然国際法」（*jus gentium naturale*）としての「第一の国際法」（*jus gentium primarium*）に加えて、「第二の国際法」（*jus gentium secundarium*）が存在し、後者は「法律、即ち、明示的意思により、或いは慣習により」受容される「実定法」として、諸々の"*summa potestas*"を拘束するものとされていることが理解される。つまりここでは、自然法と実定法の対比として、各々が構想されているのである。また、「第二の国際法」は、"*summa potestas*"（それらは、各々「自由なる人格」である。）間の関係を規律するものである。（尚、この「自由なる人格」が、擬制的人格としての国家を問題とするものか、具体的な統治者の問題とするものであるのかは、ここでは明確ではない。）しかし、彼の「国際法」観念はこれらのみではない。

(2)「自然国際法」（*jus naturae et gentium*）と「意思国際法」（*jus gentium voluntarium*）

『類纂』の「序文」中には「自然国際法について」（*De jure naturae et gentium*）[412]と題された節が存在し、同節は次のような記述で開始されている。

「しかし、諸々の『国際法』についての（ad Gentium jura）この著作［即ち、『類纂』］の使用について（de usu）、そして、『自然国際法』それ自体について（deque ipso *Jure Naturae & Gentium*）若干詳しく論ずることが好ましい。何故ならば、『国際法公文書類纂』（*Codex Juris Gentium Diplomatici*）という表題を付することは、とりわけこのことに向けられたと見られなければならないからである。[413]」

ところが、これに続いてこの節で展開されている議論は、（「自然により厳格に限定された法の理論（juris doctrina）」

が人間の能力にとって余りに膨大であることを前提としつつ）「法」と「正義」の観念に関するものであって、「倫理的可能性」（*potentia moralis*）としての「権利」（*jus*）と「倫理的必要性」（*necessitas moralis*）としての「義務」（*obligatio*）という観念を媒介として、「倫理的」（*moralis*）と「自然的」（*naturalis*）という二つの観念を対応させた上で、正義や慈愛（*caritas*）、更に神の愛（*divinus amor*）へと展開されている。つまり、これらの議論では、一見したところ、「国際法」には直接的には関連しない事柄が論じられているのである。このことは何を意味しているのであろうか。

ライプニッツの議論を内在的に理解しようとするならば、まさにこのような問題こそが彼の「国際法」観念の中核にあるとすべきであろう。ここで挙げられた節において彼は、「ローマの法学者が卓抜に論じているように、良き慣習に反する（*contra bonos mores*）事柄は、我々にとって為し得ないと信じられなければならない」[414]とも述べている。「国際法」がそのような原理に基づいて生成すると解した上で、（この部の第二章において確認されたように）「法」と「正義」を密接に関連させるライプニッツの基本的思考を勘案するならば、前述の議論の展開の仕方も理解可能なものとなるであろう。（そして、実際に彼の「国際法」理論において「正義」に密接に関連するものが「自然法の三段階説」であり、これに関しては、本節㈣において論ずることとしたい。）

さて、「自然国際法」と並ぶ重要な観念と思われるものが、『類纂助言』中の次のような一節に現れる「意思国際法」（*jus gentium voluntarium*）である。ライプニッツは「聖なる淵源から流れ出る永遠の自然の理性的法と並んで、慣習を通じて受容されるか、或いは上位者により定立される意思法（*jus voluntarium*）も存在する」[415]とした上で次のように論ずる。

「国家内では市民法が "summa potestas" を有する者から力を受け取る。国家外で又は "summa potestas" の参与者である…［中略］…国家間では、諸人民の黙示的同意により受容された『意思国際法』の場が存在する。[416]」

ライプニッツは、この「諸人民の黙示的同意により（tacito populorum consensus）」という点について、「全ての諸国民（gentes）の、又は全ての時間［を通じて］の［同意］であることは必要ではない」とし、その理由を「多くの事例においてインドでは或る事柄が信じられ、欧州では別の事柄が是認される」こと、そして、「我々自身の下でも世紀の経過により（seculorum decursu）変更される」ことを挙げている。また、かつて認められていた事柄が、「我々の時代の欧州の『国際法』には（a jure gentium nostri temporis Europaeo）」違背していること、更に、「多くの事柄が法に属すると信じられたが、現在それらは実行から（a usu）乖離してしまった」ことも指摘されているのである。[417]

また更に、別の論考において、プーフェンドルフのように「法」を「上位者の命令」としてしまうならば、上位者が存在しない状況においては、「相互の合意により（pactis mutuis）」法を有効とすることはないのであるから、何らの「意思国際法」も存在しないことになってしまうとの批判が展開されている。その中でライプニッツは（神が常に上位者として存在するとはしつつ）、グロティウスが言及するような「神なくしても[418]」という仮定やホッブズが構想するような自然状態を認めたとしても、それでも自己保存のためには他者に対する配慮を巡る多くの制約や要件が発生するとしている。[419] つまり、諸国民間においても相互の合意を有効とする要素が存在するのであって、そこに（人為による法としての実定法である）「意思国際法」の存在基盤が見出されているのである。

また、「意思国際法」は、「国家」（*Respublica*）間の「諸人民の黙示的同意」に基づくものであるとともに、上位者が存在しない状況でも妥当するものとして構想されている。つまり、この規範は、上位者を認めない国家間の関係を規律するものでもあるのである。（但し、それが国家間の関係のみを規律するものであるのかについては明らかではない。）

三　「国際法」の主体

(1)　「公的人格」(*persona civilis*) と「国際法上の人格」(*persona juris gentium*)

我々は既に（特に、前々章第三節㈠において）、ライプニッツの国家理論の中に「公的人格」(*persona civilis*) という観念が存在することを論じた。そして、そこでは、公的人格とは、自らに権利及び義務が帰属し、独自の意思を有する法主体であること、公的人格である国家は法主体であること、しかし、必ずしも全ての国家 (*civitas*) が法主体性を有するのではないとされていることが確認された。このように、法主体性を有する国家とそうではない国家が存在するとすることは、国家であるという事実それ自体によって当該国家に国際法主体性が付与されるという近代国際法理論からは乖離している。（勿論、当該政治体が国際法上の国家であることを承認するための法的な要件や手続も後に整えられる。）それでは、ライプニッツが論ずる「公的人格」は彼の「国際法」理論の中でどのような位置付けを与えられているのであろうか。この問題を考える上で重要であると思われるものが、「国際法上の人格」(*persona juris gentium*) という観念である。

ライプニッツは、『類纂』の「序文」において、「他者の手中及び権力の中に存在せず、自身で武装及び同盟の権利を有するという、公的自由 (libertas publica) が帰属する者は『国際法上の人格』を有する」とする。しかも、そこでは、「場合により上位者への義務の紐帯により制約され、臣従の礼、誠実、従属を承認するとしても」そのような人格が認められるとされている。[420] また、（前章第二節㈡(1)でも触れられたように）『テンツェリウス宛書簡』においてライプニッツは、「国際法上の人格」を有する者を「"summa potestas" に基づいて参与する者」としている。[421]

これらの記述から、次のことを指摘することが可能となる。即ち、ライプニッツにとって、「国際法上の人格」

の保有者は、自立した存在（「公的自由」や"*summa potestas*"を有する者）であるが、そこでは近代的主権理論が通常唱えるような主権者の属性（「絶対性」や「最高性」）が必ずしも含意されていないということである。

それでは次に、「国際法上の人格」について更に考察を進めるために、「国際法上の諸権利の享有主体に関するライプニッツの論述について検討することとしたい。

(2)「国際法」上の権利の享有主体

『*Suprematus* 論』において、ライプニッツは次のように論じている。即ち、「他の者を武力によって強制し得る又は確かに［他の者に］重大な不都合をもたらし得る者達が、使節・戦争・平和・同盟に存する完全な『国際法』を享受すること（*pleno jure gentium frui*）は明らかであり、また、「他の者達と同様に、同一の理由（*causa*）（その理由によりその者達は自らに『国際法』上の諸特権を、つまり武力の権能（*armorum potestas*）を帰属させる。）を手にしている者達が侮辱（*contumelia*）を通じて他の者から区別されることを、『国際法』は許容しない」のである。(422) また、既述（前章第二節㈣(2)）の如く、フランス人が、講和・戦争・同盟といった「『国際法』に属する事柄」を論ずる際に、「戦争を開始すること、戦争を継続すること」等の「より劣位のそしてより下位の地位に属する人間達には容易に帰属することはない事柄」に「権威をもって介入することができる重要な権力者達」について論じていることを、ライプニッツは肯定的に紹介している。(423)

これらの記述には、「国際法」（*ius gentium*）を能動的に活用し、また、「国際法」上の諸特権を享受する者は、他者を強制し、或いは戦争を自力で遂行し得る者であるとの論理が示されている。

以上のことから、ライプニッツが唱える「国際法上の人格」とは、次のようなものであると纏めることが許されよう。先ず、「国際法上の人格」は、他者の権力に服さないが、それは近代的主権理論が唱える主権者の地位（絶対性や最高性）を必ずしも含意せず、むしろ、自身で武装及び同盟の権利を有するという、公的自由（*libertas publica*）を有することが重視されているものと考えられる。そして、「国際法」上の権利の享有主体は、戦争遂行能力を具備する重要な権力者である。その結果、戦争遂行能力の重視という点において、「国際法上の人格」と「国際法」上の権利の享有主体は類似しており、またそれらは“*Suprematus*”保有者に類似したものであると判断されるのである。

尚、『対談』においては、「“Souverains”や彼等の使節（Ambassadeurs）に帰属する」「『国際法』（le droit des gens）上の全ての特権へ参与させるのは“souveraineté”である」とされている。この記述は、「臣従の礼（hommages）及び封臣であること（vasallages [*sic*]）への考慮を払うことなく」「武器を使用する権利」（droit de se servir des armes）について論ずるという文脈で登場しており[424]、その点で、ここでの“souveraineté”は（前章で確認された）「狭義の“souveraineté”」、即ち、“*Suprematus*”を意味するもの解される。したがって、ここでは、「国際法」上の権利（特権）の享有が「狭義の“souveraineté”」である“*Suprematus*”に基づくとする論理が、前述の箇所よりも、より一層明らかにされている。そして、その結果として、“*jus gentium*”と“le droit des gens”の（権利の享有主体という観点からの）同一性が示されていると言えよう。

(四)　自然法の三段階説の「国際法」理論への適用

既述（本部第二章）の如く、ライプニッツは、自然法と正義の観念を関連させつつ、「三段階説」を提示していた。そして、彼は『類纂』の「序文」中の「『自然国際法』の三段階について」（*De tribus juris naturae et gentium gradibus*）と題された節において、「自然法」（*jus naturae*）には「三つの段階（*tres gradus*）が存在する」として、その三段階を次のように説明している。

「交換的正義における厳格法（*jus strictum* in justitia commutativa）、配分的正義における衡平（或いは、［その］言葉のより狭い意味における慈愛）（*aequitas* (vel angustiore vocis sensu *caritas*) in justitia distributiva）、最後に、普遍的正義における敬虔（或いは、廉潔）（*pietas* (vel probitas) in justitia universali）［であり］、そこから、何者をも害すること勿れ（neminem laedere）、各人に各人のものを配分せよ（suum quique tribuere）、正直に（むしろ、敬虔に）生きよ（honeste (vel potius pie) vivere）、という最も一般的であり共通に受容された法の諸々の命令（[*j*]*uris praecepta*）が生ずる。…［中略］…純粋な又は厳格な法の命令（praeceptum）は、国内では（in civitate）その者に訴（actio）が為されないように、国外では（extra civitatem）［その者に］戦争の権利（jus belli）が［行使されないように］、何者も害されてはならないということである。[425]」

『類纂』の「序文」において展開されたここまでの論述を追った彼の読者は、ここからライプニッツが自然法や「国際法」に関する理論を提示するものと期待するであろうが、実際に展開されるものは正義論であって、自然法や「国際法」自体に関する議論ではない。（これは本節㈡⑵における、「国際法」を巡る論述と同様と言えよう。）それでも、この節の表題及び記述から、自然法の三段階説が「国際法」においても妥当することが示唆されていることは留意されるべきである。また、この記述からは、特に、「厳格法」が国家の枠組みを超えた（*extra civitatem*）関係についても妥当すること、そして、「戦争の権利」と「何者をも害すること勿れ」という正義の原則が関係付けられていることが確認されるべきであろう。

自然法の三段階説の「国際法」への適用については、『類纂』の「序文」の第一三節においても、次のように展開されている。

この節は「敬虔について」(*De Pietate*)と題されているが、その表題が示す通りに、「私は法の最高段階を高潔(probitas)、或いはむしろ敬虔([p]*ietas*)の名で呼んだ」という一文で始まる。そして、「敬虔」に関する説明が行われた後に、「さて、或る者が彼のものを悪しく使用しないということが、国家にとって(Reipublicae)利益であるならば、普遍にとって(Universi)より一層そうではないだろうか」とされ、更に、「このことから、至高の法の原理、即ち、正直に(それは即ち、敬虔に)生きよ、が力を受け取る」とされた上で、「望まれた事柄の中で賢者により(a viris doctis)正しくも繰り返された事柄は、伝えられた『自然国際法』(jus naturae & Gentium)がキリスト教徒の戒律に従って(secundum disciplinam Christianorum)いるということであり」、それは「至高の事柄、智者の聖なる事柄である」とされる。そして、「かくして、三つの法の原理、又は正義の三段階が、最も適切に展開され、自然法の淵源が示されたと、我々には見える」と結論付けられるのである。(426)

このように、ライプニッツは「自然国際法」に自然法の(そして、正義の)三段階説が妥当する旨を主張しており、同説は国家の枠組みを超えても妥当するものとして構想されているのである。(但し、「自然国際法」が、国家間或いは統治者間のみに妥当する規範であるのか否かについては、ここでも明らかではない。)

ライプニッツは、以上で我々が瞥見した『類纂』とは別に、『三段階論』(この論考の原題は、先述の『類纂』の「序文」中の一節の表題と同一である。)と題された草稿を遺しており、そこでも自然法の三段階説が論じられている。そして、その最後の段落において、「[自然法の諸要素として]説明されねばならなかったことは、第一に、智者の慈愛に関する正義の共通の諸原則であり、続いて[第二に]、私法(jus privatum)、即ち、同等である限りにおいて、人々の間で遵守されている事柄に関する交換的正義の諸々の命令(praecepta justitiae commutativae)、第三に、この世におけるより重要な共通の善に向けての平等ではない者達の間での共通の善及び悪の分配に関する公法(jus publicum)、第四に、我々が永遠の祝福に配慮するという神に対する普遍的徳と自然的義務に関する内的法

(jus internum)である」[427]と纏められた上で、次のように付言されている。

「更に、これらのことは人間及び神の正当な法に属する提起されるべき諸要素であり、人間の［法］とは、或る時には我々の国家の中での、或る時には諸国民間での［ものであり］、神の［法］とは、普遍的教会における［ものである］[428]。」

この一文では、自然法の諸要素として妥当する事柄が、国内法にも、国家を越える法にも妥当すること、そして、後者については、「諸国民間の正当な人定法（jus legitimum humanum inter gentes）」と「普遍的教会における正当な神法（jus legitimum divinum in ecclesia universali）」が存在するものとされていることが示されている。このことは、幾つかの興味深い論点を我々に提供しているが、ここでは、ライプニッツが、国家を越えた関係についても自然法の三段階説が妥当するものとしていること[429]、そして、少なくとも諸国民間の実定法（それが国家間のみのものであるか否かは更なる検討を要する。）の存在を認めていることを確認するに止め、更に次の問題に進むこととしたい。それは、以上のように整理されるライプニッツの「国際法」理論における、「国際法」のより具体的な内容についての検討である。

第二節　ライプニッツの「国際法」理論の内実

(一)「国際法」の「法源」

(1)「形式的」法源

先ず、「国際法」の具体的規範が、如何なるものとして存在しているか（「法の存在形式」）、或いは何を通じて認識され得るのか（「法の認識素材」）という意味における「法源」についてのライプニッツの見解を確認することとする。

「国際法」の「法源」に関するライプニッツの思考は、例えば、『テンツェリウス宛書簡』における、「一つの人民の中（in uno populo）ではなく、多数の諸民族を通じて慣習により（per plures gentes consuetudine）十分広範に、損なわれることなく優勢な諸々の法を（jura）」「私は『国際法』に（ad jus gentium）属するものとする[430]」という記述に示されている。即ち、「国際法」は慣習により成立するとされているのである。そして、そのような見解がより詳細に論じられている著作が『類纂』である。

『類纂』の「序文」（第四節）においてライプニッツは、同書の価値について次のように論じている。

「国家を（Rempublicam）担う者は、これらの記念碑（Monumenta）［即ち、『類纂』に収められているような文書類］の中に［それらの者が］参照し、そこで喜びをもって自らの技量を認識し、或いは成果を伴って［自らの技量を］伸長させる、諸々の先例を見出すであろうし、『国際法』及び公的慣行にとって（gentium juri et publico usui）便宜となる諸々の条件及び定式を見出すであろう[431]。」

これに続く節では、「［『類纂』で扱われる事柄が］政治の技術、歴史の［技術］、その他のことの学問探究（*eruditio*）にとって、しかし第一に、諸々の『国際法』を（*Gentium jura*）知ることにとって、有益である」ことも述べられている[432]。また、『類纂助言』においても、「歴史の信義への、そして物事の知られるべき内面への偉大なる動機を、諸々の文書の趣旨それ自体が有する（magnum ad historiae fidem ac rerum interiora noscenda momentum habet ipse tenor actorum）」のであり、「諸々の『意思国際法』が"summa potestas"の参与者である者達の、或いはそれ［即ち、"summa potestas"」に由来する権威を有する者達の慣行及び見解により最大限に支持される（jura gentium voluntaria usu ac placitis eorum maxime nitantur, qui participes sunt summae potestatis, aut ab illa auctoritatem habent）」との主張が展開されている。[433]

これらの見解からは、「国際法」（及び公的慣行）の「諸条件（cautiones）及び諸定式（formulae）」や「国際法」の具体的な諸規則（これら三つの引用文の中で、第二及び第三のものでは、"*jura gentium*"として複数形で「国際法」が示されており、個々の規範が意識されているものと推測される。）が『類纂』所収の文書から見出されるとライプニッツは考えていることが理解される。つまり、「国際法」の諸規則は「"*summa potestas*"の参与者」の「慣行（*usus*）」や「見解」（*placitum*）によって明らかになるとされているのである。[434]

ところで、既に（前節(二)において）確認されたように、ライプニッツは「第一の国際法」と「自然国際法」を自然法として説明しているため、それらは彼の法理論における自然法の基盤としての「正義」に基づくものであって、それらの具体的な存在形式を論ずることはできないものと考えられる。それ故に、ここで主として問題とされるのは、「第二の国際法」と「意思国際法」の存在形式ということとなる筈である。そして、実際に、先の引用文中には、「意思国際法」が登場している。ところが、『類纂』の「序文」の冒頭には次のような記述が存在している。

「［この］著作の対象（scopus operis）は、表題及び付された助言（monitus）から、そして特に文書の索引（Index Diplomatum）から、明らかではあるが、それでも、この冒頭部分に若干長目の序論を（introductionem paulo ampliorem）付することが、公的記録の正しい使用について（de publicorum Actorum usu vero）正確に論ずるために、そして、我々の収集物（collectio）に如何なる事柄が期待され得るのかについて、事例により（exemplis）明らかとするために、また同時に『自然国際法』の真の諸淵源が（veri juris naturae gentiumque fontes）指し示されるために、至当である（convenire）とみなされる。[435]」

つまり、ライプニッツは、『類纂』に彼が収めた文書類により「自然国際法[436]」の淵源が示されると考えているのであり、これらの文書類から自然法の淵源でさえもが理解されるとしているのである。

このように、ライプニッツは、「"*summa potestas*"の参与者」の「慣行」や「見解」を「国際法」（自然法としてのそれをも含むと思われる。）の淵源とみなしている。しかし、本章の「序」において確認された彼の「国家間関係」観、即ち、「[権力者達が」自宅においてはカードを遊び、国家においては同盟条約を遊ぶ」から考えるならば、「カード」の一枚と同様のものでしかない同盟条約やその他の文書をどれ程集めようと、そこに規範性を見出すことにはならないように思われる。この点を彼はどのように説明するのであろうか。彼の論理を内在的に把握するならば、次のような説明が可能である。

ライプニッツは、彼の「国家間関係」観を述べた直後に、そのような見地に立って権力者達を評したとしても、「今日、実際に、多くのことについて汝が不正を述べたことにはならないであろう」とした上で、それでも「無思慮や貪欲により合意からの（a pactis）逸脱が為される場合に我々は正当に非難する」と付言している。[437]つまり、「カード」の一枚と同様なものでしかない同盟条約であっても、それが「合意」（*pactum*）であるならば、それを一方的に廃棄するなどの「遊び」は非難に値すると考えられている。結局のところ、彼は、現実主義的な「国家間関係」観を有しつつも、「合意」が有する単なる「カード」以上の価値を認めているのである。（但し、「合意」の価値が（例えば、「合意」の一方的廃棄が「法的責任」を発生させるというような）一定の法的帰結をもたらすのか否かといった点に関する議論は展開されていない。）

さて、以上のように「"*summa potestas*"の参与者」の「慣行」や「見解」を「国際法」の淵源として把握するライプニッツの認識は、近代国際法における慣習法理論に直結し得るものの如く我々の目に映る。果たして、それは正しい評価なのであろうか。この点についての判断のために、次に彼が実際に援用している事例について瞥見することとしたい。

(2)「法源」の実態

『類纂助言』第二段落において、ライプニッツは『類纂』の内容について次のように記述している。即ち、「その『類纂』は、ドイツやその他の人民の事柄に結び付けられているのみならず、殆どの欧州の事柄に関連している」とした上で、「講和や同盟又はその他の文書で一般に条約という名で考えられているもののみならず、諸君主の結婚契約、遺言書、養子縁組、多様な債務、契約及び譲渡」、「領地の合同、境界の表示」、「商業の、航行の、そしてそれらの事柄について結成された団体の諸規定」等々の事柄、そして「その他キリスト教諸民族の公の物事［或いは、国家］に関する事柄」を同書が扱っているとしているのである。[438]

このように、雑多な内容を『類纂』が含んでいることが宣言されているが、実際に、同書には、その冒頭に挙げられている一〇九七年七月のフランス国王とフランドル伯間の講和文書に始まる講和や同盟に関する文書が多数含まれているものの、それらのみならず、例えば、一三二九年にフランス国王に対してイングランド国王により為された臣従の礼に関する文書（Acte & Instrument de l'hommage）[440]、俗事についての教会の管轄権に関するパリの高位聖職者（*Praelatus*）とフランス諸侯間の一三二九年九月の合意文書[441]、一三三四年一〇月に教皇からブルボン家の一員（*Jacobus Borbonius*）に付与された血縁者との婚姻に関する一般的婚姻障害免除（*dispensatio generalis*）[442]、一三三八年の帝権に関する勅令[443]、一三四一年のベーメン国王の息とカリンティア女大公の離婚の方式に関する文書[444]、更に、同年のこの女大公とブランデンブルク辺境伯間の婚姻障害免除に関する文書等々が、収められている。[445] つまり、ライプニッツは、これらの事柄の全てを「国際法」に関わり得るものとして認識しているのである。

これらの事柄の中で、特に、教会に関わる事例を収集したことに関して、ライプニッツは『類纂補遺』の「補遺序文」において次のような説明を加えている。即ち、彼は、『類纂』所収の資料についての解説の中で、国家(*Respublica*) だけでなく、教会やドイツ地域 (*Germania*) に関する資料を含んでいることを述べた後に、「恐らく何者かが、これらが『国際法』の記録に属するのか、と問うであろう」とし、それに対して、「しかし、この疑念については以前の［『類纂』の］序文において、教会から国家へと達する事柄以上に欧州諸国民の共通法 (jus Gentium Europaearum commune) に関連するものは何もないことは、既に十分に明白にされている」とするのである。[446] つまり、ライプニッツにとって、教会と国家が関わることこそが、「欧州諸国民の共通法」に最も緊密に関わるのである。そして、このような彼の思考を理解するならば、先に挙げた『類纂』所収の諸事例が「欧州諸国民の共通法」、即ち、欧州の「国際法」に関わることも理解されるのである。

ところで、この「欧州諸国民の共通法」に関連して、更に考究されるべき問題がある。それは欧州の共通法としてのローマ法をライプニッツがどのように位置付けているかという問題である。この問題の考察のためには、『類纂』の「序文」中で「国際法」や自然法について論じられた後に、その第一五節で展開されている次のような議論が我々の参考となる。

ライプニッツは先ず、既述（本部第二章第二節(一)(2)）のキリスト教徒の「共通の紐帯」としての「実定神法」を挙げた上で、「ローマの諸法律は諸国民の共通法と殆ど同等のものとみなされる (Leges Romanae prope instar juris Gentium communis haberentur.)」ことが事実であるとし、また、「母国において彼等固有の［諸法律］を有するイングランド人達 (Angli)」も外国人との関係においてはローマの諸法律に従うとする。[447] 勿論、ここでは「ローマ法」

(jus Romanum) という言葉は使用されていないが、「ローマの諸法律」が「欧州諸国民の共通法」として、イングランドをも含む欧州全体に妥当するとされていることが理解されるのである(448)。

更に、別の論考においてライプニッツは、ローマ皇帝ユスティニアヌスによるものとローマ教皇によるものを合わせて「ローマ法」とした上で、それが「まさに欧州全般を通じて、一種の自発的受容により、共通法の力を、そして恰もキリスト教諸国民の法としての力を (vim *Juris Communis*, et quasi *Juris gentium Christianarum*) 有する」のであり、「それは、何れかの者の王国、地方、州、土地の個々の国王により、法令により、又は慣習により修正されないというように妥当する」としている(449)。つまり、ローマ法（ここでも、それは教会法を含む。）が「欧州諸国民の共通法」であり、それがキリスト教世界の「国際法」の如きものとされているのである。

以上のことから、ライプニッツが、「ローマ法は欧州の共通法である」とし、そしてそれが「国際法」を構成するものであるとしていたことが理解されるのである(450)。

(二) 「国際法」の具体的規範内容

(1) 中核的な規律対象及び規範群

本章において既に我々は、ライプニッツが「国際法」*(jus gentium)* に実質的（或いは「内包」としての）定義を与えていないこと（前節(一)(1)）、そして『類纂』には「国際法」の「淵源」が含まれること（本節(一)(2)）を確認した。それでも、ライプニッツが言及している「国際法」観念には、その中核的な規律対象及び規範群と中核的規範群から派生する規範群が存在していることが看取可能である。そして、前者に属するものの存在は次のような記述から理解される。

先ず、「それら［の戦争］が規律されることは『国際法』に属する (quae caveri juris gentium est)(451)」、「『国際法』、即ち、戦争、同盟、条約によって（tractatibus）のみ［結び付けられる］」、「そして同様にフランス人が、『国際法』に属する事柄、［即ち、］講和、戦争、同盟に関して［論ずる］」、「『国際法』に基づき、或いは戦争及び平和の権利に基づき（*de jure gentium seu belli ac pacis*）［参加する］」、更には、「［欧州に影響力を有する者が］使節・戦争・平和・同盟に存する完全な『国際法』を享受すること（*pleno jure gentium frui*）」といった表現が繰り返されている点に我々は注目すべきである。即ち、これらの中に登場する「戦争」や戦争に対応する「講和」、戦争に備える「同盟」、それらの交渉のための「使節」が、ユース・ゲンティウムの中核的規律対象であり、それに関する規範が中核的規範群を構成するものと考えられるのである。

また、ライプニッツは、彼が生きた時代に存在した小王国について、「それら［の小国王］は今日の『国際法』に従えば国王とはみなされない」とも述べている。つまり、国王或いは王国が、まさに国王或いは王国とみなされるのか否かは、「国際法」に依拠して決定されるとされており、このことも「国際法」の中核的規範群に含まれるものと思われるのである。（但し、このことに関しても、その基準や要件についての明示的な言及は為されていない。）

(2)　派生的規範群

以上のような中核的規範群の他に、それらから派生する規範群がライプニッツの記述の中に存在する。それに該当するものが、既に（前章第二節(一)(2)で）我々が確認した、「国際法」により承認された諸権利としての“*Suprematus*”保有者の具体的諸権利（「他者に波及し、そして領域外に達する諸侯の諸権利」として挙げられている「戦争と平和の権利、同盟の権利」という中核的権利に続く「軍隊を保有する権利、堡塁を建造する［権利］、兵器庫を準備する［権利］」等々）である。そして、それらに加えて、中核的規範から派生する規範群が挙げられていると解される記述が、『*Suprematus* 論』第三三章中の次のようなものである。

「勿論、［その者が］戦争の権利により獲得するものは、その者に属すると評価される。締結された講和により自らに譲渡されたものは、不正を通じて以外には取り消され得ない。その者の軍勢による無害通過（transitus innoxius）の否定は為され得ず、自らを含む同盟が締結され、自らの紛争が仲裁に（arbitrio）付託され、その者の介入（interventus）又は今日呼ばれるように仲介（Mediatio）が容認され、交渉により講和又は同盟をもたらすことの世話をする、つまりは今日呼ばれる保証を（Garantiam）供与する。最後に、他者に対して武力についての平等な権利の行使を承認されている者は誰でも（quicunque aliis pari armorum jure utentibus conceditur）、自らに及びその者の使節に名誉（honor）が与えられるべきである。(457)」

更に、必ずしも中核的規範から派生するという形式では論じられていない「国際法」の具体的規範も見出される。例えば、ブラバントの相続権者の遺言及び相続が、その土地の諸々の法令（当該法令が何を指示したとしても）による制約を受けないとされ、その理由が「それらの者の遺言書は、戦場でしたためられた軍人の遺言書（testamenta militaria）のように、純粋な『国際法』により（mero jure gentium）有効である」とされている箇所がそれに該当する。(458)（遺言書の効力に関する事例はこの他にも挙げられている。(459)）また、「野蛮人」（*Barbarus*）との比較において、「より洗練された欧州の人々の間では（inter Europaeos politiores）尊厳への配慮（dignitatis cura）は『国際法』の一部を成している」とされている箇所もある。(460) 尚、類似の事柄は『思考』においても見出される。即ち、「王国の尊厳」（*regia dignitas*）を尊重することや「友誼の絆」（*amicitiae vinculum*）を保護することが「国際法」に基づいて為されねばならない旨が論じられているのである。(461)

(三)　帝国の選帝侯及び諸侯の地位

前章（第三節(一)）において我々は、神聖ローマ帝国の選帝侯及び諸侯が"*Suprematus*"保有者であることをライプニッツが繰り返し説いていることを確認した。それでは、彼等のそのような地位は「国際法」との関係において如何なる意義を有することになるのであろうか。

この点について、ライプニッツは、「利害関係のある者の諸々の理由と認諾により（rationibus et confessione）、そして慣行それ自体により（usu ipso）」ドイツの選帝侯及び諸侯に認められる事柄と同様に、「他の全ての『国際法』上の特権」と「使節についての最大にして最良の権利も（quoque jure optimo maximo）」彼等が享受することは、明白であるとしている[462]。つまり、"*Suprematus*"保有者である帝国の選帝侯及び諸侯は、当然に「国際法」上の諸権利の享有主体でもあるというのである。

小括と若干の考察

以上本章で検討されたことから、ライプニッツの「国際法」観念の特色について、次の五点を指摘することが許されよう。

第一に、ライプニッツが自然法と実定法の区別に基づき、「国際法」を区分していることが挙げられる。しかもそれは、「第一の国際法」（*jus gentium primarium*）と「第二の国際法」（*jus gentium secundarium*）、そして「自然国際法」（*jus naturae et gentium*）と「意思国際法」（*jus gentium voluntarium*）という二つの区分によって行われている。更に、欧州社会に特有の共通法として「欧州諸国民の共通法」（*jus gentium Europaearum commune*）と「ローマ法」（*jus Romanum*）（但し、ライプニッツはこれを「ローマ皇帝ユスティニアヌスによるもの」（即ち、『ローマ法大全』（*Corpus*

Juris Civilis）と「ローマ教皇によるもの」（即ち、「教会法」の両者を合わせた観念とする場合と、それらを区別して、「ローマの諸法律」（Leges Romanae）とキリスト教徒の「共通の紐帯」としての「諸々の聖なる事柄に（in sacris）含まれている実定神法（jus divinum positivum）」とする場合がある。）という範疇が設定されている。

第二に、「国際法」における自然法と実定法の区別は、各々の領域において独自の理論の展開に繋がっている。前者については、「自然法の三段階説」の「国際法」理論への適用が、そして後者については、『類纂』及び『類纂補遺』の編纂が、その具体例として理解可能である。但し、『類纂』所収の文書類により、実定法の淵源のみならず「自然国際法」の淵源も示されるとライプニッツが考えている点は注意されるべきである。

第三に、「意思国際法」に関する記述を見る限り、それは上位者を認めない国家間の関係を規律するものとされているが、それが国家間の関係のみを規律するものであるのかについては明らかではない。

第四に、ライプニッツは「国際法上の人格」（*persona juris gentium*）という観念を提示しているが、それは近代国際法理論における「国際法主体」としての国家ではない。「国際法上の人格」と「国際法」（*jus gentium*）上の権利の享有主体は共に戦争遂行能力を具備した重要な権力者であると認識されており、結果的にそれらは前章で検討された“*Suprematus*”保有者に類似したものとなっている。

第五に、“*Suprematus*”保有者である帝国の選帝侯及び諸侯は、当然に「国際法」（*jus gentium*）上の諸権利の享有主体とされている。

これら五点を基に、以下では、ライプニッツの「国際法」理論における「法源」と「主体」という観点からの考察を試みることとしたい。

先ず、ライプニッツが展開した理論の中で「国際法」上の自然法と実定法が如何なる関係にあるかという点が問題となる。

ライプニッツと国際法学の関連を巡る評価は、（本部第一章で確認されたように）少なくとも国際法（史）研究者にとっては、『類纂』（及び『類纂補遺』）に着目した「最初の条約集編纂者としてのライプニッツ」とすること一般的なものであった。これは、国際法の「法源」という観点からすれば、彼を実定国際法の認識と結び付ける評価へと繋がるであろう。実際に、そのような評価は（国際法史以外の）歴史研究者からも為されている。例えば、シュナイダーは、『類纂』の実際的効用については疑義を呈しつつも、「その著作［即ち、『類纂』］は卓越した法理論的意義を認められるべきである」とし、「『自然国際法』(*jus naturae et gentium*) と『意思（外交）国際法』(*jus gentium voluntarium (diplomaticum)*)、そして条約法 (Völkervertragsrecht) の彼の区別と共に、ライプニッツは実定国際法学を促進し、深化させたのである」としている。[463] また、同様の評価は既に一九世紀末にも存在し、ハルトゥマン (Gustav Hartmann) は、「ライプニッツは、ドイツの法律家の中で、実定国際法学 (die Wissenschaft des *positiven* Völkerrechts) の、最初期のではないにしても、最上級の創始者であり促進者となった」[464] としていたのである。[465]

しかし、これらの評価はライプニッツの「国際法」理論を余りにも単純化した（或いは、彼の理論の一面を過度に強調した）ものと言わざるを得ない。何故ならば、それらは、彼の「国際法」理論が基本的に自然法論と結び付けられたものであったことを看過しているからである。そして、そのような結び付きは、差当たり、次の二つの事実によって示されていると言えるであろう。

第一に、本章で確認された通り、ライプニッツは「国際法」理論にも「自然法の三段階説」を適用しているという事実である。同説は（本部第二乃至四章で確認された通り）彼の「法」・「正義」理論に止まらず、「国家」理論、"*Suprematus*" 理論にも適用される重要な理論であり、その意味で同説の「国際法」理論への適用は彼の「国際法」理論と自然法論の強い結び付きを示している。[466]

第二に、ライプニッツが、『類纂』所収の文書類により実定法の淵源のみならず「自然国際法」(*jus naturae et gentium*）の淵源も示される旨を記しているという事実である。これは、従来の評価が『類纂』をライプニッツの実定国際法学的思考と結び付けてきたこととは異なり、同書所収の文書類は自然法（の一部）をも具現化すると彼が考えていることを示しているのである。

更に、以上の二つの事実に加えて、（この部の第二章で確認されたように）ライプニッツが神と人間を同一平面で扱う「普遍的法学」を構想していたこともここで考慮されるべきであろう。何故ならば、そのような構想においては自然法と実定法は理論的に統一されるのであって、「（実定）国際法」を自然法と結び付けることには大きな困難は伴わないものと考えられるからである。

そして、これらの事実は、ライプニッツが「"*summa potestas*"の参与者」の「慣行」や「見解」を「国際法」の淵源として認識していることとの関係において、次のような理解へと我々を導く。即ち、彼のこのような認識は、一見したところでは、近代国際法学における慣習法理論へと直結し得るものとも思われるが、『類纂』所収の文書類が示す「慣行」や「見解」は同時に自然法の表示でもあるのであって、彼は「国際法」の独立の「実定法源」として「慣習法」を把握しているのでは決してないのである。

次に、「国際法主体」を巡る問題についての考察を行うこととしたい。近代国際法理論においては、国際法主体は国家のみであるとの思考が原則的に妥当するとされてきた。ライプニッツの「国際法」理論にあっては、「国際法上の人格」（*persona juris gentium*）という言葉が使用され、しかも、それは「国際法」上の権利の享有主体であるとされている。そして、それらに共通するメルクマールは「戦争遂行能力を具備した重要な権力者」であることであった。このことは、本書における問題関心に照らすならば、次のような二つの興味深い問題点を提起する。

一つは、ライプニッツが提示する「国際法上の人格」という観念に関わる問題点である。「国際法上の人格」

が"*Suprematus*"保有者であることについて明示している記述は我々が検討してきた論考からは見出されなかったものの、両者が極めて近似していることは本章において確認された通りである。しかも、"*Suprematus*"保有者に帰属する諸権利（特に、前章第二節(一)(2)において確認された「[領域外に]波及するもの」(*transeuntia*)とされる諸権利）が「国際法」上の事柄に関わる権利であることから、ライプニッツが"*Suprematus*"保有者を「国際法上の人格」であると考えているとすることにはほぼ誤りはないであろう。そして、そうであるとするならば、彼の"*Suprematus*"観念が相対的なものであることから、「国際法上の人格」も相対的な観念であることになるが、これは近代国際法理論における法主体の国家への一元化という思考とは異なる思考の下で「法主体」観念が存在することを意味するのである。

他の問題点は、（第一の問題点とも関連するが）「戦争遂行能力を具備した重要な権力者であること」を「国際法上の人格」の要件としたことから発生する。「戦争遂行能力」を問題とすることによって、「国際法上の人格」（そして、"*Suprematus*"保有者）は、戦争の規模や戦争への参加の態様、更には、戦争の結果等によって決定されることになる。その意味において、各行為主体についての「国際法上の人格」の存否は常に事実の中で決定されることになるのである。そして、このことは少なくとも次の二つの論理的帰結をもたらす。一つは、戦争それ自体のあり方（帰結）によって、「国際法上の人格」（そして、"*Suprematus*"保有者）は常に変動し得ることである。他は、戦争を「国際法」理論の中に取り込むこと（それは、戦争を合法的行為とすることを意味するであろう。）によって、何れか一国が（欧州規模に限定されるとしても）「普遍的帝国」となる可能性を容認することとなるため、近代国際法の理論的存立基盤である国家の並存状態（の維持）[467]を否認する論理をも内包していることである。これら二つの論理的帰結に照らす限りでは、ライプニッツの「国際法」理論は国家間関係を永続的に規律する規範のための理論ではあり得ないことになるのである。（これに関しては、ライプニッツが、「神の教会」としての「自然的社会」

を承認し、また、「普遍的法学」を構想していることに鑑みるならば、普遍的帝国の存在可能性を、少なくとも理念的には、彼が否定していなかったであろうことは容易に推測されるのではあるが。)

以上のことから、ライプニッツの「国際法」理論は次のように評価されるべきである。即ち、「公的人格」や「国際法上の人格」という観念によって近代国際法主体に近似した存在が提示され、また、「第二の国際法」及び「意思国際法」という観念によって実定法としての「国際法」が論じられるなど、近代国際法学（それも、一九世紀を通じて主流としての地位を築くこととなる「実証主義的国際法学」）の理論と類似した理論も提示されているものの、ライプニッツの「国際法」理論は、近代国際法理論からは依然として隔たりが大きい理論なのである。

第二部　まとめ

第二部　まとめ

㈠　第二部各章のまとめ

以上、本書第二部各章における検討結果は、次のように纏めることが許されよう。第一章においては、国際法概説書における言及を見る限り、国際法研究者一般にとって、ライプニッツが記述対象とされることは（一九世紀末までの時期と二〇世紀以降では若干の相異が見られるものの）稀であること、国際法史研究者は、彼に対して（僅かながらではあるが）一定の関心を払ってきたこと、そして、何れであっても彼の国際法史上の評価は専ら『類纂』（及び『類纂補遺』）に基づいたものが大半を占めることが確認された。第二章においては、ライプニッツの（遅くとも三〇歳代前半以降の）法学理論が神を巡る主知主義的認識を基礎として神と人間を同一平面に置いた「普遍的法学」の構想と結び付くものであること、彼の法学理論は最終的には「智者の慈愛」として定義されるようになった正義の観念と強く結び付くものであること、そして、彼が「自然法の三段階説」（それは正義の観念とも接合されている。）を提示したことが確認された。第三章においては、ライプニッツが第一から第六の「自然的社会」を提示し、「普遍的法学」の構想と同様に、神と人間とを同一平面に置いた統一的説明を「社会」についても試みていること、彼の国家理論は社会契約理論的な国家構成原理に基づくものとして理解可能ではあるが、それは「不完全な社会契約理論」であること、そして、彼が国家の擬制的人格を承認するのみならず、領域の結合と法人格の関係についても理論化していたことが提示された。第四章においては、ライプニッツの"*Suprematus*"観念は、"*summa potestas*"・"*superioritas territorialis*"・"Souveraineté"といった統治に関わる諸観念を基礎又は必要条件としつつ、「大きな領域を有し、軍隊を進発させ得る」或いは「欧州の全般的事柄に対する影響力の行使」という能力を決定的基準とする対外的側面を重視した統治権観念の一つであり、狭義の"Souveraineté"の保有者が、

"Potentat" とされ、それが同時に "*Suprematus*" 保有者とされることが抽出された。第五章においては、ライプニッツの「国際法」観念は自然法と実定法を含むが、両者は相互に抵触することはないものとして構想されていること、「国際法上の人格」は "*Suprematus*" 保有者と考えられ、「国際法主体」とは異なること、そして、"*Suprematus*" 保有者である帝国の選帝侯及び諸侯が「国際法」上の諸権利の享有主体とされていることが示された。尚、「自然法の三段階説」が、ライプニッツの正義及び法観念と関連するのみならず、「社会」、「統治権」及び「国際法」を巡る諸理論の各々にも関連していることは再度確認されるべきであろう。

それでは、各章における検討結果を基に、ライプニッツが提示した諸理論について、彼の方法論的特質と近代国際法史における彼の再定位という二つの観点から評価することをもって、この部の結論としたい。

(二) ライプニッツの方法論的特質

先ず、ライプニッツの方法論的特色として指摘されるべき事柄は、ライプニッツが提示する諸理論に内包される「二面性」或いは「矛盾」であり、それらは、例えば、(第二章第一節で検討された) 彼の神学的認識 (それは、彼の正義及び法の認識にも影響を及ぼす。) における主知主義的傾向と主意主義的傾向の並存や (第二章第二節及び第五章を通じて確認された) 自然法論と実定法論の混在、更に、(第三章で確認された) 国家理論における「自然社会」と「社会契約理論的国家構成原理」の並存 (それはまた、アリストテレス的人間観と契約論的国家観の混在でもある。) として姿を現している。更にまた、(第四・五章において提示された) 戦争遂行能力を "*Suprematus*" 保有者や「国際法上の人格」のメルクマールとすることによる理論の不安定化も (法理論が秩序の安定化に資するものであるとするならば) 二面性乃至は矛盾として理解可能な現象であると言い得るのである。

これらの二面性或いは矛盾の原因は奈辺に存在しているのであろうか。それを説明するものとして、次のようなライプニッツの本来の学術的思考様式と彼の論述の政治性がもたらす矛盾が挙げられ得る。

例えば、「ライプニッツの批評家及び解釈者の全てが、普遍性（universality）が彼の思想の主たる特徴の一つであることに同意する」[468]という評言やライプニッツを「調和的統合論者」（harmonischer Synthetiker）[469]とする理解に端的に示されているように、ライプニッツが個別事象を普遍的理論の中で統合するという思考様式を有していたことには疑念の余地がないものと思われる。そのような思考様式は、「数学者」としての彼にとって当然のことであると共に、「法学者」としての彼を主知主義的な神学及び法学の認識に基づく「普遍的法学」の構想へと向かわせたものであると言えよう。それに対して、ライプニッツの著作が内包する政治性を看取することも容易であり、それは、例えば、『*Suprematus* 論』（及び『対談』[470]）の次のような執筆の背景事情において妥当する。即ち、（本部第四章でも若干触れられているように）ライプニッツが伺候したハノーファー公は、ナイメーヘン講和会議中に自身の使節が神聖ローマ皇帝や諸国王の、或いは少なくとも選帝侯やイタリアの諸君主の使節と同等の扱いを受けるための努力を重ねており、その主張のための法的及び歴史的根拠の提出をライプニッツに要請し、それに応えたものが『*Suprematus* 論』であったのである。[471]（実際に、『対談』では「問題は、帝国諸侯（les Princes de l'Empire）がナイメーヘンに使節（Ambassadeurs）を派遣する権利を有するか、そしてそこでそれらの使節は諸々の国王、選帝侯又はイタリアの諸君主のそれら［即ち、使節］のように扱われなければならないかである[472]」ことが明言されている。）また、それと同様に、『類纂』も政治的動機に由来する著作であると考えられているのである。[473]

通常であれば、このような普遍を志向する学術的思考様式と著作における政治性（「政治的なもの」はその時時の状況によって変化する故に、普遍性とは相容れないように思われる。）は矛盾をもたらすであろう。しかしながら、そのような矛盾は矛盾として、その原因は説明可能であり、ライプニッツの内奥ではそれを矛盾としない何らかの一貫した原理的思考が存在したように思われる。

矛盾の原因の説明としては、例えば、主意主義的法観念と主知主義的法観念のライプニッツの諸論考における並存は、彼の学問的営為の過程における転換の結果であるとすることが可能である。そして、その転換後には彼の主知主義的法認識に基づく「普遍的法学」の構想は揺らぐことがなかったものと解される。これは更に次のような彼の数学上の業績との関連の中で理解可能であろう。

ライプニッツが微分法を完成した形で『極大と極小のための新方法』(*Nova methodus pro maximis et minimis*) で発表したのは一六八四年のことである。しかし、その理論としての確立は七二年から七六年にかけてのパリ滞在中に為されていたことが明らかにされている。[474]（例えば、七三年八月の彼の手稿の中で、近代の数学的意味で「関数」(Funktion) という言葉が使われ、七五年一一月の原稿では微積分学のための新たな記号について示されているという。[475]）そして、「極限」の観念を前提とする微分法の確立を通じて「無限」が数学的に処理可能なものであることを確認したライプニッツが、神の意思によっても変更し得ない客観的秩序の存在として「宇宙」（法規範を含む。）を認識するようになったと解するならば、（本部第二章第一節(一)(2)において示されたように）彼の主意主義的法観念から主知主義的法観念への転換が遅くとも七七年の論考において看取されることは不思議ではないのである。[476]（更に、ライプニッツの数学上の業績との関係において、彼の法理論に見られる自然法論と実定法論の混在、そして「普遍的法学」の構想を説明することも可能であろう。）つまり、一貫して普遍を志向する学術的・原理的思考の下で、その思考に合致する論理を法学においても求めた結果が、ライプニッツの法理論の転換であったと解されるのである。

以上の他にも、「自然社会」と「社会契約理論的国家構成原理」の並存やアリストテレス的人間観と契約論的国家観の混在というライプニッツの国家理論の特色も、確かに彼の理論の「二面性」や「矛盾」を示すものであるように見える。そして、その結果として、彼の国家理論は「不完全な社会契約理論」と評価されるべきものとも思われる。しかし、彼自身による人間及び社会観察の結果からすれば、それらは何れも「事実」なのであり、彼にとって重要であったのは、観察結果（事実）の体系化や普遍化であって、「完全な社会契約理論」の提示ではなかったと解されるのである[477]。

勿論、この観察結果（事実）の体系化や普遍化の重視は、ライプニッツが現状維持的な思考傾向を有していたことの結果であるとも言い得る。実際に、『バーネット宛書簡』においてライプニッツは、一定の秩序が樹立された後には、「極端な必要性がなく、そして公共の安寧のため（pro salute publica）成功することが保証されていない場合には、当該秩序を転覆してはならない」（また、既存秩序の転覆が許容される場合であっても、「より悪しき災厄を惹起しないような方法」によらなければならない）としている[478]。しかしながら、これは、彼の諸理論の現状維持的性格の反映というよりも、むしろ、存在する事実の体系化や普遍化を志向する彼の態度表明と解するべきであろう。何故ならば、一定の秩序が存在する場合に、彼の努力は当該秩序を彼の理論体系の中に包摂することに向けられるのであって、そのためには実在する秩序は事実として観察の対象とされなければならないからである。但し、如何なる場合であっても、彼が重視するものは「公共善」（le bien public）であって[479]、「公共の安寧のため」であるならば現状の変更は否定されないという彼の論理は看過されてはならないのである。

そして、以上のような体系化や普遍化へのライプニッツの志向という観点からすれば、帝国の選帝侯及び有力諸侯が存在するという当時の事実、そして、それらの者が欧州外交の舞台に存在するという当時の事実を前にして、それらの事実を彼の「国際法」理論の中に包摂することは当然のこととなるのであり、そのために“*Suprematus*”理論が創出されたと解されるのである[480]。或いは、少なくとも、『*Suprematus* 論』をはじめとする彼の「国際法」関連の諸著作がその時時の単純な政治的動機に基づいて執筆されたとするようなことは許されないのである[481]。

(三) 近代国際法史におけるライプニッツの再定位

一方において、従来の国際法史研究では、ライプニッツは通常「実証主義国際法学」の系譜の中で論じられてきた。それは『類纂』(及び『類纂補遺』)が「国際法」に関わると思われる諸々の先例を収集したものであるが故のことである(第一章)。他方において、彼は、彼の法理論において自然法と正義を重要な要素としており(第二章)、また、それらを"*Suprematus*"保有者に対する制約として論じている(第四章)。

これらのことは、従来の国際法史研究者が、『類纂』(及び『類纂補遺』)にのみ依拠しており(但し、若干の研究者は『*Suprematus* 論』にも言及しているが)、そこから短絡的な評価を行ってきていることを示している。ライプニッツの「国際法学」に直接的に関わる(と思われる)文献のみに依拠して判断するのか、「法学」(更には、「政治理論」)の枠組みの中で評価するのか、或いは、学問体系全体の中で考察を行うのかによって、彼に対する評価は変化し得るであろう。しかし、従来の国際法史研究の成果が、彼の「国際法」理論において、自然法としての「国際法」と実定法としてのそれが区別されているものの、『類纂』所収の文書類が両者の淵源となる旨が述べられていること(そしてそれ故に、両者間で抵触が発生するという事態は想定されていないこと、或いは、少なくとも、両者相互の親和性は高いこと)を看過してきた点は誤りとせざるを得ない。この部における考察の結果として指摘されるべきことは、自然法(及び正義)を基調としつつ、実定法をも組込んだ「普遍的法学」を志向したという「法学」の枠組みの中での彼の評価が、彼の「国際法」理論についても妥当するということなのである。

それでは、このようなライプニッツの「国際法」理論は近代国際法史の中でどのような評価を受けるべきなのであろうか。ここでは、国際法人格と主権を巡る理論的観点から論ずることとしたい。

先ず、ライプニッツの国家理論における国家の法人格(擬制的人格)については、次のように評価され得る。彼は、彼自身が観察した「事実」に基づく「不完全な社会契約理論」を展開したが、それは「不完全」ではあっても、依然として、「社会契約理論」として理解され得るものであった。(しかも、その「不完全性」故に、現実に存在する多様な「国家」の形態の各々に適用可能な国家構成理論が提示され得たと考えられる。)これにより、彼の理論は統治者を国家の機関として理解するための端緒を有することとなった。また、彼は、多様な「国家」に擬制的人格(「公的人格」)を、そして、"*Suprematus*"保有者に「国際法上の人格」を各々認めた。これらのことから、機関としての"*Suprematus*"保有者が「公的人格」としての「国家」を代表して「国際法」上の諸権利を享受するという論理構成が可能となる。このようにして、彼の「国際法」理論は近代国際法理論に近接したものとなるようにも思われる。

また、ライプニッツの「主権」理論については、次のような評価が下されるべきであろう。彼の「統治権」理論は錯綜しており、「主権」に一元化されたものではない。そして、その錯綜した理論の中で、最重要な観念として提示された"*Suprematus*"は事実により規定される相対的な観念であり、またそれは「公的人格」としての国家に帰属するものではない。これらのことから、彼の統治権を巡る理論は近代国際法理論における(或いは、その前提となる)主権理論からは遠く隔たるものと評価せざるを得ないのである。(勿論、「同朋の権利」により「国家平等」原則の如きものが提示されているが、それも「主権」に基づくものではない。)

このようにして、彼の「国際法」理論は、国家の擬制的(法)人格の承認により近代国際法に近接したものとはなり得たが、「主権」理論とは異なる"*Suprematus*"理論が統治者に適用されることによって、「主権国家間の関係を規律する法規範」としての近代国際法理論を論じたものではなかったのである。

それでも、"*Suprematus*"理論は(ライプニッツが生きた)一七世紀後半から一八世紀前半の神聖ローマ帝国の(ひいては、当時の欧州全般の)状況に適合的な理論であったとも言えよう。そうであるとするならば、一九世紀初頭に至るまで欧州中央部に蟠踞した神聖ローマ帝国の存在とそこで生み出された諸々の「国際法」理論の存在(そして、それらの内実）が理解されるべきであろう。何故ならば、そのような理解を通じて、我々は（近代国際法理論が単線的・直線的に「発達」したのではないという意味での）近代国際法理論の錯綜した発展過程を探求することの学問的必要性を自覚することとなるであろうし、そのような自覚に裏付けられた知的活動の中で国際法学の豊穣さを感得できるであろうからである。（そして、この点にこそ（本書の「序論」において提示されている）我々の「負の国際法意識」を自覚することの意義が存在しているのである。）

「失われた環」は（或いは、少なくとも、その一部は）ライプニッツの論考の中に見出された。しかし、一六世紀後半以降の近代的な主権・国家理論や「国際法」理論の歴史を「現代」という視点から見るならば、その環は無意味なものであるように思われる。何故ならば、その環は歴史の中に埋もれ、そして消滅してしまったからである。しかし、その環の発見は本当に無意味なのであろうか。

我々が理念的に把握するような近代主権国家の並存体制が現実に欧州世界を（概ね）覆い尽くすようになったのは一九世紀初頭（神聖ローマ帝国の消滅）以降のことであり、そのような体制は最大限に見積もっても二世紀程度の歴史を有するのみである。しかも、その歴史の中で、既に我々は、「欧州連合」という主権国家の意思に基礎を置きつつ、単なる主権国家の並存体制とは異なる新たなる統治形態が創出されたことを目撃している。（勿論、その新たなる統治形態が今後如何なる運命を辿ることになるのかという問題は、本書において論じられ得る事柄ではない。）理念型（Idealtypus）としての近代主権国家、そしてそれらの並存体制が、「国際社会」を説明する際の基本的概念枠組みであり続け、現実説明能力を維持することは、決して保証されたものではない。現在の理念型が理念型としての能力を喪失した時、発見された「失われた環」は如何なる意味を有することとなるのであろうか。

第二部　註

はじめに

(1) Taylor (1934), 262.

(2) Verdross (1958), 129.

(3) Macdonell (1914), 283.

(4) Clark (1947), 264–265. 本文引用部分は「哲学」と題された章（Clark (1947), 252–269.）で登場する。この文献においてライプニッツへの言及が見られる他の箇所は「数学と科学」と題された章の中にある。（Clark (1947), 236 *et* 240.）因みに、「国際法と外交」という章も設けられ（Clark (1947), 124–139.）、そこではグロティウスやズーチ等が紹介されているが、ライプニッツへの言及は見出されない。

(5) 同様のことは日本におけるライプニッツ研究動向にも妥当してきた。（河野（一九三六年）は存在したものの）日本における本格的なライプニッツ研究の嚆矢となったと思われる下村寅太郎の『ライプニッツ研究』（初版一九三八年）（下村（一九八九年）一–二二〇頁。）では、下村の専門領域である哲学のみならず、数学・論理学等の分野でのライプニッツの業績も紹介されているが、彼の法学関連の業績には触れられなかった。その後、雑誌掲載論文として幾つかの論考（例えば、勝田（一九八〇年）や宮澤（一九九三年））は登場したものの、一九八八年以降一〇年余をかけて順次公刊された『ライプニッツ著作集』（第Ⅰ期全一〇巻）には、ライプニッツの法学関連の業績は含まれなかったのである。しかしながら、近年新たな状況が生まれつつある。酒井（二〇一四年）（初版二〇〇八年）には「法学」と題された一章（一五九–一六八頁）が設けられ、また、酒井・佐々木（編著）（二〇〇九年）にも僅かではあるが正義論に触れる記述（佐々木能章担当部分中、一一六–一一九頁）が含まれ、更に、酒井・佐々木・長綱（編著）（二〇一二年）ではライプニッツの自然法論及び正義論に関する論考（長綱啓典「ライプニッツの自然法学」六六–七八頁及び酒井潔「ライプニッツの正義論」七九–九一頁）が収められている。そして、二〇一六年に出版された『ライプニッツ著作集』（第Ⅱ期第二巻）（酒井・佐々木（監修）（二〇一六年））は、ライプニッツの法学（更に、神学及び歴史学）分野の論考を集めたものとなっている。このように、日本ではかつてに比してより頻繁にライプニッツの法学関連著作に光が当てられるようになっているように思われるのである。

（6）Berkowitz (2005), 13. 但し、前註の日本におけるライプニッツ研究を巡る近年の状況と同様に、欧州においても、「ライプニッツは、少なくとも政治的ライプニッツ（der *politische* Leibniz）は、流行している」(Nitschke (Hrsg.) (2015), "Vorwort".) という評言が示すように、彼の政治哲学への関心は高まっている。

（7）例えば、近世・近代欧州の法学者の業績を通観する次の文献において、ライプニッツは独立した考察対象としては登場せず、僅かに「コラム」の中で紹介されているにとどまる。勝田・山内（編著）（二〇〇八年）二一〇頁（田中実担当）。

（8）一例として次の文献を見よ。Mitteis (1988), 161 *et* 343.

（9）*De casibus*. (Akademie, VI, i, 231–256: Dutens, IV, iii, 45–67.)

（10）以上のライプニッツの経歴に関する記述は、主として次の著作に依拠している。Aiton (1985): Ariew (1995): Hirsch (2016). 下村（一九八九年）：酒井（二〇一四年）。また、次の三著は（古くはあるが、依然として）参照すべきと思われる。Guhrauer (1842): Fischer (1902): Stammler (1930). 更に、ライプニッツの経歴を法学との関わりという観点から論じたものとして、次の文献がある。Schneider (1967), 27–117.

（11）或る論者は次のように指摘している。「法と政治（law and politics）はライプニッツの中心的関心事項であった。法律家として訓練された彼は、法学及び法哲学の主題に終生の関心を維持した。実際的経世家（politician）・外交官・政治家（statesman）としての、そして数多の学問的・科学的企図の組織者としての彼は、力の世界についての感覚と統治及び国家についての理解（それらは数多の著作と彼の書簡に反映されている。）を獲得した。しかし、形而上学者及び数学者としての彼の業績を特徴付ける並外れた創造的独創性は、我々がここで関心を寄せる分野［即ち、法及び政治］では欠如しているように思われるであろう。繰り返し提起されるそれとは逆の主張は、法及び政治に関する第一級の思想家としてのライプニッツを確立することに成功を収めてこなかった。何らの基本的に新奇な洞察も彼に帰され得ないのである。」Friedrich (1966), 79.

（12）Pufendorf (1667), c.VI, §9. このような「怪物に類似した」存在について、ヘーゲルが或る著作の冒頭で、「ドイツは最早国家ではない」(Deutschland ist kein Staat mehr.) としたのは一八〇二年のことであった。Hegel (1802), 461.

(13) 明石（二〇〇九年）。

(14) 「ドイツ国際法」論に関しては、次の文献を見よ。柳原（一九九三年）六八二頁：柳原（一九九六年）八一‐一一五頁。

(15) 「ドイツ国際法」を正面から論じた研究書は少数であると思われる。カンプツ (Karl Albert von Kamptz) による一八世紀末までの「国際法」関連文献の目録中の「ドイツ国際法」の文献としては九点が挙げられているにとどまる。Kamptz (1817), 56–58. また、「ドイツ国際法」論の代表的学者の一人と評価されてきたギュンター (Karl Gottlob Günther) 自身も、「帝国等族の相互間の、そして他の欧州諸国に対する多様な関係はそれに対応する使節権の固有の考究に値した」ものの、「[そのような考究は] 殆ど為されることはなかった」として、帝国等族固有の対外的規範の存在を認識し、その考究の必要性を論じていた。Günther (1777), 56–57.

第一章

(16) Bynkershoek (1702).

(17) Bynkershoek (1721).

(18) Bynkershoek (1737).

(19) Dutens, IV, iii, 157–162.

(20) Wolff (1749).

(21) Moser (1750).

(22) Vattel (1758), I, v, 67.

(23) Vattel (1758), I, xii, 155.

(24) Vattel (1758), I, xviii, 208.

(25) Vattel (1758), I, xxi, 262.

(26) Martens (1796), 12 *et* 13. 仏語版では次の箇所を見よ。Martens (1789), 12.

(27) Martens (1796), 14, n.(b). この部分は仏語版では見出されない。

(28) Martens (1796), 25, n.(e) *et* 203, n.(f).

(29) マルテンスのラテン語版概説書（Martens (1785)）では、序論（*Prolegomena*）の第七節（「国際法研究史」(*Historia studii juris gentium*)）において、条約集の登場に関する記述の中で『類纂』が紹介されている。Martens (1785), 7 *et* 9 n.(s). また、次の箇所にもライプニッツの名が登場する。Martens (1785), 11, n.(a) ; 41 n.(b) ; 191 n.(b). 更に、次の箇所で、『*Suprematus* 論』が触れられている。Martens (1785), 125 n.(c). 仏語版概説書では、註の中で『類纂』の「序文」(Martens (1789), 63, n.(a); 334, n.(b).) と『*Suprematus* 論』(Martens (1789), 217, n.(f).) への言及が為されている。

(30) ライプニッツへの言及が見出されない国際法概説書の若干の例を以下に挙げる。Heffter (1848): Polson (1848): Wildman (1849–50): Woolsey (1860): Twiss (1861–63): Kent (Abdy) (1878): Bluntschli (1868)（但し、ブルンチュリ（Johann Caspar Bluntschli）は次の文献においてはかなり詳細にライプニッツの政治理論を紹介している。Bluntschli (1864), 135–153.）: Creasy (1876): Funck-Brentano/Sorel (1877): Hall (1880): Hall (1883): Walker (1895): Lawrence (1895).

(31) See, *e.g.*, Fiore (Pradier-Fodéré) (1868), Introduction, LVIII: Levi (1887), 7: Bonfils (1894), 66. 尚、プラディエ＝フォデレはライプニッツのプーフェンドルフ評（*Vir parum jurisconsultus, et minime philosophus*）を註で紹介している。Fiore (Pradier-Fodéré) (1868), 43, n.2. また、ボンフィスはプーフェンドルフがライプニッツの批判者であったことを強調している。Bonfils (1894), 66.

(32) Saalfeld (1833), 12–13.

(33) Schmalz (1817), 27.

(34) Schmalz (1817), 298.

(35) Klüber (1819), 26, n.(b).

(36) Klüber (1819), 31–32, n.(e).

(37) Klüber (1819), 32, n.(h).

(38) Klüber (1819), 43, n.(a).

(39) Klüber (1819), 85, n.(b).

(40) Wheaton (1836), 31.

(41) Manning (1839), 30–32 *et* 48–49.

(42) Halleck (1861), 17.

(43) Lorimer (1883–84), I, 61.

(44) Lorimer (1883–84), II, 220.

(45) Lorimer (1883–84), I, 74–78. 引用部分は次の箇所である。Lorimer (1883–84), I, 78.

(46) Calvo (1887–88), I, 45 *et* 148

(47) Phillimore (1855–71), I, 33–34.

(48) Phillimore (1855–71), II, 286.

(49) Phillimore (1855–71), II, 335.

(50) Phillimore (1855–71), III, 661–662.

(51) Phillimore (1855–71), III, 747.

(52) Westlake (1904–07). ウェストレイクの次の著作においても同様である。Westlake (1894).

(53) Hershey (1915).

(54) 次の文献も同様である。Liszt (1902): Baty (1909): Kohler (1918).

(55) Fenwick (1924): Anzilotti (1928).

(56) Brierly (1928). *E.g.*, 6th ed., Brierly (Waldock) (1963); 7th ed., Brierly (Clapham) (2012).

(57) *E.g.*, Fawcett (1968): Bleckmann (2001).

(58) Oppenheim (1905–06), I, 94.

(59) Schwarzenberger (1950), 345 *et* 351.

(60) Berber (1960–64), I, 87. ベルバーは、「国際法の法源」に関する記述における「条約及び外交文書の集成」中の「重要な私撰条約集成」の冒頭に『類纂』と『類纂補遺』を挙げている。

（61） Heydte (1958–60), I, 56.

（62） 例えば、次章第一節㈠⑴で論じられているように、プーフェンドルフが法律を「上位者の命令」とすることに対して、ライプニッツは批判的である。

（63） Parry (1968), 20.

（64） Ward (1795).

（65） Pütter (1843), 73, n.(4); 78, n.(2); 101, n.(1); 118, n.(4); 182, n.(1).

（66） Kaltenborn (1847), 64.

（67） Walker (1899), 94.

（68） Wheaton (1841), 41–42. 次の箇所も見よ。Wheaton (1845), 97–98.（尚、ホィートン自身は、この『忠告』からの引用箇所を明示していないが、著者が確認し得た限りでは、それは次の文献からのものである。*Monita* (*Pufendorfius*). (Dutens, IV, iii, 275–276.)）

（69） Wheaton (1841), 43. 次の箇所も見よ。Wheaton (1845), 98.

（70） Wheaton (1841), 43–44. 次の箇所も見よ。Wheaton (1845), 98–99.

（71） Wheaton (1845), 244.（尚、この箇所でホィートンが参照しているのは次の文献である。*De jure suprematus*, cap.IV. (Dutens, IV, iii, 344–345: Akademie, IV, ii, 32–35.)）

（72） Nys (1896), 304–308.

（73） Eyffinger (1991): Legohérel (1996): Renaut (2007).

（74） Verosta (1984: 2012), 836, 840 *et* 843.

（75） Ziegler (2007), 157.

（76） Nussbaum (1958), 138. 尚、ヌスバオムはこれに続いて、「決定的な進歩はオランダにおいて為された」として、神学者でユグノー難民であったベルナール（Jacques Bernard）による条約集（*Recueil des traités du paix, etc.*）の公刊開始（一七〇〇年）を挙げ、それが更にデュモンの条約集（*Corps universel*）に繋がるとしている。Nussbaum (1958), 138–139.

（77） Truyol y Serra, (1995), 91.

（78） Truyol y Serra (1995), 88.

（79） Focarelli (2002), 76–79.（引用部分は七七頁。）

（80） Neff (2014), 190.

（81） Gaurier (2014), 176.

（82） Gaurier (2014), 453–455. ゴリエは次の文献でも欧州の永久平和構想の史的展開という文脈の中でライプニッツに簡単に触れている。Gaurier (2012), 260–261.

（83） Lettre II des Lettres à Mr. Grimarest, Hannovre. Juin, 1712. (Dutens, V, 64–67.)

（84） Grewe (1984), 170.

（85） Grewe (1984), 333, n.1.

（86） Grewe (1984), 338.

（87） Grewe (1984), 417.

（88） Reibstein (1957–63), I, 501–502.（この箇所で参照されているのは次の文献である。*Observationes*, IV. (Dutens, IV, iii, 270–271.)）尚、ライプシュタインは、『国際法辞典』での担当項目（「欧州国際法の時代（一六四八年から一八一五年まで）」）の末尾に付した文献一覧において、『*Suprematus* 論』、『類纂』（但し、『類纂補遺』を含むものとしている。）及び『忠告』を挙げている。Reibstein (1962), 719.

（89） Jones (1945), 1–10.

（90） Schrecker (1947), 114–122. この論考がこのような印象を読者に与えるのは、掲載誌の性格が原因となっているものとも思われる。尚、シュレッカーは、この論考の公表の前年に、ライプニッツを思想史的観点から扱った次の文献を公表している。Schrecker (1946), 484–498.

（91） Friedrich (1966), 79–91.

(92) 柳原（一九九八年）四一-四二頁。但し、註は省略されている。

(93) Verzijl (1969), 2–3.（尚、ここでフェルゼイルが引用しているのは次の箇所である。*Codex* (*Praefatio*) (*Monitum* (*Codex*), I, xx.). (Dutens, IV, iii, 306: Akademie, IV, v, 74–75: Klopp, VI, 488–489.)）

(94) Nijman (2004), 58–80.

(95) Toyoda (2011), 81–101.

(96) Steiger (2015), 135–206.

第二章

(97) 或いは、次のような評価も妥当なものと言えよう。「法及び正義の観念についてのライプニッツの多数の説明は、彼の［著作の］表面的な読解から推測されるほどには、明確で容易に見通し得るようなものではない。」Schiedermair (1970), 18.

(98) "Jus, in quo versamur, est scientia caritatis, et Justitia caritas sapientis sive virtus, quae hominis affectum erga hominem ratione moderator." *De tribus gradibus.* (Mollat, 8.) ここでの法の定義、即ち、「慈愛の学問」(*scientia caritatis*)（或いは、「慈愛についての学識（乃至は知識）」）からは、法が通常有すると思われるような権力性や強制性といったものが導出されない。このように法を定義することは、（後述の通り）「法律」(*lex*) をプーフェンドルフが示したような「上位者の命令」とすることに批判的であったライプニッツの思考からすれば、或る程度理解可能ではある。

(99) "[I]d est jus in genere …… quod producit actionem vel exceptionem." *Systema iuris.* (Grua, II, 819.)

(100) "Ut autem qualitas realis in ordine ad actionem duplex est: potentia agendi, et necessitas agendi; ita potentia moralis dicitur *Jus*, necessitas moralis dicitur *Obligatio*." *Nova methodus*, Pars II, §15. (Dutens, IV, iii, 185: Akademie, VI, i, 301.)

(101) *Codex* (*Praefatio*) (*Monitum* (*Codex*), I, xi.). (Dutens, IV, iii, 294: Akademie, IV, v, 60–61: Klopp, VI, 469.) 尚、この部分は、一七〇六年七月四日付コステ (Pierre Coste) 宛書簡の添付書 (Beilage) 中に再録されている。(Gerhardt, III, 386.) また、宮澤文聡はこの添付書の"*jus*"を「法」としている（宮澤（一九九三年）一〇四頁。）が、この宮澤の理解では、ここでは"*jus*"が「義務」との

対比において論じられている点が看過されている。

(102) "Leges, verborum significatio et regulae juris." *Tractatio*. (Grua, II, 797.)

(103) "Lex definitur decretum, quo superior sibi subjectum obligat, ut ad istius praescriptum actiones suas componat. Quae si admittimus, nemo sponte officium faciet; immo nullum erit officium, ubi nullus est superior, qui necessitatem imponat; neque erunt officia in eos, qui superiorem non habent." *Monita* (*Pufendorfius*) (Dutens, IV, iii, 279.)

(104) 尚、この引用文中の「責務」の原語は"*officium*"である。この語は、プーフェンドルフの自然法理論に即するならば、「義務（*obligatio*）適合的行為」と訳出すべきとも考えられる。（プーフェンドルフの自然法理論における"*officium*"と"*obligatio*"の相異と両観念に対する邦訳語については、筏津（二〇一〇年）九–三七頁を見よ。）しかし、本書では"*officium*"に「責務」、"*obligatio*"に「義務」の訳語を当てている。

(105) *Théodicée*, 2. partie, §121. (Gerhardt, VI, 175.)

(106) *Méditation*. (Mollat, 47.)

(107) このような「法」(*jus*) と「法律」(*lex*) の明確な観念的区別については、例えば、ボダンが、「法」を「人間に分与された神の善及び賢慮の光であり、それら［の人間］により人間社会の利益のために導入されたものである」とし、「法律」を「最高支配権の命令又は裁可に他ならないのであるから、［それは］即ち、禁止すること、許可すること、命令することである」としたこと（これに関しては、明石（二〇一二年）（二・完）一五–一七頁を見よ。）に類似している。但し、ボダンは「法」と「法律」について各々の積極的定義を提示しており、この点でライプニッツとは異なる。また、少なくとも本節で主たる考察対象とされている『法学新方法』（*E.g.*, *Nova methodus*, Pars II, §76. (Dutens, IV, iii, 214: Akademie, VI, i, 344–345.)）と『法原理考察』（*E.g.*, *Observationes*, III. (Dutens, IV, iii, 270.)）においては、「法」と「法律」は互換的に使用されているように思われる。

(108) "Jurisprudentia est scientia juris, proposito aliqua casu seu facto." *Nova methodus*, Pars II, §1. (Dutens, IV, iii, 180: Akademie, VI, i, 293.)

(109) *Nova methodus*, Pars II, §§1–13. (Dutens, IV, iii, 180–185: Akademie, VI, i, 293–300.)

(110) *Nova methodus*, Pars II, §14 *et seq*. (Dutens, IV, iii, 185 *et seq*.: Akademie, VI, i, 300 *et seq*.)

(111) *Nova methodus*, Pars II, §76. (Dutens, IV, iii, 214: Akademie, VI, i, 344–345.) この点については、次節(一)(2)で触れることとする。

(112) *Codex* (*Praefatio*) (*Monitum* (*Codex*), I, xiv.). (Dutens, IV, iii, 297: Akademie, IV, v, 63: Klopp, VI, 474.)

(113) 但し、この部の後註(143)で触れられるように、この矛盾を解消する解釈も可能である。

(114) ここで本書における「主意主義」の意味について若干付言しておきたい。法学理論（当然のことながら、それには国際法学理論が含まれる。）において、「主意主義」が問題となる場合に、「意思の主体」も問題となる。そして、通常、法の存在根拠との関係における意思の主体とは、法の定立主体としての具体的な立法権者や（慣習法の場合における）当該社会の構成員を意味する。そのような理解に立つならば、或る意思の主体によって法が定立されるという思考は「主意主義」と呼ばれ、人為により定立される法も「主意主義」に基づくものと表現され得ることになる。それに対して、本節で検討される「主意主義」における意思の主体は神に限定されている。そのため、本書では、意思の主体の相異（神か、人か、或いは国家か）を勘案し、混乱を避けるために、神に限定された議論に関わる場合には「主意主義」、神に限定されない場合には「意思主義」と称することとする。（「主意主義」も「意思主義」も、例えば、独語で表現するならば、何れもが“Voluntarismus”である。）これは、勿論、国際法学における法規範の定立主体と存在する法規範（の存在形式）との関係が問題とされる場合に、その思考形式によって「自然法論」と「法実証主義」の相異が問題とされてきたという事実を考慮した上での区別である。（但し、ライプニッツが「実定神法」という観念も使用していることは、次節(一)(2)で確認される通りである。）

(115) *Nova methodus*, Pars II, §14. (Dutens, IV, iii, 185: Akademie, VI, i, 300–301.)

(116) “Neque enim justitia essentiale Dei attributum erit, si ipse jus & justitiam arbitrio suo condidit.” *Monita* (*Pufendorfius*), IV. (Dutens, IV, iii, 280.) この一文に続いて正義の観念が論じられているが、この点については次節(三)(1)における議論の中で扱うこととする。

(117) 小林（二〇〇〇年）二八五頁。

(118) Guhrauer (1842), I, 49.

(119) 『忠告』執筆年は次の文献に従っている。Riley, 64.

(120) *Dialogue*. (Foucher de Careil, II, 532.)

(121) Gerhardt, IV, 427–463. ライプニッツは或る書簡の中でこの論考を「形而上学小論」(un petit discours de metaphysique) と称し

たという。Gerhardt, IV, 410.

(122) Gerhardt, IV, 428. (Loemker, 304.)

(123) このように、ライプニッツが三〇歳代前半（概ね一六七〇年代前半）に思想的転換を示していることは、次節(三)(1)において論じられる「正義」の定義の変化に通底するものと思われる。

(124) 無題の草稿の第五五段落。Gerhardt, VI, 616.

(125) 「神の中には全ての源泉である力（la Puissance）が存在し、次いで理念（Idées）の詳細を含む認識（la Connoissance [*sic*]）［が存在し］、最後に最善の原則（le principe du Meilleur）に従って変化又は生産を生み出す意思（la Volonté）［が存在する］。」無題の草稿の第四八段落。Gerhardt, VI, 615. 尚、「最善の原則」とは、「常に最善を選ぼうとする原則乃至は原理」であると解される。

(126) *Théodicée*, 3. partie, §283. (Gerhardt, VI, 285.)

(127) フリードリッヒは、「スアレス及びグロティウスがまさにそうであったように、スコラ主義の精神において」ライプニッツがこのような見解を述べているとしている。Friedrich (1966), 84.

(128) *Elementa*. (Akademie, VI, i, 467: Busche, 248.) 尚、『法学新方法』における法学の定義は本節(一)(1)で挙げられている。

(129) “Doctrina Iuris ex earum numero est, quae non ab experimentis, sed definitionibus, nec a sensuum, sed rationis demonstrationibus pendent, et sunt, ut sic dicam, juris non facti. Cum enim consistat Iustitia in congruitate ac proportionalitate quadam, potest intelligi justum aliquid esse, etsi nec sit qui justitiam exerceat, nec in quem exerceatur, prorsus ut numerorum rationes verae sunt, etsi non sit nec qui numeret nec quod numeretur.” *Elementa*. (Akademie, VI, i, 460: Busche, 220.)

(130) *Méditation*. (Mollat, 47.)

(131) *Grundriss*, §4. (Foucher de Careil, VII, 29–30.)

(132) Ecrit envoyé à Madame la duchesse douairiere d'Orleans pour estre [*sic*] communiqué au duc d'Orleans son fils (9 février 1706). (Klopp, IX, 163–169, esp.164–165.)

(133) *Méditation*. (Mollat, 47.)

(134) Gerhardt, VI, 616.

(135) *Théodicée*, Discours Préliminaire, §35. (Gerhardt, VI, 70.)

(136) 「普遍的法学」については、差し当たり次の文献を見よ。Grua (1985).

(137) *Notae*. (Grua, II, 805.)

(138) "Jus universale erit jus naturae exhibitum cum additionibus, limitationibus vel ampliationibus positivis, praesertim nobilioribus, et praesertim romanis et canonibus." *Notae*. (Grua, II, 805.)

(139) 「普遍法」は前述の「普遍的法学」に通ずるものと考えられ、しかも、この定義が未来時制（直説法）で与えられていることから、ライプニッツが「普遍的法学」を構想しつつも、『註解』執筆時（一六九六年頃）にそれを未だ完成していなかったことが窺われる。

(140) "Summa ergo juris divisio est, quod aliud est Naturale, aliud Legitimum seu positivum, quod non valeret nisi esset receptum." *De justitia et jure*. (Grua, II, 615.)

(141) *Epistula* (*Conring*). (Gerhardt, I, 158–159.) また、学問には「正義に関する」(*de justo*)「倫理学」(*ethica*) と「便益に関する」(*de utili*)（但し、この場合の便益とは、共通の便益であって、つまり「衡平に関する」(*de aequo*) ものとされる。)「政治学」(*politica*) が含まれ、自然法学」(*scientia juris naturae*) が前者に、「制定されるべき法律に関する立法学」(*scientia nomothetica de condendis legibus*) が後者に、各々属するとされている。*Epistula* (*Conring*). (Gerhardt, I, 159.)

(142) "Praeter aeterna naturae rationalis jura ex divino fonte fluentia *jus* etiam *voluntarium* habetur, receptum moribus, vel a Superiore constitutum." *Codex* (*Praefatio*) (*Monitum* (*Codex*), I, xiv.). (Dutens, IV, iii, 297: Akademie, IV, v, 63: Klopp, VI, 473–474.)

(143) 尚、この議論においては、意思法について「上位者により (a Superiore) 定立される意思法」という観念も提示されており、（前節(一)(1)で確認されたような）彼の本来の法観念としての「上位者の命令ではない」という観念との矛盾が存在する。この矛盾については、ここで論じられている事柄が、事実として存在している意思法の形成主体を提示しているのであって、法の本質を問題としているのではないと解するならば、解消可能である。

(144) "[I]n Republica quidem jus civile ab eo vim accepit, qui summam potestatem habet." *Codex* (*Praefatio*) (*Monitum* (*Codex*), I, xiv.). (Dutens, IV, iii, 297: Akademie, IV, v, 63–64: Klopp, VI, 474.)

(145) "Scientiam Juris naturalis docere est tradere leges optimae Reipublicae. Scientiam juris arbitrarii docere, est leges receptas cum legibus optimae Reipublicae conferre." *De scientia juris*. (Grua, II, 614.)

(146) "Iuris Romani autem pars multo maxima prorsus naturalis est." *Epistula* (*Graevius*). (Akademie, I, i, 89.)

(147) ライプニッツの法理論における自然法と実定法（更には、ローマ法）の関係については、次の文献を見よ。Schneider (1966), 561–564.

(148) ライプニッツは「神法」(*jus divinum*) にも言及しているが、（次に触れられるように）彼自身が法についての最も基本的な分類を自然法と実定法としていること、また、主知主義的法観念を前提とするならば、神の意思によっても自然法は変えられ得ないものであることになること、更に、ライプニッツの「普遍的法学」の構想において神と人間が同一平面に置かれることを勘案するならば、彼の法理論における神法の重要性は（少なくとも本書の主題との関連においては）自然法に劣るものと考えられる。

(149) *Codex* (*Praefatio*) (*Monitum* (*Codex*), I, xv.). (Dutens, IV, iii, 298: Akademie, IV, v, 64–65: Klopp, VI, 475–477.)

(150) この問題に関連して、次のような指摘がある。「ライプニッツの法思想は、法 (*jus*) を世界の正しく且つ合理的な秩序とするという彼の包括的理解に由来する。法は単なる人為法 (humanly made law) (*lex*) ではない。逆に、法は神及び人間の諸関係の全体を包摂するのである。」Berkowitz (2005), 13.

(151) これら四論考の他にも、例えば、『コンリンク宛書簡』において、公法とは「諸国家の理解」(*notitia rerumpublicarum*) であるとされている。*Epistula* (*Conring*). (Gerhardt, I, 159.)

(152) *E.g.*, Schneider (1966), 562. シュナイダーは "das gemeine römische Zivilrecht (jus privatum)" と表記している。

(153) *Tractatio*. (Grua, II, 801.)

(154) *Systema juris*. (Grua, II, 837–838.)

(155) *Vom Naturrecht*. (Guhrauer, I, 414.)

(156) *Monita* (*Pufendorfius*), V. (Dutens, IV, iii, 282.)

(157) "[J]us naturale est, quod ex sola ratione naturali sciri potest, sine reveratione." *Observationes*, III. (Dutens, IV, iii, 270.)

(158) 尚、ライプニッツはこれに続いて、次の一文を記している。「しかしながら、神が崇敬に基づき普遍的実定法、即ち、全ての人間により遵守されるべき法律を公示することを何が禁ずるのであろうか。」(Quid vero prohibet, Deum reveratione promulgare jus positivum universale seu legem omnibus hominibus observandum?) この一文は全ての人間に共通の普遍的実定法としての「国際法」(*jus gentium*) への言及とも解されると共に、"*promulgare*" が「公示する」のみであって、「創出する」ことを意味しないとすれば、彼の主知主義的法認識を示すものとも解される。

(159) *Observationes*, V. (Dutens, IV, iii, 271.)

(160) *Observationes*, V. (Dutens, IV, iii, 270.) 尚、この箇所で示されている理論は主意主義的であるようにも思われる。

(161) *Observationes*, II. (Dutens, IV, iii, 270.)

(162) *Monita (Pufendorfius)*, V. (Dutens, IV, iii, 282.)

(163) ライプニッツの自然法観念のこのような矛盾は、キリスト教世界（そして、神聖ローマ帝国）の維持という彼の思想的傾向と実践的意図（この点については、後述（この部の「まとめ」）する。）とも深く関わるものと思われる。

(164) *Nova methodus*, Pars II, §§72–73. (Dutens, IV, iii, 212–213: Akademie, VI, i, 342–343.)

(165) *Nova methodus*, Pars II, §74. (Dutens, IV, iii, 213: Akademie, VI, i, 343.)

(166) *Nova methodus*, Pars II, §74. (Dutens, IV, iii, 213: Akademie, VI, i, 343.) ここで人格と物との関係を巡りライプニッツは次のような比喩を述べている。「ライオンには人間を切り裂くことが許されており、山には人間を崩落により埋めてしまうことが許されている。逆に、人間にはライオンを制御すること (frenare)、そして山を粉々に破砕すること (perfringere) [が許されている]」。このようにして、人格と物との関係は（物には悟性がない故に）常に戦争状態にあるとされるのである。

(167) *Nova methodus*, Pars II,§74. (Dutens, IV, iii, 213: Akademie, VI, i, 343.)

(168) *Nova methodus*, Pars II, §75. (Dutens, IV, iii, 213–214: Akademie, VI, i, 343–344.)

(169) *Nova methodus*, Pars II, §76. (Dutens, IV, iii, 214: Akademie, VI, i, 344.) 但し、ここでライプニッツは人間の間で合意により (*pacto*) 上位者が生みだされ、国家法 (*jus civile*) が作られることにも言及している。ここには、契約論的な国家構成原理（これについては、次章第二節㈢で論じられる。）と共に、前項で確認された法を上位者の命令とすることに反対するライプニッツの論理と矛盾するように思われる法観念が提示されている。

(170) *Nova methodus*, Pars II, §76. (Dutens, IV, iii, 214: Akademie, VI, i, 344.)

(171) フリードリッヒによれば、これは『法学提要』(*Institutiones*, 1, 1.) に見られるようなローマの自然法理論の基本原則から導出されているという。Friedrich (1966), 82.

(172) *De jure et justitia*. (Grua, II, 620.)

(173) *De justitia et jure*. (Grua, II, 615.)

(174) Busche, Einleitung, LXVIII u. Anm.164.

(175) Friedrich (1958), 116.

(176) "Iustitia est prudentia in aliis juvandis aut laedendis." *Elementa*. (Akademie, VI, i, 434: Busche, 106.)

(177) "Iustitia est prudentia in efficiendo aliorum bono aut non efficiendo malo boni sui hac animi declaratione efficiendi, aut mali sui non efficiendi (id est praemii assequendi aut poenae vitandae) causa." *Elementa*. (Akademie, VI, i, 435: Busche, 108.)

(178) "Iustitia est prudentia in aliorum bonis malisque a nobis contemplatione bonorum malorumque nostrorum a prudentibus potentibusque aliis. Seu justitia est prudentia in adhibenda erga alios potentia nostra, contemplatione prudentiae in adhibenda erga nos potentia sua alienae. Iustitia est prudentia placendi sapienti et potenti. Iustitia est prudentia juvandi et nocendi praemii poenaeque causa." *Elementa*. (Akademie, VI, i, 453: Busche, 192.)

(179) "Iustitia est virtus volendi quod justum est, vel pro virtutis voce, quia bene volendi esse ex justi adjecto apparet, erit justitia promtitudo [*sic*] volendi quod justum est." *Elementa*. (Akademie, VI, i, 454: Busche, 194.)

(180) "Iustitia est constans conatus ad felicitatem communem salva sua." *Elementa*. (Akademie, VI, i, 454: Busche, 196.)

(181) "Iustitia est prudentia in dispensandis malis, seu quousque nocere liceat." *Elementa*. (Akademie, VI, i, 456: Busche, 206.)

(182) "Iustitia ergo erit habitus amandi alios (seu per se expetendi bonum alienum, bono alieno delectandi) quousque per prudentiam fieri potest (seu quousque majoris doloris causa non est)." *Elementa*. (Akademie, VI, i, 465: Busche, 240.)

(183) "Iustitia est habitus (seu status confirmatus) viri boni, confirmatus inquam, non ut putari non possit, sed ut non facile possit." *Elementa*.

(Akademie, VI, i, 480: Busche, 244.) 尚、この一文の後に「善き人」の定義が述べられており、「善き人とは、あらゆる者を愛する全ての者である（Vir bonus est, quisquis amat omnes.)」とされている。*Elementa*. (Akademie, VI, i, 481: Busche, 246.)

(184) “[V]era perfectave Iustitiae definitio, habitus amandi alios, seu capiendi voluptatem ex opinione boni alieni quoties quaestio incidit.” これに対応して、「不正とは［それが］問題となる度毎に他者の善を喜ばないことである（Injustum est bono alieno non delectari quoties quaestio incidit.)」とされている。*Elementa*. (Akademie, VI, i, 465: Busche, 242.)

(185) “Iustitia est habitus amandi omnes.” *Elementa*. (Akademie, VI, i, 46: Busche, 244.)

(186) 例えば、『正義論』の冒頭では、「正義とは、各人に各人のものを配分するという不変の意思である（Iustitia est constans voluntas suum cuique tribuendi.)」との定義が提示されている。*De iustitia*. (Grua, II, 621.)

(187) “Iustitia a prudentia definire debeas.” *Elementa*. (Akademie, VI, i, 454: Busche, 194.)

(188) *Vom Naturrecht*. (Guhrauer, I, 414.)

(189) *Codex* (*Praefatio*) (*Monitum* (*Codex*), I, xi.). (Dutens, IV, iii, 294–295: Akademie, IV, v, 61: Klopp, VI, 470.)

(190) 一六七〇年頃に書かれたと推測される『コンリンク宛書簡』においては、「（現在のものであろうと、将来のものであろうと）自己の便益を伴わない正義は最大の愚行であるとすることを、私はカルネアデスと共に提起する（そして、ホッブズは［これに］同意する。)」(Gerhardt, I, 160.) とされていた。

(191) “[J]ustitia nihil aliud sit quam charitas sapientis.” *Codex* (*Praefatio*) (*Monitum* (*Codex*), II, x.). (Dutens, IV, iii, 313: Akademie, IV, v, 63.)

(192) Gerhardt, III, 386–387. この書簡は前節㈠(1)（註（101））でも触れられているコステ宛のものである。尚、この添付書は『類纂』の「序文」の第一部第一一段落の途中から第一三段落の末尾までの記述（*Codex* (*Praefatio*) (*Monitum* (*Codex*), I, xi–xiii.). (Dutens, IV, iii, 294–297: Akademie, IV, v, 61–63: Klopp, VI, 469–473.)）である。

(193) “Alia ergo sublimiora et meliora juris principia quaerenda sunt, non tantum in voluntate divina, sed et in intellectu, nec tantum in potentia Dei, sed et in sapientia. Et justitiam constituet, non voluntas, seu benevolentia sapientis. Unde justitia nuper a quodam JCto definita est: Caritas sapientis, ut virtus ab Aristotele mediocritas prudentis.” *Observationes*, IX. (Dutens, IV, iii, 272.)

(194) *Méditation*. (Mollat, 48.)

(195) "La puissance va à l'étre, la sagesse ou l'entendement au vray, et la volonté au bien." *Théodicée*, 1. partie, §7. (Gerhardt, VI, 107.)

(196) 澤田は、「知恵、意思、力の間の均衡であり形式的原理である正義が、神においても人間と共通の基盤を有するものとして設定され」、更に「そこから神と人間とに共通な普遍的法理論というものの、意味が明らかになってくる」としている。澤田（一九七六年）一八三頁。

(197) "Et vero justitia servat quasdam aequalitatis proportionalitatisque leges, non minus in natura rerum immutabili divinisque fundatas ideis, quam sunt principia Arithmeticae & Geometriae." *Monita* (*Pufendorfius*), IV. (Dutens, IV, iii, 280.)

(198) "Quin potius in scientia juris a divina justitia, tanquam fonte, humanam, ut plena sit, derivari convenit. Notio certe justi non minus, quam veri ac boni etiam ad Deum pertinent, immo ad Deum magis, tanquam mensuram ceterorum, communesque regulae utique in scientiam cadunt, et in jurisprudentia universali tradi debent, cujus praeceptis etiam theologia naturalis utetur." *Monita* (*Pufendorfius*), III. (Dutens, IV, iii, 278–279.)

(199) 人間の正義と神の正義が同一平面で扱われることについては、次の文献を見よ。Riley, Introduction, 3.

(200) Schneider (1987), 217. 次の文献も見よ。Schneider (1967), 401 *et seq.*

(201) 澤田（一九七六年）一八六頁。

(202) グルアは、ライプニッツの下で自然法は、人間の本質のみならず、神の本質（la nature divine）にも合致するものであること、また自然法の対語としての意思法又は実定法（le droit volontaire ou positif）も人間と神の意思に基づくことを指摘している。Grua (1985), 161. この指摘が正しいとすれば、自然法のみならず、実定法も正義に合致することとなるのである。

(203) *Epistula* (*Hobbius*), I. (Gerhardt, I, 83.)

(204) 例えば、ダントレーブは、グロティウスが提示した自然法理論の「新たな観念の『合理主義的』性格（the 'rationalist' character)」を展開した者として、プーフェンドルと共にライプニッツを挙げている。D'Entrève (1951), 56.

(205) Mitteis (1948), 26.

(206) 例えば、ジョーンズは、「テキストの解釈と法規則の取り扱いをそれらの歴史に照らして行うことから大きな利益が引き出され得ることを主張する者に彼［即ち、ライプニッツ］は同意した」のであり、「この点で後のサヴィニー（Savigny）及びメイン（Maine）の学派の先駆者とみなされる何らかの主張を含んでいた」と指摘している。Jones (1945), 2. また、穂積陳重は、「歴史法学の始祖といえばザヴィニー、比較法学の始祖といえばモンテスキューと誰しも言うが、この二学派の開祖たる名誉は、当にライプニッツに冠せしむべきではあるまいか」としている。穂積（一九一六年）二四八頁。尚、ライプニッツと比較法学との関わりについては、宮澤（一九九三年）一〇二―一〇七頁を見よ。

(207) この「理性への信頼」に加えて、（本章第二節(一)(2)で確認されたように）実定法が自然法に合致（或いは、両法が調和）することを勘案するならば、ライプニッツの法理論においては、合理主義的自然法論が実証主義的側面を包摂していると言えるであろう。

(208) フリードリッヒはこれを「全ての存在の普遍的調和は『予定されている』（"preestablished"）」と表現している。Friedrich (1966), 82.

第三章

(209) フリードリッヒによれば、ライプニッツは、神聖ローマ帝国が存続可能であるとの確信から、長期間「二振りの剣」理論に支えられた普遍的秩序の観念を保持したものの、最晩年になって漸くそれを放棄し、専制的近代国家制度に関心を移したのであるが、その際に念頭に置かれた国家像は、ホッブズ的な権力国家（Machtstaat）ではなく、英国及びドイツの伝統的な法治国家（Rechtsstaat）、即ち、法の優越に基づく憲法的秩序であったという。(Friedrich (1966), 86–87.) また、フリードリッヒは、「ロックと同様、彼［即ち、ライプニッツ］は立憲主義者であり、法治国家の信奉者であった」こと、そして「更に彼は有能な者による自然的貴族政（a natural aristocracy）の信奉者であった」ことを指摘している。(Friedrich (1966), 90.) このように、ライプニッツの政体論を考察することも可能であると思われるが、本論において示されたような理由により、彼の政体論は本書における考察の対象外に置かれる。

(210) *Vom Naturrecht.* (Guhrauer, I, 414.)

(211) 尚、この小品において、自然法は「諸々の自然的社会を保全又は振興するもの」であるとされている。*Vom Naturrecht.*

(Guhrauer, I, 414.)

(212) また、悟性の重視という点に関しては、次の点からも看取可能である。即ち、「観念 (notions) には、単に感覚的なもの (le sensible) と、感覚的でありながら知覚的なもの (le intelligible) と、知覚的であるだけのもの」が存在するとして、観念を三種に区分し、明断・判明に認識することができるのは、知覚し得る観念である悟性 (l'entendement) であるとされているのである。*Leipniz an die Königin Sophy Charlotte von Preußen*. (Gerhardt, VI, 502.)

(213) *Vom Naturrecht*. (Guhrauer, I, 416–417.) 尚、「カトリック的」とは元来「普遍的」を意味した。

(214) 尚、第五と第六の自然的社会はアルトジウス (J. Althusius, *Politicae methodice digesta* (1603), ch.5 ff.) に由来しているように思われるとする見解がある。Riley, 79, n.1.

(215) *Vom Naturrecht*. (Guhrauer, I, 419.)

(216) *De jure suprematus*, Ad lectrem. (Dutens, IV, iii, 332–333: Akademie, IV, ii, 17–18: Klopp, IV, 12.)

(217) *E.g.*, *De jure suprematus*, cap.X. (Dutens, IV, iii, 357: Akademie, IV, ii, 53: Klopp, IV, 52.)

(218) "Respublica est civitas quae ultra securitatis formam habet formam …… seu praebendae felicitatis." *Elementa*. (Akademie, VI, i, 446: Busche, 158.)

(219) *Contra Servinum*. (Klopp, I, 162.)

(220) "*civitas*": *E.g.*, Busche, 76–77, 160–161. "*respublica*":*E.g.*, Busche, 46–47, 50–53, 84–85, 164–167, 172–173.

(221) *E.g.*, Busche, 220–221.

(222) *E.g.*, Riley, 114.

(223) *E.g.*, Riley, 114. これは、一七世紀の文書において "*civitas*" が「都市」を意味する場合にも使用されているという事実（その例として、ウェストファリア条約において、「自由帝国都市」が "*libera Imperii civitas*" とされ、「ハンザ諸都市」が "*Civitates Anseaticae*" とされていることが挙げられる。）を勘案するならば、誤訳とは断言できない。

(224) *E.g.*, Riley, 117.

(225) Friedrich (1966), 87. 尚、「通常の法」とは、「強制された法 (enforced law) を意味し、法の強制のために権威ある (in

authority）何者かが命令権（*jus imperandi*）（それは命令された事柄を人々に強制（coerce）し、行わせる権利である。）を有しなければならない」と説明されている。

(226) Friedrich (1966), 87.

(227) “Civitas esse videtur coetus hominium satis magnus ad spem defensionis mutuae contra vim magnam, qualis metui solet, animo cohabitandi, certa quadam rerum communium administratione constituta, initus. Familiae, imo & voco, sive pago, ex aliquot familiis composito deest magnitude; Exercitibus, vel magnae cuidem societati casu constatae, quales sunt Caravanae in itineribus Asiaticis, deest animus cohabitandi.” *De jure suprematus*, cap.X. (Dutens, IV, iii, 357: Akademie, IV, ii, 53: Klopp, IV, 52.)

(228) ブシェによれば、『自然法の諸要素』は、ライプニッツのマインツ時代初期からその構想が練られていたが、遂に完成には至らなかったという。Busche, Einleitung, ci.

(229) “Civitates nihil dubitandum est alias aliis esse perfectiores, adde et regulariores. Cum enim *Civitas* sit Societas securitatis, id est multitude hominum in securitatis sibi mutuo procuratae opinione viventium.” *Elementa.* (Akademie, VI, i, 446: Busche, 160–161.)

(230) 「安全」が国家の定義に関わるとの認識は、或る書簡においてライプニッツが「私の国家（Estat (*sic*)）の定義」として「その目的が共通の安全（la seureté [*sic*] commune）である大きな社会」としている点にも示されている。*Lettre à Mr. de Falaiseau* (1705). (Klopp, IX, 143.)

(231) フィーアハオス（Rudolf Vierhaus）は次のように、社会契約理論と国家の非人格化（擬制的人格化）の関連性を論じている。即ち、王権神授説において、絶対君主は、政治思想と芸術とが合体して、「神の現生の似姿」(irdisches Ebenbild Gottes)、「全権力の保持者、『国家』(>Staat<) という複雑な機構の原動力」として強調されたが、欧州の啓蒙主義の進展の中で、「君主権の宗教的な性格は原則として失われ、国家は非人格化され抽象的アンシュタルト（abstrakte Anstalt）となり、君主は社会契約(Gesellschaftsvertrag) という理論的基礎の上で社会乃至国家の機関となった」のである。Vierhaus (1987), 80–81.

(232) *Contra Servinum*. (Klopp, I, 162.)

(233) “Sane quemadmodum tunc, quum constituitur respublica ex hominibus antea solutis, quisque sese obligat communi vincula.” *Observationes*, IV. (Dutens, IV, iii, 270–271.)

(234) "Injuria in statu mere naturali dat laeso jus libertatis, facultatis potestatisque omnimodae, seu jus belli in laedentem societatis ruptorem." *Nova methodus*, II, §18. (Dutens, IV, iii, 186: Akademie, VI, i, 303.)

(235) *Nova methodus*, II, §20. (Dutens, IV, iii, 187: Akademie, VI, i, 305.) 尚、「人間社会の破壊（ruptio）」という表現からは、自然状態から社会状態への移行だけでなく、社会状態から自然状態への移行もあり得るとのライプニッツの思考が窺える。

(236) *Monita* (*Pufendorfius*) (Dutens, IV, iii, 279.)

(237) ライプニッツは、『バーネット宛書簡』の中で、「特に、自然状態（l'Estat [*sic*] de la Nature）と人間の権利の平等（l'egalité [*sic*] du droit des hommes）についての多くの議論」が必要とされるとした上で、人間の平等を巡り、ホッブズよりもアリストテレスの方が理性に適合しているとする見解を述べている。（その中で、海上の船舶中に複数の人間が存在する場合に、航海に関する知識を有する者とそうではない者とが平等に扱われることは、「理性にも、自然にも合致しない」とされている。）*Epistula* (*Burnett*). (Gerhardt, III, 264.)

(238) *Nouveaux essai,* III, i. (Gerhardt, V, 253.)

(239) フリードリッヒは、ライプニッツにとって「［自然状態における］支配的な状態は、平和的協力の状態であった」としている。Friedrich (1966), 89.

(240) 因みに、『社会契約論』において、ルソーは、ライプニッツに類似した比較的平和な自然状態を前提とし、「社会契約は契約当事者の保存を目的とする」(OC (CS), II, v (V, 500): PW (CS), II, 47.) としており、この点はライプニッツと同様である。但し、その前提として、ルソーは、「結合した各人の身体及び財産を、共同して全力で防衛・保護する結合（association）の一形式を見出すこと」及び「それを通じて、各人が、全ての人々と結合しつつ、且つ自分自身にしか服従せず、従来同様に自由であること」(OC (CS), I, vi (V, 477): PW (CS), II, 32.) を根本的課題とすることによって、人間の結合への契機を彼の理論の中で内在化させているのである。以上については、再述（第三部第二章第二節㈠）する。

(241) *Nouveaux essai,* III, i. (Gerhardt, V, 253.)

(242) Friedrich (1966), 89.

(243) 小林（二〇〇〇年）二八九頁。但し、小林は「ライプニッツは社会契約論を必ずしも厳密な仕方で展開しているとは言えない」ことも指摘している。

(244) 小林（二〇〇〇年）二九〇頁。但し、引用文中の註は割愛した。

(245) Nijman (2004), 64, n.151.

(246) *Nova methodus*, Pars II, §71. (Dutens, IV, iii, 211: Akademie, VI, i, 341.)

(247) 一七・一八世紀の「国際法」関連文献において、「条約」（更には、「慣習」）を「法」というよりも「事実」とする考え方は珍しいものではなかった。例えば、ヴォルフは、「協定国際法」(*jus gentium pactitium*) 及び「慣習国際法」(*jus gentium consuetudinarium*) について、それらが「事実」(*factum*) であって、歴史学の対象でしかないとする。(Wolff (1749), Prolegomena, §§23–24.) また、ヴァッテルも同様の理解を示している。(Vattel (1858), Preliminaires, §24.) 更に、プーフェンドルフに関して、本書第一部註（389）を見よ。

(248) "[E]tiam quod Princeps leges ferre possit, ex populi in eum consensu descendit." *De casibus,* XI. (Akademie, VI, i, 240: Dutens, IV, iii, 50.)

(249) 次の文献においても、ライプニッツの国家理論における「立法的要因」(der legislative Moment) の重視が強調されている。Ruck (1909), 64.

(250) *Nova methodus*, II, §18. (Dutens, IV, iii, 186: Akademie, VI, i, 303.)

(251) この点については、本書第三部第二章第二節㈢を見よ。

(252) この点については、明石（二〇一二年）㈠一三–一五頁を見よ。また、次の文献も見よ。Quaritsch (1970), 255–266.

(253) それを傍証しているのは、次の文献の中にライプニッツに関する論考が含まれていないのみならず、ライプニッツへの言及すらも見出されないという事実である。Boucher/Kelly (eds.) (1994).

(254) *Nova methodus*, II, §18. (Dutens, IV, iii, 186: Akademie, VI, i, 303.) 本部前註（234）を見よ。

(255) "Persona est quisquis amat se seu quisquis voluptate vel dolore afficitur." *Elementa*. (Akademie, VI, i, 466: Busche, 246–247.)

(256) "Is qui, seu Persona est cuius aliqua voluntas est. Seu cuius datur cogitatio, affectus, voluptas, dolor." *Elementa*. (Akademie, VI, i, 482: Busche, 306–307.)

(257) *Nova methodus*, Pars II, §16. (Dutens, IV, iii, 185: Akademie, VI, i, 301.)

(258) "Dantur vero et personae civilis ut collegia, quia habent voluntatem, eam nimirum quam membra componentia seu personae naturales pro persona omnium in casu dissensus haberi voluere. Sive ea numero sive quod difficillimum rationum pondere, sive sorte aliisve modis determinetur." *Elementa*. (Akademie, VI, i, 482: Busche, 308–309.)

(259) 同様の見解は『法学新方法』にも登場する。*Nova methodus*, Pars II, §16. (Dutens, IV, iii, 185: Akademie, VI, i, 301.)

(260) "In liberis Rebus publicis civilis persona ad instar naturalis intelligitur [*sic*], quoniam voluntatem habet." *Codex* (*Praefatio*) (*Monitum* (*Codex*), I, xx.). (Dutens, IV, iii, 306: Akademie, IV, v, 75: Klopp, VI, 488–489.)

(261) "Respublica est una persona civilis, sed in qua naturales sunt in perpetuo fluxu." *Specimen*, Propositio XLII. (Akademie, IV, i, 37: Duten, IV, iii, 561.)

(262) "Una persona civilis habens summam potestatem in partes suas est civitas." *Contra Servinum*. (Klopp, I, 162. Cf., *In Servinum de Monzambano*. (Akademie, IV, i, 501.))

(263) "[D]as Reich soll eine *Persona Civilis* seyn [*sic*]." *Securitas publica*.(Akademie, IV, i, 135: Foucher de Careil, VI, 30.)

(264) 例えば、『模範』では、「公的人格の一つの意思及び統一（それにより国家は存続する。）」(una voluntas unitasque personae civilis, qua respublica constat) (*Specimen*, Propositio XII. (Akademie, IV, i, 11–12: Dutens, IV, iii, 532.)) という表現が見られる。同論考には更に、臣民の人格の統合として統治者の人格を理解するかの如き次のような表現も存在している。「"summa potestas" の人格は自らの中で諸々の臣民の公的人格、或いは何者かが言うところの、倫理的［人格］を結合する。」(Persona summae potestatis continet in se personas subditorum civiles, vel ut quidam vocant, morales.) *Specimen*, Propositio LVII. (Akademie, IV, i, 59: Dutens, IV, iii, 585.)

(265) "Civitas ergo (ut eam definiamus) est persona una, cuius voluntas, ex pactis plurium hominum, pro voluntate." 但し、同書英語初版において、この引用箇所における "*civitas*" は "a *CITY*" とされている。*De cive*, V, ix (II, 134); (III, 89). 更に、次の文献も見よ。Skinner (2002), 180.

(266) この問題は、ブシェにとっては、彼が "*persona civilis ut collegia*" を "zivilrechtliche Personen wie etwa Verein" としていること

から、当然に肯定的回答が為されるべきものである。(Busche, 308–309.) しかし、このように訳出する根拠は必ずしも明らかにされていないように思われる。

(267) “In quem cadit jus et obligatio, ei competit una voluntas. Cui competit una voluntas, is est una persona civilis……” *Contra Servinum.* (Klopp, I, 162.) また、次の箇所を参照せよ。Akademie, IV, i, 501.

(268) 周知の如く、イェリネク (Georg Jellinek) は、国家の法学的把握のための可能性として、「権利の客体」(Rechtsobjekt)、「権利関係」(Rechtsverhältniss) 及び「権利主体」(Rechtssubjekt) を提示した。Jellinek (1900), 146–151. これらの中で、ライプニッツの国家観念は、国家を権利主体として把握するものと言えよう。この点に関しては、次の文献を見よ。Ruck (1909), 41.

(269) “Persona Civilis omnium jurium collectio est.” *Specimen*, Propositio LVII. (Akademie, IV, I, 59: Dutens, IV, iii, 585.)

(270) ギールケ (Otto von Gierke) は、「彼［即ち、ライプニッツ］によりおおいに強調された“*persona civilis seu moralis Reipublicae*”」を巡る他の学者の解釈に比較して、ライプニッツが「際立っていたのではない」としている。Gierke (1929), 197. この評価に従うならば、国家が公的人格としての法人格を有するとするライプニッツの理論は格別新奇なものではなかったこととなる。

(271) *De jure suprematus*, cap.X. (Dutens, IV, iii, 357: Akademie, IV, ii, 53–54: Klopp, IV, 53.)

(272) *De jure suprematus*, cap.XI. (Dutens, IV, iii, 359–360: Akademie, IV, ii, 57–58: Klopp, IV, 57–58.)

(273) “*confoederatio*”と“*unio*”の訳語について、若干の説明が必要であろう。

本文で引用された『*Suprematus* 論』の論述から明らかなように、ライプニッツは“*confoederatio*”に（その構成員とは別個の）独立した法人格を認めず、“*unio*”にはこれを認めている。日本の国際法（学）用語においては、通常、“confederation”を「国家連合」とし、“federal state”を「連邦国家」とすることによって、国際法人格の有無が論じられる。ライプニッツの“*confoederatio*”は「国家連合」に、そして“*unio*”が「連邦」に相当するようにも見える。しかし、ここで論じられている事柄に関しては、この「国家連合」が「(近代) 国家」により構成されているのか否かについても問題となるため、「国家連合」とするべきではないであろう。そのため、独立した法人格を有しないという点を明らかにすることを重視して、“*confoederatio*”を「同盟」とし、また、“*unio*”については一定程度の法主体性を有し得る「連合」とすることとした。尚、“*confoederatio*”を「同盟」とすることにより、更に、通常「同盟」（或いは「同盟条約」）と訳出される“*foedus*”との関係が問題となる。そのため、この部では「同盟」に“*confoederatio*”又は“*foedus*”を付記する（但し、斜体字とするか否か、また、語頭を大文字表記とするか否かについては、原文に従う。）ことによって区別することとする。

(274) 次の文献では、“*societas*”が“a partnership”、“*collegium*”が“a corporation”とされている。Jones (1945), 5. これらは、各々「組合」と「会社」に該当すると思われ、やはり独自の法人格の有無に着目した訳語であると言えよう。

(275) 尚、ギールケは、ライプニッツ以前に提示されていた“Staatenstaat”の観念を巡り、「ライプニッツは連邦国家の観念(Budesstaatsbegriff)の近代的理解に更に近づいた」との評価を下している。(Gierke (1929), 245–247.)“Staatenstaat”とは、主権国家である「上位国」(Oberstaat)が「半主権国」である「下位国」(Unterstaat)に対して支配権(Herrschaft)を行使するという国家の結合形態であり、下位国は、通常、対内的には広範な自治を享受するが、対外的には大幅な従属的地位に置かれるというものである。(Schwacke/Stolz (1988), 24.)

(276) ライプニッツは、「オランダ」を示す言葉として、“*Unitae Provinciae*”・“*Batavia*”・“*Respublica Belgica*”等を使用している。本書においてこれらの言葉は、読者の理解を容易にするために、全て「オランダ」として訳出されている。

(277) ネイマンは、ライプニッツの領域結合に関する理論を次のように高く評価する。即ち、「同時代の通常の見解(contemporary conventions)に反して、ライプニッツは帝国を諸地域（それらの各々が領域の主権的君主を有した。）の『連合』('union')とみなした」のであり、「帝国を『連合』（それは、恰も先駆的な連邦国家(a federal state *avant la lettre*)である。）と呼ぶことによって、ライプニッツは議論への極めてオリジナルな貢献をしたのであり、それは『身分制志向の連邦国家理論の発展』(Entwicklung einer ständisch orientierten Bundesstaatstheorie)に劣らないものであった。」(Nijman (2004), 64–67.) 但し、帝国を連合とみなしたとするネイマンの見解はやや短絡的に過ぎるように思われる。

第四章

(278) ウェストファリア講和会議における“Souveraineté”を巡る問題とそれ以後の神聖ローマ帝国の状況については、明石（二〇

○九年）一七七―一八四頁及び三二九―三九四頁を見よ。

(279) "La souveraineté est la puissance absoluë et perpetuelle [*sic*] d'une République." Bodin (1576), I, viii, 122.

(280) "*Maiestas est summa in cives ac subditos legibusque soluta potestas.*" Bodinus (1586), I, viii, 78.

(281) 但し、この定式が「一般的に受容された」ものであって、我々がボダンの主権理論をより詳細に検討するならば、彼自身が「主権」に対する制約の存在を認めていたことが明らかとなるのである。この点については、明石（二〇一二年）（二・完）二―六頁を見よ。

(282) 「統治権」という言葉を選択したことの理由には次のような事情も存在する。即ち、前章第二節㈡において示されたように、ライプニッツは「国家」(*civitas*) の目的として「共通の物の管理」(*rerum communium administratio*) (*De jure suprematus*, cap.X. (Dutens, IV, iii, 357: Akademie, IV, ii, 53: Klopp, IV, 52.)) を挙げていることから、この「管理」という側面に着目した言葉として「統治権」が適切であると考えられるのである。

(283) *De jure suprematus*, cap.XXV. (Dutens, IV, iii, 392: Akademie, IV, ii, 112–113: Klopp, IV, 115.) 尚、この点に関しては本章第三節㈡(1)でも触れられる。

(284) 更に、"*jus superioritatis*"も、後述（後註(337)）の"*superioritas territorialis*"との実質的同一性を理由として、本書における考察の対象外に置かれる。

(285) *De jure suprematus*, cap.X. (Dutens, IV, iii, 357: Akademie, IV, ii, 53: Klopp, IV, 52.)

(286) *De jure suprematus*, cap.X. (Dutens, IV, iii, 357–358: Akademie, IV, ii, 53–54: Klopp, IV, 53.)

(287) *E.g.*, "Souveraineté", Klopp, III, 347, 349, 350, 352, 353, 356, 357, 359, 360, 361, 367, 368, 373, 375; "Superiorité territoriale", Klopp, III, 348, 349, 350; "la Seigneurie", Klopp, III, 349, 354.

(288) *Entretiens*. (Klopp, III, 348–349: Akademie, IV, ii, 305.)

(289) *De jure suprematus*, cap.X. (Dutens, IV, iii, 358: Akademie, IV, ii, 55: Klopp, IV, 54.) ここでライプニッツは、フランス人の用法として、「"*la Souveraineté de Neufchastel de M. de Longueville, la Souveraineté de Dombes qui appartient à la maison de Montpensier, la Souveraineté de Sedan de Messieurs de Bouillon, la Souveraineté de Bidache qui est au Mareschal de Grammont*"というように」との例

を挙げている。

(290) “*Suprematum* ergo illi tribuo, qui non tantum domi subditos manu militari regit, sed et qui exercitum extra fines ducere, et armis, foederibus, legationibus, ac caeteris juris gentium functionibus aliquid moneti ad rerum Europae generalium summam conferre potest.” *De jure suprematus*, Ad lectorem. (Dutens, IV, iii, 333: Akademie, IV, ii, 18: Klopp, IV, 13.)

(291) *De jure suprematus*, Ad lectorem. (Dutens, IV, iii, 333–334: Akademie, IV, ii, 18–19: Klopp, IV, 13–14.)

(292) *De jure suprematus*, cap.XII. (Dutens, IV, iii, 364: Akademie, IV, ii, 63: Klopp, IV, 65.)

(293) *De jure suprematus*, cap.LXVI. (Dutens, IV, iii, 494: Akademie, IV, ii, 266: Klopp, IV, 301.) これに続いて、「その［ような］ことは極めて清澄なるドイツの家々に相応しい（quod Serenissimis Germaniae domibus competit）」とされており、ドイツ諸侯が“*Suprematus*”保有者であることが強調されている。

(294) これに関連して、神寶秀夫は次のように述べている。「彼［即ち、ライプニッツ］の主権（Suprematus）概念は、ボダンの『最高権力の抽象的形態』といったものではなく…［中略］…国際法的な講和・戦争・同盟等の政治行為能力の有無を基準にしての概念であった…［以下略］…」［傍点は原文のママ。］（神寶（一九九四年）一五九―一六〇頁。）ここで述べられている「基準」が“*Suprematus*”付与のための「要件」であるのかは必ずしも明確ではない。むしろ、国際法史研究者の視点からして興味深い事柄は、神寶が「国際法的な」「政治行為能力」としている点にある。即ち、ここには、ドイツ国制史研究者（神寶）にとって、ライプニッツの“*Suprematus*”理論はまさに「国際法的な」議論として理解されるものであることが示されているのである。

(295) *De jure suprematus*, cap.XII. (Dutens, IV, iii, 362: Akademie, IV, ii, 60–61: Klopp, IV, 61.)

(296) *De jure suprematus*, cap.XII. (Dutens, IV, iii, 362: Akademie, IV, ii, 61: Klopp, IV, 61.) 尚、ここでは、「スコットランドも同様」とされている。また、「スペインの側の属州（Provincia）へと回帰させられたナポリやロンバルディア」について、“*Suprematus*”を移譲したものとされている。

(297) *Entretiens*. (Klopp, III, 345: Akademie, IV, ii, 302.)

(298) “Dixi supra, *Jus Suprematus* sive, ut quidam vocant, *Autocratiam* consistere in summa imperandi, coërcendi, et ditionem aliquam insignem armata manu continendi potestate. Hoc jus est universitas quasi quaedam, seu aliorum jurium, sive, ut vocant, Regalium

aggregatum, cujus haec est vis, ut plenum in omnia jus competat, quae non diserte excepta sunt." *De jure suprematus*, cap.XIX. (Dutens, IV, iii, 377: Akademie, IV, ii, 89: Klopp, IV, 88–89.)

(299) 同様の事柄は、『思考』においても、「外国人達から国王と呼ばれるとしても、もしも、［その国王が］自らの兵士達に対して権勢をふるっていない場合には、嘲笑に晒されるであろう」との表現によって示されている。*Cogitationes*, III. (Dutens, IV, iii, 500.)

(300) 「国際法は独立の諸国家間の関係を規律する。それ故、諸国家を拘束する法規則は、条約の中に、又は法の原則を表明するものとして一般的に受容され、そしてこれらの並存する独立の諸共同体間の関係を規律するため若しくは共通の諸目的の達成のために確立された慣行により、示される諸国家の自由な意思に由来する。故に、国家の独立に対する制限は推定され得ない。」*The Case of the S.S. "Lotus"*, France v. Turkey, Judgment, 7 September 1927, *PCIJ, Sér. A*, No.10, 1927, 18.

(301) *De jure suprematus*, cap.XIV. (Dutens, IV, iii, 366: Akademie, IV, ii, 67: Klopp, IV, 68.)

(302) *De jure suprematus*, cap.XIX. (Dutens, IV, iii, 377: Akademie, IV, ii, 89: Klopp, IV, 88.)

(303) 尚、その際に、ライプニッツは次のように述べている。「ところで、精神が自己の諸々の能力を有するように、そして、仮に我々が逍遙学派を信頼するならば、本質的な形相はその者の最も内奥の本質に由来する自己の属性を有する。したがって、"*Suprematus*"は、或いは諸部分を、或いはむしろ諸々の推論と能力を有するのであり、それらを法学者は繰り返しレガーリエンと呼ぶ。（私は［そのような見解を］無視しないものの、時にはそれら［のレガーリエン］を私はより厳格に呼ぶ。）そして、それら［のレガーリエン］は、合意により又は人間の記憶を超える長い慣習により禁止されていない場合には、諸侯により自由に行使される。」("Porro quemadmodum Anima suas habet facultates, et, si Peripateticis credimus, forma substantialis suas habet qualitates ex intima ejus natura emanantes; ita *Suprematus* suas habet vel portiones, vel potius consequentias atque facultates, quas Jurisconsulti subinde *Regalia* appellant, (tametsi non ignorem, arctius aliquando sumi hanc vocem) quae a Principibus libere exercentur, quando non pacto aut consuetudine ultra hominum memoriam porrecta prohibentur." *De jure suprematus*, cap.XIX. (Dutens, IV, iii, 377: Akademie, IV, ii, 89–90: Klopp, IV, 89.)) ここで、ライプニッツは、他の法学者達は"*Suprematus*"を「レガーリエン」と呼ぶが、自身は後者をより狭い観念とする場合があるとしているものの、『*Suprematus* 論』の第一九・二〇章では、"*Suprematus*"の具体的諸権利をレガーリエンとして認められてきた諸権利として論じている。

(304) *De jure suprematus*, cap.XIX. (Dutens, IV, iii, 377: Akademie, IV, ii, 90: Klopp, IV, 89.)

(305) *De jure suprematus*, cap.XIX. (Dutens, IV, iii, 379: Akademie, IV, ii, 92: Klopp, IV, 92.)

(306) *De jure suprematus*, cap.XIX. (Dutens, IV, iii, 379–380: Akademie, IV, ii, 93: Klopp, IV, 92–93.)

(307) 神寶は、「Suprematus とは、主として裁判権の次元での権力の分有状態を前提とした上で、立法権、監督権、徴税権、特に軍事力に基づく処罰権により『臣民関係』を設定し得る権力に止まるものと考えられる」としている。神寶（一九九四年）一七八頁。

(308) *De jure suprematus*, cap.XX. (Dutens, IV, iii, 380: Akademie, IV, ii, 94: Klopp, IV, 94.)

(309) *De jure suprematus*, cap.XXI. (Dutens, IV, iii, 381: Akademie, IV, ii, 96: Klopp, IV, 96.)

(310) *De jure suprematus*, cap.XXII. (Dutens, IV, iii, 384: Akademie, IV, ii, 100: Klopp, IV, 101.)

(311) *De jure suprematus*, cap.XXIII. (Dutens, IV, iii, 386: Akademie, IV, ii, 103: Klopp, IV, 104.)

(312) *De jure suprematus*, cap.XXIII. (Dutens, IV, iii, 386: Akademie, IV, ii, 103: Klopp, IV, 105.)

(313) シュタイガーによれば、"*fraternitas*"（兄弟であること）という呼称は、中世初期以降の諸侯間の関係においては、「自然的兄弟関係」(natürliche *fraternitas*) と共に「友誼」(*amicitia*) を、更には諸侯間の相互関係をも意味したという。(Steiger (2010), 692–695.) シュタイガーはまた、諸侯間において"*frater*"（兄弟）が「基本的平等」(fundamentale Gleichheit) を意味するとしている。(Steiger (2015), 157–158.) これらのことからすれば、ライプニッツが主張する「同朋の権利」(*Jus Fraternitatis*) とは、まさに「基本的平等の権利」を意味することとなるであろう。

(314) 類似の表現は『*Suprematus* 論』の他の箇所にも「力の大きな差異をもって劣る者であるとしても」(licet magno potentiae intervallo inferiores) として登場する。*De jure suprematus*, cap.X. (Dutens, IV, iii, 359: Akademie, IV, ii, 56: Klopp, IV, 56.)

(315) *De jure suprematus*, cap.LXVI. (Dutens, IV, iii, 494: Akademie, IV, ii, 267: Klopp, IV, 301.)

(316) *Epistula* (*Tenzelius*). (Dutens, IV, ii, 251.)

(317) *Monitum* (*Codex*), i. (Dutens, IV, iii, 285.)

(318) *Observationes*, IV. (Dutens, IV, iii, 270–271.) 尚、この論述は、次章第一節(二)(1)でも引用される。

(319) "[E]xtra Rem publ. vel inter eos, qui summae potestatis participes sunt (quales interdum plures sunt etiam in eadem Republica) locus est juri Gentium voluntario, tacito populorum consensu recepto." *Codex* (*Praefatio*) (*Monitum* (*Codex*), I, xiv.). (Dutens, IV, iii, 297: Akademie, IV, v, 64: Klopp, VI, 474.) 尚、以下本節中の"*summa potestas*"に関する『類纂』の「序文」からの引用箇所は、前々章第二節(一)(2)でも触れられている。

(320) Klopp, I, 162. また、次の箇所を参照せよ。Akademie, IV, i, 501. 更に、前章第三節(一)及び本部前註（264）を見よ。

(321) 尚、『模範』において、「私は、"summa potestas"を伴う大きな領域を王国と呼ぶ（Regnum voco, grande territorium cum summa potestate.)」(*Specimen*, Propositio LVIII. (Akademie, IV, i, 62: Dutens, IV, iii, 588.)) とされていることから、王国についても同様の論理が適用されるものと解される。

(322) *Specimen*, Propositio LVII. (Akademie, IV, i, 59: Dutens, IV, iii, 585.) この引用文については、前章第三節(一)及び本部前註（264）及び（269）も見よ。

(323) *Observationes*, IV. (Dutens, IV, iii, 270.)

(324) *Codex* (*Praefatio*) (*Monitum* (*Codex*), I, xiv.). (Dutens, IV, iii, 297: Akademie, IV, v, 64: Klopp, VI, 474.)

(325) *De jure suprematus*, cap.XI. (Dutens, IV, iii, 360: Akademie, IV, ii, 58: Klopp, IV, 58–59.)

(326) *De jure suprematus*, cap.XI. (Dutens, IV, iii, 360–361: Akademie, IV, ii, 59: Klopp, IV, 59.)

(327) *De jure suprematus*, cap.XI. (Dutens, IV, iii, 361: Akademie, IV, ii, 59–60: Klopp, IV, 59–61.)

(328) *De jure suprematus*, cap.XIX. (Dutens, IV, iii, 377: Akademie, IV, ii, 89: Klopp, IV, 88–89.) 本部前註（298）を見よ。

(329) 本論で後に触れられるように、ライプニッツは"*superioritas territorialis*"を"*sublime territorii jus*"と言い換える場合もある。(*E.g.*, *De jure suprematus*, cap.X. (Duten, IV, iii, 357: Akademie, IV, ii, 54: Klopp, IV, 53.)) そのため、本書ではこれら二つの観念を同義として扱うこととする。

(330) *De jure suprematus*, Ad lectorem. (Dutens, IV, iii, 333: Akademie, IV, ii, 18: Klopp, IV, 13.)

(331) *De jure suprematus*, cap.X. (Dutens, IV, iii, 357: Akademie, IV, ii, 54: Klopp, IV, 53.) ここでライプニッツは、バルドゥス（Baldus

de Ubaldis）が「領域についての“superioritas”を相続することを沼地の霞（nebula paludi）の如き［もの］」としたことに言及している。これには、“*superioritas territorialis*”（の相続）を自然なものとする考えが示されていると解される。

(332) *De jure suprematus*, cap.X. (Dutens, IV, iii, 357: Akademie, IV, ii, 54: Klopp, IV, 53.)

(333) “Jurisdictionem voco *potestatem de causis statuendi, sive jus dicendi & contumaces Privatos coërcendi.*” *De jure suprematus*, cap.X. (Dutens, IV, iii, 357: Akademie, IV, ii, 54: Klopp, IV, 53.)

(334) “At *Jus manus militaris* est aliquid longè sublimius simplici coërcendi potestate.” *De jure suprematus*, cap.X. (Dutens, IV, iii, 357: Akademie, IV, ii, 54: Klopp, IV, 53.)

(335) *De jure suprematus*, cap.X. (Dutens, IV, iii, 357: Akademie, IV, ii, 54: Klopp, IV, 53–54.)

(336) *De jure suprematus*, cap.X. (Dutens, IV, iii, 357–358: Akademie, IV, ii, 54: Klopp, IV, 54.)

(337) 尚、“*superioritas territorialis*”に関連して、“*jus superioritatis*”についても付言すべきであろう。後者に関してライプニッツは次のように論じている。

「各々の君主又は都市（civitas）の“jus Superioritatis”は、自身がその領域を、譲許された権利に基づき、武力によって（militari manu）維持すること、そして、現存する権力により臣民を責務の中に繋ぎ止め得る（［更に、］その［領域の］中で領域の主が管轄権の主に優越し、［後者が］領域の主に従属する）ということに存する。確かに、領域の主は諸々の力（vires）［即ち、軍事力］（それらにより臣民の共同体全体を武力によって権力の中で維持する。）を自らに結合させる権利を有する。同様に管轄権の主は反抗的な私人に対して正義の執行のための代理人を（Ministros）持つ権利を有する。これらのことから、管轄権の真の定義（それは今日の能弁な法律家達の慣習による（more）軽度の強制（coërcitio levis）、純粋の支配権（merum Imperium）を意味し得る。）がどのようなものであるべきか、或いはそれについて公法学者が長い間激しく論争している“Superioritas”の［真の定義がどのようなものであるべきか］が必然的に明らかとなる。」*De jure suprematus* , Ad lectorem. (Dutens, IV, iii, 333: Akademie, IV, ii, 18: Klopp, IV, 13.)

この記述を見る限り、ライプニッツは“*superioritas territorialis*”と“*jus superioritatis*”を実質的に同一のものとして扱っているように思われるのである。

(338) *De jure suprematus*, cap.X. (Dutens, IV, iii, 358: Akademie, IV, ii, 55: Klopp, IV, 54.)

(339) *De jure suprematus*, cap.X. (Dutens, IV, iii, 358: Akademie, IV, ii, 55: Klopp, IV, 54.)

(340) 尚、ライプニッツが言及している「ミュンスター講和」は「ウェストファリア条約」（*Acta Pacis Westphalicae*）に含まれる神聖ローマ帝国皇帝とフランス国王を主たる当事者とする「ミュンスター講和条約」(*Instrumentum Pacis Monasteriense*)（以下「IPM」とする。）の第六五条を指すと思われる。同条は自由帝国都市の諸権利を確認する中心的規定であり、同様の規定は同皇帝とスウェーデン女王を主たる当事者とするオスナブリュック講和条約（*Instrumentum Pacis Osnabrugense*）（以下「IPO」とする。）の第八条第四項にも存在する。明石（二〇〇九年）二一三–二一六頁を見よ。

(341) *De jure suprematus*, cap.X. (Dutens, IV, iii, 358: Akademie, IV, ii, 55–56: Klopp, IV, 55.)

(342) *De jure suprematus*, cap.XII. (Dutens, IV, iii, 362–363: Akademie, IV, ii, 62: Klopp, IV, 62–63.

(343) 例えば、「読者へ」の中で次のように論じられている。「偉大な諸侯や勢力のある諸々の（共和）国（Respublicae）は、私が説明したように、"superioritas"を有するが、"Suprematus"を有しない諸々の小さな都市（Civitates）や小さな王家（Dynastiae）とは異なる。何故ならば、確かにそれらは内部の反乱に対して自らを防御するが、対外的には十分には［それを］為し得ないからである。」*De jure suprematus*, Ad lectorem. (Dutens, IV, iii, 334: Akademie, IV, ii, 19: Klopp, IV, 14.)

(344) ライプニッツは「"Suprematus"を保持する家の出身者であるが、至高の事柄（rerum summae）を先導しない者達は"Souverains"とは呼ばれず…［中略］…より正しくは"Princes d'une Maison Souveraine"と［呼ばれる］」(*De jure suprematus*, cap.XII. (Dutens, IV, iii, 363: Akademie, IV, ii, 62: Klopp, IV, 63.)）としている。

(345) *Entretiens*. (Klopp, III, 336–337.)

(346) *Entretiens*. (Klopp, III, 352: Akademie, IV, ii, 308.)

(347) *Entretiens*. (Klopp, III, 353: Akademie, IV, ii,309.)

(348) *Entretiens*. (Klopp, III, 356: Akademie, IV, ii, 313.)

(349) 『対談』の序文相当部分の冒頭においてライプニッツは、「このフランス語の小稿［即ち、『対談』］は、ラテン語で為されたより大きなもの［即ち、『*Suprematus* 論』］の摘要（abrégé）である」とし、読者の理解を容易にするために、『*Suprematus* 論』

を修正及び簡略化した旨を付言している。*Entretiens.*（Klopp, III, 333.）尚、この部分は、Akademie版では表現にかなりの変更が加えられている。*Entretiens.*（(Akademie, IV, ii, 289.)

(350)『*Suprematus* 論』執筆の背景については、この部の「まとめ」(二)を見よ。

(351) *De jure suprematus*, cap.XIII. (Dutens, IV, iii, 364: Akademie, IV, ii, 64: Klopp, IV, 65.)

(352) *De jure suprematus*, cap.IX. (Dutens, IV, iii, 356: Akademie, IV, ii, 52: Klopp, IV, 51.)

(353) *De jure suprematus*, cap.X. (Dutens, IV, iii, 359: Akademie, IV, ii, 56: Klopp, IV, 55–56.)

(354) *De jure suprematus*, cap.X. (Dutens, IV, iii, 359: Akademie, IV, ii, 56: Klopp, IV, 55.) 尚、この引用文中では、「領邦（又は領域）＝“Souveraineté”」とされている。このことが、ライプニッツにおいて、既に「領域主権」観念が存在していることを示すのか、或いは依然として「領域」観念と「主権」観念が未分離であることを示すのかについては明らかではない。また、この引用箇所に続いて再び“*Suprematus*”についての（質的ではない、そしてその意味において一義的に決定され得ない）量的な定義の内容が示されており、そこでも、ボダン的な主権観念とは異なる観念が示されていると解される。

(355) *De jure suprematus*, Ad lectorem. (Dutens, IV, iii, 333: Akademie, IV, ii, 18: Klopp, IV, 13.)

(356) “Recensetur autem inter Potentatus, ac Suprematum habere creditor, qui satis & libertatis & potentiae habet, ut rebus gentium per arma & foedera cum auctoritate intervenire possit.” *Codex* (*Praefatio*) (*Monitum* (*Codex*), I, xx.). (Dutens, IV, iii, 306: Akademie, IV, v, 74–75: Klopp, VI, 488.)

(357) *De jure suprematus*, Ad lectorem. (Dutens, IV, iii, 334: Akademie, IV, ii, 19: Klopp, IV, 14.)

(358) *De jure suprematus*, cap.XIII. (Dutens, IV, iii, 364: Akademie, IV, ii, 64: Klopp, IV, 65.) 尚、この引用箇所の第一文は前節(四)(2)においても引用されている。

(359) *De jure suprematus*, cap.XIII. (Dutens, IV, iii, 364: Akademie, IV, ii, 64: Klopp, IV, 65–66.)

(360) *De jure suprematus*, cap.XXV. (Dutens, IV, iii, 391: Akademie, IV, ii, 111: Klopp, IV, 113.)

(361) *De jure suprematus*, cap.XXIX. (Dutens, IV, iii, 399: Akademie, IV, ii, 124: Klopp, IV, 128.)

(362) *De jure suprematus*, cap.XXI. (Dutens, IV, iii, 381: Akademie, IV, ii, 96: Klopp, IV, 96.)

(363) *De jure suprematus*, cap.XLIX. (Dutens, IV, iii, 446: Akademie, IV, ii, 196: Klopp, IV, 213.)

(364) *Entretiens*. (Klopp, III, 343: Akademie, IV, ii, 297.)

(365) *De jure suprematus*, cap.XXV. (Dutens, IV, iii, 392: Akademie, IV, ii, 113: Klopp, IV, 115.)

(366) *Entretiens*. (Klopp, III, 343: Akademie, IV, ii, 297.)

(367) *De jure suprematus*, cap.XXX. (Dutens, IV, iii, 400: Akademie, IV, ii, 124: Klopp, IV, 129.)

(368) "Potestas Principum oritur ex jure Suprematus, vel ex jure status Imperii." *De jure suprematus*, cap.XIX. (Dutens, IV, iii, 377: Akademie, IV, ii, 89.)

(369) *Entretiens*. (Klopp, III, 361.)

(370) 尚、神寶は、帝国諸団体は、臣民関係ではなく、誠実関係に立つものであるとすることで、ライプニッツは領邦の独立性を説いた旨を論じている。（神寶（一九九四年）一六〇–一六一頁。）しかし、ここで見たように、ライプニッツは、選帝侯及び諸侯の「臣従の礼」と「封臣であること」を認めつつも、それが彼等の"souveraineté"に影響を与えないとの理論を展開していると解すべきであろう。

(371) 以上の事柄に関連して、ライプニッツが『*Suprematus* 論』の第一四乃至一八章でドイツ諸侯の古代からの歴史を繙いていることの意味も勘案されるべきであろう。つまり、この歴史記述に関する彼の意図は、帝国諸侯の起源が各々の部族長の地位（言わば、或る種の「王権」）にあること、つまりは、彼等が皇帝権力とは本来は無関係の存在（その意味で独立した存在）であったことを論証することにあったと考えられるのである。この点に関しては、神寶（一九九四年）一六三頁を見よ。

(372) *Entretiens*. (Klopp, III, 347: Akademie, IV, ii, 303–304.)

(373) *De jure suprematus*, cap.XXXVI. (Dutens, IV, iii, 412: Akademie, IV, ii, 145: Klopp, IV, 151.)

(374) *De jure suprematus*, cap.XIX. (Dutens, IV, iii, 377: Akademie, IV, ii, 89: Klopp, IV, 88–89.)

(375) ギールケもライプニッツの「相対的主権観念」(ein relativer Souveränetätsbegriff) を強調している。Gierke (1929), 178–179.

(376) *De jure suprematus*, Ad lectorem. (Dutens, IV, iii, 333: Akademie, IV, ii, 18: Klopp, IV, 13.)

(377) "*Suprematus*" の存否とは直接関連付けられていないが、それに関わる客観的基準の不存在という点では、次のようなライプニッツの議論も同様である。即ち、彼は、「オランダはドイツ帝国とは十分に正しく対照されない」とし、その理由として、「我々の帝国の紐帯はより緊密であるような何ものかである」ことや「我々の諸侯の［権能］はオランダの個々の州（provincia）（それらには、戦争の権利、平和の［権利］、同盟の［権利］、使節の［権利］が我々の［諸侯］よりもかなり少なく付与されている。）の権能（potestas）よりも大きいと見られる」ことを挙げている。(*De jure suprematus*, cap.XI. (Dutens, IV, iii, 360: Akademie, IV, ii, 58: Klopp, IV, 58.)) そして、この議論のおいても何らの客観的基準も示されていないのである。

(378) *Le Portrait du Prince.* (Klopp, IV, 461.)

(379) 尚、（前章第一・二節において確認されたように）ライプニッツの国家理論は、一方において、「自然的社会」を論じるものでありながら、他方において、社会契約理論的な観念をも含むものであるが、この一節では後者の側面が明確にはされていない。したがって、「法による統治」という制約が社会契約理論的論理に基づくものであるのか、それとも、君主の自発的な意思に基づくものであるのかについては、理論的には何れとも断定され得ないのである。

(380) *Le Pertrait du Prince.* (Klopp, IV, 481.)

(381) *Le Portrait du Prince.* (Klopp, IV, 463.)

(382) *Le Pertrait du Prince.* (Klopp, IV, 480.)

(383) *Le Pertrait du Prince.* (Klopp, IV, 480.)

(384) ネイマンは、『*Suprematus* 論』と『肖像』の関係について、次のように論じている。「諸侯の“sovereignty”の弁護［即ち、『*Suprematus* 論』の公刊］の二年後に、『肖像』という表題の新たな著作において、ライプニッツは、言わば“sovereignty”の対照物（counterpart）、即ち、正義に奉仕する義務の記述に乗り出した。」Nijman (2004), 69.

(385) Schneider (1987), 217.

(386) 国家権力の法律による拘束という点は、法治国家の理念に通ずる。ライプニッツは或る書簡（一七〇六年八月一九日付）において、自らが「至高の理性の諸原則」(les principes d'une souveraine raison) に立つと述べた上で、「法律（loix）に従って統治する諸君主（Princes）は、通常、最大の、或いは少なくとも、最も耐久性のある権威（autorité）を有する者達である」とし、これに関連してイングランドの慣行を称揚している。つまり、ライプニッツは法治国家の理念について自覚していたと推定されるのである。*Epistula* (*Davenant*). (Klopp, IX, 229–233.)（引用部分は各々二二九頁及び二三二頁。）

(387) ライプニッツは、「国家（civitas）について、"majestas"について、そして国家（respublica）の形態については、全てが無数の書物に反響している」のに対して、"*Suprematus*"について論じようとする者には「よき著作者達の援助が欠如している」としている。*De jure suprematus*, cap.IX. (Dutens, IV, iii, 356: Akademie, IV, ii, 52: Klopp, IV, 51.)

(388) そのような異議及び反論については、次の文献を見よ。Steiger (2015), 158–165. シュタイガーは、「["*Suprematus*"理論が]学術的文献における活発な反応を惹起した」と総括する。Steiger (2015), 166.

(389) それは、ウェストファリア条約によって帝国等族に承認されたとされる「領域権」(*jus territoriale*) であっても同様であり、それは従来の帝国国制に従った観念なのである。この点については、明石（二〇〇九年）一七六–一八四頁を見よ。

(390) ライプニッツは、"*Suprematus*"理論に関わる論者達が「古き事柄」(vetera) に目を向けており、「最近の事柄」(recentia) に無関心である旨を指摘している。(*De jure suprematus*, cap.IX. (Dutens, IV, iii, 355: Akademie, IV, ii, 51: Klopp, IV, 49.)) これら「最近の事柄」とは、ウェストファリア条約により確認され、或いはそれによりもたらされた帝国等族の諸権利や状況を指すものと解される。

(391) "*Respublica nihil aliud sit, quam familiarum aut collegiorum sub unum et idem imperium subjecta multitudo.*" Bodinus (1586), 160.

(392) *Leviathan*, XVIII (IV, 278) これに続いてホッブズは、「主権的権能が分割され得る」との主張をコモン＝ウェルスの本質に反するものとして反論している。以上に関しては、本書第一部第三章第二節㈠を見よ。

(393) *De jure suprematus*, cap.XIX. (Dutens, IV, iii, 377: Akademie, IV, ii, 89: Klopp, IV, 88–89.)

第五章

(394) *Codex* (*Praefatio*) (*Monitum* (*Codex*), I, i.). (Dutens, IV, iii, 287: Akademie, IV, v, 50–51: Klopp, VI, 458.)

(395) *Essai de démonstrations politiques*. (Foucher de Careil, VI, 12–13.)

(396) "Amicitia vera INTER RESPUBLICAS nulla est." *Specimen*, Propositio XLII. (Akcademie, IV, 1, 37–38: Dutens, IV, iii, 561.)

（397） *Observations sur le projet.* (Foucher de Careil, IV, 57.)

（398） *De jure suprematus*, Ad lectorem. (Dutens, IV, iii, 330: Akademie, IV, ii, 15–16: Klopp, IV, 10.) *Mantissa* (*Praefatio*) (*Monitum* (*Codex*), II, xx.). (Dutens, IV, iii, 319.)

（399） ライプニッツの「欧州社会」観に関しては、次の文献を見よ。Nitschke (2015), 91–107.

（400） *E.g.*, *Codex* (*Praefatio*) (*Monitum* (*Codex*), I, xv.). (Dutens, IV, iii, 298–299: Akademie, IV, v, 64–66: Klopp, VI, 476.): *Systema iuris*. (Grua, II, 819.)

（401） *Codex* (*Praefatio*) (*Monitum* (*Codex*), I, xx.). (Dutens, IV, iii, 306: Akademie, IV, v, 74: Klopp, VI, 488.)

（402） *Cogitationes*, III. (Dutens, IV, iii, 500.)

（403） *Entretiens*. (Klopp, III, 361.) 尚、ライプニッツは、この文脈において、外国人との交渉や条約において主として問題となることは、武力を行使するか、それを防止するかということだけであり、それ故にグロティウスは彼の「国際法」(le droit des gens) に関する著作に『戦争と平和の法』という題名を付したとの説明を加えている。

（404） *Entretiens*. (Klopp, III, 361.)

（405） “Hujus gentium juris ratio est, ut bella evitentur.” *De jure suprematus*, cap.XXXIII. (Dutens, IV, iii, 408: Akademie, IV, ii, 140: Klopp, IV, 144.)

（406） *De jure suprematus*, cap.LXVI. (Dutens, IV, iii, 494: Akademie, IV, ii, 266–267: Klopp, IV, 301.)

（407） *De jure suprematus*, cap.LXVI. (Dutens, IV, iii, 494: Akademie, IV, ii, 267: Klopp, IV, 301.)

（408） *Cogitationes*. (Dutens, IV, iii, 500.)

（409） 但し、このような「平和的性格」はライプニッツの著作の総体を特徴付けるものではない。前章で確認されたように、“*Suprematus*” は軍事力に裏付けられた「実力」に応じた相対的観念であり、『*Suprematus* 論』の理論的前提の一つは戦争による “*Suprematus*” の得喪の承認である。その結果として、例えば、同書では次のような記述により、「戦争の（結果の）合法化」という思考が提示されることになる。「勿論、［その者が］戦争の権利により獲得するものは、その者に属すると評価される (ipsius censentur)。締結された講和により (pace inita) 自らに譲渡されたものは、不正を通じて以外には取り消され得ない。」(*De jure suprematus*, cap.XXXIII. (Dutens, IV, iii, 408: Akademie, IV, ii, 140: Klopp, IV, 144.)

(410) *Observationes*, II. (Dutens, IV, iii, 270.)

(411) *Observationes*, IV. (Dutens, IV, iii, 270–271.)

(412) 本書において“*jus naturae et gentium*”を「自然国際法」と訳出することについて、若干の説明が必要であろう。

この“*jus naturae et gentium*”という用語は、「自然法及び国際法［又は万民法］」、或いは、「自然国際法［又は万民法］」と訳出可能であるようにも思われる。（実際に、酒井・佐々木（監修）（二〇一六年）三五八頁以下では「自然法と国際法」とされている。）しかし、ライプニッツが『類纂』の「序文」で論じていることは、本論（本節㈡⑵）で対比されている「自然法である国内法」と「実定法である国内法」、そして「自然法である国内法」と「自然法である『国際法』」である。（「自然法である国内法」と「自然法である『国際法』」は後述（本節㈣）の「『自然国際法』の三段階について」と題された節でも扱われている。）それ故に、自然法と実定法との対比の意味を表現しない「自然法及び国際法［又は万民法］」とすることは適切ではない。また、「自然国際法［又は万民法］」とすることは、「自然」が形容詞（したがって、原語は“*naturale*”となるであろう。）としても機能することとなり、原語の意味を正確に反映し得ない点で、これも必ずしも適切とは言えない。

“*naturae*”と“*gentium*”が等置されている原語の意味を恐らく最も忠実に反映する訳語として、「自然の（且つ）諸国民の法」が考えられる。しかしながら、（本書の「凡例」に示されているように）本書における訳語の統一を可能な限り優先するという観点から、「自然国際法」という訳語が選択されているのである。

(413) *Codex* (*Praefatio*) (*Monitum* (*Codex*), I, xi.). (Dutens, IV, iii, 294: Akademie, IV, v, 60: Klopp, VI, 469.)

(414) *Codex* (*Praefatio*) (*Monitum* (*Codex*), I, xi.). (Dutens, IV, iii, 294: Akademie, IV, v, 61: Klopp, VI, 469–470.)

(415) *Codex* (*Praefatio*) (*Monitum* (*Codex*), I, xiv.). (Dutens, IV, iii, 297: Akademie, IV, v, 63: Klopp, VI, 473–474.) 尚、この一文は本部第二章第二節㈠⑵でも触れられている。

(416) 引用部分の第一文の原文は次の通りである。“Et in Republica quidem jus civile ab eo vim accepit, qui summam potestatem habet.” *Codex* (*Praefatio*) (*Monitum* (*Codex*), I, xiv.). (Dutens, IV, iii, 297: Akademie, IV, v, 63–64: Klopp, VI, 474.) また、第二文以下の原文は、省略部分も含めて、本部前註（319）にある。

(417) *Codex* (*Praefatio*) (*Monitum* (*Codex*), I, xiv.). (Dutens, IV, iii, 297–298: Akademie, IV, v, 64: Klopp, VI, 474–475.) そして、そのような実例が『類纂』において提示される旨も述べられている。

(418) Grotius (1625), Prolegomena, §11.

(419) *Monita* (*Pufendorfius*), IV. (Dutens, IV, iii, 279–280.)

(420) "*Personam juris gentium habet*, cui libertas publica competit, ita ut in alterius manu ac potestate non sit, sed per se jus armorum, foederumque habeat; quanquam forte obligationum vinculis superiori sit adstrictus, & homagium, fidem, obedientiam profiteatur." *Codex* (*Praefatio*) (*Monitum* (*Codex*), I, xx.). (Dutens, IV, iii, 306: Akademie, IV, v, 74: Klopp, VI, 488.)

(421) *Epistula* (*Tenzelius*). (Dutens, IV, ii, 251.)

(422) *De jure suprematus*, cap.XXXIII. (Dutens, IV, iii, 408–409: Akademie, IV, ii, 140: Klopp, IV, 144–145.)

(423) *De jure suprematus*, cap.X. (Dutens, IV, iii, 359: Akademie, IV, ii, 56: Klopp, IV, 55–56.)

(424) *Entretiens*. (Klopp, III, 361.) この引用箇所は、前章第三節(二)(1)でも言及されている。

(425) *Codex* (*Praefatio*) (*Monitum* (*Codex*), I, xii.). (Dutens, IV, iii, 295: Akademie, IV, v, 61–62: Klopp, VI, 471.) 尚、この引用文中の「中略」とされた部分には、「このことについて、私は若かりし時に法の方法に関する小著で輪郭を描いた」との記述がある。これは『法学新方法』中の記述 (*Nova Methodus*, §§71–75. (Dutens, IV, iii, 211–214: Akademie, VI, i, 341–344.)) を指しているものと解される。

(426) *Codex* (*Praefatio*) (*Monitum* (*Codex*), I, xiii.). (Dutens, IV, iii, 296–297: Akademie, IV, v, 62–63: Klopp, VI, 472–473.)

(427) *De tribus gradibus*. (Mollat, 17–18.) この一文は、本論で以下に論じられる事柄の他にも、ライプニッツの法観念についての別の重要な論点を含んでいる。それは、私法が平等者間の法であり、公法が不平等者間の法であること、そして、このことから "*Suprematus*" 保有者間の関係は私法に分類されることである。

(428) "His jam sunt subjicienda elementa juris legitimi humani ac divini, humani tum in re publica nostra tum inter gentes, divini in ecclesia universali." *De tribus gradibus*. (Mollat, 18.)

(429) ここでもライプニッツの自然法及び「国際法」に関する観念の基底にあるものが「正義」(そこには衡平の観念も含まれる。)

であることが理解される。

(430) *Epistula* (*Tenzelius*). (Dutens, IV, ii, 251.)

(431) *Codex* (*Praefatio*) (*Monitum* (*Codex*), I, iv.). (Dutens, IV, iii, 290: Akademie, IV, v, 54: Klopp, VI, 462.)

(432) *Codex* (*Praefatio*) (*Monitum* (*Codex*), I, v.). (Dutens, IV, iii, 290–291: Akademie, IV, v, 55: Klopp, VI, 463–464.)

(433) *Monitum* (*Codex*), i. (Dutens, IV, iii, 285.)

(434) ジョーンズは次のように、国際法学における実証主義の進展に対するライプニッツの寄与を評価している。「グロティウスにとってと同様にライプニッツにとっては、“*consensus*”と“*usus*”（それは黙示的合意（a tacit agreement）と見做される。）から生起する規則は、恐らくは究極的に“*stare pactis*”の自然法原則に基礎付けられるものの、別箇の議論に値した。そして、後の時代に極端にまで押し進められた、国際法における実定的要素のこの承認は、国内法（state law）の拘束力に関する社会契約理論の場合と同様に、拘束される合意（agreement）は事実というよりも仮説ではあったものの、確立された慣行（usage）の中に堅牢な基礎をその［国際法の］規則に与える道を拓いたのである。」Jones (1945), 8.

(435) *Codex* (*Praefatio*) (*Monitum* (*Codex*), I, i.). (Dutens, IV, iii, 287: Akademie, IV, v, 50: Klopp, VI, 457–458.)

(436) この引用部分においては、“*jus naturae gentiumque*”とされており、他の箇所における表現である“*jus naturae et gentium*”とは異なっている。ここでは、「自然法及び『国際法』」とすることが意図されていると解する余地もあるが、そうであったとしても、本節における結論は影響を受けない。

(437) *Codex* (*Praefatio*) (*Monitum* (*Codex*), I, i.). (Dutens, IV, iii, 287: Akademie, IV, v, 50: Klopp, VI, 458.)

(438) “Ceterum Codex iste non Germanicis tantum aut alterius populi rebus astringitur, sed pleraque Europaea attingit; nec tantum pacificationum Tabulas & foedera aliave, quae vulgo Tractatuum nomine censentur; sed & contractus matrimoniales Principum, testamenta, adoptiones, varias obligationes, pacta convent & alienationes; uniones territoriorum, limitum designationes; commerciorum, navigationum, & in eam rem initarum societatum articulos;...... aliaque ad rem publicam Christianarum gentium pertinentia.” *Monitum* (*Codex*), ii. (Dutens, IV, iii, 285–286.)

(439) “*Charta Pacis inter Philippum Regem Gallia & Balduinum Comitem Flandria*”. *Codex*, 1.

(440) *Codex*, 132–133.

(441) “*Conventus Parisiensis Praelatorum & Baronum Regni Franciae coram Philippo Valesio*”. *Codex*, 133–137.

(442) *Codex*, 146–147.

(443) “*Decretum & Constrtutio* [*sic*] *ab Imperatore & Ordinibus de jure Imperii facta 8 Aug. 1338*”. *Codex*,148–149.

(444) “*Forma divortii matrimonialis inter illustres. vocatos Conjuges, Johannem videlicet filium Regis Bohemiae & Margaretam Ducissam Karinthiae, celebrate per Dominum Ludovicum Quartum Dei gratia Rom. Imp. (1341)*”. *Codex*, 154–156.

(445) “*Forma Dispensationis super affinitate consanguenitatis inter illustrem Ludovicum Marchionem Brandenburg & Margaretham Ducissam Karinthiæ (1341)*”. *Codex*, 156–158.

(446) *Mantissa* (*Praefatio*) (*Monitum* (*Codex*), II, xx.). (Dutens, IV, iii, 319.)

(447) *Codex* (*Praefatio*) (*Monitum* (*Codex*), I, xv.). (Dutens, IV, iii, 298–299: Akademie, IV, v, 64–66: Klopp, VI, 475–477.)

(448) シュトゥルム (Fritz Sturm) は、ローマ法が欧州の共通法であること、そして、神聖ローマ帝国のみならず、フランス及びスペインでも妥当し、イングランドの裁判官ですらも援用することがあることをライプニッツが認めていたとする。Sturm (1968), 13–14.

(449) *Ratio corporis juris reconcinnandi*, §§1–2. (Dutens, IV, iii, 235.)

(450) 勝田有恒はライプニッツによるローマ法の位置付けについて、次のように論じている。「帝国内における普通法［即ち、ローマ法］の有効性については、それが自由意志によって継受され、全キリスト教圏における国際的な法として、すなわちヨーロッパ共通法としての意味をもち、帝国のみならず、フランスやスペインにおいても補充的な効力を有しており、イギリスにおいてさえも引用されるといった、事実上の効力に［ライプニッツは］根拠を求めている。」勝田（一九八〇年）三二〇頁。

(451) *De jure suprematus*, cap.XXXIV. (Dutens, IV, iii, 410: Akademie, IV, ii, 142: Klopp, IV, 148.)

(452) *De jure suprematus*, cap.XLI. (Dutens, IV, iii, 425: Akademie, IV, ii, 165: Klopp, IV, 176.)

(453) *De jure suprematus*, cap.X. (Dutens, IV, iii, 359: Akademie, IV, ii, 56: Klopp, IV, 55.)

(454) *De jure suprematus*, cap.LXVI. (Dutens, IV, iii, 494: Akademie, IV, ii, 266: Klopp, IV, 301.)

(455) *De jure suprematus*, cap.XXXIII. (Dutens, IV, iii, 408: Akademie, IV, ii, 140: Klopp, IV, 144.)

(456) *Cogitationes*. (Dutens, IV, iii, 502.)

(457) *De jure suprematus*, cap.XXXIII. (Dutens, IV, iii, 408: Akademie, IV, ii, 140: Klopp, IV, 144.) 本部前註（409）も見よ。

(458) *De jure suprematus*, cap.XXV. (Dutens, IV, iii, 391: Akademie, IV, ii, 111: Klopp, IV, 113–114.)

(459) オーストリアの辺境伯カールの遺言書（*Caroli Austriaci Marchionis Burgaviensis testamentum*）の事例である。*De jure suprematus*, cap.XXV. (Dutens, IV, iii, 391: Akademie, IV, ii, 111–112: Klopp, IV, 114.)

(460) *De jure suprematus*, cap.XXXIV. (Dutens, IV, iii, 410: Akademie, IV, ii, 142: Klopp, IV, 147.)

(461) *Cogitationes*, III. (Dutens, IV, iii, 500.) 尚、『思考』のこの箇所では、キリスト教諸侯の「諸々の通常の名誉（usitati honores）」が「国際法」に属することにも触れられている。

(462) *De jure suprematus*, cap.XXXIII. (Dutens, IV, iii, 409: Akademie, IV, ii, 140: Klopp, IV, 145.)

(463) Schneider (1967), 112. シュナイダーは、この文脈において、「グロティウスによって国際法の内容が自然法に確定された後に、プーフェンドルフは実定国際法が何ら存在しない旨を正当に主張した」ことに触れており、そのような時代にあってライプニッツが実定国際法学を論じたことを高く評価しているものと解される。

(464) Hartmann (1892), 63.

(465) ライプシュタインは、ライプニッツの「第二の国際法」がグロティウスの“*jus gentium voluntarium*”と同一のものである、とする。(Reibstein (1957–1963), I, 501.) グロティウスは“*jus gentium*”を「全ての又は大多数の諸国民の意思により拘束力を受け取ったもの」(*quod gentium omnium aut multarum voluntate vim obligandi accepit*) としている。(Grotius (1625), Lib.I, cap.i, §14.)（但し、この引用箇所では“*jus gentium voluntarium*”への明示的言及は為されていない。）

(466) マーンケ（Dietrich Mahnke）は、ライプニッツの「国際法」観念が権力政治（Machtpolitik）の対極にある「倫理的に基礎付けられた国際法」(ein ethisch fundamentiertes Völkerrecht) であると評している。Mahnke (1926), 278, n.199.

(467) 国家の並存状態（の維持）を近代国際法の理論的存立基盤として捉えることについては、明石（一九九八年）五〇頁を見よ。

第二部　まとめ

(468) Schrecker (1946), 484.

(469) Mahnke (1926), 1–5.

(470) 『*Suprematus* 論』と『対談』の関係については、本部前註（349）を見よ。

(471) Steiger (2015), 137. また、ライプニッツの『対談』執筆の個人的動機については、差当たり次の文献における解説を見よ。Klopp, III, Einleitung, XLII–XLIII.

(472) *Entretiens*. (Klopp, III, 343: Akademie, IV, ii, 296–297.)

(473) 『類纂』所収の諸文書は、ライプニッツが、自身のイタリアへの旅行の途次に、ミュンヘン・ヴィーン・モデナの公文書館で収集したものであり、その目的は、ルイ一四世の領土的主張に対抗する見解の論拠となる文書類を帝国の利益において皇帝の手に与えるためであったという。Schneider (1967), 111–112.

(474) Mahnke (1926), 5, 20, 25, *et* 60–62. 下村（一九八九年）三〇–三四頁。また、数学におけるライプニッツの学問的進展にとっての、パリ滞在の重要性を指摘する論考は多い。一例として次の文献を見よ。Stammler (1930), 79–80.

(475) Mahnke (1926), 5, 20, *et* 25. また、一六七八年三月に書かれた書簡においては、微積分法の領域におけるそれまでの発見が、誤った見通しによって、ぼんやりとした近視眼的なものとされていたが、それが彼の新しい記号により初めて克服され得る旨が論じられているという。Mahnke (1926), 14.

(476) このような理解と軌を一にするものが下村の次のような見解である。「デカルト以来、『幾何学的方法』（この時代においてそれは『数学的方法』というのと同義である）が学問の模範的方法となっていたことは、たとえば、スピノザの『倫理学』が『幾何学的方法によって論証』されていることを想起するだけで十分であろう。それ故、ライプニッツにおいても微分法の発見は単に数学的発見でなく、同時に彼の体系的方向を決定せしめるべき方法の発見であった。けだし言うまでもなく微分法は『無限』を計算的に処理する方法である。無限はこれまでの思想家には単に超越的なものとして、あるいは単に不定的なものとして、回避されるか、ないしは消極的にしか取り扱われていない。デカルト、スピノザにおいてもそうである。それ故、微分法の確立は端的に言えば、デカルト哲学を克服する新しき哲学、『ライプニッツ哲学』の方法論、論理学が自覚せられたことである。」下村（一九八九年）三一–三二頁。

(477) ライプニッツの体系化・普遍化志向はキリスト教世界全般に対しても向けられている。シュレッカーによれば、ライプニッツは死の二〇年前から教会の調和（reconciliation）に関する論考をも著しているという。Schrecker (1946), 489.

(478) *Epistula (Burnett)*. (Gerhardt, III, 264.)

(479) 本文中で引用された『バーネット宛書簡』の別の箇所において、ライプニッツは、自らの原則が「公共善を他のあらゆるもの（栄光や金銭についてであっても）への考慮に優先させる」というものであり、また、そのような原則が「正直な人（l'honneste [*sic*] homme［或いは、紳士］）の、正義の人の、そして真の敬虔なる人の偉大な原則」であるとしている。*Epistula (Burnett)*. (Gerhardt, III, 261.)

(480) 尚、ライプニッツの体系化・普遍化への志向と神聖ローマ帝国（諸侯）の存在の関係を重視する本書の結論以上に、帝国の存在が彼の（欧州）世界秩序観に与えた影響を強調し、彼がその範型を帝国に求めたとする見解もある。（そして、そこでは彼とサン＝ピエール師の類似性も指摘されている。）Duchhardt (2015), 43–55.

(481) 確かに、この部においてこれまでに示されたように、ライプニッツが展開した「国際法」に関わり得る諸理論は、一見したところで「二面性」（乃至は矛盾）を内包するものである。しかし、それらは彼の内奥で深く関連し合い、それ故に、長い思索を必要とするものであったと評価すべきであると筆者（明石）は考えている。彼が示した一見矛盾する論点は、「何か」について思索を継続した人間の各々の論考の執筆時点での「到達点」であり、「通過点」を示したものなのであって、それが「通過点」である限り、各々の時点における執筆者本人が置かれた「政治情況」により彼の思索自体が影響を受けることは否定できないであろう。しかしながら、彼の継続的思索とその変化を「政治的行動」（或いは政治文脈的な判断の結果）として説明することは、ライプニッツの諸論考を見る限り、余りにも浅薄な説明であるように筆者には思えてならないのである。

第三部　ルソー：「国際法」の構想とその挫折

はじめに

この部ではジャン＝ジャック・ルソーの諸著作の内在的理解に基づく彼の「国際法」関連理論についての考察が試みられる。

ルソーの政治思想関係主要著作において、一部の著作を除いて、国家の対外的側面に関する諸問題は重要な主題としては扱われていない。したがって、彼の「国際法」理論の考察は決して容易な作業ではないようにも思われる。それでも、それらの問題を巡るルソーの論述は少なからず存在し、特に、彼の著作中の次のような記述からは、「国際法」や国家間関係に関する諸問題の考察の必要性を彼が十分に認識していたことが窺われる。(1) 即ち、『社会契約論』第四篇第九章（結論）において、「政治的権利の真の諸原理を提示し、その基礎の上に国家を基礎付けることに努力した後に、国家をその対外的諸関係によって支持することが残されている」とされ、「それは、国際法（le droit des gens）、通商（le commerce）、戦争及び征服に関する法（le droit de la guerre et les conquêtes）、公法（le droit public）、同盟（les ligues）、交渉（les négociations）及び条約（les traités）等々を含む」とされているのである。(2) また、同書第三篇第一五章末尾には、「それ〔即ち、国家（Cité）〕が極めて小さいならば、それは征服されるのではないか」との疑問に対して、「否」と答え、「後に」この問題を論ずるとした箇所にルソー自身が次のような註を付している。「これは、本書の続編において、対外関係を論ずる中で国家連合（confédération）に至る際に扱う心算でいることとである。それは全く新しい主題であり、その諸原則は今後確立されるべきものである。(3)」つまり、国家の対外関係、就中、「国家連合」に関する論考執筆の意図がここには示されているのである。

更に、これらの『社会契約論』中の記述のみならず、同書公刊以前には、同書の内容と国家の対外関係を巡る考察を総合して『政治学概論』（*Les institutions politiques*）という表題の下で論ずるという構想を彼が有していたことが『告白』第九篇中において語られている。[4] しかも、そこでは「既に着手していた様々な作品の中で、私が最も早くから計画し、最大の興味を有し、生涯をかけて取り組み、私の名声を保証するものとなるに相異なかったもの」が『政治学概論』であったとされていることから、『政治学概論』出版構想に対する彼の意欲（更には、期待）が極めて大きなものであったことが理解されるのである。[5]

それでは、ルソーは「国家をその対外的諸関係によって支持すること」に関する事項について具体的には如何なる観念を抱いていたのであろうか。残念ながら彼はこの点について（「国家連合」に関するものを除いて）纏まった叙述を残すことのないままに他界している。『政治学概論』の構想は途中で放棄され、『社会契約論』として国家構成理論の部分のみが公刊されるに止まってしまったのである。[6]

そこで、この部では、ルソーの「国際関係」及び「国際法」に関する観念について、彼の諸著作の中での関連記述をもとに、或る程度の体系的整理を試みる。そしてその上で、彼の理論が近代国際法理論の展開との関連で如何なる意義を有したか（或いは有し得たか）を考察すると同時に、彼の理論に内在する問題点を探ることとする。（恐らくその問題点は、ルソーが『政治学概論』構想を放棄した原因の一端を示すことになるであろう。）

以下では、先ず、従来の国際法史研究がルソーに対して与えてきた国際法上の位置付けを確認し（第一章）、次に、ルソーの国際法理論を考察する際に必要とされると思われる若干の基礎的観念について論ずる（第二章）。続いて、ルソーの著作から窺われる彼の「国家間関係」観を確認し（第三章）、その上で、彼の著作中に登場する「国際法」の観念を、「国際法」一般・「戦争法」・「欧州国際法」という三つの問題群に関する記述の確認と検討を通じて考察する（第四章）。そして最後に、ルソーの方法論上の及び理論的な問題点について検討を加えることとする（第五章）。

第一章

予備的考察：国際法（史）概説書におけるルソーの位置付け

第一節　国際法概説書におけるルソー

(一)　一八世紀末から一九世紀の国際法概説書におけるルソー

先ず、一八世紀末の国際法概説書の中で、少なくとも、マルテンスのもの（仏語・独語両版）では、欧州諸国家の同盟や普遍的君主制（monarchie universelle）の計画との関連で、『抜粋』が参考文献として挙げられていることが確認される。[7]

一九世紀前半の国際法概説書に目を向けるならば、その大半のものにおいてルソーの名は見出されない。[8] そのような中で、一八一七年のシュマルツの概説書にはルソーの名が登場するものの、それは本文中ではなく、巻末に付された「欧州国際法文献」中に「自然法」関連文献として彼の名と『社会契約論』が挙げられているに過ぎない。[9]

一九世紀後半においても同様な状況は続き、大半の国際法概説書の中でルソーの名を見出すことはできない。[10] そして、次のような若干の著作においてのみルソーが登場する。

先ず、ホール（William Edward Hall）は、戦争法の一般原則を論ずる中でルソーが提示した基本的観念（「戦争」とは「人間対人間の関係では決してなく、国家対国家の関係」である。）を検討している。[11]（その後表題を変更して版を重ねた概説書においてもホールはこの問題を扱っている。[12]）また、フィリモアは、捕虜を巡る議論に関連して『社会契約論』中の記述を紹介している。[13] 更に、ロリマーも永久平和論との関係でルソーに言及しているが、「国家連合」（Confederacy）による永久平和の実現というサン＝ピエール師（そして、ルソー）の計画に対しては否定的な評価を下している。[14] 更にまた、ウェストレイクは、一八九四年の著作の中で戦争法における個人の取り扱いを巡る問題としてルソーの理論を検討している。（但し、ウェストレイクの結論は、ルソーの論理に対して否定的である。[15]）

以上の諸著作に比較して、ルソーが提示した理論と国際法理論を幅広く関連させて論じているものがデパニェ（Frantz Despagnet）の概説書であり、同書では少なくとも次の三つの論点においてルソーの理論を中心に論じている。第一に、勢力均衡であり、「欧州の勢力均衡について」と題された節において、勢力均衡に関する試案の一つとしてサン＝ピエール師の構想が示され、それを紹介・発展させたものとしてルソーの著作が挙げられている。また、この論点に関連して、戦争に替えて国際的な裁判機関を設けるという試案が「サン＝ピエール師やJ・-J・ルソーのような思想家及び近代の全ての国際法学者（les publicistes modernes）」に由来するものであるとされている。[16]第二に、戦争法の基本原則であり、「戦争に関する法及び規則」（Droit et lois de la guerre）と題された項の中で、戦争の規制に関して文明諸国間で同意されている三つの原則（ⅰ戦争は国家対国家の関係である（即ち、私戦は全て排除される）こと、ⅱ戦争は国家の軍事力の間でのみ直接的に（directement）現れる（したがって、交戦者としての性質を帯びない個人には介在するもののない方法で（d'une manière immédiate）戦争は及ばない）こと、ⅲ戦争行為は必要性により制約されること）が挙げられ、前二者について『社会契約論』第一篇第四章が参照文献とされている。[17]第三に、戦争の個別規則であり、「捕虜、病者、傷者及び死者の処遇」と題された項における捕虜の処遇を巡る歴史の記述の中で、戦争は国家間にのみ存在するのであるから、捕虜は最早兵士の如き敵ではなく、また戦争が終了するならば捕虜を抑留し続ける理由はない旨のルソーの主張（『社会契約論』第一篇第四章）が紹介されている。[18]

以上のように、一八世紀末から一九世紀の国際法概説書におけるルソーへの言及は、デパニェの著作のようなやや例外的存在は見出されるものの、全般的傾向としては、全く為されないか、為される場合であっても、付随的又は断片的なものに過ぎないのである。

(二)　二〇世紀以降の国際法概説書におけるルソー

二〇世紀以降の国際法概説書においても、ルソーへの言及が見出され得ないものが多数を占めるという点で一九世紀以前と同様な状況は続いている。そして、それは第一次世界大戦以前[19]・戦間期[20]・第二次世界大戦以後の何れの時期においても妥当するものと思われる。そして、ルソーの名が登場する少数のものにおける彼の取り扱い[21]は付随的又は断片的であるに過ぎないという点でも同様であり、それは次のような事実により確認され得る。

先ず、オッペンハイムは彼の概説書において「戦争の特質」を論ずる中で、交戦者と私人との間、そして各々の交戦国の国民である私人の間には何らの敵対関係も存在しないとする原則がルソーに由来するものであることを指摘する。[22]また、ウェストレイクは前世紀末に公刊された著作の内容をも引き継いだ概説書において依然としてルソーの理論に対する興味を維持しているが、前著同様に戦争を国家対国家の関係に限定するというルソーの理論には否定的である。[23]更に、コーラー（Josef Kohler）は、戦争法に関する記述において、オッペンハイム及びウェストレイクが紹介したルソーの原則を紹介し、それに基づく戦争法規（特に、捕虜の処遇について）の解釈を示している。[24]更にまた、フォーセット（James Edmund Sandford Fawcett）は、「国際法（the law of nations）の成長」に関する議論において『批判』を紹介し、ルソー自身が欧州国家連合（a European confederation）という構想を展開したとしている。[25]（『批判』は別の概説書でも「核時代における国際法及び国際組織の諸様式」の参考文献の一つとして挙げられている。[26]）

以上のような第二次世界大戦後の国際法概説書におけるルソーの取り扱いを巡る一般的状況の中にあって、ベルバーの概説書は、次のような多くの論点においてルソーへの言及が見出されるという点で、異彩を放っている。先ず、「国際法の法源」（第一巻第二章）中の「普遍的及び個別的慣習法」に関する議論において、ルソーが唱えた「一般意志」と「全体意志」の「擬制的区分」に基づく多数者による少数者の拘束の正当化が慣習国際法の理論と結び付けられて論じられている。[27] 次に、第二巻第三章（「狭義の戦争法」）中で戦争を国家対国家の関係に限定するルソーの主張は「結果的に確かに大陸では受容されたが、アングロサクソン人によっては全く受容されなかった」との指摘が行われ、それに関する註で『社会契約論』の原文引用が為されている。[28] また、同じく第二巻の「陸戦法」の基本的理解に関する記述において、「ルソー的思考の影響の下で」戦利品の処分の際に私物と公物の区分が一九世紀初頭から行われるようになることが指摘されている。[29]（尚、同じく陸戦法に関する記述に付された註の中で、陸戦法が海戦法及び空戦法にも適用可能な規範を含むことについてルソーの名と共に論じられている。[30]）更に、第二巻第八章（「経済戦争」）では、他の戦争法分野と同様に経済戦争においても「ルソーの影響の下で、敵国に対して許容される措置と敵国の私人に対して許容されない措置の明確な区分を行った」という「人道的な法の発達」が始まったとの説明が加えられ、[31] また、敵性私財の法的取り扱いに関して、再度ルソーの「戦争は国家対国家の関係」という定式化が挙げられている。[32] 更にまた、第三巻では、その第三章（「国際法の貫徹」）において、「最強者も、常に主人であるためには、決して十分に強くない」旨のルソーの言葉が引かれ、[33] 第六章（「普遍的結合」（Universelle Zusammenschlüsse））の記述中で、フランス人権宣言や国家連合等の議論の展開の前提として、「ルソーはイデオロギー的コスモポリタニズムについて警告する」ことが指摘されているのである。[34]

第二節　国際法史概説書におけるルソー

㈠　一八世紀末から一九世紀の国際法史概説書におけるルソー

一八世紀末から一九世紀末までの国際法史概説書におけるルソーへの言及は、国際法概説書と同様な状況にある。即ち、一八世紀末のワード、一九世紀中葉のピュッター及びカルテンボルン、同世紀末のウォーカーの各々が著した国際法史概説書の何れにおいてもルソーへの言及は見出されない。[35]（これらの中で、特に、理論史について詳述しているカルテンボルンは、モンテスキュー（Montesquieu）をはじめとする多くのルソーと同時代の思想家を紹介しているにも拘らず、ルソーには何ら言及していない。[36]）

但し、この時期の国際法史概説書でルソーへの言及が為されているものもある。それはホィートンの著作であり、その仏語版においては、「第二期：ユトレヒト講和条約（一七一三年）からパリ及びフベルトゥスブルク講和条約（一七六三年）まで」と題された章の末尾（第一八節）でルソーについて論じられている。その内容は、その直前（第一七節）で紹介されたサン＝ピエール師の『欧州永久平和構想』と関連するものであるが、実際には『抜粋』の紹介に限定されている。[37] また、英語版においても、同様の議論が展開されている。[38]（但し、仏語版と英語版は実質的に同一内容でありながら、前者では「ルソーによる永久平和構想の抜粋」と題された独立した節が設けられているのに対して、後者ではそのようなものは存在しない。その結果として、後者におけるルソーへの言及は『欧州永久平和構想』に付随するものであるとの印象をより強く読者に与えるものと思われる。）

(二)　二〇世紀以降の国際法史概説書におけるルソー

二〇世紀以降の国際法史概説書においても、ルソーへの言及を巡る状況は変わらない。即ち、彼に関する論述が全く見出されないものが存在し、[39] また、見出される場合であっても、次のように付随的に取り扱われるか、断片的に触れられるに過ぎないのである。

ヌスバオムは国家対国家の関係に限定するルソーの戦争観が後世の国家実行及び理論に対して大きな影響を及ぼしていることを指摘しているが、これが唯一のルソーへの言及箇所である。[40] また、フォカレッツリも戦争及び中立に関する記述の中でルソーの戦争観を紹介するのみである。[41] 更に、ゴリエは「古き夢の永続：永久平和構想」

と題された第七章でサン＝ピエール師に付随するかたちでルソーに言及するのみであり、トゥルヨル＝イ＝セラ[42]とルノーも同様である。[43] そして、ルーロフセンはルソーについて二箇所で触れているが、それは永久平和論と戦争観念に関する記述におけるものである。[44] グレーヴェは、四箇所でルソーに言及しており、それらの言及は国境の観念、仲裁裁判及び戦争観念に関する議論の中で為されているが、実質的な議論は戦争観念に関わる箇所だけである。[45]

このように、国際法史概説書におけるルソーへの言及はサン＝ピエール師の『欧州永久平和構想』に付随して為されるか、ルソーの戦争観に関わるものが殆どである。そして、同様の状況は辞典類においても看取可能である。即ち、『国際公法百科事典』の国際法史に関する項目では、ペン (William Penn)・サン＝ピエール師・カント (Immanuel Kant) と共に永久平和構想の文脈でルソーが論じられ、[46] また『国際法辞典』中の「国際法史」の項目におけるルソーへの言及は、永久平和論（とそのための国家連合構想）及び戦争観念との関係における簡単なものに止まっているのである。[47]

尚、以上の諸著作とは若干異なる論点からルソーに言及するものとして、ネフの著作が挙げられる。同書では、国家への擬制的人格付与に関する議論の中でルソーの理論が簡略に説明された上でギールケとルソーを結び付けた解釈が示され、また「連帯主義者的・社会学的方法」(solidalist and sociological approaches) を論ずる中でクアドリ (Rolando Quadri) の理論がルソーの一般意志理論を暗示するものとして紹介されている。[48] しかしながら、ルソーの理論が付随的に論じられているという点では、ネフの著作も他の国際法史概説書や辞典類と異なるところはないのである。

以上に概観したような状況の中にあって、第二次大戦後の著作で注目すべきものとして、ライプシュタインの国際法思想史概説書が挙げられるべきであろう。同書では、啓蒙期の国際法理論の紹介の中でルソー（及びサン

＝ピエール師）の国際法関連理論が詳述されており、永久平和構想についての紹介の後に、戦争法の諸問題（特に、後述の「奴隷権」）について論じられている。更に、ルソーの哲学的傾向にまで踏み込んだ解説が加えられているが、これはこの著作の特色であると言えよう。(49) また、これ以外の箇所、例えば、ヴァッテルの詳細な紹介（特に、ヴァッテルがルソーに対して批判的あったこと(50)）や「欧州公法」(Europäisches öffentliches Recht) の形成過程に関する論述(51)においても、ルソーの名が登場する。(52)

このライプシュタインの著作のようにルソーを国際法の枠組みの中で多様な観点から論ずるものは見出されるものの、国際法史概説書（及び辞典類）における全般的傾向としてルソーは周辺的考察対象乃至は考察対象外の存在でしかないと評価せざるを得ないのである。

小括と若干の考察

以上本章で概観してきた一八世紀末以降の国際法（史）概説書におけるルソーに関する記述を纏めるならば、若干の例外は存在するものの、ほぼ永久平和論と戦争観念の二点に関わる論述の中での付随的又は簡略な言及に過ぎないか、（より多くのものにおいて）ルソーへの言及が全く為されていないということになろう。

しかも、ルソーへの言及が見出されない国際法概説書をより詳細に検討するならば、次の事実が明らかとなる。即ち、ボンフィスの国際法概説書では勢力均衡に関連してサン＝ピエール師に言及されているにも拘らず、ルソーには触れられておらず、(53) また、カルヴォーのそれではかなり詳細に国際法史が論じられており、（第一部及び第二部の第一章で触れられたように）ホッブズ及びライプニッツという国際法学上必ずしも重要視されてこなかった思想家にも言及しているにも拘らず、ルソーは全くの考察対象外とされているのである。(54) これらの事実は、ルソーに対する国際法学者全般の関心の低さを傍証するものと言えよう。

但し、本章でも確認されたようにデパニェ・ベルバー・ライプシュタインは比較的多くの論点においてルソーの理論を紹介、或いは評価しており、国際法学の見地からルソーへの一定程度の学問的関心を抱く研究者もまた存在していたことは理解される。そして、このことは、一九世紀末から二〇世紀初頭の専門研究に着目するならば、次のようにより明確な事実として出来する。

先ず、一九〇〇年には、ヴァンダンベルジェ（Joseph-Lucien Windenberger）の『J.-J.ルソーの外政システムに関する試論：小国の連合による国家』[55]が公刊されている。この著作はルソーの国内政治制度理論の紹介とその不完全性の指摘から始まり、その不完全性を補うためには国家間関係における戦争回避のための制度が必要である旨が論じられ、そのような制度としての国家連合に関する理論が考察されている。そして、結論としては、『社会契約論』の延長上に「国際契約」（le Contrat international）に基づく小国家により構成される連合国家（la république confédérative des petits états）をルソーが構想していた旨が主張されている。

また、ラッシュドゥリー＝ドゥシェーヌ（Georges Lassudrie-Duchêne）は一九〇六年に『ジャン＝ジャック・ルソーと国際法』[56]と題する学位請求論文をパリ大学法学部に提出している。この論文は、一七・一八世紀の国際法及び国家間関係を巡る思想の中でのルソーの理論の位置付けを試みる前半部分と戦争法の歴史の中でのルソーの役割を論ずる後半部分に概ね分けることができる。そして、同論文の全体の結論部分において著者は、「『社会契約論』を通じてルソーは専制主義と不平等を市民社会から追放しようとした」との理解を示し、（ヴァンダンベルジェと同様に「国際契約」の観念を導入して）「それと同じように彼は国際契約を通じて国際政治から戦争を追放せねばならない」ことを指摘すると共に、「人は生来平和的であり、戦争は人間の間の関係ではない」が、「国家は生来好戦的であり、戦争は国家間の関係である」という「原則が戦争を支配しなければならない」のであり、「ルソーは戦争を回避することには無力であったかもしれないが、少なくとも、最も狭い範囲の中に戦争を押し止めた」との評価を下している[57]。

以上の二著作の他、ネイスは一九〇七年にルソーの著作における国際法的観念を主題とした論考を雑誌に掲載している[58]。また、この時期に公刊された永久平和構想を巡る幾つかの論考においては、主要な検討対象の一人としてルソーを含むものが存在している[59]。更に、（後に国際司法裁判所長となる）バドゥヴァン（Jules Basdevand）が一九〇一年に提出したフランス革命と戦争法の関係を論ずる学位請求論文では（とりわけその序論部分において）ルソーの著作への頻繁な言及が為されている[60]。

このように一九世紀末から二〇世紀初頭にかけて国際法研究の枠組みの中でのルソーへの関心は他の時期に比較して高いものであったように思われる。このような関心の高まりの要因の一つとして、当時の国際社会の状況を挙げることができよう。即ち、一八九九年の第一回ハーグ平和会議に始まり、第一次世界大戦を経て、一九一九年の米国による国際連盟規約批准拒否によって挫かれることとなった永久平和確立への期待感が、これらの研究をもたらしたとも解されるのである[61]。しかしながら、より重要な問題は、国際法学の観点からのルソーへの関心の一時的な高まりの中で、彼が提示した諸理論が十分に検討され、彼の国際法史上の評価が正当に為されているか否かである。そして、その点を明らかにすることが次章以下の課題となるのである。

第二章
ルソーの「法」・「国家」理論の概要

序

本章では、ルソーの「国際法」理論を考察する際に必要と思われる若干の基礎的観念について、彼がどのように理解していたのかを検討する。より具体的には、先ず、彼の「法」観念について[62]、法の本質と分類という観点、そして、自然法に関する彼の認識という観点からの理解を試みる（第一節）。それに続いて、近代国際法学において原則的に唯一の法主体とされてきた「国家」を巡る諸観念、特に、次章以降の考察に密接に関連することとなる国家の設立目的とその構成員、具体的な国家像、そして「主権」を巡る彼の理論の特質について検討することとする[63]。

第一節　ルソーの「法」観念の概要

(一)「法」の本質と分類

ルソーの「法」[64]観念を考察するにあたり、第一にルソーが考える法の「妥当根拠」乃至は「正統性の根拠」と表現され得るものに触れておきたい。この問題を考える際に、我々は彼の次の言葉に着目すべきであろう。「社会契約を空虚な書式集としないために」、「誰であれ一般意志への服従を拒絶する者は、団体（le Corps）全体により［服従するよう］強制されるとの約束（engagement）を、当該契約は黙示的に含む」のであって、「この約束のみが他の全て［の約束］に効力を付与する」のである。このことはまさに、人が「自由な存在であることを強制される」（"[O]n le forcera d'être libre."）ということを意味する。何故ならば、自由こそが「市民の約束（les engagements civils）を合法的なもの（légitimes）とする唯一の条件」だからである[65]。

ここでは、法の正当性の根拠が社会（国家）構成員の自由に置かれている。つまり、「一般意志」を基礎としつつ、構成員の自由を法自体の妥当根拠乃至は正当性の唯一の条件とするという思想が表明されている。[66] そして、この考えに基づく彼の法概念の本質が表明されていると思われるのが次の一節である。

「或る人民全体がその人民全体に関する立法を行うときには、人民は自分自身のみを考えているのである。そして、その場合に或る関係が形成されるならば、それは、何ら全体の分割を伴うことなく、或る見方の下での対象全体から別の見方の下での対象全体に対する関係である。その場合、立法の対象となる事項は、立法を行う意志と同様に一般的である。この行為（acte）こそが、わたしが法律（loi）と呼ぶものなのである。[67]」

ここで描かれている「法」観念は、法の正当な淵源と成立過程を問題としており、その意味で動態的であるといえる。つまり、ルソーにとって「法」とは、既に定立され存在する法（我々の通常の用語での「実定法」）を指すのではない。但し、ルソーは、静態的な法（「実定法」）観念も提示しており、規律対象となる事項との関係に応じて、次のように法の分類を試みている。

第一に、「全体の全体に対する関係、又は主権者の国家に対する関係」を規律する法を「国制法」（lois politiques）又は「基本法」（lois fondamentales）とする。第二に、政治体の「構成員相互間の関係」又は「構成員と全体との関係」を規律する「市民法」（lois civiles）、第三に、「違法行為の刑罰に対する関係」を規律する「刑法」（lois criminelles）である。[68] そして最後のものであり且つルソーが最重要と考えるものが、「市民（citoyens）の心に刻まれ」、「国家の真の憲法を作成」し、「習慣（habitude）の力を権威の力と置換する」「習俗（mœurs）、慣習（coutumes）、そして特に世論（opinion）」である。[69]

また、立法権者及び法の受範者という点については、次のように述べられている。「法は、本来、社会的結合(l'association civile)の条件以外の何ものでもない。法に服従する人民が、その作者でなければならない。社会の諸条件を規定することは、結合する者達のみに属する。[70]」即ち、ルソーにとって、立法権の帰属主体と法の名宛人の両者共に当該社会に「結合する者達」であり、「社会的紐帯」(le lien social)[71]を共有しない者の間では法は発生し得ないことになるのである。また、法の受範者との関連では更に『政治経済論』における次の一節に注目したい。

「命令を発する者が誰もいないままに人々が服従すること、主人を有することなく人々が仕えること、そして、明白な強制の下で行為しながら、各人がそれにより他者を害し得る自由という部分のみを喪失するとき人々はより自由であるということは、どのようにして起こり得るのであろうか。これらの奇跡は法(loi)の作品である。人々が正義と自由を負っているのは法のみに対してである。人々の間の自然的平等を強制的なものとするものは、全ての者の意思に基くこの有益な器官(organe)である。公的理由に基く指針を各市民(citoyen)に命じ、各人に各人の判断の原理に従って行動し、自己に矛盾することのないよう教えるものは、この天の声(voix céleste)である。[72]」

つまり、ルソーにとって法が発生し得る前提(社会的紐帯の存在)は、特定の個人や集団が他者を支配しないという状態において存在する。人による人の支配は、それが如何なる形態によるものであれ(如何に洗練されたものであろうとも)人間を最も卑しむべき状態へと貶めるものである。法への従属のみが人間を最も自由とするのである。[73]

以上のように、ルソーが論じた「法」は、個人の自由意思に基づき自発的に形成されるものである。その意味において、彼の「法」観念は近代的市民法を本質としていると評価可能である。しかし、本書の主題との関連でより重要な問題が存在する。即ち、以上に見てきた「法」理論は、諸個人を単位とするものであり、一見して国内法（及びその妥当根拠）を巡るものと考えられるが[74]、国家対国家の関係においても妥当し得るのであろうか、という問題である。

これに対しては、前述の法の形式的分類という観点からすれば、国家間関係を規律する法（国際法）の観念が「法」には含まれていないことから、否定的回答を与えざるを得ない。また、ルソーによれば、法を動態的に捉えるという立場の問題であれ、立法権者及び受範者の問題であれ、そこには「一般意志」が必要とされるのであるが、「一般意志」が国家構成原理としてのみ構想されているものであるならば、国家間の関係において「法」が存在する根拠自体が存在しないことになる筈である。しかし、この点に関する考察は次々章に譲ることとし、ここではルソーの「法」観念に関わる重要な論点と思われる彼の「自然法」観念について、特に、自然法の存否を巡る問題と関連させつつ、考察を行うこととしたい。

(二)「自然法」の存否を巡る問題

ルソーの「自然法」[75]観念の考察を試みる際に、我々が直面することとなる問題が存在する。それは、彼が自然法の存在を否定しているのではないかという問題である。

ルソーは（後述の如く）自然状態における人々の相互関係には「如何なる種類の道徳的関係も、認識された義務も」存在しなかったとしている[76]。つまり、彼の説く自然状態は本質的に没道徳的（即ち、「非道徳的」乃至「不道徳」ではない）状態であって、そこには道徳も義務も一切存在しない[77]。そのため、「自然状態においても妥当する法としての自然法」[78]は存在し得ないと考えられるのである。また、「社会秩序は他の全て［の法］の基礎となる神聖な法（un droit sacré）である」が、「この法は決して自然に由来するのではない」のであり、「それは諸々の協約（des conventions）に基礎付けられるのである」[79]とする『社会契約論』第一篇第一章中の論述からは、自らの社会（国家）・法理論の構築において自然法を不要とする旨のルソーの意図が看取可能とも思われる。[80]そして、これらについては、先述のルソーによる「法」の形式的分類にはそもそも「自然法」が含まれていないこととも符合する上に、それ以外の彼の論述中にも自然法の存在を否定することを意味し得る次のような根拠が見出されるのである。

第一の根拠として、ルソーが「人類の普遍性」という観念を否定している点が挙げられる。「法」というものが、自然状態におけるか社会状態[81]におけるかを問わず、一定の人間対人間の関係を律する規範であるとするならば、その当事者全てに適用されるための共通性乃至普遍性が必要となる筈である。特に、自然法に関しては、自然状態に限らず人類一般に妥当するものとして構想されることが通常である。ところが、ルソーは『草稿』において、「自然法」（le droit naturel）や「全人類共通の同胞愛」（la fraternité commune de tous les hommes）といった「健全な諸観念」（les saines idées）の発達は比較的遅く、それらが完全に受容されたのはキリスト教世界が確立してからであることを指摘している。[82]また、人々の間で一つの結合が生ずると、そこでは結合の目的であった筈の共通の幸福の増進よりも、むしろ当該結合の中での個々人の幸福の追求が行われ、「或る人の幸福は他の人の不幸」という事態が生じるのであり、「自然の優しき声は、我々にとっては既に無謬の導き手ではない」とも論じられている。[83]更に、同様の事柄は、同じく『草稿』において、「哲学者」が「人類」それ自体を問題とする中で次のように述べている点からも看取可能である。

「我々の自立した人間は言うであろう。『私が参照し得る規則を理解していることを私は認める。しかし、この規則に私を従わせねばならない理由を私は理解していない。何が正義であるのかを理解することが問題なのではない。正しくあることに私が如何なる利益を有するかを私に示すことが問題なのである。』実際に、各人の中で、一般意志は純粋に理解に関わる行為であり、その理解とは、人が同胞に何を要求し得るか、そして同胞が彼に何を要求する権利を有するかについて、情念（passions）の沈黙の中で理由付けるものであるということを、誰も否定しないであろう。しかし、自らを自分自身から切り離すことができる［即ち、極めて客観的である］人間が何処にいるであろうか。」(84)

つまり、法（この引用文中の「規則」）を認識し、理解することは人間にとって必ずしも常に可能なことではないのである。その結果として、例えば、最も基本的であると考えられる「自己保存への配慮」を基礎とする規則ですらも、普遍的なものとはみなされないことになる。ルソーは、「仮に自己保存への配慮が自然の第一の戒律（précepte）である」とした場合に、「自己の身体（constitution）との関連が何ら理解されない諸々の義務を自己に課すため、種全体を自己と同様に眺めるよう自己に強制し得るであろうか」と問い、更に、「個人的利益が一般意志に自らを服従させることを如何にして要求するかということは、依然として理解されるべきではないのであろうか」とも問う。(85)そして、「自己の思想（ses idées）をこのように一般化する技術は、人間の理解力の最も困難且つ最も発達が遅れた課題（exercices）の一つであるため、一般人が自己の行動規則をこの推論方法で引き出す段階に至ることは決してないのではなかろうか」との疑念を述べることによって、これらの問いに対する解答が否定的であることを彼は暗示しているのである。(86)

このような記述を前にするならば、ルソーの論理において全ての個人の集合としての「人類」を普遍的存在とする余地はないと考えざるを得ない。実際に、ルソーは普遍的社会の存在を否定しつつ、次のように述べている。「『人類』という言葉が、それを構成する個々人の間の何らの実体的結合（union réelle）も前提としない、純粋に集合的な観念しか意味しないということは確か」であり、仮に、「人類」が「一般的で全員に関わる目的のために」構成員を動かすような「普遍的動機」を有すること、或いは、「この共通の感情が人間性（humanité）である」こと、そして「自然法とは組織全体の積極的原理（le principe actif）である」ことが認められるとしても、次の瞬間に我々が目撃することは、「我々が仮定したこととは全く反対」のことである。それは、「社会の進歩が、個人的利益を目覚めさせつつ、心の中の人間性を窒息させ」ること、そして「自然法（それはむしろ理性法（la loi de raison）と呼ばれるべきであるが）の観念」の発展は、情念の働きが自然法の「全ての戒律を無力に」してしまった後に、初めて開始されるということである。[87] そして、「独立の状態」（l'état d'indépendance）において「我々の正しい利益という観点から、理性が我々を共通善へと協力させるということは誤り」であり、「個別的利益（l'intérêt particulier）が一般的善（le bien général）に結び付くどころか、事物の自然的秩序の中でそれらは排除しあう」とルソーは断ずるのである。[88]

ルソーが自然法の存在を否定していると推測させる第二の根拠は、自然法規範を創出し、或いはそれを知らしめると考えられてきた諸々の要素について、それらがそのような機能を有することが否定されている点に求められる。例えば、「神」（乃至は特定の宗教）について、ルソーは次のように論じている。

「仮に、偉大なる存在［即ち、神］と自然法の観念が全ての者の心の中で天賦のものであったならば、この二つを明示的に教えることは全く余分な心遣いであったろう。それは既に我々が知っていたことを教えることであり、そこでとられた方法は我々にそれを忘れさせる方にずっと適したものであった。仮に、それらが天賦のものでなかったならば、神がそれらを何も与えなかった者の全てがそれらを知ることを免除されていることになる。それらについての特別な啓示が必要となって以来、各人は、自分に対して唯一の善なるものと証明されたもの［即ち、啓示］を持ち、そこから調和と平和が生まれるよりも頻繁に虐殺と殺人が発生するのである。[89]」

この一節から理解されることは、ルソーが宗教的教義に由来する規範を排斥し、或いは少なくとも、そのような規範の危険性を感じているということである。また、神乃至は宗教的契機と同様に重要と思われるのが、「理性」(raison) である。ルソーを「理性論者」(rationaliste：合理主義者) と捉えるべきか否かについては争いがある。[90] 一方では、前掲の一節にも触れられている通り、ルソーは「自然法」をより正しくは「理性法」と呼ぶべきであるとする。[91] この主張には、自然法理論における理性の役割の重要性を彼もまた認めていたことが示されているものと思われる。他方では、これも既に触れられたように、「我々の正しい利益という観点から、理性が我々を共通善へと協力させるということは誤り[92]」であるとルソーは論じている。つまり、ここでは、理性の働きによって人間に共通する規範を導出することも、困難であると彼は判断しているのである。[93]

何れがルソーの本旨であるのかは不明である。しかし、少なくとも、理性が普遍的なものでも、万能なものでもないと彼が考えていたことは確かであり、それは『不平等起源論』における次のような記述から理解される。

ルソーは、「市民的生活と自然的生活 (la vie civile ou naturelle) の何れにおいて、[生活が] 耐え難いものとなることがより頻繁であるか」という問題を提示し、それに対して彼の周囲に自らの存在 (乃至は生活 (existence)) について不満を口にしない者は殆どおらず、自らの存在を絶とうとする者もおり、「神法と人定法の結集 (la réunion des lois divine et humaine) もこの無秩序を制止するために十分であることは殆どない」としている。更に、「[野生人 (l'homme sauvage) は] 自然状態 (l'état de nature) で生きるために必要とされる全てのことをただ本能の中に有しており、教化された理性 (une raisan cultivée) において有するものは社会 (société) で生きるために必要なことのみである」とされている。しかも、「この [自然] 状態における人間達は、彼等の間で如何なる種類の道徳的関係も、認識された義務も有さないまま、善良でも邪悪でもあり得ず、悪徳も美徳も有しなかったと思われる」とも述べられている。[94] つまり、ルソーは、人間にとって文明の中に生きる（「市民的生活」）ことよりも自然状態の中に生きることの方が不満はより少なく、また、人間の理性は天賦・不変のものではなく、発達させられるものとしているのである。[95]

以上のように、自然法を巡る諸理論を支えてきたと考えられる重要な諸要素（神（の啓示乃至命令）・理性・人間の共同体意識等々）[96]に対して、実際にはそれらがそのような機能を果たし得ない旨をルソーは主張している。そしてその結果として、彼の法理論における自然法の存在自体が疑われることになるのである。

ルソーの理論において自然法の存在が疑われることとなる第三の根拠として、自然法理論においてとられてきた論証方法の問題性に関する彼の指摘が挙げられ得る。ルソーは彼以前に唱えられてきた自然法理論を総括して、次のように述べている。

ローマの法律家達が「人間と他の全ての動物との区別なく同一の自然法に服させた」のに対して、近代の人間達は「自然法の権能（compétence）を、理性を授けられた唯一の動物、即ち人間に限定」する。しかし、近代人による自然法の定義は各人各様であり、しかも「極めて形而上学的な基礎の上に構築するため」「これらの原則を理解する人は殆どいない」こととなる。近代人による自然法の諸々の定義は、永遠に矛盾しあっているが、「極めて偉大な推論家（un très grand raisonneur）か深遠な形而上学者（un profond métaphysicien）でなければ、自然法を理解し、それに服することは不可能であるという点でのみ一致」[97]しているのである。[98]

更に、これに関連して、ルソーは推論方法において「常に回帰する」「第一の困難」をも指摘している。その困難とは、「我々が想像する物事に関する諸観念（idées）を我々が引き出すのは、我々の間で設立された社会秩序のみから」であり、「我々は一般社会を我々の個別的社会から構想」し、「小さな共和国の設立は我々に大きな共和国を想像させる」のであって、「我々は市民となってはじめて正しく人間となり始める」[99]というものである。つまり、何らの確立された社会秩序もない状態（自然状態）においては、普遍的秩序を人間が想像することは不可能であるとルソーは論ずるのである。

以上の根拠を併せて考えるならば、結論は次の通りとならざるを得ない。即ち、「真実は、『自然法』という言葉の意味は時代によって変わるということ」であり、「自然法は文明の所与の状態の中で共通に受容された道徳規範以上の何ものをも表すものではない」[100]のである。これによって、ルソーが社会状態に先行する自然状態における自然法の普遍的妥当性、更にはその存在自体を疑問視し、或いは少なくともその法規範性については否定していたことが理解されるのである。

しかしながら、これとは異なる結論を支持する次のような根拠もまた存在する。第一に、ルソーが封建制批判を展開する際に、それを「自然法の諸原則」に反するものとしている点が挙げられる[101]。第二に、彼の論述中には自然法としての地位を付与し得る特定の規範が存在しており、就中、「最も不可侵の自然法」（la plus inviolable loi de la nature）への言及が為される中で、それが「最強者の法」（la loi du plus fort）であるとされている箇所が問題となる[102]。第三に、彼の理論に従うならば、「社会契約」の有効性を担保する根拠が必要となるのであり、その根拠こそが自然法であるとする解釈も可能である[103]。

以上の三点に加えて、そして、それらより重要と思われる根拠は、ルソー自身が自然法について、その存在を前提として議論を展開している箇所が『草稿』中に存在することである。そこでは、人間精神の深奥から直接に由来する規則（「本来の意味での自然法」（le droit naturel proprement dit）の規則）と、人間が構成する社会の影響の下で、自然・慣習・理性等によってもたらされた規則（「推論された自然法」（le droit naturel raisonné）の規則）という二種類の自然法から生ずる規則について論じられている[104]。（そして、これと同旨と解される記述が『戦争法原理』にも見出される。）[105] 即ち、「推論された自然法」は社会状態において発生するものであり、これとの対比において「本来の意味での自然法」はそれ以前の状態（自然状態）においても存在すると理解され得るのである。[106]

以上に見てきたことから、ルソーの理論における自然法の存否を確定的に結論付けることは困難であると言わざるを得ない。[107] 但し、ここまでに挙げられた論拠は、諸個人を単位とした（そして、その意味において普遍的な）自然法理論に関するものである。そこで、この問題に対する解答については、（本書の主題との関連でより重要であるとみなされる）国家間関係における自然法の存在に関する議論（次々章第一節）の中で改めて模索することとしたい。

第二節　ルソーの国家（社会）構成理論の概要

(一)　国家の設立目的とその構成員、そして「国家」観念

本節ではルソーの国家（社会）構成理論を概観するが、先ず、国家設立の目的について確認する。

ルソーは、『社会契約論』において、「結合した各人の身体及び財産を、共同して全力で防衛・保護する結合（association）の一形式を見出すこと」及び「それを通じて、各人が、全ての人々と結合しつつ、且つ自分自身にしか服従せず、従来同様に自由であること」[108] を根本的課題として提示した上で、「社会契約（le traité social）は契約当事者の保存を目的とする」[109] としている。つまり、「契約当事者の保存」こそ社会の設立目的として彼が提示するものである。そして、この目的達成のための社会形成理論（国家構成理論）が「社会契約理論」であり、「国家の心臓」（le cœur de l'État）[110] とも称される「社会契約」の当事者が国家の構成員となるということとなる。[111]

ルソーが構想する国家の構成員について重要と思われるのは、先に挙げた根本的課題からも理解されるように、

彼が「国家」観念を構築する際に自由な個人[112]のみをその構成要素としたことである。(そして、諸個人の身体・体質の強弱や優劣が「身体の原初的構成」(la constitution primitive des corps) によるよりも育て方に影響を受けることや精神についても同様であること、つまりは「社会状態におけるよりも自然状態における方が人間の人間に対する差異がどれほど小さいものであったか」についてルソーは論じており、彼が前提とする自然状態における自由な諸個人は精神的・肉体的に概ね平等であることが理解される。[113]) このことは、彼の国家構成理論において個人と国家の間に(封建的)中間団体は介在しないということを意味する。そこには、民族、宗族や氏族といった集団も介在しない。ルソーは更に、「あらゆる社会の中で最も古く、また唯一自然なもの」とされている家族についてすらも「協約 (convention) によってのみ維持されている」[114]として、家族という単位よりもその構成員である個人を重視し、「家族の紐帯からの延長によって、或いはそれを手本 (modèle) とすることによって国家の社会的紐帯 (le lien social de la cité) は形成され得なかったし、形成されてはならなかったということは確実である。[115]」とまで述べている。[116] このように、ルソーは彼の理論における国家の構成員から個人以外の如何なるものも排除しているのである。

しかしながら、多数の個人が単に集合するだけで社会が設立されるわけではない。何故ならば、「群衆を服従させることと一つの社会を統治することの間には、常に大きな相異が存在する」からである。つまり、「散在する人々が順次一人の人間の奴隷とされようとも、その人数に拘らず、そこには」「一人の主人と奴隷達のみ」が見出されるのであって、「人民とその首長 (chef)」は決して見出されない。主人と奴隷達の関係は、「集合 (agrégation) ではあろうが、結合 (association) ではない」のであり、「そこには、公共財産 (bien public) も政治体 (corps politique) も存在しない」のである。この主人は「仮に世界の半分を奴隷化したとしても、依然として一私人でしかない[117]」。そして、この「集合」を「結合」(l'union) に転換するものが、「一般意志」(la volonté générale)[118] に基づく「社会契約」ということになるのである。[119]

このように、ルソーは国家を単なる個人の集合体ではなく、個人に依拠するものの別個の存在として捉えている。しかも、その存在は抽象的・理念的存在として構想されているものと考えられる。何故ならば、「国家 (État) 又は都市国家 (cité) とは倫理的人格 (une personne morale) に他ならず、その生命はその構成員の結合に存するとするならば」という仮定に基づく議論が肯定的に展開されているからである。[120] 同様のことは、「根本的に政治体とは、倫理的人格 (une personne morale) でしかなく、理性に基づく存在 (un être de raison) でしかない」[121] のであり、それはまた「一つの意思を有する倫理的存在 (un être moral) である」[122] という説明からも理解されるのである。ルソーの叙述の中には、国家を自然人（有機体）からの類推を通じて理解するかのような「政治体とは、人間に類似した、組織的生物体 (un corps organisé, vivant) の如きものとみなされ得る」という記述も存在する。[123] それでも、国家を抽象的・理念的存在とする構想はかなりの程度一貫しており、彼の真意はこの「倫理的存在」として国家を理解することにあると考えるべきであろう。[124] そして、この認識によって、有機体的理解を通じて既存の社会集団を自然発生的なものとして受容し、所与のものとして理性的考察の埒外に置くという態度が排除されることになる。そして何よりも、国家に擬制的人格（法人格）を付与することが可能とされるのである。[125]

ところで、以上に示された「国家」やその構成員及び人格について、ルソーはやや複雑な観念を有していることには注意を有する。その複雑さは『社会契約論』における次のような議論に現れている。即ち、「社会契約 (le pacte social) を通じての「結合」によって形成される「公的人格 (la personne publique) は、かつては都市国家 (*cité*) の名で、そして現在は国家 (*république*) 又は政治体 (*corps politique*) の名を帯びており、その構成員によって受動的には国家 (*État*)、能動的には主権者 (*souverain*)、その類似のものと比較する場合には国 (*puissance*) と呼ばれる」とされ、更に、その構成員は「集合的には人民 (*peuple*) の名を帯び、個別的には、主権的権威に参与する者として市民 (*citoyens*)、国家の法に従う者として臣民 (*sujets*) と呼ばれる」[126] とされているのである。[127]

ここでは、「倫理的人格」が「公的人格」に置換された上で、「国家」（république）と「政治体」が並置されると共にかつての名称として「都市国家」、更に「国家」（État）・「主権者」・「国」（puissance）が挙げられている。また、構成員については、「人民」・「市民」・「臣民」が使用されている。これらの中で、先ず、構成員との関係で「公的人格」を位置付けるならば、「市民」が「主権者」を、「臣民」が「国家」（État）を構成し、集合的には何れも「人民」であることになる。（尚、「家屋が都市を形成」し、「市民が都市国家を形成する」（[L]es maisons font la ville. [L]es citoyens font la cité.）[128]という表現から理解されるように、「市民」は「都市国家」における能動的な主権参与者であったとルソーは理解している。）それでは、「国家」（république）、「政治体」及び「国」（これらの構成員は何れも「人民」であると解される。）の間の相異とは何なのであろうか。「国」ついては専ら対外的関係（「比較する場合」）において使用される用語であると説明可能であるが、「国家」（république）と「政治体」の相異は必ずしも明らかではなく、ルソーはそれらを互換的に使用しているようにも思われる。しかしながら、彼の社会契約理論においては、両者間に相異が存在し得るものと考えられ、それは次の諸点から導出されるのである。

先ず着目されるべきは、ルソーが「社会」は必ずしもそのまま「国家」とはならないと構想しているように思われる点である。『不平等起源論』において彼は、人類史における社会や言語の登場過程について、大規模な洪水や地震といった何らかの自然現象が「島」を形成し、その中に存在していた人々の間で接触機会が増える間に「共通の慣用表現」（un idiome commun）が形成され、「島嶼において社会と言語（la société et les langues）が生まれたということが少なくとも極めて真実味がある」とした上で、社会や言語が大陸に存在する人々に伝えられ地域毎に「習俗と性格（mœurs et caractères）に基づき、規則と法律によってではなく、同類の生活と食物により、そして、気候の共通の影響を通じて結合された個別の民族（une nation particulière）」が形成されたとしている。[129] そして、このような社会が生まれた当初の人間の諸々の能力（facultés）の発達段階こそが「最も幸福で最も持続的な時期」

であり、この状態こそが「世界の真の青年期（jeunesse）」であったとされている。(130) つまり、国家形成以前の社会が長期にわたって存在していたというのである。

勿論、『不平等起源論』におけるこの記述は、飽く迄も歴史的事象の推測を論じているに過ぎないのであって、「社会契約」後の「社会状態」を指しているのではない。（また、「自然状態」の内実についても、少なくとも、『不平等起源論』と『社会契約論』の間では相異が存在するように思われる。(131)）それでも、ルソーが「社会」と「国家」を等値していないことはこの議論から理解されるのである。そして、次に着目すべきは、ルソーが、この「社会」と「国家」の関係と同様に、「政治体」もまたそれ自体で「国家」であるとは必ずしも考えていない点である。勿論、ルソーの論述において「政治体」と「国家」は概ね互換的に使用されている。それでも、この二つの観念の相異は認識されるべきである。何故ならば、少なくとも、ユダヤの民に関しては、モーゼ（Moïse）がそれらの者を「政治体」及び「自由なる人民」（un people libre）としたこと、そして、「民族の集団」（le corps de la nation）が既に存続しなくとも、彼等の存在は五千年の時を経ても破壊も変更も為され得なかったとされており、ユダヤ人の「政治体」としての存在は、民族の離散や領土の喪失という状況にあっても、なお失われていない旨が認められているからである。(132) つまり、「政治体」は、その構成員間の紐帯を重視したものであって、「国家」という形態で存在する必要はないのである。

(二) 具体的国家像：「領域国家」観念の成立とその適正規模、経済体制

(1) 「領域国家」観念の成立とその適正規模

先ず、ルソーの国家構成理論がもたらす国家の特質を確認しておきたい。前項で確認されたように彼の理論がもたらす国家は「各人の全ての人々との結合」であり、それは「人的団体」である筈である。それにも拘らず、

次のような論理から、彼が「領域国家」の形成をも構想していると解される点は注意を要する。『社会契約論』では「個々人の集合・隣接する土地が如何にして国家の領土（le territoire public）となるか、そして、主権に基づく権利（le droit de souveraineté）が諸々の臣民から彼等が占有する土地へと範囲を拡張し、同時に物的［権利］であり且つ人的［権利］（reel et personnel）に如何にしてなるか」についての説明が為されている。その説明によれば、個々人の財産（土地）を共同体（国家）が受領する際に、共同体は財産を個々人から奪い去るのではなく、彼等にその合法的な占有を保証し、「享有（jouissance）を所有権（propriété）に変更するのみ」であり、それにより「占有者は公共財産の保管者（dépositaires du bien public）とみなされる」という。[133] つまり、人的結合が形成される際に、各人の占有地が結合される（その際に各人は当該占有地に対する所有権を取得する）ことにより共同体全体の土地（即ち、国家領域）が構成されるのである。[134]

さて、このようにして構成された領域国家について、ルソーは、後述（次章第一節）の如く「国家は常に膨張し得る」[135]ことを認識しつつも、そこに適正な規模が存在することを主張している。ルソーの社会契約理論それ自体は、それによりもたらされる国家の規模を問題とするものではない。しかし、彼がこの問題に拘泥していたことは、彼の著作中の随所に現れている。[136]

例えば、『社会契約論』における国家の最良の体制（constitution）を巡る記述では、人間の体格と同様「充分に統治され得るためには大き過ぎる、或いは自国のみで自らを維持し得るためには小さ過ぎるということがないよう、国家が有し得る広さの限界」があり、「全ての政治体には、超え得ない力の極大がある」とされている。[137] この記述からは、国家は（その膨張志向にも拘らず）[138]適度の大きさに収斂するとの見通しをルソーが有していることが理解されるのである。

それでは、国家の適正な規模とはどの程度のものであろうか。先ず、『戦争法原理』においては、「国家としての一体感（la sensibilité publique）は領域［の拡大］に伴って増大するものではな」く、「領域が拡大すれば、それだけ意思は弛緩し、動きは弱まる」のであって、「大国は、自己の重みが過剰となり、抑え込まれ、衰弱し、滅亡」するとされている。[139] 即ち、領域的に巨大な国家は滅びる運命にあるのである。[140] また、『政治経済論』では、通常の理解とは異なる次のような主張をルソーは展開している。「少なくとも、極めて明白なことは、征服を行う人民ほど搾取され惨めな存在はなく、彼等の成功は彼等の悲惨の始まりでしかな」く、「或る国家が大きくなればなるほど、それに応じて深刻且つ厄介なまでにその出費は増大するということを、歴史がそれを我々に教えないとしても、理性が十分に証明する」であろう。何故ならば、「［当該国家を構成する］各州は政府の歳出全体に対する醵出をせねばならず、更に、各州は、あたかも各々が実際に独立しているが如く、自己の［州］政府の歳出も賄わねばならないから」である。その上、「一都市を豊かにするために、国全体を非常に困窮化させる」のが通常のことであるとも彼は説いている。[141] また、『コルシカ国制草案』においては、小独立国であるコルシカ島について小国故の優位性がある旨が一貫して説かれている。[142] 彼は明らかに、小国の方が大国よりも活力に溢れ、好ましい存在であると判断しているのである。[143]

但し、「大国」が存在するという現実から彼が目をそむけているわけではない。『ポーランド統治考』では、ポーランド政府の改革とは「言わば、大きな王国の国制に小さな共和国の堅実さと活力を与えること」とされ、[144] そのためのより具体的な提案として、連邦制国家（le système des gouvernements fédératifs）[145] や「三三の小国から成る国家連合（confédération）」[146] が示されており、現実と理想の間を架橋する道も探られているのである。

このように、ルソーは大国よりも小国を選好している。それは、彼の社会契約理論が個人の自由を最大限に確保するための国家構成理論として構想されたことの帰結であるとも思われる。何故ならば、大国の国民は（征服した側の国民も征服された側の国民も）搾取され、それに伴い自由が制約されるとの理解が彼の論理から窺われるからである。(尚、個人の自由の保障という目的は、国家の税制にも影響を及ぼす。ルソーは「商業や工芸の煩わしさ」や利益の貪欲な追求が「個人の役務(les services personnels)を金銭に代用させる」ことの不健全さを指摘し、「租税(taxes)よりも労役(corvées)の方が自由に反することは少ない」とまで論じている。[147])

以上の事柄を本書における問題関心から捉え直すならば、ルソーの理論が、自国の膨張を自制すべきことの論拠を大国に与えると共に、小国の自由と独立を擁護していることに我々は注目すべきであろう。何故ならば、そこには、複数の主権的近代国家の並存状態の維持という、近代国際法が存続するための前提乃至は理論的基盤が提示されていると解されるからである。

(2) 経済体制と経済政策:国際分業や相互依存の否定

或る国家の中で如何なる経済体制やそれに伴う政策を採用するかは、近代国際法理論に従えば、本来国内管轄事項であって、本書の主題とは結び付かない事柄のようにも思われよう。しかし、例えば、対外通商を重視する経済政策を採用すれば、相互主義を前提としつつ、通商相手国となる国家に対して通商を可能とする体制を求めざるを得なくなり、そしてそれが実現されれば、国家間の相互依存を促進する結果となるであろう。つまり、一国家の経済体制・政策を考察することは、当該国家の対外政策なり国際関係観なりを考察することに繋がるのである。そこで、以下では国家の経済体制と経済政策に関するルソーの見解について考察することとする。

ルソーは、国家の最重要目標は自由と独立の維持であり、国家の経済的豊かさはそのような目標達成に資するものではないと考え、『コルシカ国制草案』においてそれを次のように説いている。「金銭において豊かな国家は常に脆弱であり、人において豊かな国家は常に強力である。[148]」「人において豊か」であるためには、人口を増加させねばならない。「人を増加させるためには、その生存手段を増加させねばなら」ず、そのためには「農業」が重要となる。[149] そして、それに止まらずルソーは、「国家の対外的独立を維持する唯一の方法は農業」であり、[150]「通商は富を生み出すが、農業は自由を保証する」とまで断言するのである。[151]

また、ルソーは、『ポーランド統治考』においても、「経済に関する諸々の素晴しい見解」の欠点はそれらが「繁栄よりも富に好ましい」ものであることにあるとし、[152] 更に、『コルシカ国制草案』では、「比較優位論」に基づく通商の利益について「人間の誤用よりも、土地の誤用の方がましである」として、通商の利益は第二義的としている。[153] この通商上の利益（金銭的価値）の軽視という傾向は、彼が人間の精神的価値（自由）を重視していることに由来しているものと解される。何れにしろ、ルソーにとって、「金銭とはせいぜい人間の補足物（supplément）でしかなく、補足物は絶対に本体にはなれない」[154] のであり、「金銭は戦争の神経」という広汎に流布した格言さえも真実ではないのである。[155]

更に、ルソーは、通商と農業が対立するものと理解しており、それは次のような論理に基づいている。即ち、彼は、「通商の如何なるシステムも農業にとって破壊的であ」り、「農産物の通商とて例外ではない」とした上で、通商システムの下で「農業が維持されるならば、その利益は商人と農民の間で平等に分配されねばならない」が、「それは不可能事」であるとし、その理由を「自由な存在と強制される存在の間の交渉では、前者が常に後者を支配するから」であるとしているのである。[156]

また、ルソーは、農業の重視を政治体制の選択とも関連付けている。即ち、「農業にとって最も好都合な統治体制（administration）は、如何なる点においても権力が集中されず、人口分布の不均衡をもたらさず、領域内に片寄りなく人口を散在させるような体制、即ち、民主制（démocratie）である」[157] とされているのである。

これと同様に、農業の重視は、軍制にも影響を及ぼすことになる。何故ならば、「土地の耕作は人間の身体を忍耐強く且つ頑丈にし、それは良き兵士になるための条件」であって、これとは反対に、都市住民出身の兵士は戦闘に適さないからである。[158]（またこれに関連して、「訓練された民兵（milices）は最も確実で最良の軍隊」であり、「兵士の真の教育は農夫であること」であるともルソーは論じている。[159]）

以上のことを踏まえて、『ポーランド統治考』においてルソーが行う一般的提言は次の通りである。仮に、「欧州の他の人民に影響を及ぼすということのみを望むのであれば」、「芸術と学問、通商と産業を奨励し」、「職業軍人、要塞、アカデミーを擁し」、とりわけ「優れた金融制度を持つ」こと等を実施するようルソーは勧める。それにより、「欧州の大国の中に数えられるようになるであろう」し、「運がよければ、かつての領土を回復し、恐らく新たな土地を征服できる」かもしれない。しかし、それは際限のないことであり、成功か失敗の極端な選択しか存在ない。それに対して、「自由で、賢明で、平和な国民（nation）を生み出そうとするのであれば」、「全く別の方法を採用するべき」である。その方法とは「勇気ある無私の魂を生み出し」、「農業と生活に必要な技能に人民を専心させ」、「金銭を蔑む」こと等である。これにより、「哲学者達はあなた方を称賛せず、詩人達はあなた方を称揚せず、欧州において人々はあなた方に関して論ずることもないであろう」が、他国による介入を受けることもなく「あなた方は、真の豊かさ、正義、そして自由の内に生きるであろう」と彼は主張するのである。[160]

更に、当時ジェノアにより通商の道を断たれていたコルシカ人に対して、ルソーは「現在は通商を行う時ではない」と説く。仮に、通商が行われているとすれば、「国制が安定するまで、そして国内で生産可能な全てのものが供給されるようになるまで、それを禁止すべき」であり、コルシカの利益は「農産物の輸出では決してなく、コルシカ島にそれらを消費する十分な人間が誕生することである」とも彼は論ずる。[161] また、コルシカに豊富な森林資源についても、目先の通商の利益にとらわれて伐採・輸出することを愚とし（そこには、フランスやスイスの経験を基に、乱伐による森林破壊に対する警告も含まれている。）、将来の建艦活動に備えるためにも森林管理が必要であることを彼は指摘するのである。[162]

このようにルソーは、農業を重視すると同時に通商を軽視（或いは敵視）した。彼は「通商が人間同士の及び国家間の貪欲及び競争を悪化させるだけであるとの確信」を抱き、その結果として「通商が平和を育成する」という「カントや他の一八・一九世紀の自由主義者にとって抗うには余りにも魅力的であった見解」(163)を拒絶する方向へと進んだのである。それは、国際的分業体制に基づく貿易により、国家間に存在する不平等は解消されるという啓蒙期以降の自由主義経済学者による主張とは、全く反対の結論と言えるであろう(164)。

それでは、以上のような基本的に自給自足的(165)な経済体制を志向し、そのための政策を進めるならば、その結果は如何なるものとなるであろうか(166)。少なくとも、国際通商による国家間の相互依存関係の進展とそのための又はその結果としての国家間関係における規範形成の促進という発想は生まれ難いこととなることは充分に予測できる。つまり、ルソーが推奨した経済体制及び政策は国際法規範の生成にとっては有利に作用しないのである。

このように考えるならば、国家の規模と経済体制・政策を巡るルソーの議論は、近代国際法の発展にとって正負の何れにも作用することになる。一方では、各国家を小規模に保つことによって多数の国家が並存する状況が維持され、そのような状況の中で近代主権国家間の関係を規律する近代国際法規範が生成・発展することになる筈である。他方では、彼が説く国家の望ましい経済体制・政策は、国家間関係を緊密化するのとは逆方向に作用し、したがって、国家間関係を規律する規範の発展は抑制されてしまうのである。

(三)　「主権」理論：主権の本質と制約(167)

以上のようにしてルソーにより理論構成され、或いは具体的な「あるべき姿」も提示された国家は「主権」を有するとされる。彼は「社会契約が政治体に対して当該政治体に属する全てのものに対する絶対的権力（un pouvoir absolu）を与える」とし、「一般意志により統制されるその権力こそが、主権の名を帯びる」とする(168)。つまり、主権は絶対的でありつつ、一般意志による制約の下に置かれるという一見したところ矛盾する観念をルソーは提示していることになる。この矛盾を彼はどのように解消するのであろうか。この問題を考察するために、先ず、彼の主権理論における主権の特質について確認しておきたい。

ルソーは『社会契約論』において「一般意志の行使以外の何ものでもない主権は絶対に不可譲(inaliénable)である」[169]とし、また、「主権が譲渡され得ないのと同じ理由から、それは不可分(indivisible)である」[170]との議論を展開している。(これに関連して、「主権が不可譲であることの理由と同一の理由により、主権は代表されること(être représentée)ができない」とも論じられている。[171])つまり、ルソーは主権の不可譲性・不可分性という特質を提示しているのである。以上のことから、ルソーは主権の絶対性を前提として、主権の不可譲性及び不可分性を認めていることとなる。[172]

興味深いことに、ルソーは不可分性を巡る議論の中で、「我々の政治家達(nos politiques)は、主権をその原理において分割し得ず、その対象において分割する」として、彼等が立法権・執行権・課税権・司法権・交戦権等々に分割していることを、「主権に由来するもの(émanations)でしかないもの」を「主権を構成する部分(parties)」であるとしたことによる誤りであるとして、批判している。[173]確かに、例えば、近代的な主権観念を理論的に定式化したと評価されてきたボダン[174]は、主権的君主(la maiesté souveraine)の属性(marque)として、「第一の主権的君主の属性」である「全ての者に一般的に、そして個々人に対して個別的に、法律(loy)を与える権能」に続いて、第二に「戦争を命じ、講和を行うこと」、第三に「主要な役人(officiers)を選任すること」、第四に「最終審裁判(le dernier ressort)であること」、そして、第五に「恩赦を与えること」(ottroyer grace)を挙げているが、[175]これはルソーからすれば、主権を「対象において分割している」のであって、本質的に誤りであることとなるのである。

それでは、ルソーの主権理論において主権の属性とは何なのか。それは、ボダンが「第一の主権的君主の属性」

とした立法権であると考えられる。[176] 何故ならば、前述の主権の不可分性に関する議論（それは『社会契約論』の目次において第二篇に付された「ここでは立法が取り扱われる[177]」という表題の下で為されるものである。）の中で、ルソーは「意志は一般的であるか否か、即ち、人民全体のそれであるか又は一部分のそれであるか」であり、そのような一般性乃至全体性がある場合には「主権の行為（un acte de souveraineté）であり、法律（loi）を作る」のであり、そうではない場合には「特殊意志か行政的行為でしかない[178]」としており、主権の中核的権能として立法権が位置付けられているものと解されるからである。同様の議論は『政治経済論』においても見出される。即ち、主権（Souveraineté）と政府（Gouvernement）を区別する議論の中で、主権は「立法権を有し、一定の場合、国家全体を義務付ける」のに対して、政府は「行政権のみを有し、個人だけを義務付ける」に過ぎないとされているのである。[179] しかも、この「行政権」には、（ボダンにとっては、立法権に続く重要な権能であった）「戦争権」（droit de guerre）までもが含まれるのである。[180]

さて、ルソーは主権の絶対性を認めながらも、前述の通り「一般意志により統制されるその権力こそが、主権の名を帯びる」としている。この「一般意志による主権の制約」という考え方は、『社会契約論』に繰り返し登場する。即ち、「政治体又は主権者は、自己の存在を〔社会〕契約の神聖さからのみ引き出す」のであるから、「〔社会契約から〕逸脱する如何なることにも自らを義務付けることは決してできない[181]」とされ、同様に、主権的行為は構成員間の約束に基づく行為であるから、「一般意志」から逸脱する（「特殊意志」に基づく）事柄は行い得ない旨も述べられている。[182] 更に、主権者は「共同体にとって不必要な如何なる束縛（chaîne）も臣民に課し得ない」し、「それを望むことすらできない[183]」とも述べられている。また、「政府」に関する論述では、諸々の「行政官」（magistrats）や「国王」（rois）を「統治者」（gouverneurs）とした上で、人民が首長（chefs）に服従する行為は「契約」ではないとする考えが支持されており、その理由は、「〔そのような行為は〕絶対に委任（une commission）でしかない」からであるとされている。[184]また、この論理の帰結として、「［委任を行った］人民が主権的団体（Corps souverain）に正当に集合した瞬間に、［被委任者である］政府の全ての裁判権（jurisdiction）は終止し、行政権は停止される」[185]ということになるのである。[186]

このようにして、社会契約が主権者に優位し、主権者の活動は社会契約の範囲内に留まるのであり、その意味で主権の絶対性は否定されていることになるのである。そして、このことは社会契約理論が有する「なによりも統治権力制約の理論」[187]という性格を示していると言えるであろう。[188]

以上のことから、ルソーの主権論の中心構造は「一般意志に制約された主権の本質としての立法権」と表現され得る。その際に、主権は絶対性（そして、不可譲性及び不可分性）を帯びつつも、そこには飽く迄も「一般意志」の下に置かれるという前提が存在しており、そうであるからこそ、「主権の絶対性」とそれに対する「制約要因の存在」という一見矛盾する論理が成立するのである。そして、このような論理構成は、本書第一部で確認されたように、主権に対する制約要因が一見して何ら認められないようなホッブズの理論においても、一定の制約要因が確認されたのと同様である。更に、ボダンが『国家論六篇』仏語版において「主権」（souveraineté）とは「一国の絶対且つ永遠の権能」であるとし、同書のラテン語版では「主権」（*maiestas*）とは「法により制約されない、市民及び臣民に対する最高の権力」であるとしているにも拘らず、彼の論述の中では主権に対する制約が存在していることとも共通する。[189]これら三者は何れも主権の絶対性を提示しながら、実際には主権に制約を課しているのである。

さて、ルソーの「一般意志による主権の制約」という思考に対しては幾つかの疑問が存在するが、ここでは次の三つの疑問について論ずることとしたい。第一に、制約要因としての「一般意志」が具体的に如何なるものかという疑問、第二に、主権に対する制約要因は「一般意志」に限られるのかという疑問、そして第三に、この制約が主権の対外的行為についても妥当するのかという疑問である。[190]

第一の疑問は、「一般意志による主権の制約」とは、主権者は当初の「一般意志」にのみ拘束されるのか、それとも随時変化するであろう「民意」によって制約されることを意味するのであろうか、という素朴な疑問に発するものである。これに対する解答は、後に検討されるように、[191]「一般意志」の具体的内容が明らかでないというルソーの国家構成理論の原理的問題の中にあるものと思われる。

第二の疑問は、ルソーの論理に内在する他の主権制約要因の存否を巡る疑問である。この点については、彼の理論における国家とその構成員の間の基本的関係における「相互主義」の重視という傾向を考慮すれば、[192]それが主権の制約要因となることが考えられる。[193]また、彼の国家構成理論においては主権的権威に対する自然法の優位が説かれているとする立場[194]からすれば、自然法がその候補として挙げられることになろう。したがって、彼の理論からは「一般意志」以外にも主権の制約要因が導出され得ると言えよう。そして、このことは、社会契約理論における「統治権力制約」という機能を強化する方向で作用することになるのである。[195]

第三の主権の対外的行為に対する制約に関しては、ルソーの主権理論が専ら国家の対内的側面に向けられたものである点が問題となる。しかし、例えば、戦争遂行のために国家が何らかの方法で国民を動員する行為は、対内的行為であると同時に、対外的行為としても理解される。そうであるとすれば、「一般意志による主権の制約」が主権者の対内的活動にのみ向けられたものと解することは適当ではないことになるのである。[196]

小　括

以上の考察結果は次のように纏めることができよう。第一に、ルソーの法理論においては、静態的な法の分類が行われる（そして、そこには「国際法」は含まれていない。）場合もあるものの、中心的論述対象は当該国家（社会）の構成員の自由を法の正当性の根拠とする動態的・本質的議論が中心課題とされている。第二に、自然法の存否に関するルソーの論述は両義的である。第三に、ルソーの社会契約理論は、自然的（肉体的・能力的）にほぼ平等な諸個人による社会契約により社会を構成するものであり、個人と社会全体との間に何等の中間団体（家族を含む。）も介在させない理論である。第四に、彼の「国家」観念は錯綜しており、特に「政治体」と「国家」が区別され得る場合があることは留意されるべきである。第五に、ルソーの社会契約理論は、人的結合を中心に理論構成されているが、その中で個人の占有地の結合が行われており、その結果として「領域国家」が形成されることとなる。第六に、領域国家の規模はルソーの社会契約理論の本質的部分においては問題とされない筈であるが、彼が小規模国家を選好しており、それは経済体制・経済政策を巡る議論においても確認可能である。第七に、ルソーによる小規模国家の選好とそのための経済体制・経済政策は、近代国際法規範の生成にとって正負両面の効果をもたらすことが予想される。第八に、ルソーの主権理論において、主権の中核部分は「行政権」から明確に区別された「立法権」とされている。最後に、主権は「絶対性」を帯びているが、実際には若干の制約に服することが予想される。

さて、以上の考察結果には近代国際法理論に関わり得る論点が含まれているが、果たして、ルソーは「国際法」を如何なるものとみなしていたのであろうか。この点の考察に進む前に、更に検討されるべきと考えられる事柄が存在する。それがルソーの「国家間関係」観であり、それが次章の主題である。

第三章
ルソーの「国家間関係」観

序

『社会契約論』においてルソーは、社会状態を形成する以前の自然状態[197]における諸個人間の関係を「原始的独立の中で生きる人間達は、平和状態をも戦争状態をも構成するに足るだけの恒常的な接触を彼等の間で有しておらず、「彼等は自然的には決して敵同志ではない[198]」としている。[199]また、『不平等起源論』においては、自然状態についてのやや詳しい説明の中で、「野生人（l'homme sauvage）の肉体は彼が知る唯一の道具であり、彼はそれを様々な用途に活用する」と共に「自然状態における人間ほど臆病（timide）なものはない」とされた上で、「動物達の中で分散して生きる野生人」は、人間同士が出会うよりも、動物との競合の中で自らの肉体という道具を活用して生き抜く様子が描かれている。[200]更に、『戦争法原理』でも「人間は生来平和的且つ臆病（naturellement pacifique et craintif）である」とされている。[201]

以上の記述から理解されるように、ルソーが構想する諸個人間の自然状態はホッブズが提示した「万人の万人に対する戦争」としての自然状態とは著しく異なるものである。[202]（そして、その相異が発生する原因は、自然状態に登場する人間の本性を巡る理解の相異にあるものと思われる。[203]）それでは、（本書第一部で確認されたように）ホッブズが国家間関係も「自然状態」（但し、それは「修正された永続的自然状態」である。）であるとしたのと同様、ルソーも国家間関係を自然状態にあるものとして理解したのでろうか、そして、仮にそうであるとするならば、それは諸個人間の自然状態とは相異するものなのであろうか。これらの疑問についての考察が本章の中心課題である。

第一節　国家間関係の発生と「自然状態」

先ず、ルソーの「国家間関係」観の考察の前提となる事柄について我々は確認すべきであろう。それは複数の国家が併存するという（現実的）情況を如何に論証するかという問題である。そして、彼はこの問題に対して、『不平等起源論』において次のような解答を与えている。即ち、ルソーは「たった一つの社会（société）の成立が、如何に他の全てのそれ［即ち、社会］の成立を不可欠のものとし、結び付けられた力（forces）に対抗するために如何に自らの側も結び付く必要があったかは、容易に理解される」とするのである(204)。つまり、最初の社会は人々の力の結合であり、それに対抗するために他の人々も結合する必要があったのであり、結果的に複数の社会（国家）が存在するようになったと考えられるのである。

それでは、そのような複数の社会（国家）の並存状況は如何なるものなのであろうか。この点について、ルソーは、複数の社会の発生に続き、「諸々の政治体（les corps politiques）がそれらの間で自然状態に留まりつつ」も、やがて「諸個人をそこ［即ち、自然状態］から離脱するよう強制した諸々の不便」をそれらが感じたとしている(205)。その「諸々の不便」とは、「地球の全表面で数世紀にわたる［諸個人間の］自然状態を通じて犯された殺人よりも多くの殺人が」、政治体間の自然状態においては「たった一日の戦闘の中で行なわれた(206)」というような悲惨な状況である。

何故にこのような悲惨な状況がもたらされるのであろうか。その原因は、『戦争法原理』における次のような議論によって確認可能である。同論考においてルソーは、先ず、「政治体の構成（constitution）を注意深く考察する」ならば、「各々［の政治体］が厳格に自己保存のみで満足する」限りは、「それらの相互関係が諸個人のそれよりも遙かに緊密であるわけではないことを我々は見出す」とする。その理由は、そもそも人間の体格や寿命には限界があり、大地は人間が必要とする以上の恵みをもたらすのであるから、「人間は根本的に同類達との不可欠な関係などは全く有しない」のと同様に、政治体も自己保存に限定するならば他の政治体との関係を取り結ぶ必要はないからである。しかし、このような論理をルソーは次のように覆す。「人間は思念の中で幾ら大きくなろうとも無駄であって、彼は常に小さい［存在の］ままである。」「それに対して、国家（État）は、人為的団体（un corps artificiel）であって、何らの確定的限界も持たず、その適切な大きさは不確定であり、それは常に膨張し得るし、それは自己より強大な他者が存在する限り、自己が脆弱であると感じる。その安全保障と自己保存は、自らが全ての隣国よりも強大であることを要求する。」「仮に、それ［即ち、国家］が自己の外に生活手段を探す必要がないとしても、それはより一層安定した地位を自己に与える新たなる構成員を止むことなく求める。何故ならば、人々の間の不平等には自然により設定された限界が存在するが、諸々の社会（sociétés）の間の不平等は、一つが他の全てを飲み込んでしまうまで、止むことなく成長し得るからである。」[207] つまり、国家の大きさは純粋に相対的であり、周辺諸国との比較においてのみ、当該国家の地位は決定される故に、自己の強大化と安全を求めて、国家は拡張し続け、何れかが「帝国」の建設（乃至は覇権の掌握）に至るまで国家間の戦争の存在が恒常的状態となるのであり[208]、「それら［即ち、諸国家］の間には相互破壊に向かう一般的関係[209]」が存在するのである。

ルソーは、このようにして自然状態における人間対人間の関係においては「戦争」の存在を否定する一方で、国家間の自然状態においては戦争が常態化しているとする。つまり、後者の自然状態は前者の自然状態よりもはるかに敵対的な「新たな自然状態」（a new state of nature）[210] なのである[211]。

しかしながら、ここで我々は或る意味において当然とも思われる疑問を抱懐する。それは、自然状態にあった個々人の場合と同様に、「諸々の不便」を感じた政治体もまた、更なる政治体の形成へ向かうことになるのではないのであろうか、そしてその結果として、複数の国家の並存状態は消滅してしまうのではないであろうか、という疑問である。

この疑問に対して、ルソーが明確な解答を提示しているようには思われない。しかしながら、戦争の常態化という状況（「新たな自然状態」）を脱するためには、諸国家が「理性的に」行動することによって、協働を通じて相互に安全な状況を作り出すこと必要であることを勘案するならば、諸国家による「新たな社会状態」の創出の可能性に関するルソーの解答は否定的なものとなるであろう。そのような否定的解答は、次のような論理によって導出される。

国家が理性に基づき或る物事を判断し、行動するためには所謂「国家理性」(la raison d'État) が必要とされる。「国家理性」を巡るルソーの考察が充分に行われているとは言い難いが、少なくとも、それが国家間関係において機能しないものと彼がみなしていることは確実である。何故ならば、『ポーランド統治論』において、各国が自国の利益に従って条約の履行・破棄を決定することを理由として条約に信頼を置くことは無益である旨を論ずる中で、彼は次のように付言しているからである。

「仮に、この［条約により得られる］利益が常に真のものであるとすれば、何を為すことが彼等の利益となるかについての知識が、彼等が為すであろうことの予測を可能にするであろう。しかし、彼等を導くものが国家理性であることは殆どない。それは、一大臣の、一未婚女性の、一寵臣の束の間の利益でしかない。それが如何なる人智も［国家の実際の行動を］予測できなかったということの理由であり、それは真の利益に、時には合致し、時には反するものなのである。(212)」

これに加えて、『戦争法原理』においてルソーは次のようにも論ずる。「多数の著述家は、政治体は情熱を有さず、国家理性とは理性そのものであると論じてきた。(213)」しかし、真実は逆であって、「社会の本質はその構成員の活動にあり、活動しない国家は死体」でしかない。敢えて言うならば、国家は「理性」ではなく、「情熱」により行動するのである。[214]

このように「理性」は国家レベルでは機能せず、また、先述のような戦争の常態化により、国家間関係においては、人間対人間の関係において存在し得た「一般意志」形成の契機は存在せず、したがって、諸国家が社会状態を形成することは不可能となってしまうであろう。[215]（尚、『草稿』においては、「賢明且つ独立した（éclairé et indépendant）人間」になぞらえた「主権的社会」（société souveraine）（即ち、「国家」）について論じられているが、そこでも国家間での暴力を控えた上での協力関係の構築の可能性は否定されている。[216]）

以上のような理由から、ルソーは、人間の自然状態から為された社会状態の形成という構想の場合と異なり、国家を構成単位とする「新たな社会状態」を構想するまでには至らなかったと考えられるのであり、結果的に、「戦争の常態化」の中で諸国家が生存競争を繰り広げるという「国家間関係」観を提示しているのである。しかしながら、そのようなものとは異なる状況が欧州には存在していることをルソーが認識していたようにも思われるのであり、この点について節を改めて論ずることとしたい。

第二節　欧州の特殊性

先ず、ルソーが当時の欧州の国家間関係をどのようなものと認識していたのかについて触れておきたい。『抜粋[217]』においてルソーの描く欧州の「現実」は「永続的紛争・強奪・簒奪・反乱・戦争・殺人が、この尊敬に価する賢者達の宿所であり科学と芸術の輝かしい聖域［である欧州］を日常的に荒廃させている[218]」というものである。[219]そして、「この欧州の諸人民の所謂同胞愛（fratanité）は、皮肉と共に彼等相互の憎悪を説明するための愚弄の名でしかない[220]」のであり、それ故「欧州諸国の相互関係は、まさしく戦争状態にあり、それら諸国の何れかの間における不完全な条約（traités partiels）は、真の平和であるよりも束の間の休戦（trêves passagères）でしかない」[221]とさえ述べられているのである。

また、このような状況認識に加えて、ルソーが欧州内の軍隊に対して向ける眼差しはとりわけ厳しい。例えば、『ポーランド統治考』においては、「欧州の正規軍（troupes réglées）とペスト及び人口減少は、隣人を襲撃及び征服するため、或いは、市民を抑圧及び隷属させるという二つの目的のため以外にはよいものではない」とされている。[222]また、『政治経済論』では、「大砲と築城術（fortifications）の発明が、我々の時代の欧州の主権者達に彼等の要塞（places）を守るための正規軍の使用を復活させるように強いた」のであるが、「軍隊や要塞守備隊（garnisons）を構成するためには農村の人口を減少させねばなら」ず、また、「それらの維持のためには人民を抑圧しなければならない」ことが指摘された上で、このような「危険な制度」が急速に広がっており、「遅かれ早かれ住民の破壊」となることへの警鐘が鳴らされている。[223]更に、『抜粋』では、膨大な軍隊は君主達の歳入を飲み尽くし、「彼等の人民と彼等自身により大きな負担と日々なっている」ことも指摘されているのである。[224]総じて言うならば、欧州における戦争と社会不安の結果は巨大な常備軍組織の発達であり、それが国家の「神経」（経済）を疲弊させ、またそれを侵略戦争に活用しようとする誘惑を君主達に与えるとルソーは考えるのである。[225]

しかしながら、このような極めて悲観的な観察結果は、歴史を通観した場合には若干異なるものとなる。先ず、欧州においては古代ローマによる欧州制覇という歴史が共有されていることが指摘されている。[226]また、キリスト教という強い宗教的紐帯が歴史的に果たした役割も重要となっている。特に、既述（前章第一節(二)）の如く、自然法や全人類共通の「同胞愛」について論じられる中で、それらの観念はキリスト教世界においてのみ完全に受容された旨の言及が為されている。[227]このキリスト教共同体は、自然状態の中にあるのではない。そこにおける「同胞愛」は、自然状態において自己保存への衝動を緩和する「憐憫の情」が社会状態において喪失された場合であっても、構成員間の何らかの紐帯として機能するものと考えられる。つまり、自然状態にあり且つ戦争状態にあるとされる国家間関係であっても、それがキリスト教共同体を形成する政治体間の関係である場合には、そのような一般論を修正する要素が存在していると解されるのである。[228]

また、自然的・地理的条件の欧州における特質も指摘されている。[229] 即ち、欧州では「山脈・海・河川が国家の境界として役立ち」、各国の「人口及び領土の大きさを決定した」のであり、欧州の政治的秩序は「或る程度自然の作品」なのである。[230] そして、そこでは「今日、誰が何と言おうとも、フランス人もドイツ人もスペイン人もイギリス人も存在」せず、「存在するのはただ欧州人（les Européens）だけ」であり、「彼等は皆、同じ趣味、同じ感情、同じ習慣を有」し、「同一の状況では同一のことを為す」[231] という状況が生み出されている。また政治的には、「血縁・通商・植民地がもたらした諸君主の利益の継続的な混合」[232] が存在することになるのである。[233]

以上のような欧州の特質を考慮すれば、『抜粋』における上述の欧州の国際関係に対する悲観的認識は貫徹されないことになる。実際に、同書の他の箇所では、欧州諸国が「同一の宗教・同一の国際法（un même droit des gens）・慣習・文字・通商、そしてそれら全ての必然的結果である或る種の均衡（これは、殆ど誰もその維持に注意を向けないとしても、多くの人々が考える程簡単に破壊されるものではない）によりそれら諸国を結合する一種のシステムを構成している」[234] とも述べられている。そして、そのシステムに関してルソーは、先に挙げた「特有な諸原因がそれを生み出し、それら［の諸原因］が依然としてそれを維持するのに役立っている」[235] とルソーは考え、「［様々な］理由が一体となって、欧州を、アジアやアフリカの如く名称以外の共通なものを持たない諸人民の理念的な集合体としてだけではなく、それ自体の宗教・慣習・法を有する一つの実体的社会（une societé réelle）をも形成しており、それを構成する何れの諸人民も直ちに諸々の問題を発生させることなくそこから自らを分離し得ない」[236] とする。このように欧州地域の諸国は他の地域と異なる特殊な関係を相互間で有しているとルソーはみなしており、その意味で欧州には特殊な地位が与えられていることが確認されるのである。確かに、ルソーにとって、「欧州のシステムは、永続的騒擾の中にあっても全く破壊されることなく、まさしく自己を維持し得る程の確固たる段階（le degré de solidité）にある[237]」のである。

それでは、欧州諸国を「結合する一種のシステム」とはいかなるものなのであろうか[238]。この問題については、次章においてルソーの「国際法」観念について論ずる中で（特に、その最終節で）検討することとする。

小括

本章で確認されたルソーの「国家間関係」観は次のように纏めることが許されよう。自然状態にあった諸個人が一つの社会（政治体）を創出することにより、他の政治体の創設が誘発され、結果的に複数の政治体が存在するようになり、国家間関係が発生する。そのようにして発生した国家間関係は相互に敵対的な「新たな自然状態」であり、そのような自然状態は永続する。欧州における国家間関係も同様な状態にあるようにも思われるが、そこには独特のシステムが存在している。

それでは、このような国家間関係一般、そして欧州の諸国家間関係において法的な規律は存在するのであろうか。この問題の考察が次章の課題である。

第四章
ルソーの「国際法」理論

序

本章では、ルソーの著作中に登場する「国際法」の観念についての検討が試みられる。彼は「国際法」のみを研究対象とした著述を残していないものの、「国際法」に関連し得る理論は彼の著作中の様々な箇所で展開されている。また、（この部の第一章で確認されたように）ルソーが国際法史の中で論じられる場合には、戦争法の発達と永久平和構想という二つの文脈の中で登場することが多い。（但し、そのような論述が断片的なものであることも、同章で確認された通りである。）

本章における考察は、先ず、「戦争法」と「永久平和構想」という個別事項から離れて、ルソーの著作から看取可能な「国際法」の観念を、自然法としての「国際法」（即ち、「自然国際法」）と実定的な「国際法」（即ち、「実定国際法」）とに区分しつつ明らかにする。その上で、ルソーの「戦争法」とその前提となる「戦争」の観念について検討を加えることにより、彼が「戦争法」をどの程度「法的に」認識していたかを考察し、更に、「永久平和構想」を含む欧州の国際秩序についての彼の論述を「欧州公法」という観点から検討する。

第一節　「自然国際法」の存在可能性

ホッブズが「『国際法』と自然法は同一」であるとし、ライプニッツが「第一の国際法」として「自然国際法」を措定していることからも理解されるように、近代国際法理論の確立期において、「国際法」は（その総体であるのか一部であるのかという相異はあるものの）自然法として把握されていた。しかし、既述（前々章第一節(二)）の如く、ルソーは自然法の存否自体について必ずしも明確な立場を示していない。このことは、国家間関係に適用のある

「自然法」（「自然国際法」）の存否についてどのような影響を及ぼすのであろうか。果たして、ルソーの理論において「自然国際法」は存在しているのであろうか。この疑問に対する否定的結論のために、次のような論拠を提示することは可能である。

先述のように、ルソーは自然法をより正しくは「理性法」と呼ぶべきであるとしている[239]。この「理性法」自体の定義はルソー自身により与えられていないように思われるが、仮に、啓蒙期自然法理論の中で主張されたような「理性の光に照らして理解される法規範」の如きものとして理解するならば、国家間関係にそのような法は存在し得るのであろうか。この疑問に答えるためには、理性法としての「国際法」の認識のために国家が理性を有することが前提として求められるであろう。しかし、（前章第一節で確認された通り）ルソーは国家としての理性（「国家理性」）が（仮に、存在し得るとしても）機能しないものと考えており、それ故に、「理性法」としての自然法は（仮に、それが存在するとしても）国家によって認識され得ないこととなる[240]。また、（前々章第一節(二)で確認された）諸個人に妥当する自然法の宗教的契機についても、国家間においてそのようなものは存在し得ないであろう。つまり、これらの論拠に立つ限りでは、国家間関係に自然法は存在しないか、仮に存在するとしても、諸国家により認識され得ないし、機能もしないとルソーは判断していたと解されるのである。

しかしながら、これらの論拠は国家間関係に関するルソーの論述に基づくものとは言い難い。そして、国家（政治体）間の問題に直接的に関わると思われる彼の論述からは、以上とは異なる結論が導出可能である。

先ず、『戦争法原理』においてルソーは、人類の置かれた状況を評して、「人間対人間の関係では、我々は社会状態の中に生き、法に従属」し、「人民（peuple）対人民の関係においては、各々が自然的自由を享受する」としている[241]。「人間対人間」の関係における「社会状態」には国内法（それは「一般意志」、そして主権に基づく。）が妥当する。また、「人民対人民」の関係における「人民」を一つの政治体（corps politique）、或いは国家であるとすれば、国家間関係において国家は自然的自由を有することになる。「自然的自由」を享受する状態が自然状態であるならば、国家間関係は自然状態にあり、したがって、そこに妥当する法として「自然法」を構想することが可能となるであろう。[242]

但し、既述（前々章第一節㈡）の通り、ルソーは自然法の存否について確定的な解答を与えていないことから、彼の法理論においては、国家間関係が自然状態にあることは「自然国際法」の存在の肯定へと必ずしも直結しない。それに対して、『政治経済論』における議論では国家間関係における自然法の存在がより明確に肯定されているように思われる。それは次のような議論である。

「政治体とは、意思を有する倫理的存在（un être moral）であり、その一般意志は常に全体及び個々の構成部分の生存と福祉に向かい、法の淵源であり、また、当該国家（l'État）の構成員にとっては正義と不正義の準則（règle）である。[243]」「国家（État）の意思は、その構成員に対しては一般意志であるが、他の諸国家（États）及びそれらの構成員に対しては最早一般意志ではなく、それらにとっては個別意志となり、その個別意志は自然法の中に正義の準則を有する。」そして、「世界という偉大な都市（la grande ville du monde）は政治体となり、その中で自然法は常に一般意志であり、様々な国家及び人民は個別的構成員となる」のである。[244]

この議論においては、「一般意志」が国家や国内法の構成原理であることが述べられた上で、国家と他の諸国家（及びそれらの構成員）との関係における「正義の準則」は自然法の中に存在するとされている。したがって、国家間関係において、自然法は「正義の準則」として、その存在を否定され得ないことになるのである。（しかも、諸々の政治体（国家）によって構成される一つの政治体[245]にとって「自然法は常に一般意志」としての地位を与えられていることから、ルソーの理論に従うならば、国家間関係においても「法」が発生する契機が存在していることになる点は重要である。）

更に、『不平等起源論』の中で、ルソーが社会における法律の起源を論じた後に、次のように述べている箇所も注目に値する。

「市民法（le droit civil）がこうして市民に共通の規則となったため、自然法（la loi de nature）は相異なる社会の間でのみ妥当するものとなり、そこでは、交流（commerce）を可能とし、また自然的憐憫の情（la commiseration naturelle）を補完するために、国際法（le droit des gens）の名の下で自然法が若干の黙示的合意（conventions tacites）を通じて緩和された（tempérée）。その自然的憐憫の情は、人と人の関係において有していた殆ど一切の力を、社会と社会との関係においては失ってしまい、今では諸々の人民を分ける想像上の境界を越えるような、また彼等を創造した至高の存在（l'Être souverain）に倣って全人類を彼等の好意の中へ包み込むような、若干の偉大なコスモポリタンの精神の中にしか、最早存在しなくなったのである。[246]」

この一節では、社会（国家）に組み込まれた個人や人類全体にとっての自然法の消滅（したがって、この一節によれば、市民法の共通的妥当の以前には自然法が諸個人間に存在していたことになる。）と「自然的憐憫の情」の喪失（言わば、人間性の堕落）が強調されているように思われる。しかし、むしろ注意すべきは、その後にも社会（国家）間の「交流」のための規範として自然法が妥当し、更には「緩和された自然法」としての「国際法」が存在することが示されている点である。「緩和された自然法」が如何なる「法」であるのかについてのルソーによる説明は見出され得ない。それでも、この一節から、彼による「自然国際法」の存在の肯定は確かなこととなるのである。

以上のようなルソーの論述を追うならば、諸国家にとっての「正義の準則」や「一般意志」として、或いは「緩和された自然法」として、国家間関係に自然法が妥当すると彼が構想していることが理解される。それでは、このような「自然国際法」とは異なる、「実定国際法」の存在については、ルソーは如何なる認識を示しているのであろうか。

第二節　「実定国際法」の存在可能性

先ず、我々が留意しなければならない事柄は、ルソー自身による記述の中に「実定国際法」や、そもそも「実定法」に直接的に該当する言葉は見出され得ないということである。勿論、既述（前々章第一節㈠）の如く、「実定法」に該当すると思われる静態的な法の分類をもルソーは提示している。しかし、それは「実定法」という直截な表現を彼自身が使用しつつ提示しているものではない。しかも、その分類には「国際法」は含まれていないのである。したがって、ルソーの「実定国際法」観念（その存否を含めて）を考察するためには、何らかの間接的な方法を採らざるを得ないこととなる。そして、本節における間接的方法の手掛かりとなるものが、この部の「はじめに」でも引用されている「国家をその対外的諸関係によって支持する」事項として列挙された「国際法」(le droit des gens)、「通商」、「戦争及び征服に関する法」、「公法」、「同盟」、「交渉」及び「条約」である。

以下では、これらの中で「実定国際法」の観念に深く関わるものと考えられる「国際法」・「戦争及び征服に関する法」・「条約」を主たる考察対象とし、ルソーの著作に登場するこれらの言葉への直接的言及箇所を抽出・検討することを通じて、彼の「実定国際法」観念について考究することとしたい。[247] 但し、「戦争及び征服に関する法」に関しては次節の考察対象となるために、本節での考察対象は他の二つである。[248]

「条約」についてのルソーの言及を考察する際に、先ず、彼が如何なるものとして「条約」を理解していたのかについて（「印象」も含めて）確認したい。[249]『戦争法原理』における「国家間戦争の一般的観念」に関する議論の中でルソーは、「戦争を通じて敵に加えられる全ての害悪の目的は、平和を通じて更に多くのそれ［即ち、害悪］をその者［即ち、敵］が被るよう強制することである」とした上で、数多の実例を基に、「［敗戦者（国）を弱体化させるための］手段の何れかが条件とされている条約」がもたらすような「平和」は、「敗戦した敵が自衛する権利（le droit de se défendre）を最早有しない」ことにより「一層の残酷さを伴う戦争の継続」となるのであるまいかとしている。[250]つまり、ルソーは講和条約が（条件次第ではあるものの）勝者による敗者抑圧の手段であると理解しているのである。

また、ルソーが条約に対して抱く印象が端的に示されていると思われる記述の一つが、『コルシカ国制草案』で彼がコルシカ人に対して外交の基本原則を説く中で、次のように現れている。ルソーは、「［コルシカが］第一に為すべきことは、可能な限りの安定（consistance）を自らに与えること」であるとする。そして、「他者に依存し、また自己の資源を持たない者は自由ではあり得ない」こと、更には「同盟（alliances）・条約・紳士協定（la foi des hommes）といったものの全ては弱者を強者に結合させ得るのみであって、強者を弱者に結合することは断じてない」ことを指摘する。その結果、彼はコルシカに対して「交渉は列強に任せ」、「自国のみを頼りにせよ」と命ずるのである。[251]

ここでルソーは、同盟や条約は不平等を固定するだけのものであって、条約が大国を利するための道具であるとみなしている。[252]そして、このような思考の下では、外交やその結果としての条約に一国の運命を委ねることは極めて危険な行為と判断されるであろう。実際に彼は、『ポーランド統治考』の結論部分において、ロシアが対トルコ戦争を遂行している間にポーランドが自国の目的の実現に向けて努力することを勧める中で次のような議論を展開する。

ルソーは先ず、露土戦争という特別な状況においては、安全保障及びその後の通商といった利益が条約を通じて獲得され得ることを認める。しかし、それ以外の通常の状況においては「無駄な交渉により自らを疲弊させない」こと、「他国の宮廷へ派遣する大使や公使のために破産しない」こと、「同盟及び条約を頼みとしない」ことが必要であるとする。[253] 更に、「キリスト教諸国との間でそれらは何の役にも立たない」と彼は断言する。何故ならば、「それらの諸国は、自国の利益（intérêt）［となる関係］以外の関係を認め」ず、「約束の履行が利益に適うと理解すれば、履行するであろう」し、「その破棄が利益に適うと理解すれば、破棄する」からである。[254] この点で、ルソーはむしろトルコのスルタンの方が条約をよりよく遵守するとみなしている。その理由は、「トルコ宮廷の利益は明白且つ単純」であり、キリスト教諸国に比して、トルコは「啓蒙や繊細さという点では劣るが、概してより正直且つ常識的」であり、「自己の義務を履行し、条約を尊重する」からであるとされている。[255]

以上のように、ルソーは条約が有する便宜的性格を繰り返し指摘している。ここで我々は、彼が考える「条約」は、抽象的概念としての「国際法」とは必ずしも結び付かないのではないかとの疑問を提示し得る。だが、条約と同様の「国際法の便宜的性格」は、『戦争法原理』においても次の一節でも触れられており、ルソーは、条約も国際法一般も共に、自然状態にある国家間関係における便法と捉えているようである。

「国際法（le droit des gens）と通常呼ばれているものに関しては、それが制裁を欠き、その諸々の法規（lois）が自然法よりも脆弱な妄想（chimères）でしかないことは確かである。自然法は少なくとも各人の心に語りかける。それに対して、国際法はそれに従う者の便益（utilité）以外の保証を有さず、国際法の決定はそれらの者の利益（intérêt）が合致する場合にのみ尊重されるに過ぎない。[256]」

ここでは、国際法の実効性の有無は、それが個別の国家により自己の利益となると判断されるか否かに左右されるという功利主義的観点から論じられている。しかもルソーは、国際法（仮に、それが存在するとして）が自然法に劣る拘束力しか有さず、法としては自然法よりも非現実的なものであると考えている。このように、国際法は言わば「自然法に劣る存在」とみなされているようである。これに条約の道具性や便宜的性格からすれば、国際法に法的性格が認められる可能性は限りなく零に近いと言ってよいであろう。(257)

しかしながら、先に触れたスルタンによる条約遵守という状況を勘案すれば、以上に挙げたルソーの条約や国際法への言及（そして批判）が国際法自体に内在する問題点に向けられているのか、或いは国際法を遵守しようとしない国家意思（の堕落）に向けられているのかは、必ずしも明白ではない。しかも、より重要なことは、以上の言及は国際法の性質を論ずるものではあっても、その存在自体を否定するものではない点である。

前節で確認されたように、ルソーは、国家間関係における自然法（「自然国際法」）の存在を認め、しかもそれに「一般意志」（更には、「正義の準則」）としての役割を与えている。彼の法理論によれば、「法」（それは、自然法ではなく、我々の通常の観念に従えば「実定法」である。）は「一般意志」に基礎付けられるものであるから、国家間関係において自然法が「一般意志」の役割を果たすのであれば、実定国際法は自己の存在根拠を与えられることになる。ルソーの法理論において、「国際法」が「緩和された自然法」とされ、また「自然法に劣る存在」とされようとも、「実定国際法」自体の存在可能性は否定されないのである。

勿論、「実定国際法」が理論的に存在するということと、現実にそれが法として機能することとは別個の問題である。そして、ルソーが後者については否定的判断を下していたこともほぼ間違いない。それでも、理論的に「実定国際法」が根拠付けられることによって、ルソーは次々節で論じられる「欧州国際法」の展望を持ち得たと解されるのである。

第三節　ルソーの「戦争」観念と「戦争法」規範：「国際法」理論として理解可能か

(一)「戦争」観念

ルソーの「戦争」観念を検討する際に、我々が最初に確認しておかなければならない事柄は、「自然状態」と「戦争」の関係である。(これら二つの観念は表面上無関係のように見える。しかし、例えば、ホッブズが「自然状態」を「万人の万人に対する戦争」として捉え、ルソーが『戦争法原理』(更には『社会契約論』)においてこのホッブズの定式を「不条理なる理論」(absurde doctrine)(259)として批判したことに示されているように、啓蒙期国家構成理論の起点としての「自然状態」を「戦争状態」として認識するか否かが一つの争点であり、そのため、両者の関係を確認する必要があると言えるのである。)既に(前章「序」で)触れられたように、ルソーは、自然状態における人間について「彼等は自然的には決して敵同士ではない(260)」としている。つまり、彼は人間の自然状態を戦争状態ではないとするのである。そして、これに続けてルソーは、「永続的私有財産が存在しない自然状態においても、また全てが法の権威の下にある社会状態においても、私戦(guerre privée)、即ち人間対人間の戦争は存在し得ない(261)」とも述べる。つまり、自然状態においてのみならず、社会状態(政治体(国家)の創設後)においても人間対人間の戦争の存在を否定するのである。

このことから更に、ルソーは、「戦争」を「人間対人間の関係では決してなく、国家対国家の関係(une relation d'État à État)」であるとする。そして、「その中では偶発的な場合にのみ個人は敵となるのであって、それも人間として或いは市民としてでは決してなく、兵士として」敵となり、また、「祖国の一員としてでは決してなく、祖国を防衛する者として」敵となるとされる。「結局、各国家は他の国家のみを敵とすることができるのであって、人間を敵とすることはできない」のであり、その理由は「異なる本質のものの間では人は真の関係を何ら確定することはできないからである」[262]とされる。そしてルソーは、「如何なる点においても、人間の人間に対する一般的戦争（guerre générale）は存在しない」[263]と断言するのである。

このように、戦争の遂行主体は諸々の「国家」のみに限定されているが、ルソーはこれらの主体について「公的人格」（les personnes publiques）であるともいう。公的人格とは「主権者と呼ばれる倫理的存在（être moral）であり、それは社会契約により存在することになり、その意思が常に法という名を帯びるもの」[264]である。つまり、ここでは戦争は擬制的人格としての主権者間の闘争と観念されている。[265]そしてこれにより、ルソーは、主権者間の関係としての「公戦」と私人を遂行主体とする「私戦」とをより明確に対比し、前者のみを戦争として認めるのである。[266]

また、戦争の遂行主体を「公的人格」に限定したことに関連して、『戦争法原理』においてルソーが次のように述べている点も重要である。「公的協約（la convention publique）［即ち、社会契約］が除去されるその瞬間に、国家を構成する全てのものについて最小限の変更をもたらすことなく、国家は破壊される。[267]」また、「主権者に対して戦争を遂行するということは」「公的協約を攻撃すること、そして、その結果の全て」を意味する。何故ならば「国家の本質はそれに存しているから」である。「社会契約（le pacte social）が一撃で断ち切られるならば、その瞬間に戦争は最早存在しないであろう。そして、その一撃によって、一人の人間も死ぬことなく、国家は殺害されるのである。[268]」

このように、ルソーは戦争を主権者（国家）間のものに限定した上で、「国民」を構成する個々人や現実に存在する主権者（国王）の身体的消滅を国家のそれと観念的に厳格に区別することを通じて、抽象的に国家の消滅を構想し、法的意味における国家の消滅という理論形成への道を拓いているものと言える。[269]つまり、戦争が観念化乃至は抽象化されていると同時に、国家が擬制的人格であるとの論理が貫徹されているのである。

更に、戦争の遂行主体に関連して、もう一つ付言されるべきことがある。それはルソーが、（例えば、グロティウス[270]の理論において見られるような）封建的中間団体の存在を前提とした戦争法理論（「上位者に対する従属者の戦争[271]」）を拒絶している点に関わる。これについては、既に確認された（前々章第二節㈠）平等な個人のみから社会状態（国家）を構築するというルソーの国家構成理論の特色の論理的帰結であることは確かである。しかし、それに加えて、彼が封建制度について「それを上回る程に愚かなものは他になかったような愚かな制度であり、自然法の諸原則や、全ての良き政治に反するもの[272]」として批判していることも、この封建的中間団体の排除に関連しており、このような歴史認識と価値判断が、前述の戦争の遂行主体に関する彼の理論の基礎となっているものと考えられるのである。つまり、戦争の遂行主体について考察する際に、「国家」を具体的存在としての「国王」やその他の「元首」に置換するならば、それらの者に臣従する封建的諸身分の存在を意識せざるを得なくなり、更にそれらを理論の中に取り込まなければならなくなるであろう。そのような状況を回避するためにも、前述の国家の徹底的な抽象化は有効な方途であったと評価されるのである。

以上のように、ルソーは戦争の遂行主体を抽象化すると同時に、抽象化された主体の意思が存在するとの前提に立つ。そしてその上で、彼は「戦争」について、当該主体の意思と害敵（戦闘）行為の存在（即ち、事実）という二つの要素を基準として区別を設けている。即ち、彼は先ず、国家と国家の間の戦争を「あらゆる手段によって敵国を破壊するか又は少なくとも弱体化させるという相互的・継続的・明示的意思（disposition）の効果である」とした上で、「この意思が行動に移されるとき、それは適切に戦争と呼ばれ」、「それが実行されないままである間は、それは戦争状態でしかない[273]」として、「戦争」と「戦争状態」を区別するのである[274]。

このように主体の意思と戦闘行為の存在という二つの要素を基準とする理論は、『戦争法原理』の「戦争状態とは何か」に関する議論の中でも、次のように示されている。即ち、「相互に破壊し合うという明白なこの意思

(cette volonté manifestée de s'entredétruire)、そして当該意思に依存する全ての行為が、二人の敵の間で戦争と呼ばれる関係を生み出す」のである。(尚、この引用箇所では「個人対個人の戦争」のような記述となっているが、問題とされているのは私人間の行為ではなく、「交戦者」間の行為である。[275])

更に、同様のことについて、『断章』においては、若干異なる角度から論じられている。即ち、「一方当事者が攻撃しようとし、他方当事者が自己を防衛しようとしないならば、戦争状態は全く存在せず、ただ暴力と侵略が存在するのみである」との記述であり、これをルソーは「交戦当事者の自由な同意」(le libre consentement des parties belligérantes)によってのみ「戦争状態」(ここでは、「戦争」ではない)が発生することの説明として挙げているのである。[276]

以上のルソーの「戦争」(「戦争遂行主体」を含む。)観念に関する議論は次のように纏めることができよう。第一に、ルソーは自然状態に関する議論を起点として、「人間対人間の戦争」を「国家対国家の戦争」から区別し、後者のみを「真の戦争」(veritable guerre)[277]とした。第二に、戦争遂行の主体を擬制的人格としての「公的人格」に限定することによって、「私戦」と「公戦」を区別し、前者を適切な意味における「戦争」から排除している。第三に、適切な意味における「戦争」は当事者の意思と害敵行為(事実)によって創出され、後者が存在しない場合には「戦争状態」である。

これらの三点は、本書の主題との関連において如何なる意味を有するのであろうか。それは、ルソーの「戦争」観念が近代国際法の枠組みの中においてもなお充分評価に耐え得るであろうという点に集約される。即ち、彼の観念は、「戦争」自体を抽象化し、そしてその遂行主体も擬制的人格としての国家(公的人格・主権者)のみに限定することによって、近代主権国家間の関係のみを前提とした法的観念として戦争を捉えることを可能としたと考えられるのである。[278]

それでは、これらの検討結果を基にして、次にルソーが「戦争法」の観念として実際に論じている事柄について整理を試みたい。

(二)「戦争法」規範

前項で確認されたように、ルソーの「戦争」観念は近代国際法の枠組みの中においても充分妥当するものと評価され得る。それでは、その観念は具体的にどのような国際法規範の生成へと導くのであろうか。

先ず、当事者の意思が法的な意味における戦争（「適切に戦争と呼ばれる」もの）の発生の要件となるとするならば、そのためには当該意思の表示の手段（そして、それが法的要件に転化する場合には、法的手続）として「宣戦布告」が必要となるという主張に繋がるであろう。この点についてルソーは『戦争法原理』の中で、戦争を合法的状態（l'état légitime）とするための宣戦の必要性の有無についても論ずる旨を述べている[279]が、同書ではそれ以上この問題には触れられていない。しかし、『社会契約論』においては次のような説明が登場する。

「宣戦は諸国（Puissances）に対する警告というよりもそれらの臣民に対するものである。君主（prince）に対する宣戦を為すことなくその臣民に対して窃盗、殺人、勾留を為す外国人は、国王・個人・人民であるかを問わず、敵ではなく、それは強盗なのである。[280]」

ここには、正当な「敵」となるためには、即ち、法的意味における戦争とするためには、宣戦が必要とされるとの考えが示されている。このようなルソーの考え方が当時においては斬新なものであったと評価され得るか否かについての判断は容易に下し難いが、次の点だけは指摘されるべきであろう。即ち、宣戦の必要性自体は、古代以来の正戦論が唱えてきたことであり、ルソーの主張に斬新な点はないようにも思われるが、彼の論旨を総合するならば、彼は戦争を「公的人格」間の関係に限定するため（また、恐らくは、それにより個々人（私人）に対する影響を極小化するため）、当該関係を明示する手続として宣戦を必要としたと考えられ、そこに彼の主張の意義が認められると思われるのである。[281]

また、戦争状態の発生を当事者の意思を基準としたことに関連して、次の点も付言されるべきであろう。即ち、（前項でも若干触れられた通り）「戦争状態は当事者の自由な合意により設立され、平和を回復するためにも自由且つ相互の合意が必要[282]」であるとされており、法律上の戦争状態を創設するだけでなく、法律上の平和の回復もまた当事者の意思によるものであることが示されているのである。これらはまさに近代国際法における戦争の始期と終期の捉え方であると言えよう。

更に、「戦争法」の個別規範の形成という面では、戦争の勝者が敗者や被征服者を奴隷とする権利（「奴隷権」）をルソーが否定した点も重要であろう。この権利はグロティウスやプーフェンドルフが承認するものであり、彼等は奴隷権を生命と引き換えに自己の自由を売却するという契約として正当化した。[283]これに対して、ルソーは、『不平等起源論』において、財産の譲渡と生命・自由の譲渡は全く別の問題であり、後者は「如何なる値であっても、それらを放棄することは自然及び理性に同時に反することとなろう」と論ずる。また、仮に斯かる譲渡が可能であるとしても、奴隷の子もまた奴隷となるということは「人が人として生まれない」という「自然に対する反逆」を為すことになる、と彼は主張するのである。[284]同様に、『社会契約論』においても奴隷権否定という主張は展開され[285]、同書では更に「征服の権利」（le droit de conquête）も否定されている。[286]このような奴隷権の否定が、後の戦争捕虜の取り扱いに関する諸規則と関連するであろうことは容易に推測できよう。

㈢　評　価

「戦争法」を巡る諸問題は、近代国際法の理論形成過程において重要な地位を占めてきた。[287] そして、以上で検討されたルソーの「戦争」観念と「戦争法」規範は近代国際法理論にかなりの程度適合的なものである。それ故であろうか、彼が提示した諸観念が後の国際法学説における通説的地位を得る、或いは国家実行に採用されるという、次のような事例が見受けられるのである。

先ず、ホールは彼の国際法概説書において、少なくともルソーの戦争理論、特に、戦争を「国家対国家」の関係にのみ限定する理論について、一九世紀末の概説書において「疑念の余地なくルソーの着想は最近の大陸の殆どの著述家の常識（common-place）となっている」とまでの評価を与えている。[288]（但し、このルソーの戦争観念に対しては批判もある。[289]）

また、ルソーの理論を援用したと思われる国家実行に関する複数の記録が残されている。例えば、ウェストレイク[290]及びモーレル（Maurius Maurel）[291]によれば、一八〇一年にフランス捕獲審検所の開設に当たりポルタリス（Jean-Étienne-Marie Portalis）がまさにルソーの戦争の定義を引用したという。[292]（これにより、敵国の市民を敵とせず、市民の生命・身体・財産を尊重するという思想は「ルソー・ポルタリス原則」（the Rousseau-Portalis doctrine）とも呼ばれることとなる。[293]）また、ヌスバオムは、ルソーの戦争観念を、「根本的意義を有する新たなアプローチ」と評した上で、一八七〇年の対仏宣戦の際にプロイセンのヴィルヘルム一世が、当該戦争は「仏兵に対するものであって、仏市民に対するものではない」としたことを挙げつつ、後世への影響を評価している。[294] そして、これらの他にも国家実行に対するルソーの理論の影響を確認する事例を挙げることが可能である。[295]

このように、ルソーの理論は国際法理論と国家実行の双方に影響を与え、戦争法の枠組みの中で受容されてきたように思われる。しかしながら、彼の理論には、近代国際法上の戦争法という観点から問題とされるべき点はないのであろうか。

ルソーの戦争法の論理からすれば、国家と人間（私人）との間には法的関係が発生しないこととなる。それでは、戦争中に実施される措置で非戦闘員に関連するものは、法的評価の対象外に置かれるのであろうか。国家実行上、戦争（及び戦闘）中の非戦闘員の取り扱いについて、「法的」に一定の措置がとられてきたことは否定できない。この措置を巡り、ウェストレイクは、ルソーの理論に従えば、最も控えめな徴発や自由の制約でさえも非合法とされてしまうと解し、ルソーを批判している。ウェストレイクは更に、そもそも戦争に導くものは個々人の行為であることから、国家と個人を完全に分離することは不合理である点も指摘している。[296] また、モーレルは、宣戦布告が関係国の諸個人にもたらす法的帰結を論じているが、斯かる法的帰結自体がルソーの戦争の定義が現実には妥当しないことを前提としている旨を指摘している。[297]

以上のような批判や指摘は現実的考慮からすれば、妥当なものと言い得る。何故ならば、非戦闘員に対する法的措置が（戦闘の存在を前提にするならば）当該非戦闘員の利益となる場合もあることを勘案するならば、当該措置を法の埒外に置くことは妥当なものとは思われないからである。つまり、ルソーの戦争の定義は国家実行上支持され得ないと同時に、非戦闘員の保護という（恐らくはルソーも意図したであろう）目的の実現のために望ましくない理論的帰結を招いてしまうことが予測されるのである。

但し、このような批判が果たしてルソーに対する批判として正鵠を得たものと評価できるのかという点については、疑問も残る。それは、ルソーの主張の本旨が彼の国家構成理論を起点として理念的に「戦争」を認識し、それを簡潔に提示することであったとすれば、ルソーの定式化から発生する論理と現実（戦争の実態）との乖離を個々に挙げて批判するという作業は、彼の本旨からすればさほどの重要性を有するものではないかもしれないからである。[298] 特に、彼の理論においては諸個人が政治体（国家）に包摂されてもなお個人の自由を最大限に尊重することが基本理念とされており、戦争（法）理論もまたこの基本理念に合致することが必要となる。そうであるとすれば、個人を戦争の枠組みに取り込むことは国家の意思によって個人が戦争に「法的」に関連付けられてしまうこととなり、彼の基本理念に抵触する結果を招くこととなるであろう。「為政者達の狂気」（次節㈡⑵）を観察してきたルソーにとって、個人は国家から可能な限り距離を置くことが（少なくとも戦争に関しては）望ましいと判断されたとも考えられるのである。

何れにしろ、ルソーの理論から導出される個別の戦争法規範に関する評価よりも重要な問題は、そもそも彼の理論が「戦争法」として理解されるべきものなのであろうかという点にあるものと思われる。この点を考察するために、彼が説く「奴隷権」の問題に立ち返りつつ、検討してみたい。

ルソーの「戦争法」理論を支える基本認識の一つは、「戦争はその目的に必要ではない権利を何ら与えることはない」という原則が存在し、この原則は「詩人の権威に基礎付けられているのではなく、事物の本性に由来しており、理性に基礎付けられている」[299]というものである。この認識に基づいて前述の「奴隷権」批判が展開されるのであるが、このような主張の中に、我々は何を見出し得るのであろうか。国家理論の観点からこの一節を読み解くことにも何らかの意味はあろう。[300]しかし、それ以上に本書の主題との関連で考察されるべきことは、このような議論が近代国際法学の枠組みの中でどのように評価されるべきであるかという点であり、それは次のように考えられる。

ルソーが「戦争法」に関して論じている事柄は、第一に「戦争」の本質的定義であり、第二に、当該定義からの論理的帰結の導出であり、更にそれを「法」であるとし、戦争において認められる「権利」であるとする主張（或いは、その否定）である。しかも、奴隷権を巡る議論からも理解される通り、或る論理的帰結が「法」乃至は「権利」として承認されるか否かは、人間の「自由」の最大限の確保という彼の基本理念に合致するか否かにかかっている。

勿論、前項で確認されたように、正当な「敵」となるために宣戦が必要とされるという点に関しては戦争法の具体的規則として評価可能であるようにも思われる。しかしながら、それとてもルソーの「戦争」観念（そして、人間の「自由」の最大限の確保という彼の基本理念）からの系論であって、規則それ自体に対する重要性の認識に基づくものとは言えない。つまり、ルソーの「戦争法」を巡る論理の本質的部分は、近代国際法理論において「実定法」として理解されるものには向けられていないのである。[301] 彼が論ずる事柄は、実定法としての戦争法の基礎であって、実定法そのものではない。そして、その「基礎」（戦争の本質的定義）の当否を法的に判断する客観的基準は存在していないのである。このことは、彼の理論の中に近代的戦争法の根本に存在するとされる「人道主義」が提示されているとする評価によっても確認することができるであろう。[302]

第四節　「欧州公法」と欧州諸国家間のシステム

㈠　「欧州公法」の存在可能性

前章では、ルソーの諸著作を通じて示された彼の「国家間関係」観が確認された。それによれば、国家間関係は自然状態にあり、しかも、それは人間対人間の自然状態よりも敵対的なものである。また、本章第一・二節での考察によれば、国家間関係には「自然国際法」と共に「実定国際法」も存在し得るが、それらは（国家乃至は主権者の行為を法的に拘束し、実際にそれらの行為を規制するという意味における）実効性を有するとは思われないものであった。そして、この実効性（或いは現実的機能）の欠如を勘案するならば、ルソーにとって国際法自体を体系的に論ずるという構想は極めて困難なものとならざるを得ない。それ故に、国際法やその他の国家間関係に関わる事柄について、「私の狭い視野にとっては余りに広大である」[303]という諦念を帯びたかのような『社会契約論』の結語は、彼の心情を正直に吐露したものであると思われる。

しかしながら、以上のような事柄は抽象的観念としての政治体（国家）間の関係を一般的に論じたものであって、（前章第二節で確認されたように）ルソーは欧州諸国間の関係についてはそのような一般論とは異なる特殊性を見出している。彼は、自らが観察し、自らが属する欧州社会について、「国際法」の存在とその機能を一定程度認めているように思われるのである。そこで本節では、彼の論述の中で特別な地位を占めると思われる欧州諸国家間の関係とそこにおける「欧州公法（*jus publicum europaeum*: le droit public de l'Europe）としての国際法」、即ち、「欧州国際法」について考察することとする。

本節における考察に先立って確認されるべきことは、ルソーの「欧州公法」や「欧州国際法」に対する評価に内在する次のような矛盾乃至は両義性である。

一方において、ルソーは『抜粋』中で、「欧州公法」が「一致して作成されたり是認されたりしたことは決してなかった」し、「何らの一般原則も持たず、時と場所に応じて常に変化する」ものであり、「最強者の権利（le droit du plus fort）によってのみ一致し得る、矛盾した規則の塊」でしかないとしている。[304] また、戦争状態にある欧州において、「条約」は「束の間の休戦」[305]のための道具であり、結局のところ、「欧州公法」は一般的な妥当性を有さず、強者の便法に過ぎないとの見解も示されている。

他方において、前掲（前章第二節）の同じく『抜粋』からの引用部分では、欧州諸国を結合する要素として「同一の宗教」や「慣習」等と並んで「同一の国際法」（un même droit des gens）が挙げられ、また、それらにより「或る種の均衡」が存在している旨が論じられている。[306] ここでは欧州諸国の結合システムを支える一つの柱としての機能を「同一の国際法」（それは欧州に存在する唯一の国際法という意味故に「欧州国際法」を指すものと解される。）

が担うとされており、「強国の便法」という文言が帯びる「欧州公法」に対する否定的な意味合とは異なる、むしろ肯定的な評価が看取されるのである。

何れがルソーの真意であるのかを確定することは困難である。（ここでも我々は単純に彼の論述を評価することを控えなければならない。）それでも矢張り、国家間関係全般に見出される事象から導出される一般的傾向と欧州独自の事象が有する特殊性の双方に目を向けるという知的態度をルソーが有していた点は考慮されるべきであろう。それでは、本節で考察対象とされる事柄に関して、この知的態度はどのような論理を生み出すのであろうか。

既に確認されたように、ルソーによれば、国家は「人為的団体であって、何らの確定的限界も持た」ず、「その適切な大きさは不確定」であって、「常に膨張し得る」とされ、更に「国家はより一層安定した地位を自己に与える新たなる構成員を止むことなく求める」とされている。[307]この論理に従えば、国家は他国家の征服・併合等の方法による自らの巨大化・強大化を無限に図る故に、諸国家間の「或る種の均衡」は、そもそも発生することはなく、偶然に発生し得たとしても維持され得ないことになる。しかし、これも（前章第二節で論じられた）欧州の国家間関係の特殊性によって政治体に関する一般理論は修正を受け、その結果として「それら諸国を結合する一種のシステム」[308]が同地域に発生することとなる。そして、そのシステムに該当するものと考えられ且つルソーが具体的に論じているものが、「勢力均衡」(équilibre) と「国家連合」(confédération) なのである。[309]

ところで、これら二つのシステムに関してルソーが展開している各々の議論の形式の間に、次のような相異が存在していることには注意が払われなければならない。即ち、「勢力均衡」については、欧州にそれが既に存在するものとして論じられているのに対して、「国家連合」については、それに関するサン＝ピエール師の論考の紹介という形式がとられているのである。また、前者については、（後述の如く）「ウェストファリア条約」がその基礎となっていることをルソー自身が論じており、既存の法制度の問題としても扱われている（実際に、「勢力均衡」を国際法上の制度として扱う国際法概説書も存在した。[310]）のに対して、後者については、「勢力均衡」という当時存在すると考えられたシステムに代替するより望ましいシステムとして提示され、その中で当該連合の「設立条約」の具体的な内容にまで踏み込んだ議論が展開されている。

以上のことから、「勢力均衡」は欧州公法における実定法論（*de lege lata*）として、また、「国家連合」は立法論（*de lege ferenda*）として、ルソーにより論じられていると整理し、理解することが可能である。そして、以下ではこの区分に従って各々について論ずることとする。[311]

(二) 欧州諸国家間のシステム

(1) 「実定法論」（*de lege lata*）としての「勢力均衡」（équilibre）

ルソーは、欧州諸国家間の均衡状態について、それを何者かが作為的に創出したものではなく、「それはそこに存在している」[312]ものであると認識している。そして、その存在が意識されるか否かに拘らず、「この均衡は存続し、自己の保存を図る必要はなく、人がそれに介入する必要もない」とも述べられている。[313]彼の観察によれば、当時の欧州においては、一人の君主や単一の同盟のみで、欧州全体の政治地図を軍事力により変更することは不可能事であり、ましてや、一国家が全欧州を支配するなどということは時間的・財政的・人員的制約により問題外の事柄なのである。[314]勿論、歴史の悪戯により何らかの変化は起こるであろう。しかし、「個々の君主についてはともかく、少なくとも全般的体制（la constitution générale）は、偶然による突発的事故［即ち、何れかの国の一時的拡大］から間もなく回復する」[315]ことになるとルソーは判断するのである。

何故、このような勢力均衡システムが維持され得るのであろうか。ルソーは、その維持に役立つ軍事的要因や地理的理由も考慮するが、そのための何より重要な役割を「ゲルマン人の団体」（le corps germanique）（即ち、神聖ローマ帝国）が担うものと考えている。そして、その理由として彼は、帝国国制（la constitution de l'Empire）は様々な欠点を内包するものの、「それ［即ち、帝国国制］が存続する限り、欧州の均衡が破壊されないこと、何れかの君主が他の君主により王冠を奪われることを恐れる必要のないこと、そしてウェストファリア条約が恐らく永遠に我々の間で政治体制の基礎であることは、確実である」[316]ことを挙げている。[317]また同時に、彼は、神聖ローマ帝国が「欧州のほぼ中央に位置し、欧州の他の部分の全てを威圧して」おり、「恐らく、［同帝国］自体の構成員の維持よりも、周辺［諸国］の維持に役立っている」こと、そして、同帝国は「その面積、人民の数及び価値によって他国の人々から恐れられ」、征服への手段及び意欲を奪っていることなども指摘するのである。[318]

これらのルソーの主張は、「如何なる人民も、他の全て［の人民］との間で、何処であっても殆ど等しい圧力をもたらす或る種の均衡状態に入らなければ、自らを殆ど維持し得ない[319]」という発想に基づいているものと言え、彼が「勢力均衡」を彼の国家間関係を巡る一般的観念において承認しているとも言い得るのである。（そして、この点において「勢力均衡」は欧州公法に特有のシステムであるとは限らないこととなる。）

以上のようなルソーの議論を見れば、欧州における勢力均衡システムの存在を彼が認識していたことは疑問の余地のないこととなろう。しかも、それはウェストファリア条約を基礎とするものとされているのである。そうであるとすれば、「国際関係」に関する彼の観念的な理解と現実の欧州社会に関する理解の間には大きな相異が存在することが明らかとなる。即ち、観念的には、諸国家間に恒常的な戦争状態を想定することによって、国家間関係を極めて陰惨なものとして描き出そうとしているようであるが、少なくとも欧州については、その実態を必ずしもそのようには理解していないのである。[320]

欧州に存在する国家間関係の実態、特に、勢力均衡システムの評価に関して、ルソーの真意が一体どこにあったのかは必ずしも明らかではない。先行研究における評価も、ルソー（及びカント）の論理の中に、「国家系内での競争という忌まわしき性質」と「それに替わる成功に満ちた均衡システムへの信頼」[321]が看取可能であるとするものから、実在する国家間関係の欠陥を前提として、「当該欠陥の治癒のため、彼〔即ち、ルソー〕は国家連合の形成を示唆する」[322]として、ルソーが勢力均衡システムに否定的評価を下していたとするものまでが存在している。（この事実からも、彼の論理の多層性とそれに対する相異なる（更には、対立する）解釈の可能性を指摘することは可能である。）この問題に関して筆者（明石）は、少なくとも後世の「現実主義者」達が描くような「ルソーの悲観主義」（Rousseau's Pessimism）[323]が必ずしも全面的に妥当するものではないことを[324]、先ず指摘した上で、次のように解釈すべきものと考えている。

（前章第二節及び前項で確認された）ルソーが理解する欧州の国家間関係の実情とは、戦争が続発しながらも、「勢力均衡」状態が存在するというものであった。問題は、ルソーが欧州における勢力均衡システムが「成功に満ちた」ものと考えていたにしても、そのような状態が未来永劫存続すると彼は考えていたのであろうかという点である。ルソー（そしてサン＝ピエール師）は、「平和条約」と呼ばれるものが実際には常に一時的な休戦協定以外のなにものでもないことを説明している[325]。しかも、ルソーは次のようにも述べている。「欧州の全国家（Etats）が破滅に向かって走っているのを私は見る。王制であれ共和制であれ、かくも見事に設立されたこれら全ての諸国（nations）が、そして、かくも賢明に均衡を保たれた全ての麗しき政府が、衰弱し、それに続く死に脅かされている[326]。」つまり、当時存在した欧州の「勢力均衡」は、「賢明なシステム」ではあるものの、永続的なものではないとルソーは認識していたのである。この認識は、「勢力均衡」観念がユトレヒト条約をはじめとする多くの主要条約中に採用されていたこと[327]、そしてそれにも拘らず戦争が頻発していたという当時の歴史的状況を考え併せれば、正当なものであったと判断できる。確かに、「勢力均衡」は大規模な征服行為を抑止し得るとしても、不安定性を永続化し、当事者の不満を温存するか、場合によっては悪化させる可能性がある。それ故に、欧州の「現状」においては「勢力均衡」システムが肯定的に捉えられるものの、それが将来的にも存続させられるべきものであるとの判断は否定されるのである。

そして、以上のような判断の下で、「勢力均衡」システムに優る欧州諸国家間の将来的システムとして（その意味で、立法論として）提示されたものが、「永久平和」問題に関連して述べられる「国家連合」（欧州連合）構想なのである。[328]

(2)「立法論」(*de lege ferenda*) としての「国家連合」(confédération)[329]

ルソーが「国家連合」(Confédération) を主題として論じているのは、サン＝ピエール師の『欧州永久平和構想』に関する『抜粋』及び『批判』においてである。[330] 両書の内容に立ち入る前に、ここでは先ず、次の三点を確認しておきたい。

第一に、『抜粋』の性質についてである。同書はサン＝ピエール師の論述の要約という形式をとっている。しかし、ルソーの同書執筆の意図は、『告白』における次のような回想から明らかである。即ち、彼は、思索や創作の辛苦について触れながら、むしろ他者の思想を自分の思想で解明することを好むことを述べた上で、「翻訳者の機能にとどまらず、ときとして自分自身で考えることも禁じられなかった」こと、そして「サン＝ピエール師の外套の下での方が自分の外套の下でよりも、首尾よく極めて重要な諸々の真理を伝えることになるであろうような形式で、自分の作品を提示し得るかもしれない」[331]と考えたことを記している。そしてその結果として、「一言でいうならば、サン＝ピエール師の計画の純粋に中核となる部分を除き、議論全体を通じては、サン＝ピエール師のものというよりもルソーのもの」となっていると解することができるのである。[332]

第二に、『抜粋』及び『批判』におけるルソーの「勢力均衡」に対する基本的立場についてである。前述のように、ルソーは、欧州の国家間関係の特殊性の中で「勢力均衡」システムに一定の肯定的評価を下してはいるものの、それに永続的な信頼を寄せているのではない。むしろ、長期的展望に立てば、彼はサン＝ピエール師と同様に「勢力均衡」の考え方にどちらかと言えば批判的（乃至は悲観的）であり、それ故に同師の主張に同調するからこそ、両書を世に送り出したと考えられるのである。

最後に確認されるべきことは、『抜粋』及び『批判』の両書において実在する欧州諸国家を前提として議論が展開されている点である。サン＝ピエール師（そしてルソー）は、それらの諸国家を単位としつつ[333]、それらによる「連合」の永久的維持のための方策を述べているのであって、単一の欧州統合や連邦への道が示されているのではないのである。

以上の諸点を確認した上で、以下では『抜粋』におけるルソーの論述を追うこととしたい。

本節におけるこれまでの記述からも理解される通り、『抜粋』（特に、その前半部分）の記述の多くが当時の欧州の状況分析と「勢力均衡」状態を巡る議論に当てられている。そして、それらを総括して、ルソーは次の三点を指摘する。第一に、「トルコを除く全ての欧州の諸人民間には、不完全ではあるが人類の一般的且つ弛緩した結び付きよりも緊密な社会的結合」が存在する。第二に、「この社会の不完全性は、それを構成する人々の状態を、彼等の社会全体が喪失される場合よりも、悪化」させる。第三に、「この社会を有害なものとする最初の諸関係は、同時に、それを完全なものとすることを容易に」する。したがって、「その構成員の全てが、実際には彼等の不幸をもたらしているものから、彼等の幸福を導き出し、彼等の間に存在する戦争状態を永続的平和へと変更することができる」のである[334]。そして、その「永続的平和」の実現手段が、「国家連合」なのである。

この国家連合は、その目的や機能を現実のものとするために、次の諸原則乃至要件を充足すべきものとされている。即ち、現存する主要国の全てが当該連合に参加すること、当該連合の全構成国を拘束する規則を確立し得る「司法機関」(un tribunal judiciaire) を当該連合が備えること、全体の議決 (les délibérations communes) に全構成国を従わせる「強制力」(une force coactive et coercitive) を当該連合が有すること、そして、全体的利益に反する自国の利益を考慮した上で、構成国が脱退することを抑止するに十分な程に、当該連合は確固としたものであり、永続的なものでなければならないことである。[335]

そして、これらの諸原則乃至要件を満たすために、この国家連合の「設立条約」とも称すべき文書に規定されるべき内容は、次の五箇条に纏められている。その第一は、各主権者が、締約国間の「永久且つ解消不能な一つの同盟 (une alliance) を設立」すること、そして、特定の場所に設置される「常設議会 (une Diète ou un Congrès permanent) の運営に当たる全権代表を任命」することである。この「常設議会」では「締約国間の全ての紛争が、仲裁 (arbitrage) 又は裁判 (jugement) により解決」される。第二に、常設議会に投票権を有する全権代表を派遣する国家(主権者)の数の確定、議長職に関する規則(選出方法・任期等)、共通事項に関わる支出についての各国への拠出割当である。第三に、連合設立時における各国の領土・政府についての現状維持の保証、更に、それらの承継方法である。これに伴い、紛争のある領土については、当該領土に関する最新の条約が権利の基礎とされ、それ以前の主張は放棄されること、また、将来における承継を巡る紛争については、「常設議会」の仲裁による解決に委ねられ、武力による解決は禁止されることも規定される。第四に、この連合を破壊する虞れのある同盟を禁止し、それを共通の敵とする際の要件が挙げられている。ここには、この国家連合を破壊する行為に対して共同で軍事力を行使することも含まれる。最後に、「常設議会」における意思決定手続である。「欧州共和国」(la République européenne) の設立を達成するための規則を定める権限を全権代表に認め、当面は過半数で、当該連合設立から五年経過後は四分の三の多数でそれらの規則は採択される。尚、以上の「五箇条の基本条文は同盟国の全会一致によってのみ改正され得る」とされている。[336]

以上のような構想に対しては多くの疑問が提起されるであろう。『抜粋』ではそれらの中から特に重要と思われる次の二つの疑問が採り上げられている。即ち、「この同盟が、その目的に確実に適うものであろうか、そして欧州に堅固且つ永続的な平和を与えるのに十分であろうか」という疑問と、「この同盟を設立すること及び永続する平和をその値で買うことが諸々の主権者の利益に適うか」という疑問である。[337] そして、これらに対しては何れも肯定的回答が示され、特に、この計画がもたらす全体的及び個別的利益を考慮すれば、「関係者の意思のみに依存する組織の実現を如何なる理由が妨げ得るであろうか」とされている。[338]

さて、『抜粋』において以上のように展開されている永久平和実現のための国家連合計画であるが、その理念は理解できるとしても、欧州の「現実」に照合させるならば、計画は総体としてあまりにも理想的・楽観的なものではないであろうか。斯かる疑問に答えるが如く、『抜粋』は次の言葉で結ばれている。「仮にこの計画が実施されないままであるとすれば、それはこの計画が空想的（chimérique）であるからではなく、人々が狂気に陥っている（insensés）からであり、狂人達に囲まれて賢者でいることは一種の狂気（une sorte de folie d'être sage au milieu des fous）であるからである。[339]」また、『批判』においてルソーは、『欧州永久平和構想』に示されたサン＝ピエール師の計画の「成功の明白な不可能性」を認め、[340]「忍耐強くない読者はそれが空虚な思索であると言うであろう」とも述べるが、それに続けて空虚な思索であるとの評価を否定し、次のように反論する。「それは堅実且つ良識的著作であり、それが存在するということが極めて重要なのである。[341]」。

このように、ルソーは「為政者達の狂気」という現実に対して提示されたサン＝ピエール師の計画を擁護する。しかしながら、我々は更にルソーがこの計画に対して下す次のような複雑な評価を理解しなければならない。

ルソーは、サン＝ピエール師の計画が採用されない場合、その計画が「良くなかった」からでは決してなく、逆に「それが採用されるには、あまりにも良すぎた」と言うべきなのであるという。「私益が殆ど常に公益に反抗することを考慮すれば、公益に関わる事柄は殆ど武力によってのみもたらされる。」「疑念の余地なく、永久平和は現時点では極めて愚かしい計画である。」そして、「暴力的且つ人類にとって脅威となる手段によってしか実現されない」のであるから、素晴しい計画が実現されないことにも慰めを見出そう、とルソーは考えるのである。「革命による以外には連合（ligues fédératives）は設立されることはない」のであるから、「欧州連合が望ましいものなのか、恐るべきものなのか」誰が断言できるであろうか。「それは、多分何世紀にもわたりそれが与える便益よりも大きな害悪を一撃にして与えるであろう」としてルソーは『批判』を結んでいる。(342)

為政者達が狂気である中で、理性的行動によって「永久平和」のための国際組織（国家連合）を創設しようとすれば、仮にそれが論理的に実現可能であっても、現実にはそれは暴力的・革命的手段でしか達成し得ない。しかし、それはルソーが是認し得るものではないのである。その結果として、『抜粋』で展開された国家連合構想の実現は、原理的に可能であるにも拘らず、現実的には不可能であるか、むしろ欧州の現状においては望ましくないものと彼は判断したのである。(343)

それでは、サン＝ピエール師の（そして、ルソーの）国家連合構想は、本書における問題関心、特に、近代国際法理論史との関連でどのような評価を受けるべきなのであろうか。ここでは、この部の第一章で確認された従来の国際法史概説書等による評価から離れ、この国家連合構想と「国家主権」観念との関連において論ずることとしたい。

先ず、この国家連合構想は、ルソーの国家構成理論の下では国家主権の目的と矛盾するものではないと言える。(344) 何故ならば、「社会契約」の目的が構成員（国民）の「防衛・保護」及び「保存」にあるため、この構想の下で設立される国家連合がその目的に合致する限り（そして、まさにそれこそが当該連合の目的である）、当該連合は構成国の主権（乃至はその設立目的）との矛盾は発生しないことになるからである。(345) したがって、理論的には、主権国家と国家連合は並存可能である。

また、ルソーの国家構成理論（主権理論を含む。）は自由な諸個人の意思を起点としているが、彼がそれをこの国家連合構想においても貫徹しようとしていることも理解される。それは、次のような理由による。『社会契約論』においてルソーは、「もし先行する約束が存在しなかったとすれば、選挙が全員一致でない場合に、少数者が多数者の選択に従属するという義務は、一体何処に存在するであろう」と自問し、「多数決の法則それ自体も、約束の産物であり、少なくとも一度の全員一致［があったこと］を前提とする」と自答している[346]。このような論理を国家間関係に適用するならば、国家連合に参加する全ての国家の（少なくとも最初の一回の）「全員一致」を必要とし、その際には（自由な個人の意思と同様に）国家意思（主権）の絶対性を前提とせざるを得ない。この点に関わるものとして、『抜粋』におけるルソーの次のような見解に注目すべきである。

歴史的に見れば、欧州諸国家の全部又は殆どが参加した会議が、何度か開催されている。そこでは確かに、出席者の序列・テーブルの形・議場の窓の位置等々の非本質的な事柄が長々と議論されもした。しかしそれでも、「それらの会議のうちの一つにおける出席者達が常識（le sens commun）に恵まれることが一度はあり得る」し、「彼等が公共善（le bien public）を真摯に欲することも不可能ではな」く、更に、多くの問題を解決した後に「彼等が一般的国家連合［の設立条約］に署名するよう各々の主権者から命令を受けることも考えられる」のである[347]。

以上のように、自由な諸個人間の意思の合致（社会契約）に基づいて主権を有する政治体（国家）を創設し、更に、当該政治体間の意思（主権的意思）の合致に基づいて国家連合を創設する、という論理をルソーは提示しており、それは彼の社会契約理論と国家連合構想を同一の原理に基づいて説明し、しかも、主権の絶対性に矛盾しないものとなっている。つまり、ルソーが紹介した国家連合構想は近代国際法理論（特に、その主権理論）に適合した理論として提示されているのである。

しかしながら、『抜粋』において（「サン＝ピエール師の外套の下で」）提示されたこの国家連合構想がルソーの社会契約理論と矛盾のない理論であり、またそれが実現可能なものであるとされても、国家連合に参加する全ての国家の（少なくとも最初の一回の）「全員一致」が可能であることについての前述の論証は、十分に説得的なものとは言えない。しかも、『批判』においては、その実現は欧州の現状において不可能乃至は望ましくないとされている。結局のところ、『抜粋』において示された国家連合構想を巡る見解が欧州の現実において適切なものとルソー自身が信じていたとすることは極めて困難であると言わざるを得ないのである[348]。それでは、国家連合構想に対するルソーの真の評価は如何なるものであったのであろうか。これについては、次のような解答が正答に最も近いものと思われる。

『エミール』第五篇においてルソーは、諸々の病気の共通の原因の探求の代わりに「常に個別の病気の細やかな治療法を探求すること」が「善良なるサン＝ピエール師（le bon abbé de Saint-Pierre）の政策[349]」であるとしている。つまり、（サン＝ピエール師を「善良」とするのか単なる「お人よし」とするのかは兎も角として[350]）ルソーは同師の「国家連合」構想が「欧州の病」に対する「対症療法」でしかないと判断していたのである。「為政者達の狂気」こそが「欧州の病」の根本原因であるとするならば、それに対する「原因療法」こそが求められねばならないのである。その「原因療法」なくしては「為政者達の狂気」が一斉に醒める歴史的瞬間が欧州に到来することはあり得ないとルソーは確信していたのであろう。

小括と若干の考察

本章における考察の結果は次の諸点に纏められ得る。

第一に、諸国家にとっての「正義の準則」や「一般意志」として、或いは「緩和された自然法」として、国家間関係に「自然国際法」が存在するとルソーは考えている。第二に、「実定国際法」の性質や機能に対するルソーの評価は否定的ではあるが、「自然国際法」に「一般意志」（更には、「正義の準則」）としての役割が与えられていることから、「実定国際法」の存在可能性は彼の理論の中では否定されない。第三に、「戦争法」に関してルソーが追求した事柄は、「戦争法」に含まれる規範群の基底に存在する根本的定義とそれを支える基本的価値であった。第四に、当時存在するとみなされた欧州の「勢力均衡」は大規模な征服行為を抑止し得る「賢明なシステム」ではあるものの、不安定性を常に内包する故に、欧州に永続的安定をもたらすものではないとルソーは判断し、それに代替するシステムとしてサン＝ピエール師の「国家連合」による「永久平和構想」を提示したと解される。第五に、同師の構想は理論的には実現可能なものであるとも考えられるが、ルソーは最終的に当該構想に対して否定的立場をとったと判断される。

さて、以上のように纏められたルソーの「国際法」理論について、改めてその「体系性」という観点から考察を加えることとしたい。ここで言う「体系性」とは二つの側面を有する。第一に、「国際法」理論としての体系性であり、第二に、ルソーの政治哲学の枠組みの中での「国際法」の位置付け（より具体的には、国家構成理論との関係）である。

第一の側面に関する考察であるが、その前提として、先ず、次の点は確認されなければならない。即ち、本書で検討対象とされているルソーの諸著作は、飽く迄も彼の政治哲学の枠内における政治体（国家）の対内的及び対外的な制度や関係を巡る諸々の観念・問題に関する省察結果の表明であって、彼が「国際法」体系書執筆の意図を有したのではないのであるから、彼の「国際法」体系に対して外在的批判を加えることがここで意図されているのではないという点である。ここで問題とされるのは、飽く迄も、ルソーにとって「国際法」体系が如何なるものであったのかという点である。

ルソーが論じている「国際法」関連の諸事項を本章における分類に従って整理するならば、（欧州に限定されないという意味における）「一般国際法」の枠組みの中に位置付けられ得る観念としては、「自然国際法」・「実定国際法」・「戦争法」が挙げられる。しかしながら、実際にルソーが詳述しているのは「戦争法」（但し、彼はその具体的諸規則を論じようとしたのではない。）のみである。つまり、近代国際法体系の中で「平時国際法」として扱われてきた実定的な法規範群は何ら論じられていないのである。これは如何なる理由によるのであろうか。少なくとも、その理由の一つはルソーの「国家間関係」観に次のように求められ得る。

ルソーの「国家間関係」観の基礎には（前章で確認されたように）「国家は常に膨張し得る[351]」ものであり「それら［即ち、諸国家（États）］の間には相互破壊に向かう一般的関係[352]」が存在するという認識がある。そのような認識に基づいて、国家間関係は恒常的な戦争状態（「新たな自然状態」）にあるとされるのであるから、「平時国際法」が存在する余地は存在しないこととなる[353]。その結果、我々にとっての（主権国家間の関係を規律する法規範としての）一般的且つ実定的な国際法規範は、ルソーにとっては「戦争法」のみとなるのである[354]。

次に、第二の側面、即ち、ルソーの政治哲学の枠組みの中での彼の「国際法」理論の位置付けであるが、ここでは、ルソーの国家構成理論と「国家間関係」観から「戦争法」の内容を評価することとする。

ルソーの国家構成理論は個人の意思の自由を起点として導出されており、その結果として理論構築された諸国家は恒常的な戦争状態（「新たな自然状態」）の中に置かれる。そして、この戦争状態の中で、諸個人の自由（及びその基礎となる生命）を最大限に尊重するという彼の基本理念を基にするならば、「戦争法」は戦争（状態）に伴い発生する（諸個人にとっての）惨禍を可能な限り緩和するような規範であることが要求されることとなる。このような要求を満たすための原則が、戦争を（擬制的人格を付与された）諸国家間の関係に限定する（それによって諸個人は兵士としてのみ戦争に関わる。）ことであると評価されるのである。また、ルソーが、戦争を膨張する国家と他の国家の相互破壊行為としつつ、「［社会契約が］除去されるその瞬間に、国家を構成する全てのものについて最小限の変更をもたらすことなく、国家は破壊される」、或いは、「［社会契約が断ち切られる］一撃によって、一人の人間も死ぬことなく、国家は殺害される」[355]としていることも（不必要な戦闘行為の抑制に繋がり得るという点で）諸個人の惨禍を緩和し得るものと言えるであろう。

以上のことから理解されるのは、ルソーの「戦争法」理論が彼の国家構成理論からの一貫性を保持した論理構成となっているということである。そして、これによって、『社会契約論』第四篇最終章で掲げられて将来的考察課題である「国家をその対外的諸関係によって支持する」[356]ことに関しても、彼が一定程度成功していたとの評価が可能になる。しかしながら、このことは一つの重大な疑問を提起する。即ち、その将来的考察課題には「国際法」(le droit des gens) が含まれるが、そのようなものはそもそも存在し得るものなのであろうかという疑問である。この疑問については、次章における考察の後に、この部の結論部分で論ずることとする。

第五章
ルソーの論証方法と理論における問題点

序

この部においてはこれまで、各章で設定された個別の主題について、ルソーの論述を追い、それに対して考察を加えるという作業が行われてきた。本章では（ルソーの「国際法」観念と近代国際法理論の関連性を巡る最終的評価を行う前に）彼の国家構成理論や「国際法」理論に共通して伏在すると思われる方法論上の若干の問題点についての考察を試みることとしたい。より具体的には、彼の論証方法における方法論的問題点と「一般意志」が内包する問題点が考察対象とされる。

第一節　論証方法における問題点：方法論的矛盾

この部で考察の対象としてきたルソーの論述を確認する中で、我々は頻繁に彼の論旨の複雑さ（例えば、サン＝ピエール師の国家連合構想に対する評価（前章第四節(二)(2)）や真意の不明確性（例えば、欧州国家間関係に対する評価（前々章第二節））に遭遇してきた。恐らくそれらの複雑さや不明確性の主たる原因の一つは彼の論証方法にあるものと思われる。以下では、ルソーの記述に即して、彼の論証方法が有する問題点を検討することとしたい。

ルソーの論証方法の前提ともいうべきものが語られているのが、『不平等起源論』中の自然状態を巡る議論に登場する次の一節である。

「我々は一切の事実を退けることから始めよう。なぜならば、それらは問題に何ら関係ないからである。人がこの主題に関して如何なる研究に関与し得るとしても、それらの研究を歴史的真実のためのものと理解してはならない。それらは、ただ諸々の仮説的且つ条件的推論（des raisonnements hypothétiques et conditionnels）のためだけのものであり、事物の真実の起源を示すよりも、事物の本性（la nature des choses）を明らかにするためにより適切なものである。[357]」

つまり、「事物の本性を明らかにするために」「一切の事実を退ける」ということがルソーの基本的態度となっている。[358]それでは、そのような態度は、彼の法観念に関わる議論において、論証方法に如何なる影響を与えるのであろうか。

法的問題に関するルソーの論証方法の核心は「法〔又は権利〕を通じて事実を検証すること[359]」にあると言える。これと対極にあるものとして『社会契約論』において批判されている方法が、グロティウスにより常に行われている推論の方法であるとされる「事実を通じて法〔又は権利〕を確立する」というものである。[360]また、『批判』においては、「理性によってではなく、出来事によってのみ判断する人々」による批判に反論が加えられている。[361]そして、その結果として、ルソーは歴史的事実（「出来事」）からの帰納を拒絶する。更に、彼の認識及び解釈の前提には「理念型的概念構成[362]」とでも称され得る仮説的状態が置かれ、そこから演繹が行われることとなる。[363]つまり、実証主義的方法に対立する方法（ここでは、仮にこれを「理念的方法」と呼ぶこととする。）をルソーは採用しているのである。[364]確かに、彼自らが明言しているように、彼が論ずるのは「事物の本性についてであって、共通の原則から独立し、数知れぬ個別的原因を有し得る現象についてではない」のである。[365]そして、以上のような論証方法が自然法論と結び付くことは容易であり、ルソーを自然法論者とすることが適切であることになる。

ところが、例えば、既述（前々章第二節）の如く、欧州の国家間関係を論ずる際には、ルソーは歴史的事実にも言及し、それらの事実を彼の論証における重要な論拠としている。就中、欧州の特殊性を論ずる箇所では、他地域との相異は歴史的事実に基づくものとされている。しかも、彼の歴史認識は「歴史相対主義」と呼ぶに相応しいものであって、理性・自然法・文明等々の重要と思われる観念について、そこに普遍的（或いは恒常的）原則を適用せず、飽く迄も事実を問題とし、そこからそれら諸観念を相対的なものとして把握している。このような論証方法によって記述された部分のみに着目するならば、ルソーの実証主義的態度を読み取ることが可能である。

また、前述の理念的方法に従うならば、次のような問題が発生する。ルソーが「法」であると認識するものが、他の論者（例えば、グロティウス）がそうであると認識したものと完全に対立していることにも現れているように、ルソーのいう「法」は何らかの先験的規範であると理解され得る。そのような「法」規範を中核に置く「法」的議論が、自然法論へと傾斜することはむしろ当然の成り行きであろうし、実際に、彼はホッブズ同様それまでの伝統的自然法理論を批判しつつ、自然権の基礎付けのために「自然状態」にまで遡ったと考えられる。[366]そうであるとすれば、自然状態において人間が生来有している権利としての自然権とそこに妥当する自然法を議論の基礎とすることが予期されるのであるが、ルソーはこれを拒絶している。彼は、（既述の如く）自然状態における人々の相互関係には「如何なる種類の道徳的関係も、既知の義務も存在しなかった」[367]と考え、自然法や「全人類共通の同胞愛」といった「健全な諸観念」が自然状態の段階で存在することを否定しているのである。[368]つまり、彼が説く自然状態は本質的に「没道徳的」状態であって、そこには道徳も義務も一切存在せず、ましてや「自然状態においても妥当する法としての自然法」は存在し得ないことになるのである。

このように考えた場合、ルソーは自然法を単純に前提としているのではなく、彼を「自然法論者」とすること（更には、国際法学における自然法学派に属するものと評価すること）[369]には躊躇せざるを得ないのである。[370]

更にまた、方法論的矛盾を巡る別の問題が、「慣習」の地位に関する議論において発生する。彼の国家構成原理は、（「自然」によってではなく、構成員の合意によって政治体が形成されるという意味での）「人工的性格」を有している。そして、この人工的性格によって事実から切断された抽象的観念としての「国家」を構成し得るのである。また、それは同時に、先述の「法〔又は権利〕を通じて事実を検証する」という彼の論証方法の中核を可能とする。ところが、ルソーの「法」観念に関する議論（本部第二章第一節㈠）おいて確認されたように、各種の法の中でルソーが最重要と考えるものは、「市民の心に刻まれ」「国家の真の憲法を作成」し、「習慣の力を権威の力と置換する」「習俗、慣習、そして特に世論」である。[371] ここでは、（他の規範は考察の対象外とするとして）「慣習」が挙げられているが、慣習（法）が人為の集積により成立するものである以上、「事実」がその決定的な構成要素となる。そうであるとすれば、先述の「事実から法〔又は権利〕を推論する」グロティウスに対する批判は、そのままルソー自身に向けられてしまうことになるのである。[372]

以上に見てきた通り、傾向としては実証主義的方法に基づく論述部分は少ないものの、ルソーが採用した論証方法は一貫していないということは確実である。そして、この実証主義的方法と理念的方法（乃至は自然法論的方法）の併用という矛盾は、矛盾それ自体としては解消不能である。但し、前述の論証方法の前提として語られているような「事物の本質」からの演繹を行うという理念的方法に重きを置くことの意図については、次のようなものであると推測される。

ルソーを取り巻く時代状況（即ち、「事実」）は、彼が構想する「社会契約」に基づく共和制的国家制度の正当性の実証的論証のためには圧倒的に不利であったと判断される。[373] 何故ならば、彼の時代においては依然として「旧体制」（Ancien Régime）が継続しており、実証主義的方法を採用することはこの状況における歴史的事実を援用することを意味し、実証主義的方法が現状（及び現状に投影された過去）を肯定する側に有利に作用してしまうからである。そして、このような判断に基づき、ルソーは理念的方法を採らざるを得なかったのであろう。一言で表現するならば、「方法論の時代拘束性」という問題に彼は直面していたものと思われるのである。[374]

このことから更に窺えることは、実証主義的方法がもたらす現状肯定的結論に対するルソーの警戒感である。このような警戒感は、前述（前章第三節(二)及び(三)）の「奴隷権」を巡る議論の過程で次のように表明されている。即ち、グロティウスが「ユダヤ法及びローマ法以来何れの者も自らを奴隷とすることが許容されている」旨を論じ、また自らを奴隷とした者達についての歴史的事例を列挙して、「奴隷権」を肯定する論証を行っている（この議論の根本には、「主権は常に人民に依拠する」との見解を否定する目的があった。[375]）ことをルソーは引き、このようなグロティウスの論証方法を、「彼の恒常的な推論の方法は事実によって法［又は権利］を確立すること」であり、「人は［グロティウスの論証方法］より首尾一貫した方法を採用し得るが、［そのような論証方法は］暴君にとっては最早好ましくない[376]」と批判しているのである。[377]

以上のことから、ルソーの法観念を巡る記述における相矛盾する論証方法の存在は、矛盾それ自体としては解消不能ではあるが、彼が論述対象によって論証方法を使い分けていたと説明することは可能であると思われる。[378]

ルソーの論理の複雑さと曖昧さ故に[379]、彼が自己の「明確且つ独自の思想」を語るための言語を有しなかったと評され[380]、或いは「ルソー研究者間においてルソーの社会・政治思想を理解する正しい方法を巡り深刻な見解の対立が存在する[381]」とされることも、止むを得ないとも言えよう。[382]しかし、彼の論理展開が交錯する記述中のかなりの部分は意図的なものであり、一定の目的の下で行われたものと解することが可能である。そうであるとすれば、それらの矛盾は、「ルソーの哲学の基礎を成す逆説の使用（the use of paradox）[383]」の一環と理解する方がより真実に近いものと思われる。[384]そしてその意味において、ルソーは現代の学術的著作において前提とされるような明晰な論理展開や方法論的一貫性よりも、自己が直観した人間や社会の真理や著作の実践的意義を優先させたと評価することが適切であると言い得るのである。[385]

第二節　理論的問題点：「一般意志」

ルソーは、個人の意思の自由を起点として「一般意志」を媒介させせつつ社会（国家）を理論的に構築した。そして、本書（前章第一節）で確認されたように、彼は国家間関係における自然法（自然国際法）の存在可能性を認め、更にそれに対して国家間の「一般意志」（そして「正義の準則」）という地位を与えた。そして、これにより彼の法理論の枠組みの中での国際法（実定国際法）の存在可能性も認められ、更には「欧州国際法」を巡る議論が可能とされたのである。それでは、自然国際法にこのような地位を与えることの理由は何なのであろうか。

或る社会の構成員の意思の自由を起点とし、その自由を貫徹するという論理を国家間関係に適用するならば、それは「国家意思の自由」を前提とすることになる。ルソーを理性論者とするか否かの議論は別として、彼の国家構成理論の中で個々人は何れかの時点で理性を共有し、「一般意志」の形成に参加する。しかし、既述の如く、国家は理性を有さず（前々章第一節）、為政者達は「狂気」の中にあるとさえ考えられる（前章第四節(二)(2)）。このような状況で国家を構成員とする新たな社会状態を形成するための「一般意志」が発生する契機が存在し得るのであろうか。当該社会構成員の自由の確保という前提を維持しつつ、国内社会の構成理論をそのまま諸国家を構成員とする社会の構成理論に適用するならば、何らかの矛盾が出来することは明らかであろう。[386]そこで、この矛盾を回避するために為された論理操作の一つが、国家間関係における自然法に対して「一般意志」としての地位を与えるというものであったと考えられるのである。

さて、ルソーの「国際法」の根拠を巡るこのような理論は、理論それ自体としては理解可能である。しかし、現実世界において「一般意志」を何らかの具体的実体を有するものとして援用しようとした瞬間に、それ自体では何らの客観的意味も持たないことが明らかとなり、「一般意志」を基底に据えた社会構成理論及び法理論自体もその現実的妥当性が疑われることになると思われる。ここでは、この問題を法の認識方法に関するルソーの考え方を例にとり、論ずることとしたい。

前項で触れられたように、法的問題に関するルソーの論証方法の核心は「法〔又は権利〕を通じて事実を検証すること」[387]にあり、これの対極に置かれるものが（グロティウスの推論方法であるとされた）「事実を通じて法〔又は権利〕を確立する」というものである。[388]しかし、ここには大きな問題点が含まれている。即ち、ここでいう「法」（又は「権利」）とは何かという問題である。既述（本部第二章第一節㈡）の如く、ルソーは普遍的妥当性を有するという意味における自然法の存在について少なくとも表面上は懐疑的である。それでは、ここでいう「法」とは「実定法」を意味するのであろうか。仮に、人為により定立される法規範を実定法とする理解に従うならば、それはルソーの法理論の中で次のような大きな問題に逢着する。

ルソーによれば、「法」は「一般意志」に合致するものであるが、「一般意志」自体の具体的内容は明示されておらず、如何なる法（の内容）がそれに合致するのかという基準も提示されていない。彼の論理の中でその基準として援用可能と思われるものとしては、（本部第二章第二節㈠で触れられた）「国家の設立目的」に含まれる事項が挙げられ得るが、それは具体的な法に対して明確な基準とはなり難い。その結果、「実定法」はその存在故に「一般意志」に合致するとの主張を許容することにならざるを得ない。そうであるとするならば、或る社会において制定された法は、それが如何なるものであっても、「一般意志」に合致するとみなされる故に、当該法と「一般意志」との実質的連関についての検証は不要とされてしまう。その結果、ルソーの「一般意志」の観念自体が「法」の内容との実質的連関という点においては意味を喪失してしまうことになるのである。

結局のところ、「一般意志」はその客観性を担保されたものではなく、ルソーの理論においては彼の判断によりそれが「一般意志」であるか「特殊意志」であるかが決定されてしまう。[389]それは更に、或る法の妥当性（「一般意志」への合致）も彼の判断に従うことを意味する。このような事情は、例えば、「奴隷権」を否定する論拠として究極的にはそれが「詩人の権威に基礎付けられているのではなく、事物の本性に由来しており、理性に基礎付けられている」[390]とされていることに端的に示されている。「事物の本性」とは何か、そして、それは何（誰）によって、何を基準として決定されるのか、という素朴な疑問に対する解答はルソーの記述からは見出され得ない。極言するならば、ルソーの法理論を支える方法は、彼が彼自身の理性を通じて正しいと認識する「法」を所与のものと仮定し、それに従って「事実」の（合法・非合法というよりも）正・不正を判断するという事態に立ち至らざるを得ないものである。つまり、「一般意志」に「法」を根拠付けるという理論構成により、法規範の客観的妥当性の基準は不必要となり、（ルソーが存在しない世界においては）「法は法である故に『一般意志』に合致し、故に法は正しい」ということとなるのである。

そして、この結論は形式的に法であることのみを問題とするという意味における「形式主義」を、更には「実定法の絶対性」を是認することを意味する。そのようなものが是認された社会では、法の内容や執行の妥当性は問題とされず、また、当然のことながら「法と正義の関係」というような形而上学的考察は無用となる。その上、既述（本部第二章第二節㈢）の如く、ルソーは、「一般意志」の下に主権を置き、主権の中核部分に立法権を据えたにも拘らず、「一般意志」が如何なる表徴によって示されるのかについて何も語っておらず、その存在や内容についての確認方法を「人民」自体には与えていない。そのような社会においては、立法権を掌握した者（或いは、団体）は主権者たる「人民」の名の下で如何なることも「合法的に」為し得ることとなるであろう。[391]

果たして、このような社会の存在を是認する理論を、現実に存在する国家の構成原理として援用することは許されるのであろうか。特に、このことは個人の意思を起点とする人民主権に基礎を置く「民主制国家」（その本質はルソーにより理論化されている。）において切実な問題を発生させるであろう。[392]つまり、ルソーの国家構成理論は現実社会において具体的に適用される場合には、極めて危険な問題を内包することとなるのである。[393]
このような「一般意志」理論が内包する現実的危険性[394]は、ルソーの「国際法」理論の妥当性に対しても疑念を抱かせることになる。即ち、自然国際法を諸国家間における「一般意志」（そして「正義の準則」）とする彼の「国際法」の根拠付けは、既に「一般意志」自体が具体的内容を与えられていないことが問題を孕んでいることに加えて、このように自然国際法を（やはり具体的内容が未確定であり、その内容確定の基準も示されないまま）複数の観念に置き換え、それに応じた機能をも担うものとしていることは、結果的に国家間関係における「一般意志」と「自然国際法」の両者の観念を無内容・無限定なものとしてしまう恐れがあると判断せざるを得ないのである。
勿論、このような疑念に対しては、ルソーが提示しようとしたものは飽く迄も理論であって、その現実的妥当性は問題とされていないとする反論も可能である。[395]しかし、内容無限定のままの「一般意志」に複数の機能を担わせるという理論は、客観的了解が不能となる領域が当該理論中に拡大することを意味し、その理論的妥当性に対する疑念も増大することとなるのである。少なくとも、自然国際法と国家間関係における「一般意志」を巡る論理操作が、「一般意志」自体を無内容なものとしてしまい、ルソーの理論構成全体を考察する際に不明確な領域をもたらしてしまうのであり、その領域は国家構成理論における場合よりも拡大するという点は確かなのである。
このように、個人の意思の自由に基づく国家構成理論の原理を国家間関係にまで貫徹させることには、そもそもルソーの理論が内包している現実への適用の危険性や理論的不明確性（乃至は矛盾）を更に拡大させてしまうであろう。「明白な強制の下で行為しながら、各人がそれにより他者を害し得る自由という部分のみを喪失するとき人々はより自由であるという」「奇跡」を「法の作品」[396]であるとして、社会状態における諸個人の自由の確保を立法者に委ねることは、国内社会においては可能であるかもしれない。[397]しかし、国家間関係においてはこのような立法者を何（誰）に求めればよいのであろうか。このような「奇跡」を何（誰）が起こしてくれるのであろうか。この疑問に対する解答を見出すことは、ルソーは結局できないままであったものと思われる。彼が試みた『政治学概論』構想、即ち、恐らくは国内社会と国家間関係を一体として一貫した原理の下で説明しようとする試みの挫折の要因の一つは、ここに求められ得るのである。

小括

ルソーの論証方法を主題とした本章で確認された事柄は次の二点に纏められ得る。第一に、ルソーの論証方法には、実証主義的方法と理念的方法（乃至は自然法論的方法）が混在しており、その限りにおいては矛盾が存在しているが、その背景には、明晰な論理展開や方法論的一貫性よりも、自己が直観した人間や社会の真理や著作の実践的意義を優先するというルソーの意図があったと評価することが可能である。第二に、ルソーの国家構成理論における鍵観念の一つである「一般意志」は、その内容の無限定性故に理論的問題を発生させるが、その問題は国内法理論におけるよりも「国際法」理論において拡大することとなるであろう。

第三部　まとめ：「孤独な散歩者」の近代国際法学史上の地位

第三部　まとめ

この部において考察対象とされたルソーの諸著作は政治体（国家）の本質及び構成原理の提示を中心的課題とするものであり、それらの中で国家間関係を巡る問題が論じられている箇所は僅かである。それでも、以上の各章における考察を通じて得られた結論から、ルソーの「国家間関係」観及び「国際法」観念の特色として、次の諸点を指摘することが許されよう。

第一に、国家間関係における法規範の存在可能性を巡る理論の特質が挙げられる。ルソーの理論によれば、国家間関係は自然状態にあると同時に、国家は理性的存在ではないものとされている。それ故に、諸国家による「一般意志」が形成される契機は存在せず、「実定国際法」は存在し得ないこととなる筈である。しかも、ルソーが自然法の絶対性・普遍性を否定し、自然法を相対的存在（「相対化された自然法」）としていることから、自然状態にあると観念される国家間関係において、「自然国際法」も存在しない可能性が発生する。しかしながら、彼は自然法が国家間関係における「正義の準則」として、そしてまた諸国家にとっての「一般意志」として存在するとの見解を示す。これによって理論的には、自然国際法のみならず実定国際法も存在する可能性が認められることになるのである。（また、この理論は本部第二章第一節(二)で提起・検討され、そして、解答が留保されたルソーの法理論における「自然法」の存否に関する問題に対して一つの解答を与える。即ち、彼の「国際法」観念においては自然法の存在が前提とされており、「国際法」にとって自然法は理論的に不可欠のものなのである。）

第二に、しかしながら、この「一般意志」を「国際法」理論に取り込むことにより発生する問題点も指摘されなければならない。ルソーの「一般意志」観念はその内容が不確定（乃至は不存在）である仮説的観念であるが、彼の「国際法」理論において「一般意志」が自然法と結び付けられることによって、「国際法」観念の内実が不確定（乃至は無内容）なものとなってしまうのである。

第三に、国家間関係における法規範の存在可能性が、欧州の国家間関係においてより具体的に論じられている点が挙げられる。欧州には一定の国家間秩序が存在すること、そしてそこには「相対化された自然法」が妥当する基盤が存在しており、現実に何らかの規範が機能していることを、ルソーは認識している。キリスト教文明化され、「勢力均衡」システムが存在すると彼が観察した欧州社会には、「欧州公法としての国際法」もまた存在し得ると彼は考えたのであろうし、またそうであるからこそ、未完に終わりはしたが『政治学概論』の執筆を意図し、その中で「国際法」を扱おうとしたのであろう。更に、実在すると考えた勢力均衡システムの不完全性を理解し、よりよき制度としての欧州国家連合についての提言も（サン゠ピエール師の著作の紹介という形式で）彼は行ったのである。（しかしながら、この国家連合構想は、現実の欧州社会においては「それが採用されるには、あまりにも良すぎた」ものであるとして、その現実的妥当性を事実上否定せざるを得なかったのではあるが。）

第四に、「戦争法」に関してルソーは重要な諸観念を提示していることが挙げられる。但し、彼が提示したものは、「戦争（公戦）」と「私戦」の厳格な区別というような「戦争法」の「思想的基盤」乃至は「解釈原理」であって、近代的戦争法の個別具体的な規範とそれらから構成される法体系ではないことは再度確認されるべきである。

第五に、ルソーの「国際法」体系には（この部の「はじめに」で引用された『社会契約論』の結論部分における「国際法」と「戦争法」への言及にも拘らず）近代国際法体系の中で「平時国際法」として扱われてきた実定的な法規範群が含まれていないが、それは彼の国家構成理論やその基本理念との整合性を有するものである。何故ならば、国家間関係を「新たな自然状態」としての戦争状態と認識するならば、そこに妥当する「国際法」は「戦争法」のみであり、「交渉」や「条約」に関する規範も「戦争法」の枠組みの中で扱われることとなると解されるからである。

それでは、ルソーが提示した諸理論は近代国際法理論に対してどのような影響を与えた（或いは、与え得た）のであろうか。この点については、複数の先行研究が示しているように、彼が提示した「戦争」観念が近代国際法における戦争法の個別規範形成に与えたと考えられる影響を挙げればよいであろう。また、「勢力均衡」や「国家連合」に関するルソーの理論がその後の国際組織や平和維持制度の生成・発展の系譜の中で論じられ得ること（これもまた複数の研究者が指摘してきたことである。）も近代国際法理論への彼の具体的影響として挙げられ得る。(398) しかしながら、これらの事柄は皮相的問題であると共に後世の評価であって、ルソー自身が本来意図した事柄ではない。より本質的な問題は、現存する国際法の理論体系の基底となる国際法の根本的価値乃至思想へのルソーの理論の影響である。

ルソーが構想したことは（『社会契約論』末尾に記された言葉に素直に従えば）国家構成原理を理論化した後に、更にそれら国家の対外関係について論ずることであった。彼の国家構成原理は自由な個人を起点として近代的主権国家を正当化するものであった。そして、彼の国家構成原理と国家間関係を巡る認識を貫徹するならば、「一般意志」が存在しない国家間関係を規律する法は存在し得ないとの結論に至りそうである。しかし、彼は、そこに自然法の存在を認め、しかもそれに「一般意志」としての機能を認めることによって、そのような結論を回避する可能性を残している。

この自然法に「一般意志」としての機能を認めるという論理操作（これは、国内社会秩序形成理論としての社会契約理論における自然法と「一般意志」の関係では見出されない論理である。）が登場する理由は、ルソーが国家間関係を巡る一般的叙述から進んで欧州諸国間の関係を説明する際に、必要となると考えられたためであると推測される。つまり、欧州地域における国家間関係の現実を観察するならば、（そして、彼が当時の欧州の現実を如何に陰惨に（戦争状態として）描き出そうとも）何らかの規範（「欧州公法」）の存在は認めざるを得ず、彼の理論の枠内で説明可能な国家間関係を規律する規範が必要とされるため、その規範の根拠としての「一般意志」の機能を担い得るものとして自然法が援用された（そして、恐らくは、自然法のみが援用可能な観念であった。）と考えられるのである。

但し、自然法を「一般意志」とする論理は、欧州公法の基礎付けを超える可能性を有している。何故ならば、ルソーとって「自然法」は絶対・不変なものではなく、時代と共にそして人類の「進歩」と共に変遷するものであるからである。これは、「国際法」が歴史の進展と共に欧州を越えて世界規模のものへと拡張する可能性を示している。つまり、ルソーが自ら掲げた（『社会契約論』以後の）将来的課題である主権国家の対外的側面についての一般理論の体系構築は、少なくとも「国際法」については、彼の国家構成理論と矛盾することなく達成可能であるように思われるのである。そしてそれは、「専制と戦争こそが人類の最大の災禍」と認識するルソー(399)にとっての最重要課題であったと考えられる二つの事項、即ち、国家構成理論の枠内での専制の発生の防止と国家間戦争発生の抑止、が矛盾のない理論体系の中で説明可能となることを意味するのである。

しかし、ルソーはそのような理論体系書としての『政治学概論』を完成することはなかった。国家の構成理論に関しては『社会契約論』として公刊されたものの、国家の対外的側面を扱う（欧州外にも適用されるという意味での）一般理論としては『戦争法原理』が手稿として遺されるに止まった。何故であろうか。それは、次のような理由によるものと推定される。即ち、『政治学概論』の構想は放棄されたのであり、しかも、将来的課題としての（「欧州公法としての国際法」を除く）「国際法」に関する一般理論の構築も不可能となったからである。そして、その結果として、『社会契約論』は（当初の『政治学概論』構想の放棄の結果として、その構想から分離されて）独立の著作として公刊され、『戦争法原理』がその名の通り諸々の「原理」(les principes) のみを論ずる手稿として遺されたと推定されるのである。この推定の中で、『政治学概論』構想が放棄されたという点と『戦争法原理』が手稿として遺されたという点について、各々の根拠について（順番を入れ替えて）若干の説明を加えることとしたい。

先ず、『戦争法原理』に関する推定については、次のように考えられる。同論考（或いは、後に共に同書を構成するものであることが判明した『戦争状態発生』及び『戦争状態』）の執筆時期については、諸説が存在する。ヴォーンはそれらが一七五三年から五五年の間に執筆されたものと推測している。[400] また、全集（二〇一二年版）の校訂者は「一七五六年四月から一七五七年一二月のモンモランシー（Montmorency）のエルミタージュ（l'Ermitage）滞在中」に執筆されたとしている。[401] 更に、ベルナルディ（Bruno Bernardi）は「[『戦争法原理』の］テクストが書かれたのは」「エルミタージュに居を構えた一七五六年だということを、かなりの蓋然性をもって推定することができた」とする。[402] 本書では、『戦争状態発生』及び『戦争状態』が単一の『戦争法原理』であることを証明した研究グループの中心人物であったベルナルディの言葉に従うこととする。しかし、五六年を執筆時期とすると、一つの問題が発生する。それはルソーが五八年三月九日付のアムステルダムの出版業者（Rey）宛の書簡で「私の『戦争法原理』は全く仕上がっていない」[403] と伝えていることとの整合性である。この論考がベルナルディに従って五六年に執筆されたものと推定すると、この書簡の日付であるその翌々年の時点でも依然として『戦争法原理』は完成には程遠いこととなってしまうのである。この問題に対しては、次のように解答することが可能である。遺稿となった『戦争法原理』は確かに五六年に書かれたものであるとしても、それは未だ完成されたものではないことをルソーは自覚しており、その後も同論考に関する努力は継続されていた。そして、それは未完成のままに終わり、公刊されることはなかったと考えられるのである。

それでは、何故に『政治学概論』構想が放棄されたと推定されるのであろうか。この推定は、ルソーがマルゼルブ（Chrétien-Guillaume de Lamoignon de Malesherbes）宛の一七六〇年一一月五日付書簡中で述べている次の一節を根拠としている。

「国際法（le droit de gens）上、異論のない多くの準則（maximes）が存在していますが、それらは現在においても、また未来においても常に実際上は空疎で効果のないものです。何故ならば、それらは人間の間におけると同様の諸国家間に仮定された平等に支えられているからです。[404]」

この一節は、少なくとも、次の二点を我々に示している。一つは、ルソーの“le droit des gens”観念が「国家平等原則」を基礎とするものであることから、その基本的原理（及び思考）において我々の通念としての「国際法」と乖離していないことである。他は、自由且つ平等な諸個人を起点とするルソーの国家構成理論を貫徹するような「国際法」の理論構築は不可能であるとの結論に彼が至ったことである。（そして、これが前々章末尾における疑問に対して留保された解答である。）これらの中で、第二点が『政治学概論』構想をルソーが放棄したとの推定の直接的根拠となるのである。しかし、何故に彼は、彼の国家構成理論を貫徹する「国際法」理論構築の不可能性を認めるに至ったのであろうか。その理由は次の点に求めることができる。

既述（本部第二章第二節㈠）の如く、ルソーは「社会状態におけるよりも自然状態における方が人間の人間に対する差異がどれほど小さいものであったか[405]」ということを論じている。そしてこの概ね平等と考えられる自然状態における諸個人の精神的・肉体的能力を前提として彼の社会契約理論は構築されている。これに対して、ルソーが現実に目撃した諸国家間関係には、そのような平等は存在しない。それにも拘わらず、法的擬制として諸国家を平等の地位に置くことは、現実との乖離が余りに大きく、社会構成理論としての妥当性（乃至は説得力）

を有しないという結果に至ってしまうのである。

以上のようにして、ルソーの「国際法」理論構築の企図は挫折した。彼にとって、「戦争法」は存在し得たが、"le droit des gens" はそうではなかったのである。その結果として、『政治学概論』の構想は放棄され、前記の書簡の日付の翌（六二）年三月に『社会契約論』のみが公刊されることになるのである。(406)

ルソーの国家構成理論や国家間関係を巡る記述には、必ずしも明解とは言えない部分が多い。しかし、そうでありながらも、彼の国家構成理論は近代国家の基本理念を理論化したものであり、現代においてはその基本理念に基礎を置く国家には（そうではない国家に比して）より大きな正統性が承認されてきているように思われる。しかも、この自由且つ平等な諸個人（の意思）を起点とする理論によって構成された国家(407)に妥当する民主主義原理が、国家間関係（そして、国際組織）を巡る議論においても正当化根拠として援用されることがある。だが、このような観念や援用に、果たして根本的論理矛盾は存在しないのであろうか。(408)

この疑問に対する解答に代わるものとして、ルソーの理論が内包する諸矛盾、そして彼の『政治学概論』構想の挫折は、国家構成理論に含まれる原理を国家間関係に安易に導入することに対して警鐘を鳴らすものと解すべきである。少なくとも、「自然権」という形式での人権を基礎とし、平等且つ自由な諸個人により支えられる民主主義に則った諸々の国内制度を、国家間関係に安易に導入するような思考は拒絶されなければならないのである。(409)

ルソーの理論が有する近代国際法理論との関連性の解明は重要である。しかし、彼の能力をしてなお為し得なかった事柄から学ぶこともまた、現代の国際関係と国際法学の理解にとって重要であろう。

第三部　註

はじめに

（1）国際関係論・国際政治分野の多くの文献において、同様の見解が示されている。若干の例として、次の文献を見よ。Hoffmann (1965), 54–55: Fidler (1996), 120–121.

（2）OC (CS), IV, ix (V, 613): PW (CS), II, 134.

（3）OC (CS), IV, ix (V, 568): PW (CS), II, 98.

（4）ルソーはヴェニス滞在中の一七四三年から『政治学概論』執筆の計画を有していたようである。Goyard-Fabre (2001), 439.

（5）OC (Conf), II, 543.

（6）ヴォーンによれば、ルソーは『社会契約論』第四部第九章（結論）に列挙した諸問題を、社会契約理論も含めて、『政治学概論』で論ずる予定であったが、この計画を一七五九年までに断念し、その草稿の一部を『社会契約論』として纏め、公刊したという。PW, I, 283–284.（但し、筆者（明石）はこれとは若干異なる見解を有している。この部の「まとめ」及び後註（406）を見よ。）また、『政治学概論』から『社会契約論』に至るルソーの構想の変遷については、浅野（一九九五年）一五一頁以下を見よ。

第一章

（7）Martens (1789), 27: Martens (1796), 27.

（8）ルソーへの言及が見出されない国際法概説書の例として次のものが挙げられる。Schmalz (1817): Klüber (1819): Saalfeld (1833): Wheaton (1836): Manning (1839): Polson (1848): Heffter (1848): Wildman (1849–50).

（9） Schmalz (1817), 297.

（10） ルソーに何ら触れることのない国際法概説書の例として次のものが挙げられる。Halleck (1861): Twiss (1861–63): Woolsey (1860): Bluntschli (1868): Fiore (Pradier-Fodéré) (1868): Creasy (1876): Funck-Brentano/Sorel (1877): Kent (Abdy) (1878): Levi (1887): Calvo (1887–88): Bonfils (1894): Lawrence (1895): Walker (1895).

（11） Hall (1880), 54–61, esp. 56, n.2.

（12） See, *e.g.*, Hall (1883), 59–61. 尚、この部分の記述は別の編者による後の版においても一貫して存在する。例えば、第八版 (Hall (Higgins) (1924), 84–91.) を見よ。

（13） Phillimore (1855–71), III, 144, n. (h).

（14） Lorimer (1883–84), II, 223–225.

（15） Westlake (1894), 258–261.

（16） Despagnet (1894), 170.

（17） Despagnet (1894), 528.

（18） Despagnet (1894), 563.

（19） *E. g.*, Liszt (1902): Baty (1909): Hershey (1915)

（20） *E. g.*, Fenwick (1924): Brierly (1928): Anzilotti (1928). 尚、フェンウィックは第二次世界大戦後の版（例えば、第四版（一九六五年））においてもルソーに言及しない。それに対して、ブライアリは遅くとも第四版（一九四九年）以降、ロックに続いてルソーが、「人民が総体として主権者である」旨の説を提起したことを付加している。そして、ウォルドックが改訂を担当した第六版でもこの記述は維持されている。(Brierly (Waldock) (1963), 14.) 更に、クラッパムによる第七版では、同一の記述が維持されるのみならず、（主要な論述対象はヴァッテルではあるものの）ルソーの『社会契約論』への言及が加筆されている。(Brierly (Clapham) (2012), 13 *et* 38.)

（21） *E. g.*, Heydte (1958–60): Parry (1968): Bleckmann (2001).

（22） Oppenheim (1905–06), II, 60.

(23) Westlake (1904–07), II, 37–38.

(24) Kohler (1918), 178–182 *et* 195–196.

(25) Fawcett (1968), 19.

(26) Schwarzenberger (1950), 331.

(27) Berber (1960–64), I, 53.

(28) Berber (1960–64), II, 71 *et* n.6.

(29) Berber (1960–64), II, 175–176. 尚、この記述に付された註では、『社会契約論』第一篇第四章の「戦争は人間対人間の関係では決してない」旨の原文が紹介されている。

(30) Berber (1960–64), II, 174, n.1.

(31) Berber (1960–64), II, 199.

(32) Berber (1960–64), II, 206. また、この記述に付された註においても、『社会契約論』が挙げられている。

(33) Berber (1960–64), III, 87.

(34) Berber (1960–64), III, 198.

(35) Ward (1795): Pütter (1843): Kaltenborn (1847): Walker (1899).

(36) 同様のことは次の国際法概説書についても妥当する。Halleck (1861), 18–22.

(37) Wheaton (1841), 196–200.

(38) Wheaton (1845), 264–268.

(39) Legohérel (1996): Ziegler (2007).

(40) Nussbaum (1958), 139.

(41) Focarelli (2002), 75–76.

(42) Gaurier (2014), 461: Truyol y Serra (1995), 94.

(43) Renaut (2007), 121. 尚、ルノーは、「古典期国際法」における使節の役割に関する記述に付した註の中で、ルソーの駐ヴェネツィア使節の書記としての「不幸な経験」にも触れているが、それに関する具体的記述はない。Renaut (2007), 101, n.1. この「不幸な経験」とはモンテーギュ伯爵（Pierre-François, comte de Montaigu）（仏使節）の秘書として一七四三年九月五日にヴェネツィアに着任し、翌年八月六日に同伯爵との最終的な衝突により公館から退去するまでの経験を指すものであろう。その経験は『告白』第七篇に記されている。OC (Conf), I, 407–428.

（44）Roelofsen (1991 a), 108: Roelofsen (1991 b), 125.

（45）Grewe (1984), 228, 376, 425, *et* 628.

（46）Verosta (1984: 2012), 837. 但し、同項目の執筆者であるフェロスタは「自然法と理性的啓蒙の唱道者達は人類について楽観視しており、欧州のための平和的秩序の構築を試みた」として、やや皮肉な見方を提示している。

（47）Reibstein (1962), 714.

（48）Neff (2014), 236–237 *et* 426.

（49）Reibstein (1957–63), I, 553–571.

（50）Reibstein (1957–63), I, 575–576.

（51）Reibstein (1957–63), II, 3–4.

（52）更に、次の箇所も見よ。Reibstein (1957–63), I, 504; II, 20, 43–44, 339, 348 *et* 522.

（53）Bonfils (1894), 126–127.

（54）Calvo (1887–88).

（55）Windenberger (1900). この著作は前（一八九九）年に学位請求論文としてリヨン大学に提出されたものであるが、その際もパリを発行地としている。

（56）Lassudrie-Duchêne (1906).

（57）Lassudrie-Duchêne (1906), 448–449.

（58）Nys (1907 a), 77–96.

（59）Nys (1907 b): Kayser (1916). また、次の文献も見よ。Dickinson (1927).

（60） Basdevant (1901).

（61） このような時代背景については、次の文献を見よ。Roosevelt (1987), 225, n.2: Roosevelt (1990), 7–9.

第二章

（62） ルソーの「法」観念の概要に関しては、次の文献を参照せよ。Putterman (2010), 10–39.

（63） したがって、ルソーの国家・政治理論においてしばしば問題となる「社会契約」や「一般意志」等々について（また、それらに関する膨大な先行研究について）は、本書では殆ど論じ得ず、それらを扱う専門文献に委ねざるを得ない。

（64） 但し、そもそもルソーの理論の中に「法学的」要素を見出し得るか否かについて熟考されなければならないのかもしれない。次の文献においては、ホッブズとモンテスキューの法理論について各々一章を当てて論じているが、ルソーについては格別に触れられていない。Macdonell/Manson (eds.) (1914). それでも、後述するルソーの法理論を見れば明らかなように、「法に関するルソーの野心は大なるもの」(Ramel/Joubert (2000), 23.) であったと判断せざるを得ないのである。

（65） OC (CS), I, vii (V, 482–483): PW (CS), II, 36. また、それに止まらず、ルソーにとって自由は人間として生きることの絶対的条件である。そうであるからこそ、「自由を放棄することは、人間としての資格を、人類の諸々の権利及び義務をも放棄することである」(OC (CS), I, iv (V, 471): PW (CS), II, 28.) とまで、彼は断言するのである。

（66） しかも、ルソーは「如何なる統治形態の下であっても、法により支配される全ての国家 (État) を共和国 (République) と呼」び、「あらゆる正当な政府は共和制的 (républicain) である」とする。OC (CS), II, vi (V, 504–505): PW (CS), II, 50.

（67） OC (CS), II, vi (V, 503): PW (CS), II, 49.

（68） OC (CS), II, xii (V, 521–522): PW (CS), II, 63. もっとも、刑法は「法の特別な種類であるよりも、むしろ、他の全ての法の［裏付けとなる］制裁 (sanction)」であるとされる。

（69） OC (CS), II, xii (V, 522–523): PW (CS), II, 63–64. ルソーはこれらの中から第一の類型である「国制法」のみを考察の対象とするとしている。

(70) OC (CS), II, vi (V, 505): PW (CS), II, 50. 尚、次の箇所でもルソーの法に関する認識が述べられている。OC (DEP), V, 307–313: PW (EP), I, 244–248.

(71) 「社会的紐帯」については、『草稿』第一篇第五章（OC (CS, 1e ver.), I, v (V, 397–407): PW (CS, 1e ver.), I, 462–470.）において「社会的紐帯に関する誤った観念」という表題の下で議論が展開されている。

(72) OC (DEP), V, 308–309: PW (EP), I, 245. しかし、この「奇跡」を生み出す「法」を定立する者（立法者）は、現実に存在するのであろうか。ルソーの構想する「立法者」については、次の文献を見よ。Morgenstern (1996), 164–169: Nakagawa (2001), 109–115. また、「一般意志」が具現化されるものとしての法の正しさが常に担保されるための機関として、「立法者」が重要な役割を担うとする指摘（Kain (1990), 329–331.）もある。

(73) Cassirer (1945), 30–31.

(74) 実際に、『社会契約論』においてルソーが「法」に関して最も集中的に議論を展開している第二篇第六章（「法について」OC (CS), II, vi (V, 502–505): PW (CS), II, 48–51.）では、全ての議論が国内法のみを扱っている。

(75) ルソーは「自然法」を表現する際に、"le droit naturel"（*E.g.*, OC (DO), V, 85.）、"les droits de la nature"（*E.g.*, PDG, 46.）或いは "la loi de nature"（*E.g.*, PDG, 25: OC (DO), V, 161.）を用いることもあるが、主として "la loi naturelle" を用いているように思われる。

(76) OC (DO), V, 125: PW (DO), I, 159.

(77) 但し、「憐憫」(pitié) については、ルソーがそれを人間に与えられた「唯一の自然的徳」(la seule vertu naturelle) としている。(OC (DO), V, 127: PW (DO), I, 160.) このことから、自然状態が純粋に没道徳的であるのか否かについては、必ずしも明らかではないように思われる。

(78) 「自然法」の定義については（後述の如く、ルソー自身も指摘している (OC (DO), V, 85–87: PW (DO), I, 136–137.) 通り）論者により相異が存在するが、共通的理解としては、その規範内容が人為を超越した存在（自然・神・理性等）によって与えられている点が挙げられよう。ここでは、そのコロラリーとして社会状態発生以前においても存在し、そこに妥当する規範という意味で、「自然状態においても妥当する法としての自然法」という理解に立つ。

(79) OC (CS), I, i (V, 463–464): PW (CS), II, 24.

（80） 次の文献においては、「ルソーを同時代の政治学から画然と分かつ独自な主張」は「国家法の自然法からの独立」という点にこそあるとの主張が展開されているが、これもルソーの自然法を不要とする態度に通ずるであろう。浅田（二〇〇〇年）二九頁。尤も、理論構築において自然法を「不要」とすることは、その存在を「否定」することには直結しない点は留意されねばならない。

（81） 『戦争法原理』では「社会状態、そこでは全市民の生命が主権者の権能の中にあり、自己の生命も他人の生命も恣にする権利を何者も持たず、私人間では戦争状態は最早発生しない」とされている。（LDG, 34: OC (QEG), VI, 83: PW (EG), I, 295.）「社会状態」については更に『社会契約論』第一篇第八章も見よ。

（82） OC (CS, 1^{e} ver.), I, ii (V, 385): PW (CS, 1^{e} ver.), I, 453.

（83） OC (CS, 1^{e} ver.), I, ii (V, 378): PW (CS, 1^{e} ver.), I, 448.

（84） OC (CS, 1^{e} ver.), I, ii (V, 383–384): PW (CS, 1^{e} ver.), I, 452.

（85） OC (CS, 1^{e} ver.), I, ii (V, 384): PW (CS, 1^{e} ver.), I, 452.

（86） OC (CS, 1^{e} ver.), I, ii (V, 384): PW (CS, 1e ver.), I, 452.

（87） OC (CS, 1e ver.), I, ii (V, 379–380): PW (CS, 1e ver.), I, 449.

（88） OC (CS, 1e ver.), I, ii (V, 381): PW (CS, 1e ver.), I, 450.

（89） OC (CS, 1e ver.), I, ii (V, 383): PW (CS, 1e ver.), 451.

（90） この問題については、ドゥラテ（Robert Derathé）の研究が極めて有益である。ドゥラテ自身は、ルソーを相対主義に立つ「理性論者」（合理論者）とする。Derathé（1948), *passim, i.a.*, 176–177.（尚、この「相対主義」の意味は、理性の限界を承認した上での理性論であるというものである。）これに対して、例えば、アザール（Paul Hazard）(Hazard（1946）) のように、「（フィロゾーフ的）啓蒙合理主義」の流れからルソーを排除する論者も存在する。

（91） OC (CS, 1e ver.), I, ii (V, 380): PW (CS, 1e ver.), I, 449.

（92） OC (CS, 1e ver.), I, ii (V, 381): PW (CS, 1e ver.), I, 450.

（93） ルソーの自然法論における「理性」に関する議論（他の法学者（jurisconsultes）の自然法観念に対する批判を含む。）については、更に次の文献を見よ。Derathé (1948), 84–96.

(94) OC (DO), V, 124–125: PW (DO), I, 158–159.

(95) 協働による生産力の増大を巡るルソーの記述を分析する中でクヌツェン (Torbjørn L. Knutsen) が述べている言葉を借りるならば、「協力はまた相互依存の上昇を意味し、生成しつつある分業が自然状態を変化させたのと同様、分業は人間を変化させ」、「人間の知識を増大させ、技能と理性を発達させ」たと考えられているのである。Knutsen (1994), 248–249.

(96) ルソーにとっては「道徳心」も自然的なものではなく、人間がそれを創造しなければならないのである。この点については、次の文献を見よ。Bloom (1987), 567.

(97) OC (DO), V, 85–86: PW (DO), I, 136–137. それでも自然法を理解しようとするならば、自然状態における人間を理解する他はないため、ルソーはそのような人間の探究に向かうのである。

(98) また、先に触れたように、自分の持つ思想・観念を自己の思想を「一般化する技術は、人間の理解力の最も困難且つ最も発達が遅れた課題の一つである」故に、「一般人が自己の行動規則を」一般化するような「推論方法で引き出す段階に至ることは決してないのではなかろうか」(OC (CS, 1^{e} ver.), I, ii (V, 384): PW (CS, 1^{e} ver.), I, 452.) との疑念をもルソーは抱いている。

(99) OC (CS, 1^{e} ver.), I, ii (V, 384): PW (CS, 1^{e} ver.), I, 452–453.

(100) PW, I, 17.

(101) OC (CS), V, 472–473: PW (CS), II, 29. この問題については、次々章第三節(一)で再度触れることとする。

(102) OC (CG), VI, 808: PW (CG), II, 486.

(103) Haymann (1943–45), 74–75.

(104) OC (CS, 1^{e} ver.), II, iv (V, 436): PW (CS, 1^{e} ver.), I, 494.

(105) 「もしも、自然法 (la loi naturelle) が人間の理性の中にのみ書き込まれたのであれば、それ［即ち、自然法］は我々の行動の大部分を導き得なかったであろう。しかし、それは消し難い文字で人間の心に刻まれている。」PDG, 33: OC (GEG), VI, 82: PW (EG), I, 294.

(106) この箇所における自然法を巡るルソーの議論は、社会に先行して道徳的規範秩序が存在するとする（グロティウスやロックのような）見解とは全く異なるものであり、彼の自然法論の重要な特色を示していると思われる。この点については、次の文献を見よ。Simons (2003), 308–309. 尚、西嶋法友は「ルソー独自の自然法主義」(le jusnaturalisme propre à Rousseau) として説明する。Nishijima, (2001), 411–423. 更に、西嶋のルソー解釈については、西嶋（一九九九年）を見よ。

(107) ルソーが自然法の存在を肯定したのか否定したのかという点については、彼の執筆意図からすれば、実はさほど重要ではないと解することも可能である。彼は随所でグロティウスを批判しているが、彼の意図はそれまでに存在した多様な、しかし、結局のところ、グロティウスが代表するような「近代自然法」に対する批判であったとも考えられるのである。（この点については次の文献も同旨である。Tuck（1979), 175–176. 尚、近代自然法理論を扱う文献は多数存在するが、とりわけグロティウスとルソーの関係を含めて、タックのこの文献、並びに、次の文献は示唆に富むものである。Tuck（1983), 43–62: Tuck（1987), 99–119. 更に、次の文献も見よ。Hochstrasser（2000).）そうであるとするならば、この問題についてはルソーが積極的に何らかの自然法理論を（その不存在の証明も含めて）提示しようとしたのではないとするべきであろう。

(108) OC (CS), I, vi (V, 477): PW (CS), II, 32.

(109) OC (CS), II, v (V, 500): PW (CS), II, 47. 尚、ルソーは「社会契約」を表現する用語として、"le contrat social"・"le traité social"・"le pacte social" を互換的に使用している。

(110) PDG, 41: OC (GEG), VI, 77.

(111)「心臓」の比喩は、「社会契約」のみならず、「立法権」((OC (CS), III, xi (V, 560): PW (CS), II, 91.) についても使用されている。ここには主権に含まれる諸権能の中における立法権の中核的重要性が表明されていると言えよう。

(112) クランストン (Maurice Cranston) は、ルソーにおける（自然状態にある）自由人の「自由」の意味を次の三つに分けている。即ち、(1)自由なる意志を有するということ（形而上学的自由）、(2)アナーキーな自由（あらゆる政治的支配からの自由）、(3)人格的自由（自然状態において何者も他者を奴隷扱いすることはできない）である。Cranston（1986), 67–68. 本書との関連では、この自由の観念が国際関係・国際法理論にどのように反映されるかが一つの論点となろう。

(113) OC (DO), V, 136–137: PW（DO), 166–167. これは本書第一部（第四章第二節(二)(2)）で確認されたホッブズの自然状態における人間観（「自然は人間を心身の諸能力において平等に作成した」のであり「最弱者ですら最強者を殺すに足る力を有している」。

(*Leviathan*, XIII (IV, 188–189).) と類似している。

(114) OC (CS), I, ii (V, 464–465): PW (CS), II, 24.

(115) OC (CS 1^{e} ver.), I, v (V, 402): PW (CS 1^{e} ver.), I, 466.

(116) 『政治経済論』では、国家と家族の比較が行われている。OC (DEP), V, 297–301: PW (EP), 237–240.

(117) OC (CS), I, v (V, 474): PW (CS), II, 31.

(118) ルソーの「一般意志」理論に関する先行研究は多数存在するが、本書執筆に際しては特に次の文献を参考とした。Krienitz (1925) : Kain (1990). また、後述するルソーの「矛盾」との関連も含めて、次の文献も見よ。Yoshino (2001), 233–247.

尚、このルソーの「一般意志」観念については、次の二点が留意されるべきであろう。即ち、第一に、歴史的に見れば、この観念はルソーのみによって創出されたものではない点、第二に、ルソーは「一般意志」について何らの本質的定義をも与えていないという点である。第一点については、「一般意志」理論には神学的伝統に由来する長い前史が存在し、ルソーによって或る程度の完成を見たと考えるべきである。（この点については、次の文献を見よ。Riley (1986).）また、第二点については、モーゲンスターン (Mira Morgenstern) は、ルソーにより「一般意志」自体の定義が与えられていないことから、それがどのように必要となり、またどのように構成されるか、といった観点から理解しようとする。Morgenstern (1996), 157–164.（但し、このような「一般意志」の無限定性という理解に対しては、批判も存在する。一例として、次の文献を見よ。Kain (1990), 315–322.）

(119) 社会契約におけるこのような「主人」と「奴隷」という関係の否定は、当該契約により各人の平等をもたらすという積極的な主張に繋がる。実際に『社会契約論』第一篇最終章の末尾においてルソーは、「この基本契約は、自然的平等を破壊するのではなく、逆に、自然が人間の間にもたらし得た肉体的不平等を、道徳上及び法律上の平等に代替するもの」であり、「体力や精神において不平等であり得る人間が、協約を通じて権利について全く平等になる」としているのである。OC (CS), I, ix (V, 487): PW (CS), II, p.39.

クランストンは、ルソーのいう「社会契約」をこのように解した場合、二種類の「社会契約」が存在することが理解されるという。一つは、人類の発展の初期段階に自然状態から社会状態への移行の際に人類史において一般的に生じたに違いないもの、他は、人間が共同で自由に生きるために生ずる必要のあるものである。(Cranston (1986), 63.) 但し、『社会契約論』においては、「国家の中には一つの契約しか存在せず、それは結合契約である」と明言されている。OC (CS), III, xvi (V, 570): PW (CS), II, 99. ルソーの社会契約理論における二重契約の否定の問題については次の文献を見よ。Derathé (1950), 207 *et seq.*

(120) OC (CS), II, iv (V, 495): PW (CS), II, 43.

(121) PDG, 47: OC (GEG), VI, 89: PW (EG), I, 301.

(122) OC (DEP), V, 303: PW (EP), I, 241.

(123) OC (DEP), V, 303: PW (EP), I, 241.

(124) Waltz (1959), 173–174.（尚、ウォルツ（Kenneth Neal Waltz）は、ルソーが国家について、そのありのままの姿とあるべき姿を区別していたとする。）また、このようなルソーの国家観念は、国家をホッブズが「公的人格」（civil person）とし、プーフェンドルフが「倫理的人格」（*persona moralis*）とした系譜上にあるとも主張される。McAdam（1963), 34–43.（この主張に関しては、次の文献も見よ。佐藤（一九九三年）四四頁及び註（38）。）

(125) 以上の諸点の他にも、自然状態から社会状態への移行が社会契約によって突如としてもたらされるのか、或いはその移行期間は長期にわたるのかという点を巡るルソーの真意なども興味深い問題を提起する。この問題について、例えば、ヴォーンは、ルソーが構想する「孤独と孤立」の状態（自然状態）と社会状態との間に、中間的状態はないとの解釈を示している。PW, I, li-lii (Introduction). これに対して、自然状態から社会状態への移行には長期の過程が存在するとの主張がある。その一例として、次の文献が挙げられ得る。Haymann（1943–45), 71–72.

(126) OC (CS), I, vi (V, 479–480): PW (CS), II, 33–34. 尚、ほぼ同一の記述が『エミール』第五篇で見出される。OC (Emile), VIII, 985.

(127) 尚、ここでルソーは「国家」や「政治体」等について区別しているが、そのような区別は必ずしも貫徹されていない。これらの用語が互換的に使用されている一例として、『社会契約論』第三篇第一一章では「政治体の死」（la mort du corps politique）が「国家の生命」（la vie de l'État）の問題とされていることが挙げられ得る。OC (CS), III, xi (V, 560): PW (CS), II, 91. この点に関しては、次の文献も見よ。Carter（1987), 72, n.70.

（128） OC (CS), I, vi (V, 479): PW (CS), II, 33.

（129） OC (DO), V, 146–148: PW (DO), I, 173.

（130） OC (DO), V, 151: PW (DO), I, 175.

（131） 両書における「自然状態」の内実の相異については、福田（二〇一二年）一九八頁を見よ。

（132） OC (CG), VI, 719: PW (CG), II, 427–428. この点に関して、バコフェン（二〇一四年）二八四–二八五頁も見よ。バコフェンは、ポーランド人についても同様のことが妥当するとしており、更に、「［ルソーが］政治体と国家という概念を意図的に分離するまでに至る」としている。

（133） OC (CS), I, ix (V, 486–487): PW (CS), II, 38–39.

（134） 福田歓一はこのような論理を次のように理解している。「ルソーはここで、人的団体としての古代国家と異り、近代国家が土地支配に由来する領域国家であることを鋭く指摘しており、主権者の領土権が、元来個人の土地所有権の集積の上に成立するとともに、所有権を『共同体がすべての土地に対して持つ権利』に従属させる。」福田（二〇一二年）二〇五頁。

（135） PDG, 37: OC (QEG), VI, 85: PW (EG), I, 297.

（136） この問題については、後註（186）も見よ。

（137） OC (CS), II, ix (V, 514): PW (CS), II, 56.

（138） PDG, 37: OC (QEG), VI, 85: PW (EG), I, 297.

（139） PDG, 40: OC (QEG), VI, 87: PW (EG), I, 299.

（140） ここでは国家としての一体感が強調されているが、望ましい国家に必要な基盤としての「愛国心」(patriotisme) をルソーが重視したことは、多くの論者により指摘されている。一例として次の文献を見よ。Waltz (1959), 174.

（141） OC (DEP), V, 336: PW (EP), I, 264.

（142） 『社会契約論』でコルシカ島は「欧州において依然として立法可能な国」として特筆されている。OC (CS), II, x (V, 519): PW (CS), II, 61.

（143） この「好ましい」という判断は、一国それ自身の独立、国民の自由の確保、更に（当該国の軍制と関連する侵略戦争の防止という点で）国際的平和維持にとって、好都合であるという意味である。

（144） OC (CG), VI, 741: PW (CG), II, 442.

（145） OC (CG), VI, 743: PW (CG), II, 443.

（146） OC (CG), VI, 802–803: PW (CG), II, 483.

（147） OC (CS), III, xv (V, 565): PW (CS), II, 95.

（148） OC (PC), VI, 627: PW (PC), II, 310.

（149） OC (PC), VI, 628: PW (PC), II, 310.

（150） OC (PC), VI, 629: PW (PC), II, 311.

（151） OC (PC), VI, 630: PW (PC), II, 311.

（152） OC (CG), VI, 793: PW (CG), II, 476.

（153） OC (PC), VI, 654: PW (PC), II, 331.

（154） OC (CG), VI, 794: PW (CG), II, 477.

（155） OC (CG), VI, 793: PW (CG), II, 477. このような金銭的価値の軽視という態度は、ルソーの生涯を通じて不変である。未完に終わった『孤独な散歩者の夢想』では、「人間性の最も単純な義務さえも取引とする［オランダ人のような］国民はまさしく軽蔑すべき人民であるに相異ない」とされている。OC (RPS), III, 591.

（156） OC (PC), VI, 648: PW (PC), II, 327.

（157） OC (PC), VI, 630: PW (PC), II, 312.

（158） OC (PC), VI, 629: PW (PC), II, 311. 都市及び都市住民がルソーの構想する国家においてどれほど役に立たないかについては、他の箇所でも語られている。OC (PC), VI, 636: PW (PC), II, 316–317.

（159） OC (PC), VI, 629: PW (PC), II, 311. 常備軍制度を採用しないという考えは『政治経済論』でも採られている。OC (DEP), 336–337: PW (EP), I, 264–265. また、軍制における国民兵の重視、その運用方法等が最も体系的に論じられているのは、『ポーランド統治論』第一二章（OC (CG), VI, 806–817: PW (CG), II, 485–492.）である。ルソーの発想は、軍の役割を真に防衛的なものに限定しようというものである。傭兵はおろか常備軍についてすら、費用対効果の観点から、そしてそもそも常備軍が真に国民を守るのかという疑問からも、否定的な評価が下されている。人間は自らのものを守るために最もよく戦う、と彼は考えるのである。

(160) OC (CG), VI, 791–792: PW (CG), II, 475–6. 農業と有用な技術の振興の優先については、別の箇所（OC (CG), VI, 800: PW (CG), II, 481.）でも言及されている。

(161) OC (PC), VI, 632–633: PW (PC), II, 313–314. コルシカにとって通商が有害であるとの主張は、『コルシカ国制草案』中でしばしば登場する。一例として次の箇所を見よ。OC (PC), VI, 649–650: PW (PC), II, 328.

(162) OC (PC), VI, 656: PW (PC), II, 333–334.

(163) Hoffmann/Fidler (eds.) (1991), liii.

(164) 例えば、アダム・スミス（Adam Smith）（コレッティ（Lucio Colletti）によれば、スミスは『不平等起源論』を知っていたという。Colletti (1972), 155–163.）とルソーが分業（国際的分業を含む。）に関して正反対の結論に至ることとなる。ローズヴェルト（Grace G. Roosevelt）によれば、「国際主義者及び自由主義的平和主義者の伝統とは異なり、ルソーは国家間関係において自然的乃至自動的改善をもたらす『見えざる手』を決して見ることはなかった」（Roosevelt (1990), 99.）のである。

(165) 或る論者は、経済問題に関するルソーの論述を「一国完了主義」と称している。小林（一九九六年）一二〇頁。

(166) ルソーがコルシカやポーランド（更には、ジュネーヴ）に推奨した自給自足的な国家体制は「弱肉強食」の世界を小国が生き抜くための戦略であると評価できる。この点にはついては、次の文献を見よ。Klausen (2014), 8–9 *et* 161–163.

(167) ルソーの主権理論の概観のための参考文献の一例として次のものが挙げられ得る。Landmann (1896), 121–136. 但し、この文献では、本書の論旨とは異なり、主権が制約されないという側面が強調されている。

(168) OC (CS), II, iv（V, 495): PW (CS), II, 43.

(169) OC (CS), II, i（V, 489–490): PW (CS), II, 39–40.

(170) OC (CS), II, ii（V, 491): PW (CS), II, 40–41.

(171) OC (CS), III, xv（V, 566): PW (CS), II, 96.

(172) 或る論者は、ルソーにとって主権とは「自由に処分され得る財産の一部のようなものではなく、不可譲の所有物 (inalienable possession) であり、まさに個人の人間性 (humanity) の一部」であると表現する。Jennings (1994), 117.

(173) OC (CS), II, ii (V, 491–492): PW (CS), II, 41.

(174) ボダンの主権理論における具体的権能については、明石（二〇一二年）㈠一三—一五頁を見よ。

(175) Bodin (1576), I, x, 221–242. これら五つの属性に加えて、「臣下の忠誠及び臣従の礼」(la foy et hommage lige) を受けること、「貨幣鋳造権」(le droit de moneage)、度量衡 (la mesure, et les poids) の制定権、課税権 (le droit de mettre sur les subiects tailles et imposts) も挙げられている。Bodin (1576), I, x, 242–248.

(176) 『国家論』ラテン語版では「この主権の第一の及び主たる属性は市民一般にそして個々に法律を与え得ることである」("*Hoc igitur primum sit ac praecipuum caput maiestatis, legem universis ac singulis civibus dare posse.*" Bodinus (1566), I, x, 153.) とされており、立法権の最重要性が仏語版におけるよりも強調されている。ボダンの主権理論における立法権の優越については、次の文献も見よ。Quaritsch (1970), 255–266.

(177) OC (CS), "Table des livres et des chapitres" (V, 615): PW (CS), II, 21.

(178) OC (CS), II, ii (V, 491): PW (CS), II, 40–41.

(179) OC (DEP), V, 302: PW (EP), I, 241.

(180) OC (CS), II, ii (V, 491): PW (CS), II, 40–41. タックは、ルソーがこのように「主権」と「政府」を正確に区分したことを、近代的民主制の形成という観点から、高く評価している。Tuck (2016), 1–9 *et* 132–133. 尚、ホッブズは主権の「印」に「和戦の決定」を含めている。本書第一部註（208）を見よ。

(181) OC (CS), I, vii (V, 481): PW (CS), II, 35.

(182) OC (CS), II, iv (V, 498–499): PW (CS), II, 45–46.

(183) OC (CS), II, iv (V, 496): PW (CS), II, 44.

(184) OC (CS), III, i (V, 526–527): PW (CS), II, 65. ルソーのこのような論理を追うならば、彼とホッブズの理論的相異が明らかになる。ホッブズの理論では、コモンウェルスの道徳的権威に対する被治者の同意によって主権者が国民を代表することになるが、その同意の形式は問われず、強制や征服であっても構わない。（本書第一部第四章第二節で論じられたように、ホッブズは「設立によるコモンウェルス」のみならず、「獲得によるコモンウェルス」も認めている。）それに対して、ルソーの理論では、社会状態（国家）形成に際して、被治者となる者の積極的な賛意表明が必要となるのである。この点に関しては、次の文献を見よ。Tuck (1999), 201–202. また、両者の「社会契約論」及び「政治体」の観念については、次の文献を見よ。Davy (1964), 65–93.

(185) OC (CS), III, xiv (V, 564): PW (CS), II, p.94.

(186) このような人民の集合に関する論理を実践しようとするならば、小規模な都市国家においてのみその実現は可能であろう。この点から、ルソーの論理は現実に存在する国家に妥当することを目的としたものではなく、ボダンが展開した君主の絶対主権という観念に対する「自然な反発」(natural reaction) であるとする見解がある。(Mattern (1928), 18–19.) しかしながら、ルソーは、前項で確認されたように一貫して小規模国家を理想としており、また『コルシカ国制草案』に見られるようにそれを実践に移す構想をも有していたことから、彼自身の理論の現実的妥当性を否定していたとは考えられないのである。

(187) Laski (1921), 22.

(188) 尚、ここではルソーが制度としての「国民主権」を明示的に説いているのではないことが理解されよう。即ち、自由なる諸個人（国民）が社会契約を通じて主権を創設するという点では「国民主権」思想と解されるが、「国民が主権者である」点は明示されていないのである。

(189) ボダンの主権理論に関しては、本書第二部註(279)・(280)・(281)を見よ。

(190) 尚、本書第一部で問題とされたように、主権（者）に対する制約として「抵抗権」を検討する必要があるようにも思われる。しかしながら、抵抗権がルソーの国家構成理論の枠内で認められるのかという問題は、一見したところ、成立し得ない。何故ならば、主権は人民の意思により創出された（至高の）「一般意志」に制約され、また主権者は人民により構成される政治体であることから、抵抗権の主体となる人民を構成する個々人による抵抗権の行使は、自己に対する抵抗という自己矛盾を内包するからである。しかしながら、ルソーは『社会契約論』第一篇第一章において、「人民」(un peuple) が「軛」(joug) を振りほどくことができる状況を肯定的に論じている。OC (CS), I, i (V, 463): PW (CS), II, 24. このことから、個人の抵抗権は認められないが、人民の集団的権利としての「叛乱権」(droit à l'insurrection) が認められるとする解釈がある。ベルナルディ（二〇一四年）

二六頁。

(191) 後述第五章第二節を見よ。

(192) 例えば、市民が国家に返還し得るものは、国家から受け取るものでしかない旨の主張 (OC (CS), II, iv (V, 499): PW (CS), II, 46.) が相互主義の表れと解される。

(193) ルソーの国家構成理論における「相互主義」に関しては、次の文献を見よ。Barnard (1988), 62–65.

(194) ドラテは、ルソーが主権的権威に対する自然法の優位を説いていると解し、何が自然法との合致を判断するのかという疑問に対しては、「一般意志」と「良心」(la conscience) であるとの解答を与えている。Derathé (1950), 343–344.

(195) このように主権の制約に繋がると解されるルソーの論理は、彼の時代に生じつつあった無制限の絶対的権力としての主権という観念 (そして現実にそれが存在し始めた状況) を承認しつつも、個人の完全な自由を第一とする彼の基本思想との調和を図るものであると考えられる。(このような解釈については、次の文献を見よ。Cobban (1951), 280–281.) しかし、その制約の態様が不明確であることが、「全体主義的民主主義」(Totalitarian Democracy) の唱道者としてルソーを評価する者が現れた要因であろう。この問題については後註 (392)・(394)・(395) を見よ。

(196) これについては、国民の自己犠牲の問題との関連で論じられ得る。次の文献を見よ。Barnard (1988), 62–63.

第三章

(197) 「自然状態」という言葉が少なくとも三つの意味を有し得る点は注意すべきものと思われる。即ち、歴史上の原始的状態、いかなる統治権力にも服さない状態という政治理論上の自然状態、学術や芸術が未発達であるとの文化的意味における自然状態である。(Lovejoy (1948), 14–15.) ルソーが主張する自然状態は、少なくとも歴史的経験ではなく、飽く迄も哲学的思弁の産物であり (Williams (2005), 57–59.)、後二者の意味を含むものと解される。

(198) OC (CS), I, iv (V, 472): PW (CS), II, 29.

(199) ドラテは、それ以後のルソーの論理展開を決定する根本的観念としてこの自然状態観を重視している。Derathé (1950), 133–

134.

(200) OC (DO), V, 101–103: PW (DO), I, 144–145. つまり、『不平等起源論』では人間が単純に「平和愛好的」とされているのではない。(同書においてルソーが「自然状態礼賛」的であると一般的に理解されてきたことの問題点に関しては、次の文献を見よ。Lovejoy (1948), 14–37.) それでも、原初的自然状態においては、自己保存への衝動は「憐憫」(pitié) によって緩和されるのである。この点については、次の文献を見よ。Strauss (1953), 282–284.

また、自己保存との関係で重要な概念が、「自己愛」(l'amour de soi-même) と「利己愛」(l'amour-propre) である。これら二つの観念については、『不平等起源論』に付されたルソー自身による註で説明が加えられている。それによれば、「自己愛」は自然的情操であり、これが全ての動物を自己保存に向けさせる。またそれは、人間においては、理性により教導され、憐憫によって変容されるものであり、人間性 (l'humanité) と徳 (vertu) を生み出す。それに対して、「利己愛」は、真の自然状態では存在せず、社会の中で生ずる相対的・人為的感情であり、各人を他の誰よりも自分を尊重するようにしむけ、人々を教唆して相互にあらゆる悪を行わせるとともに、名誉の真の源泉ともなるのである。OC (DO), V, 216–217 (Note XV): PW (DO), I, p.217. また、『エミール』第四篇においても「自己愛」と「利己愛」が論じられている。OC (Emile), VII, 624. 尚、この二つの観念に触れる文献は多いが、差し当たり次の文献を見よ。Cranston (1991), 304–305.

(201) PDG, 33: OC (QEG), VI, 81: PW (EG), I, 293.

(202) 「万人に対する各人の自然的戦争という常軌を逸した体制 (système insensé)」を巡るルソーのホッブズ批判は、『戦争法原理』で展開されている。PDG, 28–30: OC (QEG), VI, 92–94: PW (EG), I, 305–306. また、ホッブズとの関連を含め、ルソーの自然状態観念については、次の文献を見よ。Strauss (1953), 252–294.

(203) この点について、プラットナー (Marc F. Plattner) は次のような説明を加えている。ホッブズもルソーも、自然状態における人間 (自然人) を自由であるとしたが、ホッブズがそれを合理的判断で自己の利益の実現を図るものとするのに対して、ルソーは自己の利益を認識しないほど無知であると捉えたのである。(そうであるからこそ、既述 (前章第一節(二)) の如く、ルソーは自然状態において自然法が認識されないと論じたと考えられる。) しかし、そのままでは人間は社会状態を創設することの必要性も見出さないであろう。そこで、そのような必要性を認識するようになるために、原始的状態からの「偶発的な離脱」

が求められることになるのである。Plattner (1979), 127–132.

(204) OC (DO), V, 161: PW (DO), I, 181–182.

(205) OC (DO), V, 161: PW (DO), I, 182. ルソーの理論において国家間の関係が自然状態にあるとされていることに関しては、次の文献も見よ。Ramel/Joubert (2000), 27.

(206) OC (DO), V, 162: PW (DO), I, 182.

(207) PDG, 37–38: OC (QEG), VI, 85–86: PW (EG), I, 297.

(208) その際、「嫉妬心」(jalousie) が諸個人間のみならず、国家間関係においても影響を及ぼすものとルソーは考えているようである。この点については、次の文献を見よ。Krafft (1989), 22–28.

(209) PDG, 40.

(210) Carter (1987), 94. 尚、「新たな自然状態」は本書第一部第四章第二節で論じられた「修正された自然状態」と語感は類似しているが、全く逆の内実を有する点は留意されるべきである。

(211) しかも、国家間の自然状態は国家の中に生きる諸個人にとっても悲惨な状況をもたらす。後述（次章第一節）の如く、国家間関係においては各国家が自然的自由を享受するとされているが、そこでは「[自然状態と社会状態という] 区別が知られていなかった場合よりも、我々の状況は実際にはより悪いものとなる」とされる。何故ならば、「社会秩序と自然状態に同時に生きている我々は、両者の何れかにおける確実性を見出すことなく、両者の各々の欠点に縛り付けられているから」である。PDG, 23: OC (QEG), VI, 91–92: PW (EG), I, 304.

(212) OC (CG), VI, 840: PW (CG), II, 510–501.

(213) PDG, 39: OC (QEG), VI, 86: PW (EG), I, 298.

(214) 『戦争法原理』においては、「社会秩序の完全性は力と法の協力 (le concours) に存している」との前提に立ちつつ、「国家理性」に関して次のような言及が為されている。「君主の絶対的独立の観念において、市民に対しては法律の名の下で、外国人に対しては国家理性の名の下で語られる唯一の力が」それらの者から抵抗の権限や意思を奪うのである、と。（但し、ここではそれ故にこそ法による力の制御乃至指導が必要であるとされている。）PDG, 23–24: OC (QEG), VI, 92: PW (EG), I, 304.

(215) ルソーは国際政治に「一般意志」の観念が適用されないとしたと断言する論者も存在する。その一例として、次の文献を見よ。Perkins (1967), 161.

(216) OC (CS, 1ᵉ ver.), I, ii (V, 382): PW (CS, 1ᵉ ver.), I, 451. ルソーは、「賢明且つ独立した人間」(即ち、自然状態における理性的人間) であるならば、「どのようにして私の節度 (modération) が私の安全を保障し得るのかを私は全く理解しない」し、強者と結んで弱者から奪った物を分け合うことの方が「私の利益と安全にとって、正義よりも望ましい」という説明をするであろうし、同一の説明を「自らの行為について他 [の主権的社会] に対して釈明することのない全ての主権的社会も」行うとしている。

(217) 『抜粋』は表面上サン＝ピエール師の欧州国家連合構想に関する著述の要約という形式が採られているが、後述 (次章第四節(二)(2)) の通り、同書にはルソー自身の理解と解釈が付加されており、結果的に同書全体の論調はサン＝ピエール師の原著とは同じものではなく、むしろルソーの見解が展開されているとの解釈が可能である。

(218) OC (EPP), VI, 29–30: PW (EPP), I, 368.

(219) 類似の認識は『ポーランド統治考』にも示されている。OC (CG), VI, 715: PW (CG), II, 425. 次章第四節(二)(1)を見よ。

(220) OC (EPP), VI, 30: PW (EPP), I, 368.

(221) OC (EPP), VI, 30: PW (EPP), I, 369.

(222) OC (CG), VI, 741: PW (CG), II, 486. 『ポーランド統治考』や『コルシカ国制草案』における常備軍への批判的見解については前章第二節(二)(2)を見よ。

(223) OC (DEP), V, 337: PW (EP), I, 265.

(224) OC (EPP), VI, 51: PW (EPP), I, 383.

(225) コッバン (Alfred Cobban) はルソーが描く国家間関係の状況を (世界全般と欧州についての区別を設けることのないままではあるが) 次のように纏めている。「ルソーは国際関係に存在する忌むべき状態を示している。実際にそれは、欧州における無秩序の支配である。即ち、誰も望むことのないままに全世界を荒廃させた戦争、平時においても維持されながら戦争においては依然として自国を防御し得ない膨大な軍隊、仕事に圧倒されながら何も為し終えなかった大臣達、数年にわたる苦痛に満ちた交渉の末に作成され、一日で破壊された不可思議且つ無益なる条約及び同盟である。」Cobban, (1964), 117.

(226) OC (EPP), VI, 27: PW (EPP), I, 366.

(227) OC (CS, 1e ver.), I, ii (V, 385): PW (CS, 1e ver.), I, 453. 前章第三節(一)を見よ。

(228) 勿論、ルソーが彼の時代にあってもキリスト教共同体という意識が存続していたとみなしていたか否かは問題となる。しかし、後註(234)の引用箇所の中で欧州諸国間の結合システムの要素として「同一の宗教」が最初に挙げられていることからも理解されるように、少なくとも、欧州の国家間関係において依然として宗教的紐帯が一定の役割を演じているとの認識をルソーが有していたとすることは許されよう。

(229) そして、この自然的・地理的条件が欧州政治秩序の維持に役立っているとルソーは考えるのである。OC (EPP), VI, 35: PW (EPP), I, 372.

(230) OC (EPP), VI, 32: PW (EPP), I, 370.

(231) OC (CG), VI, 725: PW (CG), II, 432. 但し、この引用箇所に続く記述では、「欧州人」の欺瞞等に対する批判が展開されている。

(232) OC (EPP), VI, 29: PW (EPP), I, 368.

(233) 欧州が世界の他の地域に比較して、より恒常的に且つよりよく文明化した理由として、金属工業(métallurgie)と農業の発達、特に、鉄と麦が豊かに産出されたことが挙げられている。OC (DO), V, 152: PW (DO), I, 176.

(234) OC (EPP), VI, 26: PW (EPP), I, 366.

(235) OC (EPP), VI, 26: PW (EPP), I, 366.

(236) OC (EPP), VI, 29: PW (EPP), I, 368.

(237) OC (EPP), VI, 32: PW (EPP), I, 370.

(238) 欧州が或る種の団体又は共和国であるとする思考は、啓蒙期の哲学・社会科学分野の研究者にとってかなり共通したものであったと思われる。例えば、ヴォルテール(Voltaire)は『ルイ一四世の世紀』第二章(「ルイ一四世以前の欧州諸国」)の冒頭で次のように記している。「キリスト教的欧州(ロシアを除く。)は複数の国家(États)に分割された一種の偉大な共和国」(une espèce de grande république)と既に長期にわたりみなされ得てきた。」Voltaire (1751), I, 7. また、「国際法」関連文献においても、例えば、ヴァッテルは「欧州は一つの政治システムを成しており、それは世界の中のこの地域に存在する諸国の諸々の関係及び多様な利益によって全てが結び付けられた一つの団体（un corps）である」とする。Vattel（1858), III, iii, 47. この点については、次の文献も見よ。Hinsley（1963), 161–164 *et* 166–167: T. Nardin（1983), 62–63. 特に、前者では、このような観念が一七三〇年代以降に発展したとされている。

第四章

(239) 前々章第一節(二)及び次の箇所を見よ。OC (CS, 1e ver.), I, ii（V, 380): PW (CS, 1e ver.), I, 449.

(240) また仮に、「国家理性」が有効に（理性的に）機能するとしても、マイネッケ（Friedrich Meinecke）が説くような、国際法と国家理性が相互に自然的に競合し、相争っており、「国際法は国家理性の支配を制限し、可能な限りそれに法的性格を付与しようとする」が、「国家理性はこれに抵抗して、極めて頻繁に自らの利己的な諸目的の手段として法を活用、否、むしろ濫用する」(Meinecke（1976), 246.) との見方が、現実政治の場において真実であるならば、国家理性が機能する場合には、自然法（ルソーにとっての「理性法」）としての「国際法」は（それが仮に存在するとしても）結果的に法として機能しないとも言えよう。

(241) PDG, 23: OC (QEG), VI, 91: PW (EG), I, 304.

(242) 実際に、一八世紀の「国際法」関連の著作では、「倫理的人格」としての諸国家が自然状態にあることから、諸国家間の関係において自然法の存在を構想するという論理構造を有するものが見られる。次の文献を見よ。Vattel（1858), Préliminair, §§ 1–2 *et* 12: Martens,（1785), 34.

(243) OC (DEP), V, 303: PW (EP), I, 241–242.

(244) OC (DEP), V, 304–305: PW (EP), I, 242.

(245) 先の引用文中にもある通り、諸々の政治体（国家）により構成される新たな政治体を、ルソーは「世界という偉大な都市」と呼んでいる。これが如何なる存在であるのかは説明されていないが、少なくとも次の二点は指摘されるべきであろう。一つは、このような観念を用いることは先述（前章第一節）のルソーの悲観的な国家間関係観とは全く矛盾すること、他は、この観念とヴォルフが構想した「世界国家」(*civitas maxima*) の観念とが如何なる関係にあるかが問題となり得ることである。尚、ヴォルフの国際法理論、とりわけ「世界国家」論に関しては、柳原（一九九八年）一一四—一三〇頁を見よ。

(246) OC (DO), V, 161: PW (DO), 182.

(247) 尚、ここで実定国際法と条約を直結させて論ずることは、当時の「国際法学」の理論状況（例えば、プーフェンドルフは条約を「法」或いは「法律」と呼ぶことは正しくないとしていた。この点については、本書第一部註(389)を見よ。）を勘案するならば、必ずしも妥当なことではない。それでも、以下で確認されるように、条約や紳士協定が国家間関係を規律（その「規律」が事実上の「支配・従属関係」でしかないとしても）する文書であることを、ルソーも認めている。そのため、彼が国家間関係を規律する文書について抱懐した観念を知る手掛かりとして彼の条約への言及を扱うことは許されるであろう。

(248) ところで、前節における考察の結果、「国際法」は「緩和された自然法」であり、それは「若干の黙示的合意（conventions tacites）」を通じてもたらされたものであるとルソーが認識していることが明らかになった。この「黙示的合意」は相異なる社会（政治体）間で形成されるものであることから、現在の慣習国際法理論との関連性を我々に感じさせる。（また、前々章第一節㈠で確認されたように、彼の法理論において「習俗、慣習、そして特に世論」が重視されている。）そのため、ルソーの「実定国際法」観念の考察のために彼の「慣習国際法」観念も論じ得るようにも思われる。しかしながら、そのような思考は飽く迄も現在の慣習国際法理論における「二要件説」に立つものである。本書の主題からすれば、ルソーの内在的理解から彼が「慣習国際法」の存在を認識していたことを導出することが求められるが、残念ながら、そのような認識が示されていると解される記述をルソーは遺していないように思われる。以上のことから、彼の「慣習国際法」観念は本書の考察対象とはされない。

(249) OC (CS), IV, ix (V, 613): PW (CS), II, 134.

(250) PDG, 42–44. 次の箇所も見よ。OC (QEG), VI, 87: PW (EG), I, 299.

(251) OC (PC), VI, 625: PW (PC), II, 308.

(252) 或る論考によれば、ルソーにとって「平和条約は策略以外の何物でもなく、また承認や外国との通商の規制も外交上の武器となり得る」のであり、「国際法がその一局面を構成する平和的国際政治は、他の手段をもってする戦争の継続でしかない」のである。Hoffmann/Fidler (eds.) (1991), lii.

(253) OC (CG), VI, 839: PW (CG), II, 510.

（254）　OC (CG), VI, 839–840: PW (CG), II, 510. しかも、既述の如く、ルソーは「国家理性」が機能するとは考えていない。

（255）　OC (CG), VI, 840–841: PW (CG), II, 511.

（256）　PDG, 24: OC (QEG), VI, 92: PW (EG), I, 304–305.

（257）　これに関連して、「ルソーの政治的及び法的絶望は巨大」であり、「国民国家の平和的共存を規律することを目指す国際法の地平には、諸人民の幸福は決して存在しないであろう」（Goyard-Fabre（1994), 171.）との指摘がある。また、次の文献もこの指摘に賛同している。Ramel/Joubert（2000), 180. しかしながら、これらの見解は、国家間関係において戦争が固有のものであり、永続するとする一般論にのみ着目し、後述するようなルソーが欧州に例外を見出しているとする本書の視点を見落としているものと思われる。

（258）　*Leviathan*, XIII（IV, 192).

（259）　PDG, 24: OC (GEG), VI, 92: PW (EG), I, 305.

（260）　OC (CS), I, iv（V, 472): PW (CS), II, 29.

（261）　OC (CS), I, iv（V, 472): PW (CS), II, 29.

（262）　OC (CS), I, iv（V, 473): PW (CS), II, 29–30.

（263）　PDG, 33: OC (GEG), VI, 82: PW (EG), I, 294.

（264）　PDG, 46: OC (GEG), VI, 89: PW (EG), I, 301.

（265）　既述（前々章第二節㈠）の如く、ルソーは「根本的に政治体とは、倫理的人格でしかなく、理性に基づく存在でしかない」としている。PDG, 47: OC (GEG), VI, 89: PW (EG), I, 301.

（266）　ホフマン（Stanly Hoffmann）は、このような戦争に対するルソーの認識はモンテスキューの『法の精神』に触発されたものであるとする。Hoffmann（1965), 62. 実際に、モンテスキューは、各々の「個別社会」（国家）が自己の力を感ずるようになると、「国民の国民に対する戦争状態」（un état de guerre de nation à nation）が生み出されることを指摘している。Montesquieu（1748), lib.I, chap.3. 尚、ウォルツは戦争の観念を巡るルソーとモンテスキューの異同を詳細に論じている。Waltz（1959), 165–171.

（267）　PDG, 47: OC (GEG), VI, 89: PW (EG), I, 301.

（268）PDG, 47: OC (GEG), VI, 89: PW (EG), I, 301.

（269）『社会契約論』においても「時には国家の構成員を一人も殺すことなく、国家を殺すことができる」（OC (CS), I, iv（V, 473–474): PW (CS), II, 30.）とされている。

（270）この部の随所でルソーがグロティウスに対して厳しい評価を下していることが指摘されているが、その根本には次のようなルソーの判断があるものと思われる。即ち、ルソーはグロティウスを「国制法」（le droit politique）の分野における当時の「全識者の師」（le maître de tous nos savants）としつつも、それに続けて「子供でしかなく、しかも不誠実な子供」としているのである。PO (Emile), VIII, 979–980: PW (Emile), II, 147.

（271）Grotius（1625）I, iv.

（272）OC (CS), I, iv（V, 472–473): PW (CS), II, 29.

（273）PDG, 45: OC (GEG), VI, 88: PW (EG), I, 300.

（274）この区別は、既述（前章第一節）の如く、ルソーが国家間関係を「戦争状態」として捉えている点との関連において興味を引く。彼にとって国家間関係は、一般論としては「戦争状態」にあるが、それは「戦争」そのものとは異なるのである。この相異の理解は、ルソーを国際政治に関する「現実主義者」として評価する際に重要であると思われる。

（275）PDG, 26: OC (GEG), VI, 80. この引用箇所に続いてルソーは次のようにも述べている。「それ故に、戦争とは一度や数度の突発的戦闘ではなく、怒りに基づく激高を通じて為される殺人や殺害でもなく、自己の敵を破壊するという熟慮され明白な一貫した意思に存するのである。」

（276）OC (Frag), VI, 97: PW (Frag), I, 310.

（277）『戦争法原理』においてルソーは「真の戦争は諸個人間には決して存在しなかったし、存在し得ない」としている。PDG, 46: OC (GEG), VI, 89: PW (EG), I, 300–301.

（278）このルソーによる戦争の抽象化について、カーター（Christine Jane Carter）は次のように纏めている。「要するに、戦争とは紛争の最も人工的且つ『意識的』（artificial and "conscious"）形態である。」そして、「そのようなものとして戦争は理解されねばならない」のであって、「『人間の本性』の不可避的結果として見られるべきではない」し、そうすることの目的は「[戦争が]

より効果的に禁止又は制限され得るように」するためなのである。Carter (1987), 118.

(279) PDG, 45: OC (GEG), VI, 88: PW (EG), I, 300.

(280) OC (CS), I, iv (V, 473): PW (CS), II, 30.

(281) 次の文献においても同様の評価が示されている。Carter (1987), 118.

(282) OC (Frag), VI, 97: PW (Frag), I, 310.

(283) Grotius (1625), I, iii, 8: Pufendorf (1672), VII, v *et* vi.

(284) OC (DO), V, 168–169: PW (DO), I, 187.

(285) OC (CS), I, iv (V, 469–472): PW (CS), II, 27–28.

(286) ルソーは、「征服の権利」を「最強者の法 (la loi du plus fort) 以外の基礎を有しない」(即ち、正当な権利の基礎を有しない) として否定する。OC (CS), I, iv (V, 474): PW (CS), II, 30. ネイスは、「征服の権利」が「殺戮」や「奴隷権」に繋がるものではないとするルソーの思想がフランスの一七九一年憲法における「フランス征服地の放棄」に具現化されているとする。Nys (1904), 404.

(287) それを最も雄弁に語っていると思われる著作が、グロティウスの『戦争と平和の法』(Grotius (1625)) である。国際法史上最も頻繁に議論の対象とされてきたこの著作を本質的にスコラ理論の系譜における「戦争法」(*ius belli*) に関する著作であるとするハッゲンマッハー (Peter Haggenmacher) の主張 (Haggenmacher (1983), 626.) はかなりの説得力を有する。

(288) Hall (1880), 57–58. この記述はその後の改訂版においても引き継がれている。Hall (Higgins) (1924), 87.

(289) 例えば、シュミット (Carl Schmitt) は、戦争が一つの「状態」(état) であること、そして「国家」(État) のみの関係であることのルソーの説明を、ルソーが両語の言葉遊び (Wortspielen von état und État) を用いて僅か数行で「戦争という世界的大問題」(das große Weltproblem des Krieges) に解答したと皮肉交じりに批判している。Schmitt (1950), 122–123. 尚、ベルバーは、「この [ルソーの] 立場に対する『大地のノモス』におけるカール・シュミットの否定的な批評は根拠がないように思われる」との評言を付している。Berber (1960–1964), II,71 *et* n.6.

(290) Westlake (1894), 260–261.

(291) Maurel (1907), 324.

(292) 尚、コースィ(Eugène Cauchy)は、ポルタリスが一八〇〇年のフランス捕獲審検所開設時に行った演説においてルソーの戦争の定義が登場していることを伝えている。Cauchy (1862), I, xii–xiv. このように事実関係について先行研究の間で若干の齟齬が見られるものの、ルソーの戦争の定義がこの時期にフランス捕獲審検所において引用されたことでは一致している。但し、ルソーの戦争観念が直ちに一般的に受容されたのではないとの指摘もある。Hall (1880), 56–57.

(293) 「ルソー・ポルタリス原則」については、山内(二〇一五年)五八四、五九六–五九八頁を見よ。また、山内(一九九三年)三四一–三四四頁も見よ。

(294) Nussbaum (1958), 139. また、次の文献も同旨である。Roelofsen (1991 b), 125.

(295) ルソーの理論の国家実行に対する影響については、次の文献を見よ。Lassudrie-Duchêne (1906), 324 *et seq.*

(296) Westlake (1894), 259–260: Westlake (1904–07), II, 37.

(297) Maurel (1907), 324 *et seq.*

(298) この点に関連する国際法史上の議論としてより重要なことは、ルソー以前の学説において提示された「戦争」の定義が、彼の定義とどのような関係にあるのかという点を検証し、その上で「戦争」を巡るルソーの定義や認識の歴史的意義を明らかにすることであると考えられる。例えば、バインケルスフークは一七三七年公刊の『公法の諸問題』(Bynkershoek (1737))の第一篇第一章において、「戦争とは、自らが支配者である者の、自らの権利を力又は害意により追求する闘争である」(*Bellum est eorum, qui suae potestatis sunt, juris sui persequendi ergo, concertatio per vim vel dolum.*)としている。ここで「自らが支配者である者」とは"*potestas*"(「権能」乃至「主権」)が自己に属する者のことであり、自己に対する上位者を認めない者、現在の用語で表現すれば「主権者」とも解し得る。(この解釈については、次の文献を見よ。Twiss (1861–63), II, 44–45.)そうであるとすれば、この定義とルソーが提示した定義との差異はそれほどあるものとは思われず、ルソーの定義のみを高く評価することは必ずしも正しいとは言えないであろう。

(299) OC (CS), I, iv (V, 474): PW (CS), II, 30.

(300) 次の文献では、ルソーが恐らくは同じく国家を擬制的人格として捉えた先学であるグロティウス及びプーフェンドルフ(更にはホッブズ）と国家についての認識を共有しながらも、ルソーの政治・国家理論における根本原則と思われる「意思の自由」を彼等が軽視した点に対するルソーの批判があったことが指摘されている。McAdam (1963), 38.

（301） 仮に、このような評価が適切でないとの印象を与えるとするならば、或る論者の言葉を借りるならば、ルソーの論理には伝統的に活用されてきた「法学的」論証方法は存在しないと言い換えてもよいであろう。或る論者の言葉を借りるならば、「グロティウスや他の正戦論者が行ったように自然法や国際法の基準を援用することなく、ルソーは戦争の権利に対する厳格で妥協のない制約を彼の定義から直接的に導き出している」のである。Roosevelt (1987), 226.

（302） 戦争法における人道主義の発展という観点からルソーの著作に取り組んだ論考として次の文献を見よ。Derathé (1958), 523–543.

（303） OC (CS), IV, ix (V, 613): PW (CS), II, 134.

（304） OC (EPP), VI, 31: PW (EPP), I, 369.「最強者の権利」に類似する言葉として「最強者の法」(la loi du plus fort) が用いられることがある。例えば、『ポーランド統治考』における軍制についての議論の中では「最も不可侵の自然法は最強者の法である」とされている。OC (CG), VI, 808: PW (CG), II, 486. 前々章第一節㈡を見よ。また、本部前註（286）も見よ。

（305） OC (EPP), VI, 30: PW (EPP), I, 369.

（306） OC (EPP), VI, 26: PW (EPP), I, 366.

（307） PDG, 37–38: OC (QEG), VI, 85–86: PW (EG), I, 297. 前章第一節を見よ。

（308） OC (EPP), VI, 26: PW (EPP), I, 366.

（309） 勢力均衡や国家連合といったシステムは、（前々章第二節㈡で確認された）国家の規模に関する議論への拘泥と小国選好（それは彼が人民主権の可能性を小国にのみ見出していることにも繋がるであろう。）というルソーの思惟にとっても重要であろう。何故ならば、大国の存在という現実の中で小国が存続するための方途の考案が必要とされるからである。この点については、福田（二〇一二年）二三一–二三二頁も見よ。

（310） 「勢力均衡」が単なる政治的観念ではなく、国際法学上の観念としても論じられたことに関しては、明石（二〇一四年）を見よ。

(311) 川出良枝は、「ルソーにおいてパトリオティズムとコスモポリタニズムをつなぐ未来の制度であり続けた」としてルソーの「国家連合」(川出の用語では「連合」) についての構想を評価している。川出（二〇一四年）二六〇–二七二頁。（引用は二七二頁。）川出の理解はルソーのこの構想を「立法論」として捉える本書の理解に通底するものと思われる。

(312) OC (EPP), VI, 32: PW (EPP), I, 370.

(313) OC (EPP), VI, 32–33: PW (EPP), I, 370.

(314) OC (EPP), VI, 33–34: PW (EPP), I, 370–371.

(315) OC (EPP), VI, 34: PW (EPP), I, 371.

(316) OC (EPP), VI, 35–36: PW (EPP), I, 372.

(317) ヒーター (Derek Heater) によれば、ルソーは「非常に多くの障害にも拘らず、地理的な利点とウェストファリア条約の外交上の構想 (diplomatic design) によってつくられたシステムが、欧州を平和な大陸にするために必要な改善を行うことを可能とする」と信ずるに足る根拠があるとしたのである。Heater (1992), 82.

(318) OC (EPP), VI, 35: PW (EPP), I, 372.

(319) OC (CS), II, ix (V, 515–516): PW (CS), II, 58.

(320) 尚、ルソーが常備軍ではなく民兵を勧め、且つそれを自国の拡大ではなく対外的独立の維持（つまりは自国防衛）にのみ動員する旨を説いていることには既に触れた（前々章第二節㈡を見よ。）が、このような非拡大主義的軍事構想は「勢力均衡」状態の維持という実践的目的にも合致したものであったと解されるのである。

(321) Gulick (1955), 36. 更に、次の箇所も見よ。Gulick (1955), 84–85 *et* 299–300.

(322) Nys (1907 a), 83.

(323) ルソーの国際関係観が「悲観主義」に満ちたものであるとする理解を示す文献は多い。これについて、次の文献は国際法の観点を交えて論じている。Goyard-Fabre (2001), 439–448. また、永久平和構想との関連で（ルソーとカントの見解を比較しつつ）論じたものとして、次の文献を見よ。Linklater (1982), 24–26.

(324) 次の文献も同旨である。Knutsen (1994), 248.

（325） 既述（前章第二節）の如く、「不完全な条約は、真の平和であるよりも束の間の休戦でしかない」（OC (EPP), VI, 30: PW (EPP), I, 369.）ということが、ルソーの基本認識である。

（326） OC (CG), VI, 715: PW (CG), II, 425.

（327） ウェストファリア条約以降一八世紀前半までの欧州で締結された諸条約における「勢力均衡」観念については、明石（一九九八年）を見よ。

（328） 「勢力均衡」及び「国家連合」に対するルソーの評価に関して、次のような見解が示されている。即ち、欧州の「勢力均衡」が自然的条件における国家の平等に基づくものであって、一国による覇権的支配に抗する傾向を伴いつつも、均衡の攪乱や復興の試みは（程度の相異は兎も角として）「戦争状態」を意味するのに対して、「国家連合」は国家の主権平等を害することなく、戦争を回避し得ると考えられる故に、「勢力均衡」より望ましいものとしてその必要性が説かれている、というものである。Roosevelt (1990), 99–100. 筆者（明石）の基本的理解もこの見解に近い。

（329） 「国家連合」問題について「ルソーが或る程度の断章（一六章分）を書いたことは殆ど確実」であるが、「彼がその断章を託した友人は革命の初期に亡命し、それを廃棄してしまった」と伝えられている。PW, I, 95.（同様の背景は次の文献においても説明されている。Windenberger (1900), chap.2.）また、ホフマンは、「ルソーの国家連合に関する手稿の喪失が、国際的『アナーキー』という問題に対する彼の解答を十分詳細に知ることを困難にしている」とする。Hoffmann (1965), 71.

（330） ルソーの『抜粋』及び『批判』に先行するモンテスキューの『法の精神』においても「連合共和国」（république fédérative）（ここでは「君主制」との対比において“république”が使用されている。）に関する議論が展開されている。Montesquieu (1748), lib.VIII, chap.1.

尚、ルソーはモンテスキューを「国制法」という「この偉大且つ無用な学問を創出する段階にあった唯一の近代人は高名なモンテスキューであったであろう」とその能力を高く評価しているように思われる。（但し、これに続いて、ルソーは、「国制法の諸原理」と「確立された統治に関する実定法」の間には「世界でそれ以上にない相異」が存在するにも拘らず、モンテスキューが前者を扱わず、後者を扱うことで満足したと批判している。）PO (Emile), VIII, 980: PW (Emile), II, 147. 本部前註（266）も見よ。

(331) OC (Conf), II, 546–547.

(332) PW, I, 360. 吉岡知哉も、サン＝ピエール師の原著とルソーによる『抜粋』との間の「ずれ」を指摘し、『抜粋』におけるルソーの実践的意図を推定している。吉岡（一九九二年）四〇–四六頁。

(333) この点で、「神聖ローマ帝国」の存在はそれを単位として論じ得るのかという基本的問題が提起され得る。『抜粋』では「国家連合」の機関として常設議会が設立されるよう計画されており、当該議会に一九の（各々が平等な一票を有する）代表が議席を有するとされている。それら代表の一覧表（OC (EPP), VI, 42–43: PW (EPP), I, 377.）の中には「バイエルン選挙侯及びその協働者（co-associés）」及び「プファルツ選挙侯及びその協働者」が挙げられており、近代的な「主権国家」が平等に参加しているとは言い難い。しかし、このような問題点についてルソーは触れておらず、「既存の諸国家」としてこれら神聖ローマ帝国の選挙侯等が当然含まれると考えていたものと推測される。また、これが当時の一般的認識であったとも言えよう。因みに、既述（本節(二)(1)）の如く、ルソーは当時の欧州勢力均衡体制における同帝国の特別な役割を認めている。

(334) OC (EPP), VI, 38: PW (EPP), I, 374.

(335) OC (EPP), VI, 38–39: PW (EPP), I, 374.

(336) OC (EPP), VI, 40–41: PW (EPP), I, 375–376.

(337) OC (EPP), VI, 42: PW (EPP), I, 376.

(338) OC (EPP), VI, 42: PW (EPP), I, 376.

(339) OC (EPP), VI, 56: PW (EPP), I, 387.

(340) OC (JPP), VI, 63: PW (JPP), I, 388.

(341) OC (JPP), VI, 63: PW (JPP), I, 388.

(342) OC (JPP), VI, 73–74: PW (JPP), I, 396.

(343) 吉岡は、ルソーが本当にサン＝ピエール師の計画が可能であると信じていたかは疑問であり、実際には、同師に賛辞を送りつつも、その著作を「幻想」とみなしていると解している。吉岡（一九九二年）四〇–四一頁。

(344) OC (CS), I, vi (V, 476–477) ; II, v (V, 500): PW (CS), II,32 *et* 47.

(345) Roosevelt (1990), 103–107.

(346) OC (CS), I, v (V, 476): PW (CS), II, 31–32.

(347) OC (EPP), VI, 39–40: PW (EPP), I, 374–375.

(348) 次の文献においては、国家外に存在する政治的権威や法的制約に対する国家（為政者）の抵抗こそが根本的問題であるとルソーが理解していたとの見解が示されている。Covell (2009), 161 *et* 178.

(349) OC (Emile), VIII, 998.

(350) サン＝ピエール師の国家連合構想をルソーが不可能であると判断したとする理由を、同師の思想に対するルソーの評価の中に求める見解がある。即ち、ルソーは、同師をその道徳的熱意故に高く評価しつつも、同師の合理主義に立つ理想主義的思考を理由として政治思想家としては高い評価を与えることはなく、そうであればこそ、同師の構想を現実政治に適用することの危険性を理解し、結果的に否定的な評価を下したというものである。Carter (1987), 156–157.

(351) PDG, 37: OC (QEG), VI, 85: PW (EG), I, 297.

(352) PDG, 40.

(353) この点において、ルソーの国家構成理論及び「国家間関係」観からすれば、「永久平和構想」自体が根本的論理矛盾を孕むこととなる。（ベルナルディ（二〇一四年）一一九頁には、同旨のことが示唆されている。）しかしながら、これを欧州に限定された特有の問題として扱うならば矛盾の解消は可能となるであろう。

(354) 同様のことはグロティウスについても論じ得るであろう。この点については、本部前註（287）を見よ。

(355) PDG, 47: OC (GEG), VI, 89: PW (EG), I, 301. 本章第三節(一)を見よ。

(356) OC (CS), IV, ix (V, 613): PW (CS), II, 134. この部の「はじめに」を見よ。

第五章

(357) OC (DO), V, 96: PW (DO), I, 141. この「一切の事実を退ける」という態度表明はルソーの著作中にはしばしば登場する。例えば、次の箇所では「しかし、私は法［又は権利］及び理性を探求するのであって、事実について議論するのではない」とする。OC (CS, 1^e ver.), I, v (V, 397): PW (CS, 1^e ver.), I, 462. また、次の箇所では、「全ての権力が被治者のために樹立されたということをグロティウスが否定する時、彼は事実においては全く正しいが、問題となっていることは、法［又は権利］の問題なのである」とされている。OC (CS, 1^e ver.), I, v (V, 407): PW (CS, 1^e ver.), I, 470. ところが、次の箇所では「必要であるならば、この［ルソーの］見解を事実により支えることは容易であろう」とする。OC (DO), V, 112: PW (DO), I, 151.

(358) この態度に従えば、歴史的「事実」は軽視されざるを得ない。カッシラー (Ernst Cassirer) は「［ルソーは］法哲学問題に関わったのであり、歴史問題にではなかった」とし、『社会契約論』についても、社会の歴史的起源の問題ではなく、社会の「原理」(principle) を扱うことにルソーが拘泥したことを強調している。Cassirer (1945), 33–34.

(359) OC (DO), V, 166: PW (DO), I, 186.

(360) OC (CS), I, ii (V, 465): PW (CS), II, 25. ローズヴェルトはグロティウスの立論の前提を「平和を生じさせるために諸々の国民国家間の『慣習』法 (the "customary" laws of nation-states) が援用され得る」というものであるとする。Roosevelt (1990), 99.

(361) OC (JPP), VI, 64: PW (JPP), I, 388–389. 更に、『エミール』においてルソーは「ホッブズは詭弁 (sophismes) に支えられ、グロティウスは詩人達 (poètes) に支えられている」(PO (Emile), VIII, 980: PW (Emile), II, 147.) とするのである。

(362) 「理念型的概念構成」という用語は、ヴェーバー (Max Weber) の方法論に関する世羅晃志郎の議論の中に登場する。世羅は、ヴェーバーの「理念型」を、何らかの主観的観点から構成された一つの「ユートピア的思惟像」ではあるが、それが「あくまでも現実の諸事象の中から一定の諸事象を選択して構成されるものであり」、「その役割は現実そのものの一定の側面を科学的に把握するための手段たることにある」ため、決して架空の恣意的な観念ではない、としている。世羅（一九七五年）一一一三頁。

(363) ルソーの方法に関する同旨の評価について、次の文献を見よ。Hoffmann (1965), 71.

(364) 同様の方法の選択の意思は『戦争法原理』における次のような記述にも表明されていると思われる。「皮相的哲学者は、百回も練り直され且つ社会の酵母の中で発酵させられた魂を観察し、人間を観察したと信ずる。しかし、よく認識するためには、人間の感情の自然的階層秩序を見抜くことができなければならない。そして、人間の心に刻まれた自然の最初の刻印を探さねばならないのは、大都市の住民の中では決してない。」「この分析的方法は、最も賢い者が最も少なく理解するという深淵と不可思議のみを提起する。精神が啓蒙されるに従って、道徳が腐敗するのは何故かを人は尋ねる。その理由を見出すことができず、彼等［大都市住民］は敢えてその事実を否定するであろう。我々のもとに連れて来られた奴隷達が、我々の情熱も娯楽も共有せず、我々が切望するものを何も気に掛けないのは何故かを人は尋ねる。彼等は決して説明しないか、或いは私の原理によってのみ説明するだろう。」PDG, 30–31: OC (QEG), VI, 94: PW (EG), I, 306–307.

(365) PDG, 37: OC (QEG), VI, 85: PW (EG), I, 297.

(366) Strauss (1953), 266–267. 但し、「自然状態」の内実に関しては論者によって異なる。

(367) PO (DO), V, 125: PW (DO), I, 159. 本部第二章第一節(二)を見よ。

(368) OC (CS, 1ᵉ ver.), I, ii (V, 385): PW (CS, 1ᵉ ver.), I, 453. 本部第二章第一節(二)を見よ。

(369) ルソーが国際法学における自然法学派に属するとする見解の一例として、次の文献を見よ。Lassudrie-Duchêne (1906), 91–93. この問題については更に次の文献を見よ。Derathé (1950), 151–171: Ramel/Joubert (2000), 25.

(370) 但し、彼の論証方法が人為を超越した妥当根拠に法を基づかせるという意味における「自然法的」発想によるものであるとすることは可能ではあろう。ワイト (Martin Wight) はマキャヴェッリ以降の国際関係に関する論者を「合理主義者」(Rationalists)・「現実主義者」(Realists)・「革新主義者」(Revolutionists) に分類し、ルソーを第三の分類に属するとした上で、カルヴァンとルソーを比較しつつ、前者にとっての「神」が後者にとっての「一般意志」であるとしている。Wight (1991), 7–12.

(371) OC (CS), II, xii (V, 522–523): PW (CS), II, 63–64.

(372) このルソーによる「習俗、慣習、そして特に世論」の重視については、法の分類とは別個の問題として捉えるべきであり、法遵守の基盤となる精神を強調したものであるとの解釈も可能であろう。そのような解釈に立つ場合には、ルソーは実定法自体に関する考察についての強い関心を有さず（そもそも、彼が実定法について考察することの価値を認めていたということは疑わしい。）、彼がここで問題としている事柄は、法が十全に機能するための条件であるとの理解を前提とする。確かにこのような解釈も可能であり、またそれはルソーの法思想を理解するためには重要であると思われる。しかしながら、この箇所でのルソーの議論の主題は法の分類についてであり、「慣習」の重視の問題が慣習法の重視に、更には「事実」の重視に繋がるとする本書の論旨は否定され得ないのである。

(373) 「ルソーを巡る問題状況」を吉岡は次のように纏めている。即ち、「現在の不幸の源は歴史的に累積された諸関係、すなわち現在に至るまでの人間的歴史過程の内に形成された制度にある」のであり、この制度は、自然によってではなく「人間によって創りだされたものである以上、人間自らの手によって破壊、変革しうるものである」が、その主体たる「人間は現在に至る人間的歴史による変性を蒙った人間でしかありえず、彼らに対する語りかけは、当代の流行、常識や制度によって植えつけられた思考という障害の前に、挫折するしかないであろう」、と。吉岡（一九八八年）八六-八七頁。これを本書における解釈に即して論ずるならば、ルソーにとって「現状」は不幸であり、それは人間の歴史（事実）に起因し、しかも歴史（事実）によっては現在の制度を改変し得ない、という状況認識が彼の方法に決定的な影響を与えたと考えられるのである。

(374) それに対して、例えば（少なくとも、ルソーが理解したような）グロティウスにとっては、事態は全く逆であったと考えられる。即ち、彼の時代においては歴史的事実が彼自身の事実認識やその背後にある価値判断（例えば、身分制秩序の肯定）に合致しており、それ故に彼は実証的方法（歴史的事実の列挙）を、自然法論を採用しながらも、用いることが可能であったのである。

(375) Grotius (1625), I, iii, 8.

(376) OC (CS), I, ii (V, 465): PW (CS), II, 25.

(377) 福田は、「[グロティウスが]奴隷の起源に契約を推定し、『無数のものが、自由人でありながら、契約の規定により奴隷になった』という言葉をひいてこれを自然法に位置づけた」ことを「ローマ法の規定よりもさらに過酷というべき」とし、「契約の神聖という一見近代的な自然法」による正当化であるとしている。福田（一九七一年）二八-二九頁。ルソーはこのような過酷な結果となることを予期していたのであろうか。

(378) 尚、ルソーの論証方法の問題として付言するならば、彼が理念的方法と実証的方法を論証対象によって使い分けていたと考えることも可能である。即ち、国内社会（国家）の構成原理を説明する場合には理念的方法を用い、国家間関係の説明には実証的方法を用いたと考えれば、ある程度一貫した理解が可能である。そしてこのことは国内法秩序と国際法秩序の根本的相異を示したもの、即ち両法秩序の二元論的理解の必要性を示唆するものとも考えられる。

(379) 本書の考察対象事項とは異なる事項を扱っているが、クランストンの次の指摘はルソーの「矛盾」解釈の一つの例として挙げられ得る。即ち、ルソーが、一方では自然状態における人を徹底的に個人主義的に捉えつつ、他方ではアリストテレス流の「ポリス（政治）的動物」としての人間の在り方を信じていたとした上で、両者の調和を図る道が「自然」という言葉の曖昧さにあるとの指摘である。Cranston（1986), 63.

(380) Cassirer（1945), 59.

(381) Kain（1990), 315.

(382) 尚、「ルソーが矛盾に満ちた存在であり、彼の思想そのものも多くの矛盾に満たされている」との見解に対して、浅田淳一はそれが「同じ問題に対する、別方向からの解決」というルソーの方法論に由来するものであって、「別方向からの解決が、矛盾した主張として誤解され続けてきた」のであり、「彼の思想の体系的一貫性」は損なわれていない旨を主張している。浅田（二〇〇〇年）三五頁。

(383) Williams（2005), 58.

(384) ルソーの論理に内在する矛盾を、別の原因に求める解釈も存在する。或る論者は、ルソーの論理に「二重性」（tweeheid：両義性）が内在することを見出し、その原因をルソーの性格に遡って論じている。Roose（1919), 128–130.

(385) ルソーの国家構成理論は国家の政治的正統性取得の問題であるとも言えるが、モーゲンスターンは、この点についても次のような見解を示している。即ち、ルソーは、一方では、唯一の正統性原理を叙述しながら、他方では、彼の論理から導出される正統な支配体制（民主主義体制）とは相容れない支配体制を承認しているが、これは支配体制が正統性を保ったまま変更され得るということを承認していたからである。（Morgenstern（1996), 170–179.）この点もまた、ルソーの実践的意図に基づくものと解し得る。

(386) 諸国家間での「一般意志」の形成について、カーターは次のように判断している。「国家間の『一般意志』の実現に向けて国家が共同歩調をとることは（個人が行い得るようには）できないのであるから、［国内社会形成における］契約に対応するような国際的なにものも存在しないのである。」Carter（1987), 200.

(387) OC (DO), V, 166: PW (DO), I, 186.

(388) OC (CS), I, ii (V, 465): PW (CS), II, 25.

(389) これに対して、次の文献では、「一般意志」の表出としての法が常に正しいものとなるメカニズムをルソーが提示しているとされている。Kain (1990), 315–322. 本部前註（72）も見よ。

(390) OC (CS), I, iv (V, 474): PW (CS), II, 30.

(391) 極端な場合には、「人民」（の構成員）の「合法的」抹殺も可能となる。これは、既述（本部第二章第二節㈠の如く、社会契約が「契約当事者の保存を目的とする」（OC (CS), II, v (V, 500): PW (CS), II, 47.）ものであることに矛盾する帰結である。つまり、ルソーの国家構成理論には自己撞着の可能性を内包しているとも言えるのである。

(392) ルソーの国家構成理論においては、個々人の意志の総和としてではない「一般意志」を主権の基礎とすることにより、人民主権と民主主義の理論の基礎が提供されつつも、同時に、民主主義の健全性が阻害される結果を招来する可能性をも内包することになる。この点にこそ、ルソーを「全体主義的民主主義」（totalitarian democracy）の唱道者であるとする評価が発生した原因があると解される。

「人民」が「一般意志」の表徴や内容を知らないという状況において、「人民」が為し得ることは為政者を監視することであろう。現実世界において、国政に対する市民による監視が行われない場合、特定の個人や集団による一つの方向性の提示を通じて、独裁や全体主義的政治体制が発生し得ることは、歴史的経験によっても確認されることである。（ルソーと「全体主義的民主主義」については次の文献を見よ。Talmon (1952), 38–49.）

(393) また、ルソーの理論の現実的妥当性という観点からは、彼の社会契約理論の核心部分の論理構造は、極めて素朴な次のような疑問を惹起する。「諸個人の自由意思に基づく合意により社会（国家）が形成されるならば、当該社会成立後に誕生した者の意思（同意）は当該社会形成に反映されないにも拘らず、その者は自動的に当該社会の構成員とされてしまうことは、どのように説明できるのであろうか。」（この疑問は、現在の主権的国民国家並存体制の下で、「無国籍者は不遇である」とする一般的理解からすれば、現実的意義を持たないようにも思われる。しかし、論理の問題としては問われるべきであり、また、個人が国家に包摂されてしまう現実に対する批判の契機としても意味を持つであろう。）

この疑問に答えるためには、或る者の誕生と同時にその者により同意が与えられたとする擬制を用いざるを得ない。しかし、これは飽く迄も擬制であって、その現実への適用可能性は存在しないのである。（また、「擬制」自体が法律の論理であるとするならば、結局は同一の問題に帰着してしまうことになる。）また、構成員たる地位からの離脱の権利（国籍離脱の自由）が社会（国家）の意思（法律）以前に認められているとしても、離脱の前提として誕生と同時に当該社会の構成員とみなされてしまうことには変わりがない。結局、諸個人を服従させる社会（国家）の権威は、何故それが成立した後に誕生する者に対しても及ぶのかという疑問は、未解決のままなのである。

(394) また、この部の前註(392)で挙げられた「全体主義的民主主義」の問題と同様に、ルソーの法理論を論理学的に解明し、「一般意志」が有する形而上学的性格が「権威主義的圧制の正当化の道具」となりやすいという、ルソーの政治論における「危険な性格」の存在を主張することも可能である。（内井（一九七〇年）五四-八七頁。）更に、同様の問題は、ルソーの専制主義に関する記述を巡る評価についても発生し得るのである。（この点に関しては、次の文献を見よ。McAdam (1963), 34.）

(395) 実際に、この趣旨の反論は、ルソーを「全体主義的民主主義」の唱道者とする批判に対して為されている。例えば、ホフマンは、次のような反論を提示している。

ルソーの意図は現実に存在する国家について記述することではない。そもそも彼が提示する「自然状態」は歴史的経験ではなく、哲学的思弁の産物であることからも理解されるように、彼の理論を現実に妥当させることは彼の意図を超えてしまう行為である。そのような行為によって、ルソーの理論を「全体主義的民主主義」の原因とすることは、過度の拡大解釈であって、妥当なものとはされ得ないのである。Hoffmann (1965), 71-72.

(396) OC (DEP), V, 308: PW (EP), I, 245. 本部第二章第一節(一)を見よ。

(397) 但し、これは「自由」を如何なるものとして措定するかに大きく関わってくる。これを絶対的価値とする場合に、それを維持する自由な社会やそこにおける規範形成が可能であるのか否かは極めて興味深い問題である。「[人間の自由の最も熱烈な愛好者であるという]ルソーが、近代思想の歴史全体の中で、自由にとっての最も邪悪で恐ろしい敵の一人であった」とするバーリン（Isaiah Berlin）の見解は傾聴に値する。Berlin (2002), 27-49.

(398) また、本論では論じられなかったが、土地の原始取得の権原（先占者の権利（le droit de premier occupant））に関するルソーの議論も近代国際法理論との関連において考察することは可能であろう。ルソーは、土地の取得を正当なものとする条件として、①住民が存在しないこと、②生存に必要な範囲のみの占有に限定すること、③「空虚な儀式ではなく、労働と耕作によって占有すること」を挙げる。そして、この第三の条件こそ「所有権（propriété）の唯一の表示であって、法的権原（titres juridiques）の欠缺がある場合にも、他者から尊重されるべきものである」と彼は論じている。(OC (CS), I, ix（V, 485): PW (CS), II, 37–38.) 更に、これに続いて、スペイン国王等により行われた新大陸の領域取得行為（及びその方式）に対する批判も展開されており、これはまさに、「欧州公法」の非欧州地域への拡大過程で重大な論点となった「領域取得」権原の要件（「無主地」に対する「実効的支配」の内実）を論ずるものと言えるのである。（尚、財産（領域）の取得に関するルソーの理論とロックのそれ（Locke (1690), II, chap.5.）との関連性も一考に値するであろう。ルソーは、例えば、『社会契約論』及び『不平等起源論』における財産侵害に関する議論の中でロックに言及している。）

(399) 『エミール』においてルソーは次のように述べている。「諸々の社会［即ち、国家］がそれらの相互間では自然の独立を保持しているのに対して、諸個人は法律と人間に服しているのであれば、［諸個人は］利益を伴わないままに［自然と社会という］二つの状態の害悪のみに晒されている」のであるから、諸個人が服する諸々の社会（国家）が自然状態の中に存在するという「この混合状態（État mixte）」或いは「この部分的且つ不完全な結合（association）」こそが「専制と戦争を生み出すのではないか」、そして「専制と戦争こそが人類の最大の災禍ではないか」、と。PO (Emile), VIII, 993–994: PW (Emile), II, 157–158.

(400) PW, I, 284.

(401) OC, VI, 75. 但し、全集（二〇一二年版）に付された作品年譜は異なる表記となっている。

(402) ベルナルディ（二〇一四年）一一二頁。

(403) OC (Lett), XVIII, 530.

(404) CO (Lett), XIX, 794.

（405）OC (DO), V, 136–137: PW (DO), 166–167.

（406）ベルナルディは、一七五六年に『草稿』が書き上げられたとし（ベルナルディ（二〇一四年）一一二頁。）、全集（二〇一二年版）の校訂者は五八年から六〇年頃としているが、何れにしろ、本論で紹介した書簡の日付（六〇年一一月五日）までに『政治学概論』構想が放棄された時点で、『草稿』全体は書き上げられており、その改稿作業（『社会契約論』の完成）までの時日はさほど要しなかったものと推定される。

（407）ウィンチ（Peter Winch）は、個人の意思を起点とする国家構成理論に内在する矛盾として、次の点を指摘している。即ち、一方では、諸個人（国民）の意思に優位する権能を国家の権威に認めながら、他方では、当該権威が正当なものと承認されるか否かという点で当該権威の存在自体がそれに従属する諸個人（国民）の意思に依存しているという点である。Winch (1972), 244.（但し、この矛盾は実在する国家を前提とする場合には矛盾となり得るが、理論的には、社会契約の時点でのみ国家の権威が諸個人に依存するという説明は可能であり、矛盾は回避され得ると思われる。）

（408）また、「民主主義的国家体制」のみを正当とし、そのような体制を有しない国家に正当性を認めないという論理の下で外交政策が論じられることがあるが、これも国家構成原理という観点から批判的に検討されるべきであろう。

（409）国家構成理論においてすら、その起点に人権を置くことは矛盾を孕み得ると考えられる。この点について、ボルケナオ（Franz Borkenau）は次のように指摘している。「人権が出発点になった場合」には、「人権に基礎をおく国家は人間生活の理性的内容を実現するもの」でなければならない。（発展の終末にあって、ルソーとヘーゲルはそう考えた。）しかし、その場合に「人権は、邪悪なる世界における利己主義の自由の領域から良き世界における客観的正義の原理に、秘密裏に転化」する。「市民的国家は人権にのみ基礎を置き得るが、そのような基礎付けは曖昧なもの」であって、その曖昧さが「市民的国家の形式的な法的基礎付けを、実質的正義を目的とする基礎付けへと逆転させる」こととなる。「市民的国家の両面、即ち、主権と人権、国家主権理論と自由主義との間には、永続的闘争が存在する」のである。Borkenau (1934), 116.

結論

本書のまとめ

以上の本書各部では、国際法史研究における我々の「負の国際法意識」の克服の試みという問題意識の下で、三人の思想家の諸著作の内在的理解を通じて彼等の「国際法」観念が確認された。その結果、二〇世紀中葉以降一般に「国際法の否定者」とされてきたホッブズは、実際には、「『国際法』は自然法と同一」であるとの基本認識に立って、国家の対外的関係については自然法のみが妥当し、対内的には（限定的な意味における）実定法と自然法が妥当するとの理論を示していることが確認された。また、ライプニッツの「国際法」観念は、彼が生きた時代の欧州の「国家間関係」、特に、神聖ローマ帝国の存在を前提としつつ、彼の「自然法の三段階説」の構想に矛盾することのない、そして、相互に調和的な自然法と実定法から構想されていることが理解された。それに加えて、「国際法上の人格」は"*Suprematus*"保有者と考えられ、「国際法主体」とは異なること、そして、"*Suprematus*"保有者である帝国の選帝侯及び諸侯が「国際法」上の諸権利の享有主体とされていることも導出された。更に、ルソーは彼の法・国家理論との整合性を有する国内制度と国際制度を包括する理論体系の提示（『政治学概論』）を企図したが、その企図は最終的に放棄されたこと、また、彼の「国際法」理論には、彼の「国家間関係」観の帰結として、「戦争法」のみ（しかも、その原理が問題とされているのであって、具体的規則は論じられていない）が存在し、「平時国際法」に該当する部分が欠落していることの各々が指摘可能となった。

また、これら三人の思想家に従来与えられてきた評価と彼等の実際の「国際法」認識との次のような差異にも言及されるべきであろう。

従来の国際法史研究の中で（何れも、殆ど等閑視乃至無視されてきたものの）彼らに与えられてきた評価、即ち、「国際法否定者としてのホッブズ」、「最初の条約集編纂者（それ故に、法実証主義者）としてのライプニッツ」、そして「近代的戦争（法）観念の先駆者としてのルソー」が、実際には、ホッブズが自然法のみを「国際法」とする「自然法学派[1]」として、ライプニッツは自然法と実定法を「国際法」の中に認める「折衷学派」として、そしてルソーは、実定的な「欧州公法としての国際法」の存在は承認し、「戦争法」の原理について考察しつつも、「一般国際法」の如き規範の存在は究極的に否定したという点では、「国際法否定論者」として、各々位置付けられるべきこととなる。また、以上の事柄に関連して、特に、ホッブズとルソーの間に存在する次のような評価の差異は留意されるべきである。即ち、一般にホッブズが「国際法否定論者」とされる場合に、それは彼の「法」の定義に依拠した後世の研究者による評価である（つまり、彼自身は自覚的・積極的な「国際法」の否定論を展開したのではない）のに対して、ルソーは、「国際法」の諸準則が「人間の間におけると同様に諸国家間に仮定された平等に支えられている」という擬制の現実的適用の不可能性を認識した上での、自覚的（それ故に、先鋭的）否定論者であると言えるのである。

さて、以上のような考察結果から、これまで国際法学において殆ど議論の対象とはされてこなかった三人の思想家の国際法史における再定位という、本書の基本的課題は達成されたとすることが許されよう。このことは、国際法史研究において殆ど等閑視乃至無視され、或いは断片的に言及される程度であった彼等の諸理論が、国際法学の観点からの考察に幾らかでも値するものであることを示しているとも言えよう。そして、そのことだけをもってしても、我々の「負の国際法意識」の自覚がもたらす学問的意義の存在が理解されるのではあるまいか。だが、これに止まらない、別の観点からの次のような意義も挙げられ得る。

内在的理解による「国家間関係」観・「国際法」観念の提示の更なる意義

本書が考察対象とした三人の思想家を国際法史の中で再定位する過程で、彼等の著作の内在的理解を通じて、国際法学の観点から彼等の諸理論を考察する可能性が見出され、実際にそのことが実行されることによって、彼等の諸理論に対する新しい解釈がもたらされ、或いはこれまで研究者間で解釈が分かれていた論点について解決をもたらし得ることも示されたと思われる。そして、このことは本書における次のような若干の事例を通じて理解されよう。

これまでの通説的理解において、ホッブズの社会契約理論が「結合契約」と「服従契約」を単一の契約とするものであると解されてきたが、彼の「『国際法』は自然法と同一」とする理論との整合性を確保するためには（即ち、より大きな理論枠組の中で彼の理論を理解しようとするためには）、社会契約は二段階で為される（その結果として自然状態も二つに区分される）と解されるべきであることとなった。また、抵抗権の存否に関するホッブズの論述は必ずしも一貫しておらず、その結果として、先行研究におけるこの問題を巡る評価も一致することはなかったが、「『国際法』と自然法は同一」であるとのホッブズの認識に従うならば、諸国家間での社会契約（勿論、諸国家が社会契約締結に進まないであろうことは、本書第一部第四章で示された通りであるが）に際して「自己保存権」（乃至は「自衛権」）の放棄は考えられないことから、ホッブズの理論の総体を可能な限り矛盾なく解釈するならば、人民の抵抗権（少なくとも「消極的抵抗権」）は究極的に肯定されることとなる。これらは、これまで専ら国内法・政治理論の観点から為されてきたホッブズの法・政治理論を巡る議論に対して、「国家間関係」や「国際法」という観点からの見解の提示と問題の解決であると言えよう。

同様の意義は、ライプニッツの「自然法の三段階説」が正義・法理論と接合された「普遍的法学」の構想に繋がること、また、同説が統治権制約の理論とも接合され得ることという先行研究においても指摘されてきた事柄のみならず、同説と「国際法」理論の接合も構想されていた（それにより、言葉の真の意味における普遍的理論により一層近付く構想であった）ことが理解されたことにも表れている。更に、ルソーに関しても同様の意義が、これまで解釈が分かれてきた彼の法理論における自然法の存否について、彼の「国際法」理論の理解のためには自然法の存在を前提とせねばならないことが導出されたことに示されているのである。[2]

このように、我々の「負の国際法意識」の克服の試みは、これまでの（国内）法理論や国家理論の枠組では明確な解答へと至ることが必ずしも可能ではなかった理論的問題に対して、「国家間関係」観や「国際法」の視点から一定の解答を示し得る場合があることが理解されるのである。

永続的課題としての我々の「負の国際法意識」の克服

（本書の「序論」においても若干触れたように）社会科学分野における思想・理論史研究の目的が特定の思想や理論の後世の（現存する）観念や理論、更には制度への影響を歴史的に確証することにあると考えるならば、我々の「負の国際法意識」の克服の試みとして行われる作業の少なからぬ部分が国際法史研究として無意味であると評価されることになるであろう。何故ならば、思想家の側の「負の国際法意識」の下で執筆され、我々の「負の国際法意識」の下で考察対象とされてきた著作は、「国際法」への直接的言及や現存する国際法上の諸制度との関連性や類似性という点から選択されたものであるのに対して、我々の「負の国際法意識」の克服の試みは現存する諸制度とは必ずしも関わらないものをも意識しながら行われるからである。（その典型例はライプニッツの著作である。彼の「国際法」関連の諸理論は、「特殊な」存在である神聖ローマ帝国を理論的に包摂しようとする点で、当初から限定的な影響力しか有し得なかったのであり、また、帝国の衰亡と共に社会科学的な意義を喪失したと考えられるのである。）それでも、現存する制度に繋がることのなかった事柄も歴史的な「事実」であり、そのような「事実」を探求・認識することにも過去の「事実」を発掘・提示する歴史研究の最低限の意義は認められるべきであろう(3)。そして、この「負の国際法意識」の認識・自覚の下での研究の最低限の意義のみですらも、本書で考察対象とされた三名の思想家（更には、それ以外の思想家）の諸著作の「断片的」解釈による国際法学の発展に対する「貢献」を評価し、或いは、それらを国際法学上の考察対象の埒外に置くことよりも、大きな学問的意義を有するのではないであろうか。

より重要と考えられることは、このようにして彼等の著作に依拠して導出された「事実」を基礎とするならば、彼等が置かれた時代における制約（時代拘束性）の中で、彼等が理論構築した「国家」の対内的・対外的関係における「法」を如何なるものとして理解し、そのような「法」の妥当性の根拠を何に求めたかという問題をより正確に考察することが可能となることである。そして、そのような考察の結果は、過去の思想家の側にも現在の我々の側にも存在する「負の国際法意識」に対する無自覚がもたらしてきたそれら思想家の著作に対するこれまでの（国際法学におけるものに限定されない）評価とは異なる、より広い理論枠組における新たな評価や価値を見出すことにつながるであろう。

勿論、既述（本書「序論」）の如く、我々の「負の国際法意識」の克服は永遠に達成され得ない課題である。また、本書において提示された三人の思想家の「国際法」観念は、彼等の諸著作の内在的理解を通じて提示されたものであるとは言え、依然として彼等の「国家間関係」や「国際法」に関する思考の一つの側面を表わすものでしかないであろう。それでも、彼等の「国際法」観念の提示に至るまでの過程で検討された彼等の「法」や「国家」を巡る理論は、「国家」（そして「主権」）とは何か、そして「国家」を拘束するとされる「国際法」（の拘束力の淵源）とは何かという、近代以降の国際法学にとっての根本的課題に関する考察を行う上での知的基盤として重要であろう。その意味において、我々の「負の国際法意識」の自覚とその克服の試みは、「法」それ自体から、或いは国家構成理論から「国際法」を理解するための取り組みとして、一定の意義は認められるであろう。

我々の「負の国際法意識」の克服は永遠に達成不可能な課題である。しかし、常に自らの、そして他者の「負の国際法意識」を自覚・認識しつつ、「国際法」とは何かを考察し続けることこそが、国際法（史）研究者に求められる知的態度であり、それなくして「現代国際法」と称されているものを正しく理解することは不可能であろう。そして、同様のことは、他の社会科学諸分野においても妥当すると考えられるのである。

結論　註

（1）　ホッブズを国際法学における「自然法学派」として理解することは、同学派の国際法学発展への貢献を重視する論者によるホッブズ（及びプーフェンドルフ）の国際法史における重要性を強調する主張に繋がる。そのような主張の例として、次の文献を見よ。Covell (2004), 135–137.

（2）　また、ルソーに関しては、彼の民主制に対する態度（「民主制の擁護者」か「民主制の敵」か）が問題とされることがあるが、『政治学概論』執筆の基本構想からすれば（『社会契約論』の延長上に構築されることとなる）「国際法」理論にも「民主制」が貫徹されることとなる。そして、この民主制への拘泥が「国際法」理論構築の試みの挫折という結果を招いたのである。そうであるとするならば、ルソーはやはり民主制支持者であり続けたのだと言えよう。（勿論、民主制について徹底的に検討したとの自負があったルソーは、民主制に潜む危険性をも理解し、民主制に疑惑の眼差しを向けていたと考えられるのではあるが。）

（3）　例えば、帝国が一九世紀初頭まで存続したように、ライプニッツが唱えた理論も暫時存続したことは「事実」であり、国際法史のより正確な理解のためには、彼の理論（それが全く現存する国際法上の諸制度にとって無意味であるとしても）についての理解が学問的意義を有するのである。

あとがき

本書を支えているものは二つの「負の」(negative) 要素である。その一つは"negative capability"であり、他は「負の国際法意識」(negative awarenss of international law) である。

"negative capability"は、英国の詩人キーツ (John Keats: 1795-1821) が提示した観念であるとされており、不確実乃至は不安定な思考の状態を受入れ、それに耐える能力を指すという。(帚木蓬生はこれを「どうにも答えの出ない、どうにも対処しようのない事態に耐える能力」或いは「性急に証明や理由を求めずに、不確実さや不思議さ、懐疑の中にいることができる能力」と表現している。帚木(二〇一七年)三頁。尚、この言葉の邦訳語に関しては、藤本(二〇〇五年)五―一七頁を見よ。)

また、「負の国際法意識」は、(本書の「序論」でも触れられている通り)筆者(明石)が研究者としての道を歩み始めた時期に今は亡き田中忠先生から発せられた言葉である。当時、初めて教職を得た広島の地から毎月一回程度土曜日に東京で開催される田中先生主宰の研究会に通う中で、筆者はこの言葉を知った。その時点では、この言葉の意味を十分に理解しないままに、しかし、恐らくはこの言葉と切り結ぶ瞬間が何時か来るのではないかという予感を抱いたような気がする。

要するに、"negative capability"によって支えられつつ、三〇余年にわたり断続的に続けられた「負の国際法意識」を巡る筆者の考察の足跡が本書に残されているのである。

思えば、前著(明石(二〇〇九年))において筆者が意図したことが、確立された存在であった「ウェストファリア神話」を「解体」する(その上で、神話形成の過程を示すという作業も行ったのであるが)、その意味において、「不可視化」する作業であったのに対して、本書ではこれまで等閑視乃至は無視されてきた存在に光を当て、「可視化」することを試みたと言えよう。但し、原典それ自体を「丁寧に読む」という研究の基礎となる(そして、その継続は"negative capability"を必要とする)作業が、両拙著に通底するものであることは言うまでもない。

本書において、筆者の"negative capability"がどれほど発揮され、思想家達の「負の国際法意識」に対する認識と我々の「負の国際法意識」に対する自覚・克服がどれほど為されたのかという点については定かではない。また、そもそも本書の各部の主たる考察対象である各々の思想家についての専門研究者、或いは、法思想史や政治思想史、更には、国家学の専門研究者の目には、本書で論じられている事柄や解釈は恐らく「突飛なもの」（或いは、ナンセンス）と映る部分が多いであろう。更に、「知の巨人達」の著作の可能な限りの「総体」を対象とする（本書「序論」）とは言っても、筆者が実際に取り組み得たものは彼らの著作の中で「政治哲学」と総称されるような「法」・「国家」理論に関わるものに限定されている。ルソーのみを例にとっても、彼の著作の多面性から考えれば筆者が論じ得た事柄は彼が提示した諸理論を「総体として」考察したものであるとは決して言えない。それでも、一つの到達点（或いは、前出の箒木の言葉を借りるのであれば、「仮の解答」）として世に問うことも研究者としての責務であると自らを説得して、恥を忍びつつ、拙著を世に送り出す次第である。

本章を構成する各部の中で、第一部は書下ろしであるが、第二部と第三部は次の既発表論文を基に執筆されている。

「ライプニッツの法理論と『近代国際法』――『法』・『国家』・『主権』・『ユース・ゲンティウム』の観念を題材として――（一～五・完）」（（一）『法学研究』（慶應義塾大学）第八八巻第一一号（二〇一五年）一―四〇頁・（二）『同』第八九巻第四号（二〇一六年）三五―八〇頁・（三）『同』同巻第六号（同年）一―三〇頁・（四）『同』同巻第七号（同年）一―五五頁・（五・完）『同』同巻第八号（同年）一―四八頁）

「ジャン＝ジャック・ルソーによる『国際法』理論構築の試みとその挫折（一～四・完）」（（一）『法学研究』（慶應義塾大学）

第七七巻第八号（二〇〇四年）一―三三頁・（二）『同』同巻第九号（同年）四五―七二頁・（三）同巻第一〇号（同年）七七―一〇九頁・（四・完）同巻（同年）八一―一〇四頁）

本書の公刊には多くの困難が伴った。特に、出版に向けて、第一部の執筆、第二・三部に関わる新たな資料の発掘・整理等々を行いつつあった時期に、諸般の事情により発生した二度にわたる研究室の引越し（そして、筆者の懶惰な性格）は出版の大幅な遅延をもたらした。そのような出版の遅延の中、本書の公刊のためには多くの方々のご協力を得た。特に、小栗寛史氏（日本学術振興会特別研究員）には本書の実質的な最初の読者となっていただいた。また、株式会社ステラの皆様には、多大な迷惑をお掛けしたにも拘らず、丁寧且つ迅速な対応をしていただいた。

最後に、慶應義塾大学出版会の皆様には、専門研究書のみならず、書籍一般の出版が非常に厳しい情況に置かれる中、本書の出版を快く引き受けてくださったことに感謝申し上げたい。とりわけ、前著公刊の際にもお世話になった同出版会の岡田智武氏からは、今回も出版作業の全過程において「本作りの職人意識」が横溢する御協力を得た。本書第一部を書き下ろすこととなったのも、同氏の助言によるところが大きい。（筆者が「書き手の責任」を全うし得たのかについては、忸怩たる思いがある。）本書の完成が大幅に遅れる中、岡田氏は筆者を「掌の上で転がしながら」目的地まで導いてくださった。同氏の存在なくして本書の上梓が現実のものとなることはなかったであろう。

二〇一八年一一月

明石欽司

追記

本書の公刊作業が佳境を迎える中で、田中先生に代わり「負の国際法意識」を刊行物の中で論じられた大沼保昭先生の訃報に接した。筆者の怠惰故に、本書の公刊が遅延し、先生の御批判を仰ぐことができなかった。今はただご冥福をお祈りするばかりである。

（朝日新聞社、2017年）
福田（一九七一年）：福田歓一『近代政治原理成立史序説』（岩波書店、1971年）
福田（一九八五年）：福田歓一『政治学史』（東京大学出版会、1985年）
福田（二〇一二年）：福田歓一『ルソー』（岩波書店、2012年）
藤本（二〇〇五年）：藤本周一「John Keats: “Negative Capability” の『訳語』をめぐる概念の検証」『大阪経大論集』第55巻第6号（2005年）5-27頁
藤原（一九七四年）：藤原保信『近代政治哲学の形成――ホッブズの政治哲学――』（早稲田大学出版部、1974年）
プラトン（一九七六年）：プラトン（森進一他（訳）「法律」『プラトン全集（13）』（岩波書店、1976年）
穂積（一九一六年）：穂積陳重『法窓夜話』（岩波書店、1916年（1980年再刊））
三島（一九九三年）：三島淑臣『法思想史（新版）』（青林書院、1993年）
宮澤（一九九三年）：宮澤文聡「ライプニッツにおける比較法思想」『比較法研究』（比較法学会）第55巻（1993年）102-107頁
柳原（一九九三年）：柳原正治「神聖ローマ帝国の諸領邦の国際法上の地位をめぐる一考察――一八世紀後半における理論状況を中心として」松田保彦・山田卓生他（編著）『国際化時代の行政と法（成田頼明先生横浜国立大学退官記念）』（良書普及会、1993年）659-686頁
柳原（一九九六年）：柳原正治「いわゆる＜ドイツ国際法＞論をめぐる一考察」柳原正治（編著）『国際社会の組織化と法（内田久司先生古稀記念論文集）』（信山社、1996年）81-115頁
柳原（一九九八年）：柳原正治『ヴォルフの国際法理論』（有斐閣、1998年）
山内（一九九三年）：山内進『掠奪の法観念史――中・近世ヨーロッパの人・戦争・法――』（東京大学出版会、1993年）
山内（二〇一五年）：山内進「人の掠奪とルソー・ポルタリス原則」柳井俊二・村瀬信也（編）『小松一郎大使追悼　国際法の実践』（信山社、2015年）583-602頁
吉岡（一九八八年）：吉岡知哉『ジャン＝ジャック・ルソー論』（東京大学出版会、1988年）
吉岡（一九九二年）：吉岡知哉「ルソー――狂人たちのただなかで――」『年報政治学』（岩波書店、1992年）35-50頁

を読む——』（新曜社、1996 年）
小林（二〇〇〇年）：小林公「中世自然法論」「近世自然法論」「カントとヘーゲル」碧海純一『新版法哲学概論（全訂第二版補正版）』（弘文堂、2000 年）258-317 頁
小林（二〇〇七年）：小林弘「ホッブズの哲学における権利と法」『英米文化』第 37 巻（2007 年）43-59 頁
酒井（二〇一四年）：酒井潔『ライプニッツ（新装版）』（清水書院、2014 年）
酒井・佐々木（編著）（二〇〇九年）：酒井潔・佐々木能章（編著）『ライプニッツを学ぶ人のために』（世界思想社、2009 年）
酒井・佐々木（監修）（二〇一六年）：酒井潔・佐々木能章（監修）『ライプニッツ著作集第Ⅱ期 2：法学・神学・歴史学——共通善を求めて』（工作舎、2016 年）
酒井・佐々木・長綱（編著）（二〇一二年）：酒井潔・佐々木能章・長綱啓典（編著）『ライプニッツ読本』（法政大学出版局、2012 年）
佐藤（一九九三年）：佐藤正志「ホッブスとルソー——近代国家論の一水脈」市川慎一（編著）『ジャン＝ジャック・ルソー』（早稲田大学出版部、1993 年）31-62 頁
澤田（一九七六年）：澤田昭夫「ライプニッツの自然法論」『法哲学年報』（日本法哲学会）（1976 年）179-188 頁
下村（一九八九年）：下村寅太郎『ライプニッツ研究』（『下村寅太郎著作集 7』（みすず書房、1989 年）1-220 頁）（初版 1938 年）
神寶（一九九四年）：神寶秀夫『近世ドイツ絶対主義の構造』（創文社、1994 年）
杉原（二〇一三年）：杉原高嶺『国際法学講義（第二版）』（有斐閣、2013 年）
関谷（二〇〇三年）：関谷昇『近代社会契約説の原理——ホッブズ、ロック、ルソー像の統一的再構成——』（東京大学出版会、2003 年）
世羅（一九七五年）：世羅晃志郎『歴史学方法論の諸問題（第 2 版）』（木鐸社、1975 年）
田中（一九九四年）：田中浩『ホッブズ研究序説（改訂増補版）』（御茶の水書房、1994 年）
田畑（一九七三年）：田畑茂二郎『国際法Ⅰ（新版）』（有斐閣、1973 年）
田畑（一九九〇年）：田畑茂二郎『国際法新講（上）』（東信堂、1990 年）
永見・三浦・川出（編著）（二〇一四年）：永見文雄・三浦信孝・川出良枝（編）『ルソーと近代　ルソーの回帰・ルソーへの回帰』（風行社、2014 年）
新村（二〇一六年）：新村聡「ホッブズ『リヴァイアサン』の第 2 自然法は何を意味するのか」『岡山大学経済学会雑誌』第 47 巻（2016 年）197-208 頁
西嶋（一九九九年）：西嶋法友『ルソーにおける人間と国家』（成文堂、1999 年）
バコフェン（二〇一四年）：ブレーズ・バコフェン（西川純子（訳））「ルソー、戦争に関する政治的理論」永見・三浦・川出（編著）（2014 年）273-287 頁
ベルナルディ（二〇一四年）：ブリュノ・ベルナルディ（著）三浦信孝（編）『ジャン＝ジャック・ルソーの政治哲学——一般意志・人民主権・共和国——』（2014 年）
帚木（二〇一七年）：帚木蓬生『ネガティブ・ケイパビリティ：答えの出ない事態に耐える力』

邦語文献

明石（一九九八年）：明石欽司「欧州近代国家系形成期の多数国間条約における『勢力均衡』概念」『法学研究』（慶應義塾大学）第71巻第7号（1998年）49-80頁

明石（二〇〇九年）：明石欽司『ウェストファリア条約：その実像と神話』（慶應義塾大学出版会、2009年）

明石（二〇一二年）：明石欽司「ジャン・ボダンの国家及び主権理論と『ユース・ゲンティウム』観念――国際法学における『主権国家』観念成立史研究序説――（一）」『法学研究』（慶應義塾大学）第85巻（2012年）第11号1-30頁、「同（二・完）」『同』同巻第12号1-43頁

明石（二〇一四年）：明石欽司「『一八世紀』及び『一九世紀』における国際法観念――『勢力均衡』を題材として――（一）」『法学研究』（慶應義塾大学）第87巻（2014年）第6号1-33頁、「同（二）」『同』同巻第7号1-35頁、「同（三・完）」『同』同巻第8号1-37頁

浅田（二〇〇〇年）：浅田淳一「ルソーの思想体系に於ける『社会契約論』の位置づけについて」『哲学論文集』（九州大学哲学会）第36輯（2000年）21-38頁

浅野（一九九五年）：浅野清『ルソーの社会経済思想』（時潮社、1995年）

筏津（二〇一〇年）：筏津安恕『義務の体系のもとでの私法の一般理論の誕生』（昭和堂、2010年）

植村（二〇一〇年）：植村邦彦「16世紀の『市民社会』――〈civil society〉という用語の初出と語義について――」『關西大學經済論集』第59巻第4号（2010）17-33頁

内井（一九七〇年）：内井惣七「ルソーと自然法思想――論理的観点から――」桑原武夫（編）『ルソー論集』（岩波書店、1970年）54-87頁

大沼（編）（一九八七年）：大沼保昭（編）『戦争と平和の法』（東信堂、1987年）

勝田（一九八〇年）：勝田有恒「ライプニッツの法改革論についての覚書」『一橋論叢』第84巻（1980年）314-330頁

勝田・山内（編著）（二〇〇八年）：勝田有恒・山内進（編著）『近世・近代ヨーロッパの法学者たち――グラーティアヌスからカール・シュミットまで――』（ミネルヴァ書房、2008年）

川添（二〇一〇年）：川添美央子『ホッブズ　人為と自然』（創文社、2010年）

川出（二〇一四年）：川出良枝「ルソーと『連合』構想――パトリオティズムとコスモポリタニズムをつなぐもの？――」永見・三浦・川出（編著）（2014年）260-272頁

栗林（一九九九年）：栗林忠男『現代国際法』（慶應義塾大学出版会、1999年）

河野（一九三六年）：河野與一『ライプニツ単子論』（岩波書店、1936年）

小林（一九九五年）：小林弘「ホッブズの自然法第1条と第2条について」『英米文化』第25巻（1995年）139-153頁

小林（一九九六年）：小林浩『ルソーの政治思想――『社会契約論』から『ポーランド統治考』

Verzijl (1969): J. H. W. Verzijl, *International Law in Historical Perspective*, vol.II (Leyden, 1969)

Vierhaus (1987): R. Vierhaus, *Deutschland im 18. Jahrhundert* (Göttingen, 1987)

Vincent (1981): R. J. Vincent, "The Hobbesian Tradition in Twentieth Century International Thought", *Millennium: Journal of International Studies*, vol.10 (1981), 91 - 101.

Visscher (1953): Ch. de Visscher, *Théories et réalités en droit international public* (Paris, 1953)

Walton/Johnson (eds.) (1987): C. Walton/P. J. Johnson (eds.), *Hobbes's 'Science of Natural Justice'* (Dordrecht, 1987)

Waltz (1959): K. T. Waltz, *Man, the State and War: A Theoretical Analysis* (New York, 2001) (originally published in New York, 1959)

Warrender (1957): H. Warrender, *The Political Philosophy of Hobbes: His Theory of Obligation* (Oxford, 1957)

Warrender (1987): H. Warrender, "Hobbes and Macroethics: The Theory of Peace and Natural Justice"; in Walton/Johnson (eds.) (1987), 297 - 308.

Watkins (1965): J. W. N. Watkins, *Hobbes's System of Ideas: A Study in the Political Significance of Philosophical Theories* (London, 1965)

Weiderbeck/Dingel/Li (Hrsg.) (2015): F. Weiderbeck/I. Dingel/W. Li (Hrsg.), *Umwelt und Weltgestaltung: Leibniz' politisches Denken in seiner Zeit* (Göttingen, 2015)

Westlake (1904 - 07): J. Westlake, *International Law*, 2 vols. (Cambridge, 1904 - 07)

Wight (1991): M. Wight (G. Wight/B. Porter (eds.)), *International Theory: The Three Traditions* (Leicester, 1991)

Williams (1996): M. C. Williams, "Hobbes and International Relations: A Reconsideration", *International Organization*, vol.50 (1996), 213 - 236.

Williams (2005): M. C. Williams, *The Realist Tradition and the Limits of International Relations* (Cambridge, 2005)

Willms (1989): B. Willms, "World-State or State-World: Thomas Hobbes and the Law of Nations"; in Airaksinen/Bertman (eds.) (1989), 130 - 141.

Winch (1972): P. Winch, "Man and Society in Hobbes and Rousseau"; in M. Cranston/R. S. Peters (eds.), *Hobbes and Rousseau: A Collection of Critical Essays* (Garden City, N. Y., 1972), 233 - 253.

Winkel (1991): L. C. Winkel, "Volkenrechtsgeschiedenis in de oudheid"; in Eyffinger (red.) (1991), 10 - 20.

Yoshino (2001): M. Yoshino, "Sur la thoérie de la volonté générale, entre le droit et le fait"; in Thiéry (2001), 231 - 247.

Zagorin (2009): P. Zagorin, *Hobbes and the Law of Nature* (Princeton/Oxford, 2009)

Ziegler (2007): K.-H. Ziegler, *Völkerrechtsgeschichte*, 2. Aufl. (München, 2007)

(741–840) (Köln, 2010)
Steiger (2015): H. Steiger, "Supremat — Außenpolitik und Völkerrecht bei Leibniz"; in Weiderbeck/Dingel/Li (Hrsg.) (2015), 135–206.
Strauss (1936): L. Strauss (E. M. Sinclair (trans.)), *The Political Philosophy of Hobbes: Its Basis and Its Genesis* (Oxford, 1936)
Strauss (1953): L. Strauss, *Natural Right and History* (Chicago, 1953)
Strauss (1959): L. Strauss, *What is Political Philosophy?* (Chicago/London, 1959)
Sturm (1968): F. Sturm, *Das römische Recht in der Sicht von G. F. Leibniz* (Tübingen, 1968)
Talmon (1952): J. L. Talmon, *The Origins of Totalitarian Democracy* (London, 1952)
Taylor (1934): A. E. Taylor, *Philosophical Studies* (London, 1934) (rep., Arno Press, New York, 1976)
Thiéry (2001): R. Thiéry (présentation générale), *Jean-Jacques Rousseau, Politique et Nation* (Actes du IIe Colloque international de Montmorency, 27 septembre-4 octobre 1995) (Paris, 2001)
Toyoda (2011): T. Toyoda, *Theory and Politics of the Law of Nations: Political Bias in International Law Discourse of Seven German Court Councilors in the Seventeenth and Eighteenth Centuries* (Leiden/Boston, 2011)
Truyol Y Serra (1995): A. Truyol Y Serra, *Histoire du droit international public* (Paris, 1995)
Tuck (1979): R. Tuck, *Natural Rights Theories: Their Origin and Development* (Cambridge/New York, 1979)
Tuck (1983): R. Tuck, "Grotius, Carneades, and Hobbes", *Grotiana* (NS), vol.4 (1983), 43–62.
Tuck (1987): R. Tuck, "The 'Modern' Theory of Natural Law"; in A. Pagden (ed.), *The Languages of Political Theory in Early-Modern Europe* (Cambridge, 1987), 99–119.
Tuck (1989): R. Tuck, *Hobbes* (Oxford/New York, 1989)
Tuck (1999): R. Tuck, *The Rights of War and Peace: Political Thought and the International Order from Grotius to Kant* (Oxford, 1999)
Tuck (2004): R. Tuck, "The Utopianism of Leviathan"; in Sorell/Foisneau (eds.) (2004), 125–138.
Tuck (2016): R. Tuck, *The Sleeping Sovereign: The Invention of Modern Democracy* (Cambridge, 2016)
Vanin (2015): L. Vanin, *Leibniz & Hobbes: Réflexions sur la justice et la souveraineté* (Nice, 2015)
Verdross (1958): A. Verdross, *Abendländische Rechtsphilosophie: Ihre Grundlagen und Hauptprobleme in geschichtlicher Schau* (Wien, 1958)
Verosta (1984: 2012): S. Verosta, "History of International Law, 1648 to 1815"; in *Encyclopedia of Public International Law*, vol.VII (Amsterdam/New York, 1984), 160–179 and R. Wolfrum (ed.), *The Max Planck Encyclopedia of Public International Law*, vol.IV (Oxford, 2012), 823–843.（1894 年刊行の『国際公法百科事典』に収録されたこの文献は 2012 年刊行のものに再録されている。本書の註に表示された引用・参照頁は後者に従っている。）

Roosevelt (1987): G. G. Roosevelt, "A Reconstruction of Rousseau's Fragments on the State of War", *History of Political Thought*, vol.8 (1987), 225–244.

Roosevelt (1990): G. G. Roosevelt, *Reading Rousseau in the Nuclear Age* (Philadelphia, Pa., 1990)

Ruck (1909): E. Ruck, *Die Leibniz'sche Staatsidee aus den Quellen dargestellt* (Tübingen, 1909)

Ryan (1996): A. Ryan, "Hobbes's Political Philosophy"; in Sorell (ed.) (1996), 208–245.

Schiedermair (1970): H. Schiedermair, *Das Phänomen der Macht und die Idee des Rechts bei Gottfried Wilhelm Leibniz* (Wiesbaden, 1970)

Schmitt (1950): C. Schmitt, *Der Nomos der Erde im Völkerrecht des Jus Publicum Europaeum* (Berlin, 1950)

Schneider (1966): H.-P. Schneider, "Der Plan einer 'Jurisprudentia Rationalis' bei Leibniz", *Archiv für Rechts- und Sozialphilosophie*, Bd.LII (1966), 553–578.

Schneider (1967): H.-P. Schneider, *Justitia Universalis: Quellenstudien zur Geschichte des christlichen Naturrechts bei Gottfried Wilhelm Leibniz* (Frankfurt a. M., 1967)

Schneider (1987): H.-P. Schneider, "Gottfried Wilhelm Leibniz"; in M. Stolleis (Hrsg.), *Staatsdenker im 17. und 18. Jahrhundert: Reichspublizistik, Politik, Naturrecht*, 2., erweiterte Aufl. (Frankfurt a. M., 1987)

Schrecker (1946): P. Schrecker, "Leibnitz's Principles of International Justice", *Journal of the History of Ideas*, vol.VII (1946), 484–498.

Schrecker (1947): P. Schrecker, "Leibnitz' Prinzipien des Völkerrechts: Zum 300. Geburtstag des Philosophen", *Die Amerikanische Rundschau*, Bd.III (1947), 114–122.

Schröder (2015): P. Schröder, "Staat, Religion und Völkerrecht in der politischen Philosophie von Leibniz"; in Nitschke (Hrsg.) (2015), 33–47.

Schwacke/Stolz (1988): P. Schwacke/E. Stolz, *Staatsrecht mit allgemeiner Staatslehre und Verfassungsgeschichte*, 2.Aufl. (Köln, 1988)

Schwarzenberger (1950): G. Schwarzenberger, *A Manual of International Law*, 2nd ed. (London, 1950)

Simons (2003): P. Simons, "The Emergence of the Idea of the Individualized State in the International Legal System", *Journal of the History of International Law*, vol.5 (2003), 293–335.

Sorell (ed.) (1996): T. Sorell (ed.), The Cambridge Companion to Hobbes (Cambridge, 1996)

Sorell (2004): T. Sorell, "The Burdensome Freedom of Sovereigns"; in Sorell/Foisneau (eds.) (2004), 183–196.

Sorell/Foisneau (eds.) (2004): T. Sorell/L. Foisneau (eds.), *Leviathan after 350 Years* (Oxford, 2004)

Skinner (2002): Q. Skinner, *Visions of Politics*, vol.3 (Cambridge, 2002)

Stammler (1930): G. Stammler, *Leibniz* (München, 1930)

Steiger (2010): H. Steiger, *Die Ordnung der Welt: Eine Völkerrechtsgeschichte der Karolingerzeit*

Oppenheim (1905–06): L. F. L. Oppenheim, *International Law: A Treatise*, 2 vols. (London/New York/Bombay, 1905–06)

Parry (1968): C. Parry, "The Function of Law in the International Community"; in M. Sørensen (ed.), *Manual of Public International Law* (London/Melbourne *etc.*, 1968), 1–54.

Patapan (2009): H. Patapan, "The Glorious Sovereign: Thomas Hobbes on Leadership and International Relations"; in I. Hall/L. Hill (eds.), *British International Thinkers from Hobbes to Namier* (2009), 11–31.

Perkins (1967): M. L. Perkins, "Rousseau on History, Liberty and National Survival", *Studies on Voltaire and the Eighteenth Century*, vol.53 (1967), 79–169.

Pillet (1904): A. Pillet (introduction), *Les fondateurs du droit international* (Paris, 1904)

Plamenatz (2012): J. Plamenatz (M. Philp/Z. A. Pelczynski (eds.)), *Machiavelli, Hobbes, and Rousseau* (Oxford, 2012)

Plattner (1979): M. C. Plattner, *Rousseau's State of Nature: An Interpretation of the Discourse on Inequality* (Dekalb, Ill., 1979)

Putterman (2010): E. Putterman, *Rousseau, Law and the Sovereignty of the People* (Cambridge, 2010),

Quaritsch (1970): H. Quaritsch, *Staat und Souveränität*, Band I (Die Grundlagen) (Frankfurt a. M., 1970)

Ramel/Joubert (2000): F. Ramel/J.-P. Joubert, *Rousseau et les relations internationals* (Montréal/Paris, 2000)

Redslob (1923): R. Redslob, *Histoire des grands principes du droit des gens: Depuis l'antiquité jusqu'à la veille de la Grande guerre* (Paris, 1923)

Reibstein (1957–63): E. Reibstein, *Völkerrecht: Eine Geschichte seiner Ideen in Lehre und Praxis*, 2 Bd. (München, 1957–63)

Reibstein (1962): E. Reibstein, "Zeit des europäischen Völkerrechts (1648–1815)"; in H.-J. Schlochauer (Hrsg.), *Wörterbuch des Völkerrechts*, 2. Aufl., Bd.III (Berlin, 1962), 703–721.

Renaut (2007): M.-H. Renaut, *Histoire du droit international public* (Paris, 2007)

Riley (1986): P. Riley, *The General Will before Rousseau: The Transformation of the Divine into the Civic* (Princeton, NJ., 1986)

Riley (2001): P. Riley, "Introduction: Life and Works of Jean-Jacques Rousseau (1712–1778)"; in *idem* (ed.), *The Cambridge Companion to Rousseau* (Cambridge, 2001), 1–7.

Roelofsen (1991 a): C. G. Roelofsen, "De periode 1450–1713"; in Eyffinger (red.) (1991), 43–108.

Roelofsen (1991 b): C. G. Roelofsen, "De periode 1713–1815"; in Eyffinger (red.) (1991), 109–131.

Roose (1919): A. P. Roose, *Het Karacter van Jean-Jacques Rousseau* (Proefschrift, Groningen/Den Haag, 1919)

Mitteis (1988): H. Mitteis, *Deutsche Rechtsgeschichte* (neubearbeitet von H. Lieberich), 18., erw. u. erg. Aufl. (München, 1988)

Morgenstern (1996): M. Morgenstern, *Rousseau and the Politics of Ambiguity: Self, Culture, and Society* (University Park, Pa., 1996)

Morgenthau (1949): H. J. Morgenthau, *Politics among Nations: The Struggle for Power and Peace* (New York, 1949)

Morgenthau (Thompson/Clinton) (2006): H. J. Morgenthau (revized by K. W. Thompson/W. D. Clinton), *Politics among Nations: The Struggle for Power and Peace*, 7th ed. (New York, 2006)

Nakagawa (2001): H. Nakagawa, "Le législateur chez Rousseau et Diderot"; in Thiéry (2001), 109 - 115.

Nardin (1983): T. Nardin, *Law, Morality and the Relations of States* (Princeton, 1983),

Navari (1982): C. Navari, "Hobbes and the 'Hobbesian Tradition' in International Thought", *Millennium: Journal of International Studies*, vol.11 (1982), 203 - 222.

Neff (2014): S. C. Neff, *Justice among Nations: A History of International Law* (Cambridge, Mass./ London, 2014)

Nijman (2004): J. E. Nijman, *The Concept of International Legal Personality: An Inquiry into the History and Theory of International Law* (The Hague, 2004)

Nishijima (2001): N. Nishijima, "Droit naturel, le guide de la politique chez J.-J. Rousseau"; in Thiéry (2001), 411 - 423.

Nitschke (Hrsg.) (2015): P. Nitschke (Hrsg.), *Gottfried W. Leibniz: Die richtige Ordnung des Staates* (Baden-Baden, 2015)

Nitschke (2015): P. Nitschke, "Die Leibnizsche Vision von Europa"; in Nitschke (Hrsg.) (2015), 91 - 111.

Nussbaum (1947): A. Nussbaum, *A Concise History of the Law of Nations* (New York, 1947)

Nussbaum (1958): A. Nussbaum, *Concise History of the Law of Nations*, revised ed. (New York, 1958)

Nys (1904): E. Nys, "L'acquisition du territoire", *Revue de droit international et législation comparée*, 2e série tome 6 (1904), 365 - 406.

Nys (1907 a): E. Nys, "Le droit des gens et les écrits de Jean-Jacques Rousseau", *Revue de droit international et de législation comparée*, 2e série tome 9 (1907), 77 - 96

Nys (1907 b): E. Nys, "A propos de la paix perpétuelle de l'Abbé de Saint-Pierre, Emeric Crucé et Ernest Landgrove de Hesse Rheinfels", *Revue de droit international*, tome 9 (1907), 77 - 89.

O'Donnell (1989): R. L. O'Donnell, *Of Arms and Men: A History of War, Weapons, and Aggression* (Oxford, 1989)

Onuma (ed.) (1993): Y. Onuma (ed.), *Normative Approach to War: Peace, War, and Justice in Hugo Grotius* (Oxford, 1993)

International Law, vol.8 (1927), 89 - 107.
Legohérel (1996): H. Legohérel, *Histoire du droit international public* (Paris, 1996)
Linklater (1982): A. Linklater, *Men and Citizens in the Theory of International Relations* (London/ Basingstoke, 1982)
Lesaffer (2009): R. Lesaffer, *European Legal History: A Cultural and Political Perspective* (Cambridge, 2009)
Liszt (1902): Fr. von Liszt, *Das Völkerrecht systematisch dargestellt*, 2. Aufl. (Berlin, 1902)
Lloyd (2009): S. A. Lloyd, *Morality in the Philosophy of Thomas Hobbes: Cases in the Law of Nature* (Cambridge, 2009)
Lott (1989): T. L. Lott, "Hobbes on International Relations", in Airaksinen/Bertman (eds.) (1989), 91 - 98.
Loughlin (2012): M. Loughlin, "The Political Jurisprudence of Thomas Hobbes"; in Dyzenhaus/ Poole (eds.) (2012), 5 - 21.
Lovejoy (1948): A. O. Lovejoy, "The Supposed Primitivism of Rousseau's *Discourse on Inequality*"; in *idem*, *Essays in the History of Ideas* (Baltimore, 1948), 14 - 37.
Macdonell (1914): J. Macdonell, "Gottfried Wilhelm von Leibnitz"; in Macdonell/Manson (eds.) (1914), 283 - 304.
Macdonell/Manson (eds.) (1914): J. Macdonell/E. Manson (eds.), *Great Jurists of the World* (Boston, 1914)
Mahnke (1926): D. Mahnke, *Neue Einblicke in die Entdeckungsgeschichte der höheren Analysis* (Abhandlungen der preussischen Akademie der Wissenschaften, Jahrgang 1925, Phys.-Math. Klasse, Nr.1.) (Berlin, 1926)
Mathie (1987): W. Mathie, "Justice and Equity: An Inquiry into the Meaning and Role of Equity in the Hobbesian Account of Justice and Politics"; in Walton/Johnson (eds.), (1987), 257 - 276.
Mattern (1928): J. Mattern, *Concepts of State, Sovereignty and International Law* (Baltimore/ London, 1928)
Maurel (1907): M. Maurel, *De la déclaration de guerre* (Paris, 1907)
May (2013): L. May, *Limiting Leviathan: Hobbes on Law and International Affairs* (Oxford, 2013)
Mayer-Tasch (1965): P. C. Mayer-Tasch, *Thomas Hobbes und das Widerstandsrecht* (Tübingen, 1965)
McAdam (1963): J. I. McAdam, "Rousseau and the Friends of Despotism", *Ethics*, vol.74 (1963), 34 - 43.
Meinecke (1976): F. Meinecke (W. Hofer (Hrsg.), *Die Idee der Staatsräson in der neueren Geschichte*, 4. Aufl. (München, 1976)
Mitteis (1948): H. Mitteis, *Über das Naturrecht* (Deutsche Akademie der Wissenschaft zu Berin, Vorträge und Schriften, Heft 26) (Berlin, 1948)

(Cambridge/New York, 2000)

Hoffmann (1965): S. Hoffmann, *The State of War: Essays on the Theory and Practice of International Politics* (London, 1965)

Hoffmann/Fidler (eds.) (1991): S. Hoffmann/D. P. Fidler (eds.), *Rousseau on International Relations* (Oxford, 1991)

Howard (1976): M. Howard, *War in European History* (Oxford/New York, 1976)

Jennings (1994): J. Jennings, "Rousseau, Social Contract and the Modern Leviathan"; in Boucher/Kelly (eds.) (1994), 115 - 131.

Jones (1945): J. W. Jones, "Leibnitz as International Lawyer", *British Year Book of International Law*, vol.XXII (1945), 1 - 10.

Kain (1990): P. J. Kain, "Rousseau, the General Will, and Individual Liberty", *History of Philosophy Quarterly*, vol.7 (1990), 315 - 334.

Kavka (1983): G. S. Kavka, "Hobbes's War of All against All", *Ethics*, vol.93 (1983), 291 - 310.

Kayser (1916): W. Kayser, *Rousseau, Kant, Herder über den ewigen Frieden* (Leipzig, 1916)

Kelsen (1928): H. Kelsen, *Die philosophischen Grundlagen der Naturrechtslehre und des Rechtspositivismus* (Berlin, 1928)

Kitromilides (ed.) (2003): P. M. Kitromilides, *From Republican Polity to National Community: Reconsiderations of Enlightenment Political Thought* (Oxford, 2003)

Klausen (2014): J. C. Klausen, *Fugitive Rousseau: Slavery, Primitivism, and Political Freedom* (New York, 2014)

Knutsen (1994): T. L. Knutsen, "Re-reading Rousseau in the Post-Cold War World", *Journal of Peace Research*, vol.31 (1994), 247 - 262.

Kohler (1918): J. Kohler, *Grundlagen des Völkerrechts: Vergangenheit, Gegenwart, Zukunft* (Stuttgart, 1918)

Kooijmans (1964): P. H. Kooijmans, *The Doctrine of the Legal Equality of States* (Leiden, 1964)

Koskenniemi (2001): M. Koskenniemi, *The Gentle Civilizer of Nations: The Rise and Fall of International Law 1870 - 1960* (Cambridge, 2001)

Krafft (1989): O. Krafft, *La politique de Jean-Jacques Rousseau: Aspects méconnus* (Paris, 1989)

Krienitz (1925): M. Krienitz, *Das Wesen des Gemeinschaftswillens bei Jean Jacques Rousseau* (Greifswald, 1925)

Krom (2011): M. P. Krom, *The Limits of Reason in Hobbes's Commonwealth* (London/New York, 2011)

Laski (1921): H. J. Laski, *The Foundations of Sovereignty and Other Essays* (New York, 1921)

Lassudrie-Duchêne (1906): G. Lassudrie-Duchêne, *Jean-Jacques Rousseau et le droit des gens* (these pour le doctorat) (Paris, 1906)

Lauterpacht (1927): H. Lauterpacht, "Spinoza and International Law", *British Year Book of*

Goldsmith (1996): M. M. Goldsmith, "Hobbes on Law"; in Sorell (ed.) (1996), 274-304.

Goyard-Fabre (1994): S. Goyard-Fabre, *La construction de la paix, ou la travail de Sisyphe* (Paris, 1994)

Goyard-Fabre (2001): S. Goyard-Fabre, "Le pessimisme de Rousseau devant les projets pacificateurs du droit international"; in Thiéry (2001), 439-448.

Grewe (1984): W. G. Grewe, *Epochen der Völkerrechtsgeschichte* (Baden-Baden, 1984)

Grover (1989): R. A. Grover, "Hobbes and the Concept of International law"; in Airaksinen/Bertman (eds.) (1989), 79-90.

Grua (1985): G. Grua, *Jurisprudence universelle et Théodicée selon Leibniz* (New York/London, 1985)

Gulick (1955): E. V. Gulick, *Europe's Classical Balance of Power* (Ithaca, N.Y., 1955)

Haggenmacher (1983): P. Haggenmacher, *Grotius et la doctrine de la guerre juste* (Paris, 1983)

Hall (Higgins) (1924): W. H. Hall (A. P. Higgins (ed.)), *A Treatise on International Law*, 8th ed. (Oxford, 1924)

Hampton (1986): J. Hampton, *Hobbes and the Social Contract Tradition* (Cambridge/London *etc.*, 1986)

Hanson (1984): D. W. Hanson, "Thomas Hobbes's 'Highway to Peace'", *International Organization*, vol.38 (1984), 329-354.

Harrison (2012): R. Harrison, "The Equal Extent of Natural and Civil Law"; in Dyzenhaus/Poole (eds.) (2012), 22-38.

Haymann (1943-45): F. Haymann, "La loi naturelle dans la philosophie politique de J.-J. Rousseau", *Annales de la société Jean-Jacques Rousseau*, tome 30 (1943-45), 65-109.

Hazard (1946): P. Hazard, *La Pensée européenne au XVIIIe siècle, de Montesquieu à Lessing* (Paris, 1946)

Heater (1992): D. Heater, *The Idea of European Unity* (Leicester, 1994)

Heller (2017): J. Heller, "Orders in Disorder: The Question of an International State of Nature in Hobbes and Rousseau; in S. Kadelbach/Th. Kleinlein/D. Roth-Isigkeit (eds.), *System, Order, and International Law: The Early History of International Legal Thought from Machiavelli to Hegel* (Oxford, 2017), 160-182.

Hershey (1915): A. S. Hershey, *The Essentials of International Public Law* (New York, 1915)

Heydte (1958-60): Fr. A. von der Heydte, *Völkerrecht: Ein Lehrbuch*, 2 Bd. (Köln, 1958-60)

Hinsley (1963): F. H. Hinsley, *Power and the Pursuit of Peace: Theory and Practice in the History of Relations between States* (Cambridge, 1963)

Hirsch (2016): E. Ch. Hirsch, *Der Berühmte Herr Leibniz: Eine Biographie*, Überarbeitete Neuauflage (München, 2016)

Hochstrasser (2000): T. J. Hochstrasser, *Natural Law Theories in the Early Enlightenment*

XVIIe siècle", *Revue international de la Croix Rouge*, October 1958, 523–543.

Dickinson (1927): G. L. Dickinson, "Introduction"; in J. J. Rousseau (E. M. Nuttall (trans.)), *A Project of Perpetual Peace* (London, 1927)

Drischler (2015): W. F. Drischler, "Souveränität und Staat bei Leibniz und Hobbes"; in Nitschke (Hrsg.) (2015), 49–59.

Duchhardt (2015): H. Duchhardt, "Leibniz und das » Modell « der römisch-deutschen Reiches"; in Weiderbeck/Dingel/Li (Hrsg.) (2015), 43–56.

Dyzenhaus/Poole (eds.) (2012): D. Dyzenhaus/Th. Poole (eds.), Hobbes and the Law (Cambridge, 2012)

Eyffinger (red.) (1991): A. C. G. M. Eyffinger (red.) *Compendium Volkenrechtsgeschiedenis*, 2[e] druk (Deventer, 1991)

Fassbender/Peters, *et al.* (eds.) (2012): B. Fassbender/A. Peters, *et al.* (eds.), *The Oxford Handbook of the History of International Law* (Oxford, 2012)

Fawcett (1968): J. E. S. Fawcett, *The Law of Nations* (New York, 1968)

Fenwick (1924): C. G. Fenwick, *International Law* (New York, 1924)

Fidler (1996): D. P. Fidler, "Desperately Clinging to Grotian and Kantian Sheep: Rousseau's Attempted Escape from the State of War"; in I. Clark/I. B. Neumann (eds.), *Classical Theories of International Relations* (Oxford, 1996), 120–141.

Fischer (1902): K. Fischer, *Gottfried Wilhelm Leibniz: Leben, Werke und Lehre* (Heidelberg, 1902)

Focarelli (2002): C. Focarelli, *Lezioni di storia del diritto internazionale* (Perugia, 2002)

Forsyth (1979): M. Forsyth, "Thomas Hobbes and the External Relations of States", *British Journal of International Studies*, vol.5 (1979), 196–209.

Forsyth (1994): M. Forsyth, "Hobbes's Contractarianism: A Comparative Analysis"; in Boucher/Kelly (eds.) (1994), 35–50.

Friedrich (1958): C. J. Friedrich, *The Philosophy of Law in Historical Perspective* (Chicago, 1958)

Friedrich (1966): C. J. Friedrich, "Philosophical Reflection of Leibniz on Law, Politics, and the State", *Natural Law Forum*, vol.XI (1966), 79–91.

Gaurier (2012): D. Gaurier, "Cosmopolis and Utopia"; in Fassbender/Peters, *et al.* (eds.) (2012), 250–271.

Gaurier (2014): D. Gaurier, *Histoire du droit international: De antiquité à la création de l'ONU* (Rennes, 2014)

Gauthier (1969), D. Gauthier, *The Logic of Leviathan* (Oxford, 1969)

Gauthier (1979): D. Gauthier, "Thomas Hobbes: Moral Theorist", *Journal of Philosophy*, vol.79 (1979), 547–559.

Gierke (1929): O. von Gierke, *Johannes Althusius und die Entwicklung der naturrechtlichen Staatstheorien*, 4. Ausgabe (Breslau, 1929)

Brace/J. Hoffman (eds.) *Reclaiming Sovereignty* (London/Washington, 1997), 101 - 116.

Cassese (2001): A. Cassese, *International Law* (Oxford, 2001)

Cassirer (1919): Erich Cassirer, *Natur- und Völkerrecht im Lichte der Geschichte und der systematischen Philosophie* (Berlin, 1919)

Cassirer (1945): Ernst Cassirer, *Rousseau, Kant and Goethe* (Princeton, 1945)

Clark (1947): G. N. Clark, *The Seventeenth Century*, 2nd ed. (Oxford, 1947)

Cavallar (2003): G. Cavallar, "'La société générale du genre humain': Rousseau on Cosmopolitanism, International Relations, and Republican Patriotism"; in Kitromilides (ed.) (2003), 89 - 109.

Cavallar (2012): G. Cavallar, Jean-Jacques Rousseau (1712 - 1778); in Fassbender/Peters, *et al.* (eds.) (2012), 1114 - 1117.

Cobban (1951): A. Cobban, "New Light on the Political Thought of Rousseau", *Political Science Quarterly*, vol. 66 (1951), 272 - 284.

Cobban (1964): A. Cobban, *Rousseau and the Modern State*, 2nd ed. (London, 1964)

Colletti (1972): L. Colletti, "Rousseau as Critic of 'Civil Society'"; in *idem* (J. Merrington/J. White (trans.)), *From Rousseau to Lenin: Studies in Ideology and Society* (London, 1972), 143 - 193.

Covell (2004): Ch. Covell, *Hobbes, Realism, and the Tradition of International Law* (Basingstoke/New York, 2004)

Covell (2009): Ch. Covell, *The Law of Nations in Political Thought: A Critical Survey from Vitoria to Hegel* (Basingstoke/New York, 2009)

Cranston (1986): M. Cranston, *Philosophers and Pamphleteers: Political Theorists of the Enlightenment* (Oxford/New York, 1986)

Cranston (1991): M. Cranston, *The Noble Savage: Jean-Jacques Rousseau, 1754 - 1762* (Chicago, 1991)

Curley (2004): E. Curley, "The Covenant with God"; in Sorell/Foisneau (eds.) (2004), 199 - 216.

Davy (1964): M. Davy, "Le corps politique selon le Contrat Social de J.-J. Rousseau et ses antécédents chez Hobbes"; in *Études sur le Contrat Social de Jean-Jacques Rousseau* (Actes des journées d'étude tenues a Dijon les 3, 4, 5 et 6 Mai 1962) (Paris, 1964), 65 - 93.

D'Entrèves (1951): A. P. d'Entrève, *Natural law: An Introduction to Legal Philosophy* (With a new introduction by C. J. Nederman) (New Brunswick/London, 1994) (Originally published in 1951)

D'Entrèves (1967): A. P. d'Entrèves, *The Notion of the State : An Introduction to Political Theory* (Oxford, 1967)

Derathé (1948): R. Derathé, *Le rationalisme de J.-J. Rousseau* (Paris, 1948) (rep., Slatkine Reprints, Genève, 1979)

Derathé (1950): R. Derathé, *Jean-Jacques Rousseau et la science politique de son temps* (Paris, 1950)

Derathé (1958): R. Derathé, "Jean-Jacques Rousseau et le progrès des idées humanitaire du XVIe au

Basdevand (1901): J. Basdevant, *La révolution française et le droit de la guerre continentale* (Paris, 1901)

Basso (2015): L. Basso, "Leibniz gegen Hobbes: Zwischen *Justitia* und *Summa Potestas*"; in Nitschke (Hrsg.) (2015), 61 - 71.

Baty (1909): Th. Baty, *International Law* (London, 1909)

Baumgold (1988): D. Baumgold, *Hobbes's Political Theory* (Cambridge/New York *etc.*, 1988)

Baumgold (2010): D. Baumgold, *Contract Theory in Historical Context: Essays on Grotius, Hobbes, and Locke* (Leiden/Boston, 2010)

Behr (2010): H. Behr, *A History of International Political Theory: Ontologies of the International* (Basingstoke, 2010)

Bell (2009): D. Bell, "Introduction: Under an Empty Sky — Realism and Political Theory"; in *idem* (ed.), *Political Thought and International Relations* (Oxford, 2009), 1 - 25.

Berber (1960 - 64): Fr. Berber, *Lehrbuch des Völkerrechts*, 3 Bd. (München, 1960 - 64)

Berkowitz (2005): R. Berkowitz, *The Gift of Science: Leibniz and the Modern Legal Tradition* (Cambridge, Mass./London, 2005)

Berlin (2002): I. Berlin (H. Herdy (ed.)), *Freedom and its Betrayal: Six Enemies of Human Liberty* (Princeton, N.J., 2002)

Bleckmann (2001): A. Bleckmann, *Völkerrecht* (Baden-Baden, 2001)

Bloom (1987): A. Bloom, "Jean-Jacques Rousseau 1712 - 1778"; in L. Strauss/J. Cropsey (eds.), *History of Political Philosophy*, 3rd ed. (Chicago, 1987), 559 - 580.

Borkenau (1934): F. Borkenau, *Der Übergang vom feudalen zum bürgerlichen Weltbild: Studien zur Geschichte der Philosophie der Manufakturperiode* (Paris, 1934)

Boucher/Kelly (eds.) (1994): D. Boucher/P. Kelly (eds.), *The Social Contract from Hobbes to Rawls* (London/New York, 1994)

Brierly (1928): J. L. Brierly, *The Law of Nations: An Introduction to the International Law of Peace* (Oxford, 1928)

Brierly (Waldock) (1963): J. L. Brierly (revised by C. H. M. Waldock), *The Law of Nations: An Introduction to the International Law of Peace*, 6th ed. (Oxford, 1963)

Brierly (Clapham) (2012): J. L. Brierly (revised by A. Clapham), *Brierly's Law of Nations: An Introduction to the Role of International Law in International Relations*, 7th ed. (Oxford, 2012)

Bull (1981): H. Bull, "Hobbes and the International Anarchy", *Social Research*, vol.48 (1981), 717 - 738.

Çali (2015): B. Çali, *The Authority of International Law: Obedience, Respect, and Rebuttal* (Oxford, 2015)

Carter (1987): C. J. Carter, *Rousseau and the Problem of War* (New York/London, 1987)

Carty (1997): A. Carty, "Sovereignty in International Law: A Concept of Eternal Return"; in L.

1916))
Voltaire (1751): Voltaire, *Le Siècle de Louis XIV* (1751) (rep., Classiques Garnier, II tomes, Paris, 1947)
Walker (1895): Th. A. Walker, *A Manual of Public International Law* (Cambridge, 1895)
Walker (1899): Th. A. Walker, *A History of the Law of Nations* (Cambridge, 1899)
Ward (1795): R. Ward, *An Enquiry into the Foundation and History of the Law of Nations in Europe, from the Time of the Greeks and Romans, to the Age of Grotius*, 2 vols. (London, 1795)
Westlake (1894): J. Westlake, *Chapters on the Principles of International Law* (Cambridge, 1894)
Wheaton (1836): H. Wheaton, *Elements of International Law* (London, 1836)
Wheaton (1841): H. Wheaton, *Histoire des progrès du droit des gens en Europe depuis la Paix de Westphalie jusqu'au Congrès de Vienne* (Leipzig, 1841)
Wheaton (1845): H. Wheaton, *History of the Law of Nations in Europe and America; from the Earliest Times to the Treaty of Washington, 1842* (New York, 1845)
Wildman (1849–50): R. Wildman, *Institutes of International Law*, 2 vols. (London, 1849–50)
Windenberger (1900): J.-L. Windenberger, *Essai sur le système de politique étrangère de J.-J. Rousseau: La République confédérative des petits états* (Paris, 1900)
Wolff (1749): Ch. Wolff, *Ius gentium methodo scientifica pertractatum* (1749)（本書執筆に際しては、次の文献に所収の1764年（フランクフルト・ライプツィッヒ）版を参照した。*The Classics* (Oxford/London, 1934).）
Woolsey (1860): Th. D. Woolsey, *Introduction to the Study of International Law, Designed as an Aid in Teaching, and in Historical Studies* (Boston/Cambridge, 1860)

20世紀以降の文献

欧語文献

Airaksinen/Bertman (eds.) (1989): T. Airaksinen/M. A. Bertman (eds.), *Hobbes: War among Nations* (Aldershot/Hong Kong *etc*., 1989)
Aiton (1985): E.J. Aiton, *Leibniz: A Biography* (Bristol/Boston, 1985).
Akashi (2000): K. Akashi, "Hobbes's Relevance to the Modern Law of Nations", *Journal of the History of International Law*, vol.2 (2000), 199–216.
Anzilotti (1928): D. Anzilotti, *Corso di diritto internazionale*, 3. ed. (Roma, 1928)
Ariew (1995): R. Ariew, "G. W. Leibniz, Life and Works"; in N. Jolley (ed.), *The Cambridge Companion to Leibniz* (Cambridge, 1995), 18–42.
Ashworth (2003): L. M. Ashworth, "The Limits of Enlightenment: Inter-state Relations in Eighteenth-century Political Thought", in Kitromilides (ed), (2003), 110–140.
Barnard (1988): F. M. Barnard, *Self-Direction and Political Legitimacy: Rousseau and Herder* (Oxford, 1988)

Levi (1887): L. Levi, *International Law with Materials for a Code of International Law* (London, 1887) (rep., Elibron Classics, Boston, Mass., 2003)

Locke (1690): J. Locke, *Two Treatises of Government* (1690) (A Critical Edition by P. Laslett, Cambridge, 1964)

Lorimer (1883–84): J. Lorimer, *The Institutes of the Law of Nations*, 2 vols. (Edinburgh/London, 1883–84)

Manning (1839): W. O. Manning, *Commentaries on the Law of Nations* (London, 1839)

Martens (1785): G. F. von Martens, *Primae lineae ivris gentivm Evropaearvm practici in vsvm avditorvm advmbratae* (Gottingae, 1785)

Martens (1789): G. F. von Martens, *Précis du droit des gens moderne de l'Europe fondé sur les traités et l'usage* (Gottingue, 1789)

Martens (1796): G. F. von Martens, *Einleitung in das positive europäische Völkerrecht auf Verträge und Herkommen gegründet* (Göttingen, 1796)

Montesquieu (1748): Ch. de Montesquieu, *L'Esprit des lois*;in Montesquieu, *Oeuvres completes*, II (Texte prèsentè et annotè par R. Caillois) (Bibliothèque de la Pléiade) (1951)

Moser (1750): J. J. Moser, *Grundsätze des europäischen Völkerrechts in Frieden-Zeiten* (Hanau, 1750)

Nys (1896): E. Nys, *Études de droit international et de droit politique*, 1e série, (Bruxelles/Paris, 1896)

Phillimore (1855–71): R. Phillimore, *Commentaries upon International Law*, 4 vols. (London, 1855–71)

Polson (1848): A. Polson, *Principles of the Law of Nations, with Practical Notes and Supplementary Essays on the Law of Blockade and on Contraband of War* (London, 1848)

Pufendorf (1667): Severinus de Monzambano [Samuel Pufendorf], *De Statu Imperii Germanici* (1667) (Nachdruck, K. Zeumer (Hrsg.), *Quellen und Studien zur Verfassungsgeschichte des Deutschen Reichs in Mittelalter und Neuzeit*, Bd.III (Weimar, 1910))

Pufendorf (1672): S. Pufendorf, *De jure naturae et gentium libri octo* (1672)（本書執筆に際しては、次の文献に所収の 1688 年（アムステルダム）版を参照した。*The Classics* (Oxford/London, 1934).）

Pütter (1843): K. Th. Pütter, *Beiträge zur Völkerrechtsgeschichte und Wissenschaft* (Leipzig, 1843)

Saalfeld (1833): Fr. Saalfeld, *Handbuch des positiven Völkerrechts* (Tübingen, 1833)

Schmalz (1817): Th. von Schmalz, *Das europäische Völkerrecht in acht Büchern* (Berlin, 1817)

Twiss (1861–63): T. Twiss, *The Law of Nations Considered as Independent Political Communities*, 2 vols. (Oxford/london, 1861–63)

Vattel (1758): E. de. Vattel, *Le droit des gens; ou, principes de la loi naturelle appliqués à la conduite et aux affaires des nations et des souverains* (1758) (*The Classics* (Washington, D.C., *historique des progrès de la science du droit des gens*, 4e éd. (Paris, 1887–88)

Cauchy (1862): E. Cauchy, *Le droit maritime international: Considéré dans ses origines et dans ses rapports avec les progrès de la civilisation*, 2 tomes (Paris, 1862)

Creasy (1876): E. S. Creasy, *First Platform of International Law* (London, 1876)

Despagnet (1894): F. Despagnet, *Cours de droit international public* (Paris, 1894)

Fiore (Pradier-Fodéré) (1868): P. Fiore (traduit et annoté par P. Pradier-Fodéré), *Nouveau droit international public: suivant les besoins de la civilisation modern* (Paris, 1868)

Funck-Brentano/Sorel (1877): Th. Funck-Brentano/A. Sorel, *Précis du droit des gens* (Paris, 1877)

Grotius (1625): H. Grotius, *De jure belli ac pacis libri tres* (1625)（本書執筆に際しては、次の文献に所収の 1646 年（アムステルダム）版を参照した。*The Classics* (Oxford/London, 1925).）

Günther (1777): K. G. Günther, *Grundriß eines europäischen Völkerrechts nach Vernunft, Verträgen, Herkommen und Analogie, mit Anwendung auf die teutschen Reichsstände* (Regensburg, 1777)

Guhrauer (1842): G. E. Guhrauer, *Gottfried Wilhelm Freiherr von Leibnitz: Eine Biographie*, 2 Bd. (Breslau, 1842)

Hall (1880): W. H. Hall, *International Law* (Oxford, 1880)

Hall (1883): W. H. Hall, *A Treatise on International Law* (Tokyo, 1883)

Halleck (1861): H. W. Halleck, *International Law, or, Rules Regulating the Intercourse of States in Peace and War* (San Francisco, 1861)

Hartmann (1892): G. Hartmann, *Leibniz als Jurist und Rechtsphilosoph* (Tübingen, 1892)

Heffter (1848): A. W. Heffter, *Das europäisches Völkerrecht der Gegenwart*, 2. Aufl. (Berlin, 1848)

Hegel (1802): G. W. F. Hegel, *Die Verfassung Deutschlands* (1802) (G. W. F. Hegel, *Frühe Schriften, Werke I* (Frankfurt a. M., 1986))

Hosack (1882): J. Hosack, *On the Rise and Growth of the Law of Nations, as Established by General Usage and by Treaties, from the Earliest Time to the Treaty of Utrecht* (London, 1882)

Jellinek (1900): G. Jellinek, *Allgemeine Staatslehre* (Berlin, 1900)

Kaltenborn (1847): C. B. Kaltenborn von Stachau, *Kritik des Völkerrechts* (Leipzig, 1847)

Kamptz (1817): K. A. von Kamptz, *Neue Literatur des Völkerrechts von 1784 bis 1794* (Berlin, 1817) (Neudruck, Scientia Verlag, Aalen, 1965)

Kent (Abdy) (1878): J. T. Abdy (ed.), *Kent's Commentary on International Law*, 2nd ed. (Cambridge, 1878)

Klüber (1819): J. L. Klüber, *Droit des gens moderne de l'Europe*, 2 tomes (Stuttgart, 1819)

Landmann (1896): M. Landmann, *Der Souveränetätsbegriff bei den französischen Theoretikern, von Jean Bodin bis auf Jean Jacques Rousseau* (Leipzig, 1896)

Lawrence (1895): T. J. Lawrence, *The Principles of International Law* (London/New York, 1895)

DEP: *Discours sur l'économie politique* (1754, 1755)（『政治経済論』）

DO: *Discours sur l'origine et les fondements de l'inégalité parmi les hommes* (1753–54, 1755)（『不平等起源論』）

Émile: *Émile, ou de l'éducation* (1758–59, 1762)（『エミール』）

EPP: *Extrait du projet de paix perpétuelle de monsieur l'Abbé de St-Pierre* (1754–59, 1761)（『抜粋』）

Frag: *Fragments*（『断章』）

GEG: *Guerre et l'état de guerre* (1758–59)（『戦争状態』）

JPP: *Jugement sur le projet de paix perpétuelle* (1754–59, 1782)（『批判』）

Lett: Lettres

PC: *Projet de Constitution pour la Corse* (1764–65, 1861)（『コルシカ国制草案』）

PDG: *Principes du droit de la guerre* (1756) (B. Bernardi/G. Silvestrini (éds.)), *Principes du droit de la guerre* (Paris, 2014)（『戦争法原理』）

QEG: *Que l'état de guerre naît de l'état social* (c.1756–58)（『戦争状態発生』）

RPS: *Les rêveries du promeneur solitaire* (1776–78, 1782)（『孤独な散歩者の夢想』）

第二次文献

19 世紀以前の文献

Bluntschli (1864): J. C. Bluntschli, *Geschichte des allgemeinen Statsrechts und der Politik: Seit dem sechzehnten Jahrhundert bis zur Gegenwart* (München, 1864)

Bluntschli (1868): J. C. Bluntschli, *Das moderne Völkerrecht der civilisirten Staten als Rechtsbuch dargestellt* (Nördlingen, 1868)

Bodin (1576): J. Bodin, *Les six livres de la république* (1576)（本書執筆に際しては、1961 年のリプリント (Scientia Aalen) 版所収の 1583 年（パリ）版を参照した。）

Bodinus (1586): I. Bodinus, *De republica libri sex* (1586)

Bonfils (1894): H. Bonfils, *Manuel de droit international public (droit des gens)* (Paris, 1894)

Bynkershoek (1702): C. van Bynkershoek, *De dominio maris dissertatio* (1702)（本書執筆に際しては、『国際法古典叢書』(*The Classics of International Law*)（以下では "*The Classics*" とする。）(New York, 1923) 所収の 1744 年（ライデン）版を参照した。）

Bynkershoek (1721): C. van Bynkershoek, *De foro legatorum tam in causa civili, quam criminali, liber singularis* (1721)（本書執筆に際しては、次の文献に所収の 1744 年（ライデン）版を参照した。*The Classics* (Oxford/London, 1946).）

Bynkershoek (1737): C. van Bynkershoek, *Quaestionum juris publici libri duo, quorum primus est de rebus bellicis, secundus de rebus varii argumenti* (1737)（*The Classics* (Oxford/London, 1930).）

Calvo (1887–88): Ch. Calvo, *Le droit international: Théorique et pratique, précédé d'un exposé*

(1715) (Foucher de Careil, IV, 56–60.)（『永久平和構想考察』）

Securitas publica: *Securitas publica interna et externa* (1670) (Akademie, IV, i, 133–214: Foucher de Careil, VI, 19–252.)

Specimen: *Specimen demonstrationum politicorum pro Rege Polonorum eligendo* (1669) (Dutens, IV, iii, 522–630.)（『模範』）

Systema iuris: *Systema iuris* (1695–97?) (Grua, II, 819–838.)（『法の体系』）

Théodicée: *Essais de Théodicée sur la bonté de Dieu, la liberté de l'homme et l'origine du mal* (1710)(Gerhardt, VI, 21–375.)（『弁神論』）

Tractatio: *Tractatio* (1690–95?) (Grua, II, 797–801.)（『考察』）

Vom Naturrecht: *Vom Naturrecht* (1690–98?) (Guhrauer, I, 414–419.)（『自然法論』）

尚、ライプニッツの論考には表題が付されていないも多数存在するが、そのようなものについては、本論において「無題」であることを明示した上で、出典（著作集中の該当箇所）を註に付している。

ルソー

J.-J. Rousseau (sous la direction de R. Trousson/Fr. S. Eigeldinger), *Œuvres complètes* (Genève/Paris, 2012)（以下では "OC" とする。）（但し、『戦争法原理』を除く。）

また、次の著作集に収録されたルソーの著作を参照した。

C. E. Vaughan (ed.), *The Political Writings of Jean-Jacques Rousseau*, 2 vols (Cambridge, 1915)（以下では "PW" とする。註において "PW" とのみ記してある箇所は、編者ヴォーン自身の見解を指す。）

註における引用箇所の表示は OC 及び PW の各々の巻・頁数を併記することとする。

以下のルソーの各著作の書誌データ中の年号は推定執筆年と初版刊行年を示すが、未公刊のものは推定執筆年のみを示している。尚、ＯＣとＰＷでは推定執筆年に相異が見られるが、本書ではＯＣに依拠している。

ルソーの著作

CG: *Considérations sur le Gouvernement de Pologne* (1770–71, 1782)（『ポーランド統治考』）

Conf: *Les Confessions* (1763?–1770, 1789–90)（『告白』）

CS, 1e ver.: *Du Contrat social, ou essai sur la forme de la république* (c. 1758–60)（註における引用・参照箇所の表記は、原著の篇 (Livre)・章 (Chapitre) に加え、OC 及び PW における巻・頁を丸括弧内に付して、次のように記すこととする。例：OC(CS, 1e ver.), I, i (V, 375): PW(CS, 1e ver.), I, 446.)（『草稿』）

CS: *Du Contrat social, ou principes du droit politique* (1759–61, 1761)（註における引用・参照箇所の表記は、『草稿』と同様である。）（『社会契約論』）

Epistula (*Hobbius*): *Brief an Hobbes* (1670–73) (Gerhardt, I, 82–87.)（『ホッブズ宛書簡』）

Epistula (*Tenzelius*): *Epistola* [*sic*] *ad D. Tenzelium, in qua contra Pfannerum defenditur foedus inter Carolum Regem Galliae et Duces Saxoniae Fredericum atque Guillelmum an. 1444. Initum* (Dutens, IV, ii, 248–251.)（『テンツェリウス宛書簡』）

Epistula (*Conring*): Briefwechsel zwischen Leibniz und Conring (1670–78) (Gerhardt, I, 153–206.)（『コンリンク宛書簡』）

Essai de démonstrations politiques: *Essai de démonstrations politiques touchant l'élection au trone de Pologne* (1669) (Foucher de Careil, VI, 1–18.)

Grundriss: *Grundriss eines Bedenkens von Aufrichtung einer Societät in Deutschland zu aufnehmen der Künste und Wissenschaften* (1670?) (Foucher de Careil, VII, 27–63.)（『概説』）

Le Portrait du Prince: *Le Portrait du Prince tiré des qualitez et des vertus heroïques de S. A. S. M. Jean Friederic duc de Bronsvic et de Lunebourg* (ca.1679) (Klopp, IV, 459–488.)（『肖像』）

Mantissa: *Mantissa Codici Juris Gentium* (1700)（註における引用・参照箇所の表記は、*Codex* (*Praefatio*) に従う。）（『類纂補遺』）

（尚、*Mantissa* (*Praefatio*) は *Codex* (*Praefatio*) に従う。(*Monitum* (*Codex*), Dissertatio II)）

Méditation: *Méditation sur la notion commune de la justice* (1702?) (Mollat, 41–70.)（『省察』）

Monita (*Pufendorfius*): *Monita quaedam ad Samuelis Puffendorfii* [*sic*] *principia.* (Dutens, IV, iii, 275–283.)（『忠告』）

Monitum (*Codex*): *G. G. Leibnitii de suo codice juris gentium diplomatico monitum* (Dutens, IV, iii, 285–286.)（この文献は、導入部分と、第一論文 (*Dissertatio I*) 及び第二論文 (*Dissertatio II*) から成っており、各々が複数の段落を含んでいる。註における引用・参照箇所の表記は、論文・段落の順に、次のように記すこととする。例：*Monitum* (*Codex*), I, i. 但し、導入部分については、段落のみを記すこととする。）（『類纂助言』）

Nouveaux essais: *Nouveaux essais sur l'entendement humain* (1704)（但し、公刊はライプニッツ死後の 1765 年）(Gerhardt, V, 39–509.)（註における引用・参照箇所の表記は、篇 (livre)・章 (chapitre) の順に、次のように記すこととする。例：*Nouveaux essais*, I, i.）（『人間悟性新論』）

Nova methodus: *Nova methodus discendae docendaeque jurisprudentiae, ex artis didacticae principiis in parte generali praemissis, experientiaeque luce* (*Juxta exemplar Lipsiae & Halae anno 1748. Editum*) (Dutens, IV, iii, 159–230.)（但し、159–162 頁はヴォルフによる序文であり、163–230 頁がライプニッツ執筆部分である。）（この文献の 1667 年（フランクフルト）版が Akademie (VI, 1, 261–361) に収められているが、Duten 所収の版とは節 (§) 番号と強調部分に若干の相異が存在する。註における引用・参照箇所の節番号及び斜字体強調は Duten 所収の版に従っている。）（『法学新方法』）

Observationes: *Observationes de principio juris* (1700) (Dutens, IV, iii, 270–275.)（『法原理考察』）

Observations sur le projet: *Observations sur le projet d'une paix perpétuelle de l'Abbé de St. Pierre*

ライプニッツの著作

Codex: *Codex iuris gentium diplomaticus* (1693)（本書執筆に際しては、1747 年（ヴォルフェンビュッテル）版を使用した。）（『類纂』）

Codex (*Praefatio*): *Codicis iuris gentium diplomatici praefatio* (Dutens, IV, iii, 287–329: Akademie, IV, v, 48–79: Klopp, vi, 439–492.)（この文献は、『類纂助言』(*Monitum* (*Codex*)) にも、その「第一論文」として収められている。但し、『類纂』の 1693 年の初版及び（本書執筆に際して使用された）1747 年版の何れのものにも段落番号が付されていないため、引用・参照箇所の明示という観点からは『類纂助言』を使用することが妥当であると判断される。そのため、註におけるこの文献からの引用・参照箇所の表記は、次のように記すこととする。例：*Codex* (*Praefatio*)(*Monitum* (*Codex*), I, i.). (Dutens, IV, iii, 287–288: Akademie, IV, v, 50–51: Klopp, vi, 439–492.).)（「序文」）

Cogitationes: *Cogitationes de iis quae juxta praesens jus gentium requiruntur* (1701) (Dutens, IV, iii, 497–502.)（『思考』）

Contra Severinum: *Contra Severinum de Monzambano* (1668–70?) (Klopp, I, 161–163.) (Vgl., *In Severinum de Monzambano* (Akademie, IV, i, 500–502.))（『プーフェンドルフ批判』）

De casibus: *De casibus perplexis in jure* (1666) (Akademie, VI, i, 231–256: Dutens, IV, iii, 45–67.)（但し、Dutens は 1672 年（フランクフルト）版を収めている。）

De iustitia: *De iustitia et novo codice* (1678?) (Grua, II, 621–624.)（『正義論』）

De jure et justitia (1677–78?) (Grua, II, 618–621.)（『法及び正義論』）

De justitia et jure (1677–78?) (Grua, II, 614–617.)（『正義及び法論』）

De jure suprematus: Caesarinus Furstenerius (Leibniz), *Tractatus de Jure Suprematus ac Legationis Principum Germaniae* (1677) (Akademie, IV, ii, 13–270: Dutens, IV, iii, 329–496: Klopp, IV, 1–305.)（但し、Dutens は第二（1678 年）版を収めている。原文の引用の際には、Dutens に従っている。）（『*Suprematus* 論』）

De tribus gradibus: *De tribus juris naturae et gentium gradibus* (1678?) (Mollat, 8–18.)（『三段階論』）

Dialogue: *Dialogue entre un habile politique et un ecclésiastique d'une piété reconnue* (*Dialogue sur des sujets de religion*) (1677) (Foucher de Careil, II, 512–546.)（『対話』）

Elementa: *Elementa juris naturalis* (1670–71?) (Akademie, VI, i, 431–485.)（『自然法の諸要素』）

Entretiens: *Entretiens des Philarète et d'Eugène sur la question du temps agitées à Nimwegue touchant le droit d'Ambassade des Electeurs et Princes de l'Empire* (1677) (Klopp, III, 333–380: Akademie, VI, ii, 289–338.)（Klopp 所収の版と Akademie 所収の版で相異が存在する箇所については、前者に従っている。）（『対談』）

Epistula (*Burnett*): *Briefwechsel zwischen Leibniz und Thomas Burnett de Kemneh* (1695–1714) (Gerhardt, III, 149–329.)（『バーネット宛書簡』）

Epistula (*Davenant*): *Leibniz à Davenant* (Klopp, IX, 229–233.)

章 (Chapter)・節（原著では数字のみ）の順に次のように記すこととする。例：*Elements*, I, i,1.)（『法原理』）

Leviathan: Th. Hobbes (N. Malcolm (ed.)), *Leviathan, or the Matter, Forme, & Power of a Common-Wealth Ecclesiasticall and Civill* (1651) and *Leviathan, sive de materia, forma, & potestate civitatis ecclesiasticae et civilis* (1668), The Clarendon Edition, vols.III–V (vol.III (Introduction), vols.IV *et* V (Texts i *et* ii)) (Oxford, 2012)（註における引用・参照箇所の表記は、原著の章 (Chapter: *Caput*) に加え、この全集版における巻・頁を丸括弧内に付して、次のように記すこととする。例：*Leviathan*, I (IV, 32).)（尚、この全集版の通巻番号「III」は重複している。)（『リヴァイアサン』）

ライプニッツ

Deutschen Akademie der Wissenschaften zu Berlin (Hrsg.), *Gottfried Wilhelm Leibniz: Sämtliche Schriften und Briefe* (Berlin, 1923–)(註における引用・参照箇所の表記は、シリーズ(Reihe)・巻 (Band)・頁の順に、次のように記すこととする。例：Akademie, I, i, 1.)

上記全集以外の私撰著作集

Busche: H. Busche (Hrsg. und übers.), *Gottfried Wilhelm Leibniz: Frühe Schriften zum Naturrecht* (Hamburg, 2003)

Dutens: L. Dutens (ed.), *Gottfried Wilhelm Leibniz: Opera omnia*, 6 tomi (Genf, 1768)(rep., Hildesheim, 1989)（註における引用・参照箇所の表記は、巻 (*Tomus*)・部 (*Pars*)・頁の順に、次のように記すこととする。例：Dutens, I, i, 1.)

Foucher de Careil: *Œuvres de Leibniz* avec notes et introductions par A. Foucher de Careil, 7 tomes (Paris, 1859–75)

Gerhardt: C. I. Gerhardt (Hrsg.), *Die philosophischen Schriften von Gottfried Wilhelm Leibniz*, 7 Bd. (Berlin, 1875–90) (rep., Hildesheim, 1960–61)

Grua: G. W. Leibniz, *Textes inédits d'après les manuscrits de la Bibliothèque Provincial de Hanovre*, publiés et annotés par G. Grua, 2 tomes (Paris, 1948)

Guhrauer: G. E. Guhrauer (Hrsg.), *Leipniz' Deutsche Schriften*, 2 Bd. (Berlin, 1838–40)

Klopp: O. Klopp (Hrsg.), *Die Werke von Leibniz gemäss seinem handschriftlichen Nachlasse in der Königlichen Bibliothek zu Hannover*, 9 Bd. (Hannover, 1864)（註における以上の四著作集 ("Foucher de Careil"、"Gerhardt"、"Guhrauer" 及び "Klopp"）からの引用・参照箇所の表記は、巻 (Band: *tomus*)・頁の順に、次のように記すこととする。例：Klopp, I, 1.)

Loemker: L. E. Loemker (trans. and ed.), *Gottfried Wilhelm Leibniz: Philosophical Papers and Letters*, 2nd ed. (Dordrecht, 1969)

Mollat: G. Mollat (Hrsg.), *Mittheilungen aus Leibnizens ungedruckten Schriften* (Leipzig, 1893)

Riley: P. Riley (trans. and ed.), *The Political Writings of Leibniz* (Cambridge, 1972)

文献一覧

第一次文献及び第二次文献共に邦訳版が存在するものがあるが、それらに関する書誌データは割愛した。

第一次文献

本書で引用・参照されているホッブズ・ライプニッツ・ルソーの著作及び書簡は各々最近の全集版（以下の三者の著作一覧の中で冒頭に記されているもの）に依拠している。但し、各全集の出版状況、資料確認の利便性等の事情を勘案して、適宜他の私撰著作集も活用した。（これは特に、ライプニッツの著作について妥当する。）

以下の三者の著作一覧の中で、各著作・書簡の冒頭の名称は本書の註における略称であり、末尾で括弧内に記されているものが本書における邦題略称である。（原著名及び邦題の略称は必要なものにのみ付されている。）

ホッブズ

The Clarendon Edition of the Works of Thomas Hobbes (Oxford, 1983–)（以下では "The Clarendon Edition" とする。）（但し、『法原理』を除く。）

ホッブズの著作

Behemoth: Th. Hobbes (P. Seaward (ed.)), *Behemoth or the Long Parliament* (1681), The Clarendon Edition, vol.X (Oxford, 2010)（註における引用・参照箇所の表記は、この全集版における巻・頁のみを付し、次のように記すこととする。例：*Behemoth*, X, 107.）（『ビヒモス』）

De cive: Th. Hobbes (H. Warrender (ed.)), *De cive*, The Clarendon Edition, vols.II–III (Oxford, 1983) (vol.II (Latin ver. *Elementorvm philosophiæ sectio tertia de cive* (1642) (the first edition) and *Elementa philosophica de cive* (later editions)): vol.III (English ver. *Philosophicall Rudiments concerning Government and Society* (1651))（註における引用・参照箇所の表記は、原著の章 (Chapter: *Caput*) と各章内に付せられた節番号に加え、この全集版における巻・頁を丸括弧内に付して、次のように記すこととする。例：*De cive*, I, i (II, 89).）（『市民論』）

Dialogue: Th. Hobbes (A. Cromartie (ed.)), *A Dialogue between a Philosopher and a Student, of the Common Laws of England* (1681), The Clarendon Edition, vol.XI (Oxford, 2005)（註における引用・参照箇所の表記は、原著における各論題の表題に加え、この全集版における巻・頁を丸括弧内に付して、次のように記すこととする。例：*Dialogue*, "Of the Law of Reason" (XI, 8).）（『対話』）

Elements: Th. Hobbes (edited with a preface and critical notes by F. Tönnies), *The Elements of Law, Natural & Politic* (1650) (Cambridge, 1928)（註における引用・参照箇所の表記は、部 (Part)・

る

れ

ろ

た

ち

て

と

な

は

ひ

ふ

す

せ

事項索引

ルソー (Jean-Jacques Rousseau)　3, 15, 16, 18, 22, 42, 165, 255, 262, 366, 539, 540, 542, 544
ルッセ (Jean Rousset de Missy)　196
ルノー (Marie-Hélène Renaut)　40, 41, 154, 401, 499

ろ

ローズヴェルト (Grace G. Roosevelt)　510, 529
ローレンス (Thomas J. Lawrence)　30
ロック (John Locke)　32, 189, 253, 363, 498, 504, 535
ロリマー (James Lorimer)　29, 30, 44, 197, 396

わ

ワード (Robert Ward)　34, 35, 200, 399
ワイト (Martin Wight)　530
ワイルドマン (Richard Wildman)　28, 30
ワトキンス (John W. N. Watkins)　162

535, 536
ベルバー (Friedrich Berber)　32, 33, 199, 350, 398, 403, 522
ペン (William Penn)　31, 33, 199, 398, 401

ほ
ホィートン (Henry Wheaton)　28, 30, 34, 35, 197, 201, 351, 400
ボイネブルク (Johann Christian von Boineburg (Boyneburg))　190
ボイル (Robert Boyle)　59, 160
ホール (William Edward Hall)　396, 458
ホサック (John Hosack)　34
ボダン (Jean Bodin)　78, 151, 152, 167, 255, 266, 267, 298, 303-305, 354, 371, 372, 378, 427, 428, 429, 511, 512
ホッブズ (Thomas Hobbes）　3, 15, 16, 18, 227, 240, 251-253, 258, 262, 278-280, 304, 308-310, 315, 361, 363, 366, 381, 402, 429, 434, 444, 452, 480, 501, 505, 507, 511, 512, 514, 524, 529, 539-541, 544
穂積陳重　363
ホフマン (Stanly Hoffmann)　520, 526, 534
ボルケナオ (Franz Borkenau)　536
ポルタリス (Jean-Étienne-Marie Portalis) 458, 523

ま
マイネッケ (Friedrich Meinecke)　518
マイヤー＝タッシュ (Peter Cornelius Mayer-Tasch) 88
マキャヴェッリ (Niccolo Machiavelli)　32, 152, 530
マニング (William Oke Manning)　27, 30, 197
マルゼルブ (Chrétien-Guillaume de Lamoignon de Malesherbes)　494
マルテンス (Georg Friedrich von Martens) 27, 30, 195, 349, 396

み
宮澤文聡　353

め
メイ (Larry May)　125, 178, 181
メイン (Maine)　362

も
モーゲンスターン (Mira Morgenstern)　506, 532
モーゲンソー (Hans J. Morgenthau)　96, 174
モーザー (Johann Jacob Moser)　32, 195, 199
モーレル (Maurius Maurel)　458, 459
モンテーギュ伯爵 (Pierre-François, comte de Montaigu)　500
モンテスキュー (Montesquieu)　363, 400, 501, 520, 526

や
柳原正治　205

ゆ
ユークリッド　161

よ
吉岡知哉　527, 531

ら
ライプシュタイン (Ernst Reibstein)　41, 42, 204, 352, 387, 401, 402, 403
ライプニッツ (Gottfried Wilhelm Leibniz)　3, 14-16, 18, 402, 444, 539-542, 544
ライリー (Patrick Riley)　247
ラッシュドゥリー＝ドゥシェーヌ (Georges Lassudrie-Duchêne)　403
ラフリン (Martin Loughlin)　87, 163, 172

り
リューニッヒ (Von J. C. Lünig)　196
リュサンドロス（Lysander）　308

る
ルーロフセン (Cornelis G. Roelofsen)　39, 41, 401

204
豊田哲也　206
トラシュマコス (Trasymachus)　230
トレンデーレンブルク (Adolph Trendelenburg)
197

に
新村聡　74, 75, 165
西嶋法友　505

ぬ
ヌスバオム (Arthur Nussbaum)　36, 37, 38, 41, 43, 138, 181, 203, 351, 400, 458

ね
ネイス (Ernest Nys)　35, 202, 404, 522
ネイマン (Janne Elisabeth Nijman)　206, 253, 256, 262, 370, 380
ネフ (Stephan C. Neff)　40, 41, 203, 401

は
ハーシー (Amos S. Hershey)　198
バーリン (Isaiah Berlin)　534
ハイデ (Friedrich August Freiherr von der Heydte) 31, 33, 199, 200
バインケルスフーク (Cornelius van Bynkershoek) 194, 201, 523
ハッゲンマッハー (Peter Haggenmacher)　522
バドゥヴァン (Jules Basdevand)　404
パリー (Clive Parry)　32, 33, 152, 199, 200
ハリソン (Ross Harrison)　161
バルドゥス (Baldus de Ubaldis)　375
ハルトゥマン (Gustav Hartmann)　332
バルベイラック (Jean Barbeyrac)　32, 197
ハレック (Henry W. Halleck)　29, 30, 197

ひ
ヒーター (Derek Heater)　525
ピュッター (Karl Th. Pütter)　34, 200, 399
ビュルラマキ (Jean-Jacques Burlamaqui)　165
ピレ (Antoine Pillet)　16

ふ
フィーアハオス (Rudolf Vierhaus)　365
フィオレ (Rasquale Fiore)　28, 30, 44
フィリモア (Sir Robert Phillimore)　28, 30, 198, 396
フィルマー　253
プーフェンドルフ (Samuel von Pufendorf) 26-34, 36-42, 152, 165, 180, 183, 191, 196-199, 201, 205, 212, 250, 258, 277, 315, 349, 351, 353, 354, 367, 387, 457, 507, 519, 523, 544
フェルゼイル (Jan Hendrik Willem Verzijl) 206, 353
フェロスタ (Stephan Verosta)　41, 202, 500
フェンウィック (Charles G. Fenwick)　198, 498
フォーサイス (Murray Forsyth)　176
フォーセット (James Edmund Sandford Fawcett) 398
フォカレッリ (Carlo Focarelli)　40, 203, 400
福田歓一　165, 508, 531
ブシェ (Hubertus Busche)　247, 365, 368
藤原保信　173
ブライアリー (James L. Brierly)　31, 33, 151, 199
プラットナー (Marc F. Plattner)　514
プラトン　160, 227, 230
フリードリッヒ (Carl J. Friedrich)　205, 248, 249, 252, 356, 360, 363, 366
ブルンチュリ (Johann Caspar Bluntschli) 349
ブレックマン (Albert Bleckmann)　33

へ
ベーコン (Francis Bacon)　160
ヘフター (August Wilhelm Heffter)　28, 30, 44, 150
ベラルミーネ枢機卿 (Cardinal Bellarmine) 107, 108
ベルナール (Jacques Bernard)　351
ベルナルディ (Bruno Bernardi)　494, 512, 528,

グロティウス (Hugo Grotius)　27-30, 32-34, 36, 37, 39, 40, 42, 152, 160, 183, 196, 197, 199, 200, 204, 206, 227, 229, 315, 346, 356, 362, 382, 385, 387, 454, 457, 479-482, 484, 504, 505, 521-524, 528, 529, 531

け

ケルゼン (Hans Kelsen)　37, 157

こ

コヴェル (Charles Covell)　125, 183
コーイマンス (Peter Kooijmans)　178
コーク (Sir Edward Coke)　47, 57, 159
コースィ (Eugène Cauchy)　523
コーラー (Josef Kohler)　398
コスケニエミ (Martti Koskenniemi)　17
コステ (Pierre Coste)　353, 361
コッバン (Alfred Cobban)　516
小林公　215, 216, 253, 366
ゴリエ (Dominique Gaurier)　40, 203, 204, 352, 400
コレッティ (Lucio Colletti)　510

さ

ザールフェルト (Friedrich Saalfeld)　196
サヴィニー (Savigny)　362
澤田昭夫　239, 362
サン＝ピエール師 (l'abbé de Saint-Pierre)　202, 203, 396, 397, 400-402, 463, 466-468, 470, 471, 473, 474, 478, 491, 516, 527, 528

し

シェーンボルン (Johann Philipp von Schönborn)　190
シュタイガー (Heinhard Steiger)　206, 374, 381
シュトゥルム (Fritz Sturm)　386
シュトラウス (Leo Strauss)　155, 169
シュナイダー (Hans-Peter Schneider)　238, 301, 332, 358, 387
シュマルツ (Theodor von Schmalz)　27, 30, 196, 396
シュミット (Carl Schmitt)　522
シュレッカー (Paul Schrecker)　205, 352, 389
シュワルツェンバーガー (Georg Schwarzenberger)　32, 199
ジョーンズ (J. Walter Jones)　205, 362, 385
神寶秀夫　372, 374, 379

す

ズーチ (Richard Zouche)　27, 41, 346
スピノザ (Baruch Spinoza)　29, 31, 34, 35, 38, 40, 41, 151, 388

せ

世羅晃志郎　529, 547

そ

ソーレンセン (Max Sørensen)　32

た

タック (Richard Tuck)　59, 160, 165, 175, 185, 505, 511
田中忠　5, 7
ダントレーヴ（Alexander Passerin d'Entrèves）　149

つ

ツィークラー (Karl-Heinz Ziegler)　39, 202

て

テクストル (Johann Wolfgang Textor)　190
デパニェ (Frantz Despagnet)　30, 44, 397, 403
デュモン (Jean Dumont (Du Mont))　196, 352

と

トゥイス (Travers Twiss)　29, 30, 31
ドゥ＝ヴィシェ (Charles de Visscher)　31
ドゥラテ (Robert Derathé)　503
トゥルヨル＝イ＝セラ (Antonio Truyol y Serra)　40, 41, 203, 401
トマジウス (Christian Thomasius)　199, 201,

人名索引

あ

アザール (Paul Hazard)　503
浅田淳一　532
アダム・スミス (Adam Smith)　510
アリストテレス　227, 235, 245, 262, 300, 339, 341, 366, 532
アルトジウス　364
アンツィロッティ (Dionisio Anzilotti)　31, 33, 198

い

イェリネク (Georg Jellinek)　369

う

ヴァッテル (Emer de Vattel)　27, 30, 119, 195, 204, 367, 402, 498, 517
ヴァンダンベルジェ (Joseph-Lucien Windenberger)　403
ヴィルヘルム一世　458
ヴィンセント (Raymond John Vincent)　125
ウィンチ (Peter Winch)　536
ヴェーバー (Max Weber)　529
ウェストレイク (John Westlake)　151, 198, 350, 396, 398, 458, 459
ウォーカー (Thomas Alfred Walker)　34, 201, 399
ウォルツ (Kenneth Neal Waltz)　507, 520
ヴォルテール (Voltaire)　517
ウォルドック (Sir Humphry Waldock)　152, 498
ヴォルフ (Christian Wolff)　37, 38, 194, 203, 204, 206, 367, 518
ウォレンダー (Howard Warrender)　176

お

オースティン (John Austin)　31, 37, 39, 40
大沼保昭　5, 16, 548
オッカム (William of Occam)　39, 41
オッペンハイム (Lassa F. L. Oppenheim)　31, 33, 199, 398

か

カーター (Christine Jane Carter)　521, 532
カーティー (Anthony Carty)　17
カッシラー (Erich Cassirer)　173, 529
カッセーゼ (Antonio Cassese)　33
勝田有恒　386, 548
カルヴォー (Charles Calvo)　30, 198, 402
カルテンボルン (Carl Baron Kaltenborn von Stachau)　34, 35, 43, 44, 153, 200, 399, 400
カルネアデス　234, 361
川添美央子　161, 168, 170, 185, 548
川出良枝　525, 547, 548
カント (Immanuel Kant)　401, 426, 465, 525
カンプツ (Karl Albert von Kamptz)　348

き

ギールケ (Otto von Gierke)　369, 370, 379, 401
ギュンター (Karl Gottlob Günther)　348

く

クアドリ (Rolando Quadri)　401
クヌツェン (Torbjørn L. Knutsen)　504
クラッパム (Andrew Clapham)　152, 498
クランストン (Maurice Cranston)　505, 506, 532
クリューバー (Johann Ludwig Klüber)　27, 30, 196
グレーヴェ (Wilhelm G. Grewe)　38, 39, 41, 204, 401

明石 欽司（あかし きんじ）

九州大学大学院法学研究院教授。法学博士（ユトレヒト大学、1996年）。

1958年生まれ。慶應義塾大学法学部卒業、慶應義塾大学大学院法学研究科修士課程修了、同博士課程中退。

海上保安大学校助手・専任講師、在ベルギー王国日本大使館専門調査員、ブリュッセル自由大学国際法研究所研究員、新潟国際情報大学情報文化学部助教授、慶應義塾大学法学部助教授、同教授を経て、2016年より現職。

"Cornelius van Bynkershoek: His Role in the History of International Law" (Kluwer Law International, 1998) で第32回安達峰一郎賞を受賞。

主要著作として『ウェストファリア条約—その実像と神話』（慶應義塾大学出版会、2009年）ほか。

不可視の「国際法」
——ホッブズ・ライプニッツ・ルソーの可能性

2019年1月11日　初版第1刷発行

著　者————明石欽司
発行者————古屋正博
発行所————慶應義塾大学出版会株式会社
〒108-8346　東京都港区三田2-19-30
ＴＥＬ〔編集部〕03-3451-0931
〔営業部〕03-3451-3584〈ご注文〉
〔　〃　〕03-3451-6926
ＦＡＸ〔営業部〕03-3451-3122
振替 00190-8-155497
http://www.keio-up.co.jp/
装　丁————鈴木　衛
組　版————株式会社 STELLA
印刷・製本——萩原印刷株式会社
カバー印刷——株式会社太平印刷社

Printed in Japan ISBN978-4-7664-2570-3